辽代石刻所见辽朝史事研究

LIAODAI SHIKE SUOJIAN
LIAOCHAO SHISHI YANJIU

张国庆　著

辽宁教育出版社
·沈阳·

图书在版编目（CIP）数据

辽代石刻所见辽朝史事研究 / 张国庆著. -- 沈阳：辽宁教育出版社，2022.12（2023.9重印）
ISBN 978-7-5549-3721-1

Ⅰ.①辽… Ⅱ.①张… Ⅲ.①中国历史—研究—辽代 Ⅳ.①K246.107

中国版本图书馆CIP数据核字（2022）第249276号

辽代石刻所见辽朝史事研究
LIAODAI SHIKE SUOJIAN LIAOCHAO SHISHI YANJIU

出 品 人：张 领
出版发行：辽宁教育出版社（地址：沈阳市和平区十一纬路25号 邮编：110003）
电话：024-23284410（总编室） 024-23284652（购书）
http://www.lep.com.cn
印　　刷：辽宁新华印务有限公司

责任编辑：严中联 张 欣
技术编辑：王 俊
装帧设计：鼎籍文化
责任校对：黄 鲲
幅面尺寸：185mm × 260mm
印　　张：27.25
插　　页：2
字　　数：450千字
出版时间：2022年12月第1版
印刷时间：2023年 9 月第2次印刷

书　　号：ISBN 978-7-5549-3721-1
定　　价：98.00元

作者简介

张国庆，1957 年生，辽宁大学历史学院教授，中国辽金契丹女真史学会会员，辽宁省辽金史学会副理事长；主要从事辽史、古代东北地方史研究，主持或参与了国家社会科学基金一般项目、教育部人文社会科学研究一般项目、教育部“211 工程”辽宁大学历史学院子项目、辽宁省社会科学规划基金重点或一般项目、辽宁省教育厅人文社科基地项目等研究工作；已出版专著《辽代契丹习俗史》《辽代社会史研究》《佛教文化与辽代社会》等，参与撰写《辽代石刻文续编》《中国古代北方民族文化史·专题文化卷》《中国地域文化大系·松辽文化卷》《中国妇女通史·辽金西夏卷》《中国地域文化通览·辽宁卷》等，在《历史研究》《中国史研究》《民族研究》《中国边疆史地研究》《中国文化研究》《光明日报》《文史哲》《中国社会经济史研究》《史学月刊》《史学集刊》《中国农史》《历史教学》《学习与探索》《社会科学战线》《北京师范大学学报》等国家及地方核心学术期（报）刊发表学术论文百余篇，其研究成果曾荣获辽宁省社科成果一等奖（论文）、二等奖（著作），辽宁省政府哲学社会科学成果一等奖（专著），多篇论文先后被中国人民大学复印报刊资料、《高校文科学报文摘》《新华文摘》《文摘报》等转载、摘编。

序

国庆先生既是我的学长，又是我学术上的引路人。辛丑岁末，先生大作《辽代石刻所见辽朝史事研究》（以下简称“《辽朝史事研究》”）杀青，嘱我作序。推辞再三不得，诚惶诚恐之余，只得从命。

辽史一向以难治著称，史料匮乏是制约辽史研究向更深层次发展的一个关键因素。为弥补这一缺憾，近年来，学术界着力整理、出版了一批辽代石刻文献。尽管这些成果在录文、校勘、疏解等方面不同程度地有白璧微瑕之憾，但它无疑大大丰富了辽代史料库。一批学者依靠这些新近整理的石刻文献，将辽史研究推向了一个新境界，国庆先生无疑是这些学者的代表之一。

国庆先生以辽史研究称誉学界。2005年，他由辽宁社会科学院调入辽宁大学之后，我有幸忝列先生门墙十余年，听其朝夕讲论，深感由石刻入手以窥辽史堂奥是先生治辽史的重要取径。从1996年发表《辽代石刻文化刍论》[①]到2020年发表《佛教生态美学视域下的辽朝寺院景观——以石刻文字为中心》[②]。十余年间，先生爬罗剔抉，钩玄探微，利用石刻史料深入研究了辽史领域的多个重要问题。从这个角度看，先生撰成《辽朝史事研究》实属多年积累之后的水到渠成之举。

通读先生此部大作，以下几点令我印象深刻：

一是以石刻史料补《辽史》之阙。元修《辽史》潦草成书，其简陋粗略向为史家诟病。罗继祖先生就曾评价说，“元人所修《辽史》在号称‘正史’的二十五史中，

① 张国庆：《辽代石刻文化刍论》，《中国文化研究》1996年第4期。

② 张国庆：《佛教生态美学视域下的辽朝寺院景观——以石刻文字为中心》，《黑龙江社会科学》2020年第1期。

是最简陋和错误最多的一部”[①]。然而，历史研究归根结底要依靠史料，面对记述不足、缺略甚多的《辽史》，其补救之一途就是充分利用石刻史料。这一点，早为史家所注意，李锡厚先生就曾肯定，“历年来出土的辽代墓志，是《辽史》之外最重要的资料”[②]。国庆先生进入辽史研究领域伊始就注意利用石刻史料，后来他参与辑注《辽代石刻文续编》，更为日后充分利用石刻史料补《辽史》之阙提供了便利。

通读《辽朝史事研究》可以看到，国庆先生娴熟地利用石刻史料透露出的蛛丝马迹，以深厚的考据功夫抽丝剥茧，一步步填补了《辽史》记载的某些空白。例如，《辽史》所记辽朝的工商贸易史事极为疏阔，有辽二百余年的经济史体现在《辽史·食货志》中，不过寥寥三四千字而已，况其间错谬随处可见。国庆先生利用辽代石刻资料系统地勾勒出了辽朝手工业门类、商业市场种类、商业管理机构及官员设置的全貌，并就辽朝是否设置将作监、少府监等中央手工业管理部门，以及仓、库的区别等微观问题做了详细辨析。与其相似的还有对辽朝职官制度的深入探讨。与《辽史》其他部分志书相比，《辽史·百官志》相对完善，但它混淆职官、臆造、阙载等问题还是受到了史学界的批评[③]。针对这些问题，学术界已经做过一些补遗工作，国庆先生用力尤勤，自 2011 年发表《石刻所见辽代财经系统职官考——〈辽史·百官志〉补遗之一》[④]到 2012 年发表《石刻所见辽代中央行政系统职官考——〈辽史·百官志〉补遗之六》[⑤]，两年间先后六次撰文，为《辽史·百官志》补遗。在此基础上，国庆先生又在《辽朝史事研究》中，运用石刻史料，考证了辽朝官员的迁转、丁忧与起复以及捺钵“随驾”官及警巡系统官职设置等情况，从而极大丰富了我们对辽代职官制度的认识。

二是以石刻史料匡《辽史》之误。由于辽代书禁甚严，加之战火不熄，导致辽代

---

① 罗继祖：《〈辽史〉概述》，《社会科学辑刊》1979 年第 1 期。

② 李锡厚：《〈辽史〉与辽史研究》，《中国社会科学院研究生院学报》1995 年第 5 期。

③ 参见孙大坤《辽史·百官志研究》，吉林大学博士论文，2020 年。

④ 参见刘宁主编、辽宁省辽金契丹女真史研究会编《辽金历史与考古》（第三辑），沈阳：辽宁教育出版社 2011 年版。

⑤ 见张国庆《石刻所见辽代中央行政系统职官考——〈辽史·百官志〉补遗之六》，《黑龙江民族丛刊》2012 年第 1 期。

史料流传至今的极少，进而影响了我们对辽代历史的认识。实际上，这种情况早在金末就已出现，元好问曾经慨叹“今人语辽事，至不知其起灭凡几主，下者不论也”[①]。辽代史籍散佚严重，影响了元修《辽史》的质量，以至近代以来为《辽史》勘误纠谬之作屡出。国庆先生充分发挥长于石刻研究的特点，在《辽朝史事研究》中对《辽史》之误多有匡正，尤其对辽灭渤海之战、辽宋之战、辽丽之战、辽夏之战、辽御北疆之战的具体经过、重要细节、主要将领均以石刻文字对《辽史》所记做了补充和纠误。又如，大延琳起兵叛辽的具体时间，《辽史》记为圣宗太平九年（1029），国庆先生通过石刻所记，考证其时为太平八年（1028）。《辽史·耶律重元传》记重元奏请“五京各置契丹警巡使”[②]在重熙十三年（1044）三月之前，而国庆先生通过对勘石刻文字，证明此事为误记。《辽史·后妃传》有“太祖慕汉高皇帝，故耶律兼称刘氏；以乙室、拔里比萧相国，遂为萧氏”[③]的记载，国庆先生通过比对石刻，证明此说的对象、时间均有误。此外，《辽史》对“罚使绝域”究竟属于流刑还是徒刑，记载不一，国庆先生通过石刻史料进行验证，得出了其属于流刑的结论。

三是总结了辽代墓志的一些基本规律。近年来，由于出土墓志的逐渐增多，针对墓志本身的研究日益丰富，仅笔者目力所及，即有《唐代墓志文化词语专题研究》[④]《唐代墓志义例研究》[⑤]《北宋墓志碑铭撰写研究》[⑥]等。与其他历史时期相比，辽代出土的墓志数量有限，因此，辽史学界尚未就辽代出土墓志的义例展开系统研究。可喜的是，《辽朝史事研究》第六章设《史学视域下的辽人墓志之用典》《辽人墓志文中的家族认知》等五节，介绍了国庆先生在此方面的研究成果。据我在有限的阅读范围所知，它们堪称辽代墓志义例研究的发轫之作。譬如在《史学视域下的辽人墓志之用典》一节中，

---

① 姚奠中主编，李正民增订：《元好问全集》（增订本）卷二七，太原：山西古籍出版社 2004 年版，第 582 页。

② 脱脱等：《辽史》卷一一二《逆臣上·耶律重元传》，北京：中华书局 1974 年版，第 1502 页。

③ 脱脱等：《辽史》卷七一《后妃传序》，北京：中华书局 1974 年版，第 1198 页。

④ 姜同绚：《唐代墓志文化词语专题研究》，北京：人民出版社 2019 年版。

⑤ 杨向奎：《唐代墓志义例研究》，长沙：岳麓书社 2013 年版。

⑥ 仝相卿：《北宋墓志碑铭撰写研究》，北京：中国社会科学出版社 2019 年版。

国庆先生深入剖析了辽代墓志喜用典故、虚饰溢美的撰文习惯，提醒我们使用辽代墓志要注意去伪存真。《辽人墓志文中的家族认知》虽集中研究辽代墓志中的家族认知，细读之下，仍有对辽代墓志义例的分析。例如，国庆先生提出的“择定同姓名人为先祖”“假托前贤居处为郡望”，是对辽代墓志家族记忆规律的精当总结。

有研究者指出，辽代“石刻文献除房山石经这类幢记塔铭数量稍多外，目前公布的世俗碑碣未逾三百方”①。这与唐宋碑碣的巨大体量相比，显然规模极为有限，但是，联系到《辽史》在二十五史中错谬最多的实际情况，区区三百方辽代世俗碑碣又显得弥足珍贵。从这个意义上说，先贤提倡的二重证据法于辽史研究尤为必要。而究竟应该如何科学利用辽代石刻资料为辽史研究服务，国庆先生的《辽朝史事研究》为我们提供了优秀范本。

上述拖沓冗长的文字，与其说是序言，莫若说是读罢《辽朝史事研究》的个人感言。至于这些感言是否准确反映了该书的学术价值，作序者实无把握。好在学术著作价值几何最终要由学术共同体衡量，而非由作序者评判。每虑及此，忐忑之心稍解。

国庆兄是我非常敬重的学者，荣休后仍笔耕不辍，这部《辽朝史事研究》是他辽史研究的最新成果。衷心希望国庆兄今后有更多的新知贡献给学术界！

王德朋

2022 年 1 月 21 日，沈阳

---

① 苗润博：《〈辽史〉探源》，北京：中华书局 2020 年版，“绪言”第 1 页。

前　言

清末民初至今的百余年来，辽史研究已经取得了丰硕成果。然而，毋庸讳言，由于传世的历史文献稀缺等缘故，现有的辽史研究还存在诸多不可忽视的问题，比如：由于史料缺乏，不少辽朝史事无法拟题研究；由于《辽史》记载的某些错讹，不少辽朝史事研究以讹传讹，产生了诸多错误观点，等等。本书写作的目的和意义，就在于运用出土的辽代石刻文字资料，着力解决辽朝史事研究中存在的一些疑难问题。

首先，彰显辽代石刻文字资料在辽朝历史研究中的地位和作用。辽史学界共识：研究辽朝史事的最大困难，在于文献史料的严重不足。元人所修《辽史》，篇幅短，字数少，错讹多；其他记载辽朝史事的传世文献更是寥若晨星。好在自清代以来，已有数量可观的辽代石刻陆续出土或被发现。辽代石刻文搜集、整理和研究的大家向南先生在《辽代石刻文编》的“前言”中即指出：

> 刻有文字的辽代石刻，尽管有些已经是残碑碎石，只留下只言片语，但是它所涉及的内容是相当丰富的，不仅补充、纠正了《辽史》的许多缺略和谬误，而且为研究辽代的政治经济、典章制度、人物事件、战争交聘、宗教文化、历史地理、城镇建设、民族关系、民风民俗以及文字语言等提供了丰富可靠的资料，今后随着对辽代石刻的深入发掘、整理，在辽史、契丹民族史和边疆史研究领域必将出现新的突破和发展。

笔者非常赞同向南先生的观点，辽代石刻文字为当朝人所撰所刻，剔除其中溢美不实之词，均具较高的史料价值。利用辽代石刻文字资料，结合文献史料和考古实物资料，全面而系统地研究辽朝史事，既可解决因文献史料不足所造成的各种研究困难，也能大大拓展辽史研究之空间，多出研究成果。有兴趣的读者翻看拙著即可发现，如果笔者不去利用出土辽代石刻文字资料，仅仅依靠传世文献史料是绝对完不成本课题研究与书稿写作的。

其次，弥补辽朝史事研究存在的一些空白。《辽史》所记载的辽朝史事内容的缺乏和错讹，已经大大局限了辽史学者研究辽朝史事选题的拟定。出土辽代石刻文字中有不少内容是传世历史文献诸如《辽史》等没有记载的珍贵的第一手史料，将其整理出来并充分利用，即可对此前辽史学界尚未涉及的某些史事进行探讨，填补辽史研究中某些领域的空白。譬如本书中的“手工业门类及其特色”“工匠及其管理”“捺钵随驾官置设”“赐婚现象”“乡里组织”及“城市里坊”等，均属依靠《辽史》无法进行深入研究的内容。

笔者利用出土辽代石刻文字资料，结合传世文献史料等，主要从以下几个方面对辽朝史事进行了较为全面、系统的个案专题研究，补缺正讹，填空纠谬，以期努力提升辽朝史事研究的高度，拓展辽朝史事研究的空间。

一、辽朝军政外交史事研究。军政与外交是影响国家政权安危的重要因素，对辽朝的军事活动与外交聘使等相关问题进行研究，是辽朝史事研究的重点之一。辽代石刻文字资料中多有关于辽国军队内外战事及政府遣使外交等相关史事之记载，其中一些内容为《辽史》等文献所遗漏。比如，对辽朝初年平定内乱与对外战争的研究。有辽一代二百余年，诸种战事难以计数。辽朝大小战事均记载于《辽史》等相关历史文献中，但传世文献记载的辽朝战事多有遗漏，难以展现辽朝战争之全景，对辽朝战事研究产生了不利影响。笔者发现，在辽人墓志铭中，常见墓主生前参与某次战役的记载。石刻文字对某些战事细节之描述，对补充文献记载之缺漏，复原战争之原貌，大有裨益。

辽与北宋等周边国家或民族政权交聘比较频繁，这也是辽朝外交史事研究的重要内容之一。笔者钩沉出土辽代石刻文字资料，结合《辽史》及宋人使辽语录，对辽朝遴选使臣之标准、信使的言行举止与出使目的之关系、信使主要使命之外的情报搜集、法律条规中的“罚使绝域”以及使途驿馆与管理驿馆之官、吏设置等，均进行了详细考述。如此，对拓展及深化辽朝外交史事研究将非常有益。

二、辽朝工商贸易史事研究。物资生产与商品贸易是古代社会发展及政权稳固的经济基础，探讨辽朝手工业生产及商贸活动，是辽朝经济史研究的重要内容。出土辽代石刻文字中记载辽朝官营手工业状况及商品贸易活动的内容也较丰富，不少内容亦为《辽史》所未载。比如，受中原汉文化之影响，辽朝手工业经济发展较快，形成了诸多门类，诸如兵器制作、金属冶炼加工、车船制造、酿酒晒盐以及纺织印染等，应有尽有；各种手工业产品加工场所名目繁多，分布于全国各地。关于辽朝手工业门类及其生产场所的记载，在《辽史》等传世文献中很少，大多见诸出土辽代石刻文字资料。笔者利用这些资料，对辽朝手工业门类、生产场所以及手工业生产者——工匠及其管理等，均进行了系统研究。

辽朝有比较发达、数量和名目繁多的商品交易市场，它们主要分三种类型：一是五京及各州县市场；二是捺钵行在市场与北、南府宰相府所属契丹部族市场；三是边贸市场——榷场。辽国政府为加强对商贸税收和交易市场的管理，保障商贸经济正常发展，从中央到地方，设置了不同层次级别、职能各异的众多机构和官员，如五京及州县商税管理机构与官员、内地市场管理机构与官员、边地榷场管理机构与官员等。辽朝的商贸事务管理大致分为两方面：一是商税的征收，二是市场秩序监管。笔者根据出土辽朝石刻文字资料及文献史料，对以上问题均进行了详细考述。

三、辽朝职官制度史事研究。官制是典章制度的主要内容，研究辽朝职官制度，也是辽朝典制史研究的重点之一。《辽史・百官志》所记辽朝职官内容多缺漏与讹误，而出土辽朝石刻文字资料中却保存了大量辽朝职官资料，可对《辽史・百官志》予以补正。比如，四时捺钵是辽朝的一种特殊制度。为保障契丹皇帝捺钵活动的正常进行，辽朝设置了随驾禁卫安保、随驾物资供给以及随驾仪鸾典礼等诸类职官。关于这些随驾职官的资料，《辽史・百官志》等文献缺载，仅见诸出土辽代石刻文字资料。笔者钩沉并利用这些出土石刻文字资料，对辽朝各类随驾职官进行索引探微，既弥补了《辽史》记事之缺漏，亦填补了捺钵制度研究之空白。

官员的考绩与迁转是辽朝职官制度的重要组成部分。笔者检索并钩沉相关石刻文字资料及文献史料，发现辽朝官员任职有期，一般为三年。在官员任职期内，朝廷要组织相关部门定期对其品德、业绩和年劳等进行考绩。考绩工作由专门的机构和官员来完成。经过考绩的秩满官员，其职阶迁转方向大致为职阶迁升、留任进阶、退闲不仕及左迁降黜等，如此，亦便弥补了《辽史》等辽朝职官制度漏载之不足。

四、辽朝社会习俗史事研究。习俗文化是某个时期、某一区域及某些民族人们的社会活动真实之映像。10—12世纪生活在北方契丹辽地的人们亦形成了颇富时代、地域和民族特色的习俗文化，并较完整地保存于石刻文字中。比如，有辽一代，各民族世家大族间的联姻通婚频繁而常见。若联姻与政治挂钩，便生成了一种颇具特色的政治生态。笔者通过钩沉出土辽代石刻文字资料，结合《辽史》等历史文献，对这一问题进行了深入探讨。契丹耶律、萧两姓联姻通婚，产生了利弊互见的皇族与后族联合执政现象；汉族韩氏与契丹萧氏联姻通婚，在民族同化的基础上大大扩增了辽朝的统治实力；汉族世家大族间联姻通婚，促成了汉官集团的族群性延续与相对稳固。二百多年间，契丹辽国既在这种婚姻环境里发展壮大，最终也从这一婚姻环境中走向了衰亡。

笔者爬梳出土辽代石刻文字资料及《辽史》等历史文献后，认为辽朝人的名字确能客观真实地反映辽朝文化的某些特征。譬如以“奴”字为名，是为中原贱名习俗在契丹辽地的传承；以地名及封号为名，反映了取名者对某事的感怀与纪念；以佛教名词为名，是为佛教文化影响之扩大；以儒学名词为名，是为汉儒文化影响之深远；汉语名与契丹语名的互用，彰显了汉与契丹民族文化之交融；皇帝赐名及与皇子联名，则凸显了取名中蕴含的政治文化，等等。

五、辽朝历史地理史事研究。出土辽代石刻文字中保存了比较丰富的辽朝历史地理方面的珍贵资料，其中亦多为《辽史·地理志》所不载。比如，辽朝诸制，既有草创自立者，也有承仿于唐宋者。其承仿者中即有州县乡下地方基层组织里与村的置设，尤其是在汉人比较集中、靠近中原的长城以南燕云地区，里与村的设置更为普遍。所谓基层组织，应有两层含义：一是行使基层行政职能的组织单位（设职役者），二是单纯的民居聚落地缘单位（不设职役者）。笔者通过爬梳出土辽代石刻文字资料，发现辽朝京城近郊与偏远州县的里与村设置杂乱无章，并无规律可循；辽朝的村除了作为乡下基层组织之一种，有不少同于庄、寨，具有自然聚落之性质。

又如，辽朝城市设坊，传世文献鲜见记载。笔者钩沉出土辽代石刻文字资料及宋人使辽语录等，考证出辽朝南京（又名燕京，唐称幽州）城有二十九坊，中京城和云州城（后升为西京）各见一坊。辽国政府在京城设军巡院和警巡院等机构，对城市厢坊居民进行有效之管理。

六、辽人墓志义例研究。辽代石刻是中国古代石刻链条中的重要一环，除了石刻文字的史料价值之外，其外在形制及文本撰写体例等，亦有不可小视的研究价值。本书最后一章，笔者除了对辽人墓志之用典、辽人墓志文中的家族认知等进行探讨外，还就辽人墓志铭中与撰述相关的其他问题发微蠡探，阐释一已之见，权作引玉之砖，期望引起辽代石刻研究者的更多关注。

总而言之，本书主要利用出土辽代石刻文字资料，结合传世文献史料，力图对辽朝历史的诸多方面与问题，进行全面而系统的专题研究，以期补正《辽史》记事缺漏、讹误等不足，进而大大拓展辽史研究的空间和范畴，尤其是笔者依据出土辽代石刻文字记载所拟新的研究题目，见仁见智，提出了一些新的观点，打破了此前辽史学界仅仅依靠少量传世历史文献进行辽朝史事研究的局限，在某些方面或可填补辽史研究之空白，致本书具备了一定的学术研究价值。

学无止境，辽朝史事诸问题的研究亦需深入。

在辽朝汉文石刻出土的同时，也有一定数量的契丹文石刻重见天日，呈现在辽亡近千年后的今人面前。契丹人早已退出历史舞台，在契丹人中流行并使用了数百年（至元代）的契丹文字，也变成了当今鲜有人能识（释）读的死文字。遥想当年，契丹人用自己的民族文字为已故者书写墓志铭文，该是隐藏了多少逝者的私密于其中？笔者愚钝，不能识（释）读契丹文字，本书所作，均是利用出土辽代汉文石刻所为，出土契丹文石刻资料未能利用于辽朝史事诸问题之研究，实在是一大缺憾！如今，笔者早已过花甲之岁，不可能再花费时间和精力去识（释）读出土契丹文石刻，只有寄希望于辽史学界的“后浪”们！笔者希望辽史研究界有志之年轻学者，以刘凤翥先生等为榜样，下功夫攻克识（释）读契丹文石刻的难关，让出土契丹文石刻资料在辽朝史事诸问题研究中发挥其应有的作用。

笔　者

2022 年 1 月 1 日

目　录

第一章
辽代石刻所见辽朝军政外交史事

第一节 辽朝的内外战事

契丹“以武立国”，二百余年间，无论是域外征掠，还是境内平叛，契丹军队参与的大大小小战事已难以计数。辽朝战事大都见载于《辽史》中的“纪”“传”及相关传世历史文献中，但其记载的辽朝战事仍有诸多遗漏或语焉不详之处，难以全面展现辽朝所有战争之全景，对辽朝战争史事研究，必定产生不利之影响。笔者钩沉出土辽代石刻文字资料，发现在辽人墓志铭特别是辽朝武职官员的墓志铭中，大都有墓主生前参与某次战事之不同程度记载，其中有某些战事细节之描述，对补充《辽史》等文献记载之缺漏，尽力复原当年战事之原貌，非常有益。

一、灭渤海国之战

渤海国是唐代由粟末靺鞨人于武则天圣历元年（698）在东北地区建立的地方政权，至契丹辽建国，已历二百余年。辽太祖耶律阿保机为解除南进攻掠中原的后顾之忧，决定先平灭被其视为肘腋之患的近邻渤海国。据《辽史·太祖纪》记载：辽太祖天赞四年（925）“十二月乙亥，诏曰：‘所谓两事，一事已毕，惟渤海世仇未雪，岂宜安驻！’乃举兵亲征渤海大諲譔。皇后、皇太子、大元帅尧骨皆从”[①]。经过一系列战役，至天显元年（926）三月，渤海国王大諲譔投降，契丹军队攻下渤海国所有州县，“改渤海

① 脱脱等：《辽史》卷二《太祖纪下》，北京：中华书局 1974 年版，第 21 页。

国为东丹”。此次随阿保机平灭渤海国的，除皇后述律平、皇太子耶律倍及天下兵马大元帅耶律德光（尧骨）之外，还有一些契丹族官员，如惕隐安端、北府宰相萧阿古只、南府宰相苏、北院夷离堇斜涅赤、南院夷离堇迭里等。[①] 另据《辽史》“列传”记载，汉族官员韩知古、康默记、韩延徽等亦随军参战。

实际上，契丹军队早在辽太祖天赞三年（924）即已有过东征渤海国的军事行动。《辽史·太祖纪》载：辽太祖天赞三年（924）五月，“徙蓟州民实辽州地。渤海杀其刺史张秀实而掠其民”[②]。盖因渤海人的挑衅，两个月后，阿保机即率军攻打渤海国，但此事《辽史》未见记载，仅见诸《旧五代史》及《资治通鉴》。如《旧五代史·庄宗纪》即云：后唐庄宗同光二年（辽太祖天赞三年，924）“七月壬戌……幽州奏，契丹阿保机东攻渤海”[③]。

契丹辽灭渤海国之战事，亦见载于辽穆宗应历五年（955）的《陈万墓志》（刻石时间为辽圣宗统和二十七年，1009）。《陈万墓志》记载“豪刺军使”陈万，“年卌五，从皇帝东□渤海国，当年收下；年卌七，又从嗣圣皇帝伐神欢二州，当年又下”[④]。“豪”即“壕州”。《辽史·地理志》“头下军州”即云：“壕州，国舅宰相南征，俘掠汉民，居辽东西安平县故地。”[⑤]

据向南先生考证，此“国舅宰相”应是萧阿古只。也就是说，作为萧阿古只私城头下军州——壕州军官的陈万是跟随主人一起东征渤海国的，隶属于天下兵马大元帅（嗣圣皇帝）耶律德光麾下。《陈万墓志》记载陈万曾两次随军东征渤海国：第一次是在他四十五岁那年，跟随辽太祖耶律阿保机东征；第二次是在他四十七岁那年，随萧阿古只在耶律德光军中东征。契丹灭渤海国之战，主要发生在天显元年（926）正月至三月间。《陈万墓志》中的“神欢二州”，指原渤海国的神州与桓（欢）州。如果四十七岁的陈万随耶律德光伐渤海“神欢二州”是在天显元年（926），那么陈

---

① 脱脱等：《辽史》卷二《太祖纪下》，北京：中华书局 1974 年版，第 21、22 页。
② 同上，第 19 页。
③ 薛居正等：《旧五代史》卷三二《唐书八·庄宗纪六》，北京：中华书局 1976 年版，第 439 页。
④ 向南：《辽代石刻文编》，石家庄：河北教育出版社 1995 年版，第 16 页。
⑤ 脱脱等：《辽史》卷三七《地理志一》，北京：中华书局 1974 年版，第 449 页。

万四十五岁时随耶律阿保机东征渤海国，即应在天赞三年（924），这恰好佐证了《旧五代史》及《资治通鉴》的记载，也补充了《辽史》"本纪"记事之缺漏。

二、辽宋之战

公元960年，赵匡胤代周建宋，辽宋北南对峙开始。北宋建国之初，执行的是先南后北方针，因而，在公元979年之前的近二十年间，辽宋双方关系处于暂时的和平状态。辽景宗乾亨元年（979），宋灭北汉后，决定接续北伐，收复石晋割辽的燕云失地，辽宋之战由此拉开序幕。从公元979年开始，直至公元1004年辽宋签署澶渊停战协议，二十多年间，辽宋之间大小战事难以计数，仅阶段性的大战就有三次：

第一次即"高梁河之战"。公元979年七月，宋太宗赵匡义欲借灭北汉之余威，乘胜攻辽，夺回燕云十六州失地。宋军一路东进，辽易州、涿州守将相继献城投降，宋军直抵燕京（辽南京）城下。沙河之战，辽军失利。接着，辽蓟州、顺州守军亦纷纷降宋。但辽军主力在韩德让、耶律休哥及耶律斜轸等人统率下，拼死抵抗，奋起反击，终于在燕京高梁河大败宋军。宋太宗赵匡义险些被活捉，乘驴车狼狈逃归。

第二次即"燕云之战"。辽景宗死后，年幼的圣宗耶律隆绪即位。宋太宗赵匡义认为伐辽的机会终于到来，便于辽圣宗统和四年（986）三月，大举兴兵，三路北伐。一开始，宋军攻势迅猛，连连取胜：东路曹彬连下歧沟、涿州、固安、新城等地，军威大震；西路潘美则进击寰、朔、云、应等州；中路田重进出飞狐北，辽西南面招讨使战败被俘。面对汹汹而至的宋军，辽承天皇太后与圣宗皇帝下诏亲征。在契丹族著名将领耶律休哥的调度与指挥下，辽军开始反击。是年五月，辽宋军队在歧沟关展开决战，结果宋军大败。

宋军两次主动北伐均以失败而告终，士气被挫，元气大伤。从此，辽宋战局发生逆转，辽军由被动抵抗转为主动出击。从辽圣宗统和十七年（999）到统和二十二年（1004），辽军多次主动出兵南下进攻北宋，开始了辽宋之战的第三阶段。比如辽圣宗统和十七年（999）俘宋将康保裔的瀛洲之战，统和十九年（1001）大败宋军的淤口、益津之战，统和二十一年（1003）俘宋将王继忠的望都之战，统和二十二年（1004）的澶州外围之战，等等。

出土辽代石刻文字对《辽史》失载的辽宋之战的某些细节，比如某一阶段大战中的某次战役、某位辽军将领的战场表现，比如某些战事要素出现的时间、战略战术的运用以及俘虏敌军将领情况，等等，均有所补述。如辽圣宗统和九年（991）的《韩瑜墓志》即记载了统和四年（986）辽军收复涿州后的辽宋长城口之战，以及辽军著名将领韩瑜受重创而殉国之事。《韩瑜墓志》云：

昭圣皇帝（辽圣宗）哀燕民之若子，忿赵氏以如仇。北率天兵，南行国讨。仍观敌寇，据彼长城。筑垒犹坚，横戈甚众。公（韩瑜）方当扈从，切在剪除。以夺人为先谋，以亡躯为尽瘁。因俯营擒狡，释铠传宣。攻长城口，俄为流矢中首。然虽抱楚，尚更摧锋。金疮寻发于朝昏，委命几临于泉壤。[①]

韩瑜为辽代著名悍将，出身于韩氏世家大族，为韩知古之孙、韩匡美之子、韩德让之叔弟。《韩瑜墓志》也佐证了宋人路振《乘轺录》的记载，只不过韩瑜中箭的地点，两者的记载有所不同——一为长城口，一为澶渊。《乘轺录》云：

虏旧有韩统军者，德让从弟也，娶萧后姊，封齐妃。韩勇悍，多变诈，虏之寇我澶渊也，韩为先锋，指麾于城外，我师以巨弩射之，中脑而毙，虏丧之如失手足。[②]

辽圣宗统和十九年（1001）辽军大败宋军的淤口、益津之战，元修《辽史》及南宋人李焘的《续资治通鉴长编》均记载辽军在是年十月因遭遇罕见冬雨天气而受挫班师。如《辽史·圣宗纪》即云：（辽圣宗统和十九年，1001）“冬十月己亥，南伐。壬寅，次盐沟。……甲寅，辽军与宋兵战于遂城，败之。……丙寅，次满城，以泥淖班师”[③]。

《续资治通鉴长编》亦云：（宋真宗咸平四年，辽圣宗统和十九年，1001）“十月甲寅，北面前阵钤辖张斌与契丹遇于长城口。时积雨，敌弓用皮弦，皆缓湿。斌击

① 向南：《辽代石刻文编》，石家庄：河北教育出版社 1995 年版，第 94 页。
② 赵永春编注：《奉使辽金行程录》，长春：吉林文史出版社 1995 年版，第 16 页。
③ 脱脱等：《辽史》卷一四《圣宗纪五》，北京：中华书局 1974 年版，第 156 页。

败之，杀获甚众。渐近戎首，伏骑大起，三路统帅未及进，前阵兵少，退保威虏军”[①]。

而辽圣宗开泰九年（1020）的《耿延毅墓志》却记载，辽军此次南伐因遇雨而班师是在十一月：

（统和）十九年，今上（辽圣宗）奉我承天皇太后再伐赵宋氏。冬十一月，军次冀北，方大雨水，乃班师。并代中山戍卒乘其衅，盗我边民。公率麾下，伏草依岩，卷旗卧鼓，身先勇士，衔枚进击，斩贼首千余级，清境以闻。[②]

二者孰是，待考。

辽宋交战，多以辽军取胜而结局，故文献史料中常见宋军将领战败被俘的记载。但传世文献对北宋中下级军官及其他人员被俘则记载不全或有遗漏，出土辽代石刻文字资料可以补正之。如辽圣宗太平三年（1023）的《冯从顺墓志》即记载了冯从顺和原宋瀛州兵马都统、高阳关都部署康保裔战败被俘的经过：

统和十七年九月，承天皇太后金坛拜将，玉帐运筹，因兴丹浦之师，直指黄河之渡。宋主（宋真宗）以公（冯从顺）素负令器，□□宸聪，爰委重权，可属大事，遂与瀛州兵马都统康保裔同驱军旅，来御王师。十万兵溃而见擒，一千载圣而合契。[③]

新近出土的《韩德让墓志》亦有相同记载。宋将康保裔等人战败被俘，《辽史·圣宗纪》也有记载：（统和十七年，999）“冬十月癸酉，攻遂城，不克。遣萧继远攻狼山镇石砦，破之。次瀛洲，与宋军战，擒其将康昭（保）裔、宋顺，获兵仗、器甲无算”[④]。

《冯从顺墓志》等佐证了《辽史》的记载。但《辽史》记载与康保裔一同被俘的宋将名为“宋顺”，而非“冯从顺”。个中原因，或是《辽史》漏记被俘的“冯从顺”，或是误将“冯从顺”写成了“宋顺”。康保裔入《宋史·忠义传》，言其与辽军作战殉国，显然与史实不符，应以《冯从顺墓志》及《辽史》等记载为准。

① 李焘：《续资治通鉴长编》卷四九//陶晋生、王民信编：《李焘续资治通鉴长编宋辽关系史料辑录》第一册，台北：“中央研究院”历史语言研究所1974年刊行，第203页。
② 向南：《辽代石刻文编》，石家庄：河北教育出版社1995年版，第160页。
③ 同上，第169、170页。
④ 脱脱等：《辽史》卷一四《圣宗纪五》，北京：中华书局1974年版，第154、155页。

辽圣宗太平八年（1028）的《李知顺墓志》记载了原宋廷宦官李知顺被俘入辽之经过：

公（李知顺）生在并汾，长于汴洛。幼侍内庭，出宣帝命。时属我朝方兴甲马，……遇崆峒大举之秋，是寰海横行之日。未逢大阵，俄捷偏师，俘公而来，远诣行阙之下。……统和二十四年，擢为西头供奉官。[①]

辽宋交战，双方于战前均有各自战术之谋划。出土辽代石刻文字资料对某次战役辽军之战术亦有一定反映。如辽圣宗统和二十六年（1008）的《耶律元宁墓志》即记载了景宗时期辽宋燕京高梁河之战，耶律元宁统兵参战过程中，辽军部署两翼夹击之战术，并因此而取得胜利之史实：

后以伪宋靡料不敌之势，载举无名之师，扰掠我边疆，凌犯我都邑。景宗皇帝遂命诸将分御彼徒。北大王、惕隐备西轶之虞，以公（耶律元宁）扼东入之患，两道齐进，一时夹攻。成败宋之雄名，立全燕之显效。[②]

三、辽与高丽之战

辽太祖神册三年（918），泰封国大将王建发动武装政变，在朝鲜半岛建立高丽政权，史称王氏高丽。王氏高丽与契丹辽国东西为邻，二百余年间，或战或和，关系比较复杂。至辽圣宗统治的辽代中期，高丽与“宗主国”辽国的关系恶化，辽圣宗诏令辽国军队对王氏高丽发动了三次较大规模的军事征讨。

辽军第一次大规模征讨高丽是在辽圣宗统和十年（992）。圣宗令东京留守萧恒德率辽国大军讨伐王氏高丽。由于王氏高丽在军事实力上与辽国相差悬殊，加之对辽的征讨未做准备，因此，面对突然逼近的辽国大军，高丽军队只能仓促应战，结果可想而知。高丽国王便紧急遣使至辽，乞求罢兵停战。

辽军第二次大规模征讨高丽是在辽圣宗统和二十八年（1010）。据《辽史》记载：是年“五月，高丽西京留守康肇弑其主诵，擅立诵从兄询”[③]。圣宗皇帝以“高丽康肇

① 向南：《辽代石刻文编》，石家庄：河北教育出版社 1995 年版，第 187 页。
② 向南、张国庆、李宇峰辑注：《辽代石刻文续编》，沈阳：辽宁人民出版社 2010 年版，第 43 页。
③ 脱脱等：《辽史》卷一一五《二国外记·高丽》，北京：中华书局 1974 年版，第 1520 页。

弑君，大逆也，宜发兵问罪”[①]为借口，再次出兵东征。

契丹辽国第二次征讨王氏高丽期间，双方互有胜负。好在时间不长，辽国军队便很快西撤回国。对辽来说，虽然此次征讨除掉了高丽弑君元凶康肇，但似乎并未达到圣宗皇帝的“真正目的”——使王氏高丽彻底臣服于辽。圣宗皇帝诏令高丽国王王询按时至辽“视朝”，王询却一再借故推托，为此，圣宗皇帝十分不满。加之辽国向王氏高丽索回兴化、通州、龙州、铁州、郭州、龟州六城未果，于是，辽圣宗便于开泰三年（1014）至开泰八年（1019），诏令辽国军队对王氏高丽实施了第三次大规模武力讨伐。

辽军第三次大规模征讨高丽历经六年，尽管数次易帅（先后有国舅详稳萧敌烈、北府宰相刘慎行、枢密使萧合卓、东平郡王萧排押等），劳师动众，但在高丽军民的顽强抵抗之下，最终仍未达到预期之目的。

圣宗年间辽军三次出兵大规模征讨王氏高丽，其战事除了见载于《辽史》《高丽史》等传世历史文献之外，出土辽代石刻文字资料亦有一定反映，而且其记载可补充传世历史文献记载之缺漏。如辽圣宗统和十年（992）的辽军第一次大规模征讨高丽，文献记载辽军的统兵将领是驸马、兰陵郡王、东京留守萧恒德。如《辽史·萧恒德传》即云：“时高丽未附，恒德受诏，率兵拔其边城。王治惧，上表请降。”[②]“王治”即高丽国王。同书《二国外记·高丽》亦云：辽圣宗统和“十年，以东京留守萧恒德伐高丽”[③]。《高丽史》记载辽国第一次征讨高丽的将领名萧逊宁。萧逊宁即萧恒德，逊宁是萧恒德的字。至于随萧恒德一起参战的其他将官，诸文献并没有记载，而出土辽代石刻文字资料却有反映。据辽圣宗统和二十六年（1008）的《耶律元宁墓志》记载，时为东京统军兵马都监的耶律元宁作为先锋官，参与了此次辽军对高丽的征讨，战功卓著：

会高丽将阻河海，绝贡苞茅。（耶律元宁）时与驸马兰陵王（萧恒德）奉顺

---

① 陈述：《全辽文》卷一，北京：中华书局 1982 年版，第 13 页。
② 脱脱等：《辽史》卷八八《萧恒德传》，北京：中华书局 1974 年版，第 1342 页。
③ 脱脱等：《辽史》卷一一五《二国外记·高丽》，北京：中华书局 1974 年版，第 1519 页。

天之词，问不庭之罪。公躬率锐旅，首为前锋，始遇敌于建安之南。贼卒向三千余众，掎角才临，剪戮殆尽。我一贯于余勇，□累公于降书。馆为藩臣，永事天阙。故高丽岁时之贡，不绝于此，由公之力也。[①]

辽国第二次征讨高丽规模较大，不仅圣宗皇帝耶律隆绪御驾亲征，据《辽史》等文献记载，还有不少著名契丹族将领随驾参战，如北府宰相、驸马都尉萧排押为都统，北面林牙僧奴为都监，右皮室详稳耶律敌鲁、马群太保耶律盆奴、东京留守耶律弘古，或为先锋官，或领方面军。但实际随驾参战的辽军将领远不止文献记载的这几位：

如萧仅。辽圣宗太平九年（1029）的《萧仅墓志》即云：

今上（辽圣宗）亲御六龙之驾，专征三韩之邦。公（萧仅）横驱虎旅之师，怒罚鸡林之域。[②]

如韩椅。辽兴宗重熙六年（1037）的《韩椅墓志》即载：

旋以辰卞弑君，徬驹作梗。万乘恭行于讨击，六师毕集于征伐。……即授公（韩椅）左第一骁骑部署。军还，加左监门卫大将军，知归化州军州事。[③]

如赵匡禹。辽道宗清宁六年（1060）的《赵匡禹墓志》记载：

是时东韩作梗，不遵王命。公（赵匡禹）乃荐膺明诏，俾遂徂征。鞠旅陈师，始严于开拔；解纷排难，终致于清平。[④]

如萧恭（约直）。天祚帝天庆二年（1112）的《萧义墓志》记载：

曾王父恭，在圣宗朝高尚自晦，丞相韩德让因事奇而承之。起家授南面丞旨。历林牙、夷离毕等官，拜平章事。时东韩夷弗逊，公讨有功。[⑤]

以上这些出土辽代石刻文字资料均可补文献记载之缺漏。

---

① 向南、张国庆、李宇峰辑注:《辽代石刻文续编》，沈阳：辽宁人民出版社2010年版，第43、44页。
② 向南：《辽代石刻文编》，石家庄：河北教育出版社1995年版，第191页。
③ 同上，第205页。
④ 同上，第300页。
⑤ 同上，第623页。

四、辽夏之战

西夏是公元 1038 年由党项人李元昊建立的政权。西夏王朝以及此前的党项夏州政权与契丹辽国的关系也比较复杂，或附或叛，时和时战。但学界所谓“辽夏之战”一般是指辽兴宗重熙十三年（1044）的辽夏“河曲之战”和辽兴宗重熙十八年（1049）至二十二年（1053）的辽夏“贺兰山之战”。

“河曲之战”。辽兴宗重熙十三年（1044），辽以境内夹山党项岱儿族（又名呆儿族）人叛辽附夏，被李元昊收容，以及山西部族节度使、党项人屈烈带五部人叛入夏境为由，诏令西南面招讨都监罗汉奴发兵征讨西夏。初战辽军即失利。十月，辽兴宗耶律宗真率十万大军御驾亲征，以皇太弟耶律重元为马步军大元帅，率骑兵七千出南路，以北院枢密使萧惠领骑兵六万出北路，以东京留守萧孝友率军为后应。辽国三路大军渡过黄河，直入西夏境内四百余里。李元昊率军迎战，被辽军击败。李元昊退守贺兰山，采用焦土战术耗费辽军生力。两军决战之日，突然狂风大作，飞尘蔽日，天助夏军最终取胜，辽兴宗险些被俘，侥幸逃脱。李元昊在反败为胜的情势下，遣使与辽讲和，并放回了被俘的辽国驸马、都尉萧胡覩等。因最后辽夏两军的交战地点是在河曲，故史称“河曲之战”。

“贺兰山之战”。辽兴宗重熙十八年（1049）正月，辽为雪河曲战败之耻，乘李元昊刚刚去世、即位的李谅祚年幼之机，拘留西夏贺正使，停止对李谅祚的册封，并遣使北宋，以伐夏相告。七月，辽兴宗诏令萧惠为河南道行军都统，耶律敌鲁古为河北道行军都统，兴宗皇帝自统中路大军，再次出兵征讨西夏。乘舰船而进的萧惠部南路军突遭西夏军队伏击，猝不及防，死伤惨重。十月，北路耶律敌鲁古部进至贺兰山，“获李元昊妻及其官僚家属，遇夏人三千来战，殪之”[①]，小胜夏军。至次年二月、三月、五月及六月，在西夏境内及双方边境地区，辽夏之间仍有多次规模不等、互有胜负的战事发生。

---

① 脱脱等：《辽史》卷二〇《兴宗纪三》，北京：中华书局 1974 年版，第 240 页。

实际上，早在西夏建国之前，因辽、夏（指党项夏州政权）、宋之间特殊的三角关系，辽与党项夏州政权之间即已有过战事发生。《辽史·景宗纪》即云：辽景宗保宁七年（975）“三月壬午，耶律速撒等献党项俘，分赐群臣”[①]。《辽史·耶律速撒传》亦云：辽景宗保宁“四年，伐党项，屡立战功，手诏劳之”[②]。但《辽史》所记均较疏简。辽圣宗统和二十六年（1008）的《耶律元宁墓志》，对景宗保宁年间耶律元宁参与辽军征讨党项夏州政权的战事有相对具体之记载，可补史缺：

> 南夏作梗，皇朝出师，本府王以从祖弟故，于战阵山列之处，矢石星敫之际，告失旗鼓之利，求解兄弟之难。公（耶律元宁）奋雄勇之志，率骁果之骑，数不满百，威可当千，掠蛇豕以孤飞，突鹳鹅而深入，俄而，俱得所遗兵器而还。因是军功达于睿听，宣署北大王府管军司徒。[③]

至圣宗统和初年，辽国仍有出兵征讨党项夏州政权之举。如《辽史·圣宗纪》即云：辽圣宗统和二年（984）二月“丁未，韩德威以征党项回，遂袭河东，献所俘，赐诏褒美”[④]。《辽史·韩德威传》亦载：“统和初，党项寇边，一战却之。”[⑤]所记均较简漏。而辽圣宗统和十五年（997）的《韩德威墓志》可对《辽史》之记载有所佐证和补充：

> 圣上谓其烟尘未殄，宵旰兴忧，举一戎大定之师，恭严讨伐；总十乘启行之律，必求师臣，以公（韩德威）为西南面五押招讨大将军。公则陈借筋之谋，膺推毂之拜。员半千三阵，孰测深机；诸葛亮七擒，咸钦秘略。戢兵禁暴，拓土开疆。[⑥]

当然，辽代石刻文字资料对辽与此后西夏政权的战事也有一定记载。如辽道宗咸雍八年（1072）的《耶律仁先墓志》即云：辽兴宗重熙“十八年，大兵西举讨夏国，命王为都统军”[⑦]。《辽史·耶律仁先传》记载此次伐夏，耶律仁先为先锋官。又，辽

---

① 脱脱等：《辽史》卷八《景宗纪上》，北京：中华书局 1974 年版，第 94 页。
② 脱脱等：《辽史》卷九四《耶律速撒传》，北京：中华书局 1974 年版，第 1383 页。
③ 向南、张国庆、李宇峰辑注：《辽代石刻文续编》，沈阳：辽宁人民出版社 2010 年版，第 43 页。
④ 脱脱等：《辽史》卷一〇《圣宗纪一》，北京：中华书局 1974 年版，第 113 页。
⑤ 脱脱等：《辽史》卷八二《韩德威传》，北京：中华书局 1974 年版，第 1291 页。
⑥ 向南、张国庆、李宇峰辑注：《辽代石刻文续编》，沈阳：辽宁人民出版社 2010 年版，第 35 页。
⑦ 向南：《辽代石刻文编》，石家庄：河北教育出版社 1995 年版，第 353 页。

道宗大安六年（1090）的《萧袍鲁墓志》记载了青年萧袍鲁参与伐夏之事：

重熙中，银夏不恭，灵旗指伐，白旄黄钺，方亲御于六军；尺籍五符，委分提于七校。以公（萧袍鲁）押领殿中司一行兵马。公奋其余勇，务在先登。提鼓建旗，连挫敌人之锐；献俘授馘，常居诸师之先。[①]

时为中下级军官的萧袍鲁随军伐夏，《辽史》等文献不载，此墓志文亦可补史之缺。

五、北疆御敌之战

辽国的北部（包括西北和东北）边疆地区分布着许多属国与属部，比如西北和正北的乌古、敌烈、阻卜，东北的室韦、女真，等等。对于契丹辽国来说，这些北疆部族时叛时附，飘忽不定，叛时他们犯边内扰，辽国政府便出兵御敌平乱，因此，辽政府与北疆诸属国、属部的战事时常发生，终辽之世从未间断。

比如辽同乌古部的战事。乌古又称“乌古里”“羽厥”“于厥”等，分布于辽国上京道北部，约今额尔古纳河流域及呼伦贝尔以东一带。辽国政府在乌古人活动地区先后设有三河乌古部详稳司、乌古部节度使、乌隗于厥部大王府、于厥里部族大王府、于厥国王府等属国或属部机构。据《辽史·太祖纪》《辽史·太宗纪》等记载，契丹辽从公元9世纪末到10世纪三四十年代对乌古人进行征讨，并在该地区建立起比较稳定的统治。为严密控制乌古人，辽太宗耶律德光还在这一地区采取了一些重要措施，比如向该地区进行移民屯田等。但乌古人仍是叛附不定，辽与乌古人的战争在所难免。《辽史·营卫志》即云：

乌古部。……右十部不能成国，附庸于辽，时叛时服，各有职贡，犹唐人之有羁縻州也。[②]

辽国军队与乌古人的战事除见载于《辽史》等传世文献外，出土辽代石刻文字资料亦有反映。如辽圣宗统和四年（986）的《耶律延宁墓志》即记载了身为羽厥里节度

---

① 向南：《辽代石刻文编》，石家庄：河北教育出版社1995年版，第424页。
② 脱脱等：《辽史》卷三三《营卫志下》，北京：中华书局1974年版，第392、393页。

使的耶律延宁在一次与羽厥里人的战斗中负伤殉国之经过：

> 公（耶律延宁）尽忠尽节，竭力竭身。景宗皇帝卧朝之日，愿随从死。今皇帝（辽圣宗）念此忠赤，特宠章临，超授保义奉节功臣、羽厥里节度使，特进、检校太尉、同政事门下平章事、上柱国、漆水郡开国伯，食邑七百户。公威极北之疆境，押洹掠之失围，闻见归降，例皆森耸；妖讹扫尽，荡灭凶顽；路不拾遗，安人得众；天之道满，寿尽者然。以统和三年十二月三十日于羽厥里疮疾而薨，年三十九。[①]

耶律延宁与羽厥里人作战负伤而卒，《辽史》未载。墓志文字中的“失围”即室韦；“洹掠”意不明，有言“鞑靼”者，向南先生认为不可取。[②] 此外，从《耶律延宁墓志》来看，身为羽厥里部节度使的耶律延宁所统辖的已不仅仅是羽厥里（乌古）一部，附近的室韦部似乎也在他的辖制范围之内。

辽同敌烈部的战事。敌烈，又称“迪烈”“迪烈得”“迭烈德”“达里底”等。因其有八部，故又有“八部敌烈”或“八石烈敌烈”之名。敌烈人居于乌古西部，即今克鲁伦河流域。辽国政府在敌烈地区亦设有管理机构，如迪烈得国王府、敌烈八部详稳司、敌烈节度使司等。但辽与敌烈的关系并不稳定，敌烈人经常反叛内扰，因而，辽国政府亦经常派军队进行围剿平叛。如《辽史·圣宗纪》即云：辽圣宗统和十五年（997）五月，“敌烈八部杀详稳以叛，萧挞凛追击，获部族之半”[③]。又，《辽史·耶律世良传》亦载：辽圣宗开泰三年（1014），“敌烈部人夷剌杀其酋长稍瓦而叛，邻部皆应，攻陷巨母古城。世良率兵压境，遣人招之，降数部，各复故地”[④]。稍瓦是辽国政府任命的敌烈部详稳，敌烈部人。

辽国军队平定敌烈人反叛，辽代石刻文字资料亦有记载。如辽道宗大安三年（1087）的《萧兴言墓志》即记载了辽国西北路招讨使萧兴言和平解决敌烈部叛乱之事：

> 因迪烈子叛，上以公（萧兴言）世镇西北隅，特简授遥郡节度使，利用讨伐。

---

① 向南：《辽代石刻文编》，石家庄：河北教育出版社 1995 年版，第 85、86 页。

② 同上，第 87 页，注③。

③ 脱脱等：《辽史》卷一三《圣宗纪四》，北京：中华书局 1974 年版，第 149 页。

④ 脱脱等：《辽史》卷九四《耶律世良传》，北京：中华书局 1974 年版，第 1386 页。

公既承命，止率人骑五十，入其境，会彼首领，说而质其子。由是，不破一甲而和焉，复还所虏人物。是岁从贡，今匪阙供，兼给役使十一道。上重其□，转加金吾卫上将军，改详稳司为统军司，复授三十万兵都统军。诏制阃外，专以生杀。后又以萌骨子不克，公乃九征而五帅其师，矛钺所指，罔不畏从，或犯他守，则公亦越境而制之矣。是故，四怀款附之诚，一无犬吠之警者，皆公之力焉。以此又加龙虎卫上将军、招讨使、守太子太保，兼赐勤力功臣。疆场内外，聆其威名。向其风声，虽孩提无识，尚犹屏气跼慎，莫敢呱呱而啼焉。况渠魁大憝，其可犯乎？[①]

可见，萧兴言在职期间，不仅兵不血刃解决了敌烈部的叛乱，而且还“九征而五帅其师”，平定了相邻的萌骨子叛乱，最终，“四怀款附之诚，一无犬吠之警”。《萧兴言墓志》虽有夸张和溢美成分，但亦反映了辽国西北路招讨使北疆御敌平叛之事。辽代“萌骨”有时也被称为“谟葛失”，即宋元时期蒙古人的祖先，源于唐代的蒙兀室韦，也是辽国北疆部族之一。

阻卜是辽人对分布于上京道西北部的一些游牧部族的总称，有时也称之为鞑靼。阻卜因地而居，据文献记载，大致有北阻卜、西阻卜、西北阻卜及阻卜别部等。辽自建国开始即经略阻卜，终辽之世从未间断。阻卜对辽时而内附朝贡，时而反叛寇边，因而，辽国政府对阻卜的武力征讨亦时有发生。如《辽史·萧韩家奴传》即载：“太祖西征，至于流沙，阻卜望风悉降，西域诸国皆愿入贡。”[②]《辽史·圣宗纪》亦云：辽圣宗统和二年（984）十一月，“速撒等讨阻卜，杀其酋长挞剌干”[③]。

辽国武力讨伐阻卜之战事亦见载于辽代石刻文字资料。如辽道宗咸雍八年（1072）的《耶律仁先墓志》即记载了西北路招讨使耶律仁先讨伐寇边阻卜之战事：

清宁九年七月十九日，皇上以北鄙挞打（鞑靼）、术不姑等部族寇边，命王（耶律仁先）为西北路招讨使往讨之。斩首万余级，俘其酋长图没里同瓦等，驰送阙下。[④]

---

① 向南、张国庆、李宇峰辑注：《辽代石刻文续编》，沈阳：辽宁人民出版社 2010 年版，第 188 页。（参见本书附录图版一）

② 脱脱等：《辽史》卷一〇三《文学上·萧韩家奴传》，北京：中华书局 1974 年版，第 1447 页。

③ 脱脱等：《辽史》卷一〇《圣宗纪一》，北京：中华书局 1974 年版，第 114 页。

④ 向南：《辽代石刻文编》，石家庄：河北教育出版社 1995 年版，第 354 页。

向南先生认为，该石刻所记耶律仁先讨伐阻卜的时间有误，非为清宁九年（1063）七月，应该是咸雍五年（1069）正月，依据是《辽史·道宗纪》《辽史·属国表》《辽史·耶律仁先传》及咸雍九年（1073）《萧德恭墓志》等。[①] 笔者赞同向南先生的考证结论。此错应是墓志撰稿人赵孝严（或书丹者）误将耶律仁先平定重元之乱的时间（清宁九年七月）安在了平定阻卜叛乱上所致。

辽道宗年间讨伐反叛寇边之阻卜，所见辽代石刻文字资料除了上述《耶律仁先墓志》之外，还有其子耶律庆嗣的墓志。辽道宗大安十年（1094）的《耶律庆嗣墓志》即记载耶律庆嗣曾两次参战平乱：第一次是在咸雍三年（1067），随同其父耶律仁先一同讨伐阻卜（鞑靼）：

> 咸雍三载，鞑靼扰边，时尚父、于越（耶律仁先）为西北路招讨，因有请，遂假授左尅，俾从军典事。屡奏捷，授临海军节度使。[②]

第二次是在大安八年（1092），以西南路招讨使的身份统兵讨伐阻卜，并最终战死于沙场：

> 大安八年，任西南路招讨。无何，西北路驰奏，将臣失职，贼众窥边。公（耶律庆嗣）承命讨伐，且不虞其兽穷则攫，遂至掩殁，时年五十有五。[③]

耶律庆嗣，契丹名“挞不也”。《辽史·耶律挞不也传》亦记载了耶律庆嗣战死于讨伐阻卜之事，两者可为互证：

> 阻卜酋长磨古斯来侵，西北路招讨使何鲁扫古战不利，诏挞不也代之。磨古斯之为酋长，由挞不也所荐，至是遣人诱致之。磨古斯绐降，挞不也逆于镇州西南沙碛间，禁士卒无得妄动。敌至，裨将耶律绾斯、徐烈见其势锐，不及战而走。遂被害，年五十八。[④]

二者所记庆嗣战死时年龄有异，应以石刻记载为准。

---

① 向南：《辽代石刻文编》，石家庄：河北教育出版社 1995 年版，第 356 页。
② 同上，第 457 页。
③ 同上。
④ 脱脱等：《辽史》卷九六《耶律挞不也传》，北京：中华书局 1974 年版，第 1398 页。

辽代石刻文字资料所记辽道宗咸雍年间随同耶律仁先一同讨伐阻卜的还有夏州管内观察使萧德恭。辽道宗咸雍九年（1073）的《萧德恭墓志》即云：

咸雍己酉岁，达怛寇我边庭，逆我王命。以公（萧德恭）有夷凶之壮志，疾恶之雄心，遂选公从尚父于越晋王，讨而平之。会以贼气方盛，军粮屡空，舆兵皆溃以偷生，惟公执战而示死。丙戌年，尽降虏首，来返阙庭，尚父于越晋王以状闻于上，嘉叹不已。[①]

“咸雍己酉岁”即咸雍五年（1069）。“尚父于越晋王”即耶律仁先。而“丙戌”应为“庚戌”之误，即咸雍六年（1070）。

辽代东北地区的女真人有两大部分：一是入辽籍的熟女真，大致分布在东京道的东部及东南部。辽国政府在熟女真地区建有南女直国大王府、曷苏馆路女直国大王府、鸭绿江女直国大王府、北女直国大王府、黄龙府女直国大王府、长白山女直国大王府等管理机构。二是未入辽籍的生女真，主要分布在东京道东北边地，即今松花江以北的牡丹江流域到东部滨海地区。生女真虽未入辽籍，但也属于辽的属国、属部之体系，辽国政府任命女真人首领为部族节度使以羁縻管理之。

辽国政府与女真人的战事亦时有发生，但辽代石刻文字资料对其记载只检索到两条：

一是辽道宗咸雍八年（1072）的《耶律仁先墓志》记载的兴宗重熙年间女真寇边，皇帝诏命耶律仁先领兵御敌之事：

时朝廷以高丽、女直等五国入寇闻，上（辽兴宗）曰：“仁先可往。”命驰驿安定之。因奏保、定二州联于北鄙，宜置关铺，以为守备。有诏报，自是五国绝不敢窥扰。上嘉之，赐予甚厚。[②]

此次女真寇边，《辽史·兴宗纪》记为重熙九年（1040）“十一月甲子，女直侵边，发黄龙府铁骊军拒之”[③]，但未记由何人统兵拒敌。另《辽史·耶律仁先传》也有相应

---

① 向南、张国庆、李宇峰辑注：《辽代石刻文续编》，沈阳：辽宁人民出版社 2010 年版，第 154 页。
② 向南：《辽代石刻文编》，石家庄：河北教育出版社 1995 年版，第 352、353 页。
③ 脱脱等：《辽史》卷一八《兴宗纪一》，北京：中华书局 1974 年版，第 222 页。

之记载："女直恃险，侵掠不止，仁先乞开山通道以控制之，边民安业。"[①] 但又未记拒敌之时间。《耶律仁先墓志》所记除其领兵御敌之内容，还反映了事后辽国政府在耶律仁先奏议下于东部与高丽、女真交界的保州、定州一带设置边防铺所之史事，足可为《辽史》所记遗漏之补充。

二是天祚帝天庆七年（1117）的《孟初墓志》记载的翰林学士孟初于天庆四年（1114）统兵与女真军队战于沈州之郊，最终以身殉国之事：

> 天庆四年，挹娄、渤海濊种，首尾畔换，天子赫怒，方议剪覆，□□□中，可与言兵者，得翰林孟公为副帅。师出不数月，捷问络绎不绝，赐御札嘉激。公率部下，乘胜转战，直抵寇所窃邑，邑城漂摇，拔在朝夕。会天大雨，河水暴涨，班师驻沈州。贼出近甸，我师玩而无备，公马还泞，殁于贼中。[②]

"挹娄、渤海濊种"即指源于肃慎系的生女真完颜部。

六、国内平叛之战

同其他封建王朝一样，在诸种社会矛盾激化过程中，辽国国内的各种武装叛乱事件也时有发生。辽代石刻文字资料所记辽军平定国内叛乱主要有三次（类）：

一是辽代中期平定以大延琳为首的辽东渤海遗民之乱。辽初灭渤海国后，渤海遗民南迁，主要分布在东京道南部（辽东）及上京附近。一些渤海遗民，特别是原渤海国王族人士，不甘心国破家亡沦为人臣，所以，受某种外因之影响，发动反辽叛乱是必然的。据《辽史》等文献记载，辽圣宗太平年间，辽国东京户部使韩绍勋在该地区推行原行之于南京地区的赋税制度，加重了当地民众负担，引起渤海遗民的严重不满。而引发此次叛乱的直接导火索则是东京户部副使王嘉使人造海船，募船夫跨海漕运辽东粟以济燕地之饥民，但因水路艰险，船只多有覆没者，造成了人员伤亡。辽圣宗太平九年（1029）八月，辽国东京舍利军详稳、渤海人大延琳利用民众的不满情绪，起

---

① 脱脱等：《辽史》卷九六《耶律仁先传》，北京：中华书局 1974 年版，第 1396 页。

② 向南、张国庆、李宇峰辑注：《辽代石刻文续编》，沈阳：辽宁人民出版社 2010 年版，第 297 页。（参见本书附录图版二）

兵反辽，杀死韩绍勋、王嘉等人，囚禁东京留守、驸马都尉萧孝先及南阳公主，自称皇帝，国号“兴辽”。辽国政府紧急调兵遣将，对大延琳的叛军进行围剿。

辽国政府平定大延琳叛乱，除见载于《辽史》等文献之外，辽代石刻文字资料亦有记述。如辽兴宗重熙六年（1037）的《韩椅墓志》即云：（辽圣宗太平）“八年秋，逆贼大延琳，窃据襄平，盗屯肃慎。鲸鲵横海，怒张吞小之喉；蛇豕凭江，暴启食中之吻。……假公（韩椅）押领控鹤、义勇、护圣、虎翼四军，充攻城副部署。贼平，就拜永清军节度”[①]。

长宁军节度使韩椅以副部署身份参与平叛，其统率的控鹤、义勇、护圣、虎翼四军，除控鹤军外，其余三军《辽史》均不见记载，《韩椅墓志》可补其缺。但《韩椅墓志》所记大延琳叛乱时间为太平八年（1028）秋，与《辽史》及《高丽史》等均记为太平九年（1029）不同。

辽兴宗重熙十五年（1046）的《刘日泳墓志》记载了辽东京道遂州刺史刘日泳在大延琳于东京发动叛乱、辽东军民御敌平叛之时，恪于职守，保境安民之事迹：“辽府叛乱，东国遄征，护黎民以无伤，御一郡而能守。”[②]

辽道宗咸雍八年（1072）的《耶律宗福墓志》亦记载了安远军节度使耶律宗福率本部军队参与平叛之事：

> 粤自太平八年，贼魁渤海大延林不臣，肆志据我东都，右断河关，左截塞门。仍结援于女直，为祸非细，怀忧者众。王时领旄节于贵德州安远军，因率部兵，直抵边口，狞虬之凭水势，鸷鹗之乘风力。怒而一激，乱党随败。仆尸地靡，流血波委。上闻而佳之，就加同中书门下平章事。[③]

《耶律宗福墓志》亦言大延琳叛乱发生在辽圣宗太平八年（1028），足证《辽史》及《高丽史》记载大延琳叛乱时间不准确。

---

① 向南：《辽代石刻文编》，石家庄：河北教育出版社 1995 年版，第 206 页。

② 同上，第 244 页。

③ 向南、张国庆、李宇峰辑注：《辽代石刻文续编》，沈阳：辽宁人民出版社 2010 年版，第 141、142 页。

二是辽道宗清宁年间平定耶律重元父子叛乱之战。耶律重元（石刻记为"耶律宗元"）为圣宗之子，兴宗之弟，道宗之叔。辽兴宗耶律宗真执政之初，因与其母钦哀太后的矛盾加剧，太后欲废兴宗而另立耶律重元为帝，但因耶律重元的告密而没有成功。道宗即位之初，为缓和与皇叔耶律重元之间的矛盾，巩固刚刚到手的皇权，先后册封耶律重元为皇太叔及天下兵马大元帅。耶律重元位高权重，在其子耶律涅鲁古的支持和怂恿下，开始觊觎皇权，对道宗的统治产生了严重威胁。辽道宗清宁九年（1063）七月，道宗耶律弘基至太子山秋捺钵，住在滦河行宫。耶律重元、耶律涅鲁古父子认为有机可乘，便起兵叛乱，直逼行宫。道宗皇帝得知消息后，急诏耶律仁先等勤王平叛。最终，耶律涅鲁古被杀，耶律重元负伤逃进大漠后自尽。

耶律重元叛乱又称"滦河之变"，除见载于《辽史》等文献之外，辽代石刻文字资料亦有较详细之记载。如辽道宗咸雍八年（1072）的《耶律仁先墓志》即云：

时帝叔宗元与子涅里骨，恃宠跋扈。秦公（姚景行）谓王（耶律仁先）曰："观此人父子，内怀逆节，外示诡色，万一窃弄，是昧早图。"意者讽王阴摭其事，以闻于上也。未几，副部署耶律良奏得宗元父子、萧知章等反状。上召王谓曰："彼辈承朕大恩，岂有是也？"王具言其事。宗元已侦知之，涅里骨擐甲领数骑来袭御幄，王呼掌舍拔柢木以御之。徐得弓矢，涅里骨中流镝，殪于地，刃其首以进。翌日与宗元会战，大破之。宗元遁去，缢死于林莽中。[①]

耶律仁先之子耶律庆嗣当时也以彰愍宫都部署的身份，随同知枢密院事耶律祺参与平叛。辽道宗大安十年（1094）的《耶律庆嗣墓志》即云：

时清宁九载也。是岁，宗元及子涅里骨□叛犯跸，诏公（耶律庆嗣）与今漆水郡王、知枢密院事耶律祺，具甲胄兵仗，左右翼卫。[②]

三是平定一般民众之反乱。有辽一代，社会矛盾等因素导致辽国国内一般民众的反乱事件也时有发生。每至此时，辽国政府都会调动一定的军事力量进行及时平定。

---

① 向南：《辽代石刻文编》，石家庄：河北教育出版社 1995 年版，第 353 页。
② 同上，第 457 页。

出土辽代石刻文字资料对此亦有一定反映。如辽道宗咸雍八年（1072）的《耶律仁先墓志》即记载了耶律仁先于兴宗重熙年间带兵平定南京道武清人李宜儿反乱之事：

时武清李宜儿以左道惑众，伪称帝及立伪相，潜构千余人，劫敚居民。王（耶律仁先）侦之捕获之，驿送阙下。[①]

此事《辽史·兴宗纪》虽有记载，但非常简要：辽兴宗重熙十三年（1044）"秋七月辛酉，香河县民李宜儿以左道惑众，伏诛"[②]。辽代香河县原为武清县某村，因置盐场，故分而置县。而《辽史·耶律仁先传》则未载耶律仁先平乱之事，故《耶律仁先墓志》可补《辽史》之缺漏。

耶律仁先家族为辽代军功世家，出土石刻也记载了其他家庭成员参与平乱的事迹。如辽道宗大安十年（1094）的《耶律智先墓志》即记载了耶律仁先四弟耶律智先、三弟耶律礼先曾率乡勇平定草寇反乱之事：

及中年，义勇自任，先闻草寇范则聚党百人，依险自固。公与兄礼先率仆隶，披甲执锐，□□数日尽获之。朝廷嘉其忠孝，累官果州防御使[③]。

元修《辽史》仓促而草率，对辽朝史事之记载缺漏与讹误颇多。因而，自清代以来，特别是20世纪至今的百余年间，辽史研究者广泛收集、整理《辽史》之外记载或反映辽朝史事的资料，尤其是出土于地下的辽代石刻文字资料——它们已经成为研究辽朝历史的第一手珍贵史料。如此，辽史研究范畴已被大大拓宽，辽史研究质量也被提高了。这其中也包括对辽朝战争史事的研究。当然，利用出土辽代石刻文字资料研究辽史，也应注意两点：一是记载的真实性问题。尤其是辽人墓志铭中的记载，很可能有撰述者对志主的溢美不实之词。二是书丹及刻石过程中的疏漏与讹误。所以，援引辽代石刻文字资料研究辽朝战事也要对其有所甄别，特别是与文献史料的校勘与互证，这十分必要。

---

① 向南：《辽代石刻文编》，石家庄：河北教育出版社1995年版，第353页。

② 脱脱等：《辽史》卷一九《兴宗纪二》，北京：中华书局1974年版，第231页。

③ 向南、张国庆、李宇峰辑注：《辽代石刻文续编》，沈阳：辽宁人民出版社2010年版，第222页。

第二节　辽朝的使臣与驿馆

所谓“使臣”，是指辽国政府派遣担负外交使命的各类使职人员，包括在境内接待陪伴外国信使的接伴使、馆伴使和送伴使等。驿馆，指的是辽国使臣及外国信使在辽国境内驿途中的食宿场所。有关辽国与相邻国家及民族政权，如北宋、高丽、西夏、沙州等的聘使交往，此前学界已多有研究[①]，但大多是从政治视角探讨双边关系以及聘使过程、欲达目的，等等。笔者检索出土辽代石刻文字资料，发现其中零散记载了一些与辽朝使臣及驿馆相关的史事，且为以往学者所忽略，为给学界提供参考，将其略举如下。

一、遴选使臣之标准

古往今来，每个国家遴选负有外交使命的使臣，不外乎坚守两大原则：一是能力，二是仪态。前者是为保证使臣能顺利完成出使任务，后者则是因为使臣代表出使方的国家形象。然后，在此原则之下，制定相应的具体细则。契丹辽国亦不例外。有辽一代二百余年，辽使出使国较多，如澶渊结盟后的北宋，如朝鲜半岛的王氏高丽，如西夏，如沙州，如吐蕃，如西域诸国，等等。曹显征先生在其博士学位论文《辽宋交聘制度研究》中，对辽国选拔接待北宋信使的接伴使和馆伴使的条件进行了探讨，笔者完全赞同。其实，这些条件辽国已不仅仅用于选拔接伴使和馆伴使，对于遴选各类信使也都适用。

标准之一：学识渊博，素养良好

契丹辽国的主要出使国之一是以文立国的北宋。在政府“右文政策”影响下，北

① 如聂崇岐《宋辽交聘考》，《燕京学报》27 期，1940 年 6 月；傅乐焕《宋辽聘使表稿》，《历史语言研究所集刊》14 本，1949 年 12 月，后收入氏著《辽史丛考》，北京：中华书局 1984 年版；陶玉坤《辽宋对峙中的使节往还》，《内蒙古大学学报》1999 年第 2 期；曹显征《辽宋交聘制度研究》，中央民族大学博士论文，2006 年；刘建丽《西夏与辽代关系述论》，《辽宁大学学报》2005 年第 2 期。

宋涌现出诸多文史大家，如欧阳修、王安石、苏轼、陈襄、苏颂，等等，而且这些人大都出使过契丹辽国。契丹辽国虽然“以武立国”，但为了在与北宋等国的交聘过程中避免给人以粗俗少文的不良印象，为了实现与邻国的“文化对接”，在遴选使臣时便把候选人是否具有学识素养作为主要的标准之一，特别是选拔作为副使的汉臣时，候选人具备较高的学识素养更是必须的。如道宗朝的王师儒就是显例。天祚帝天庆四年（1114）的《王师儒墓志》即记载了王师儒因学识出众且善于辞令而由接伴使转任祭奠副使之过程：

（辽道宗大康年间，1075—1084，王师儒）充南宋正旦国信接伴。……初，公接伴宋使钱勰者，南国之闻人也。在驿途，相与论六经子史及天文□□山海异物医卜之书，公无不知者。闻其讲贯，一皆输伏。到阙，馆宴次，故相国窦公景庸，时任枢密直学士，方在馆□。闻钱勰大许公以博洽，且言于本朝两制间求之，亦不多得。时属上（辽道宗）微行，亲耳之。自是恩礼眷待，绝异等伦。……以公善辞令，可与宾客言，俾复充南宋贺生辰国信接伴。甫及大安岁，出为南宋祭奠副使。[①]

关于辽国政府如此遴选使臣之标准，当时的宋人亦十分清楚，可为其佐证。如辽圣宗统和二十六年（1008），宋人路振以知制诰身份充贺契丹国主生辰使。路振使辽归国后，将其所见所闻笔录成《乘轺录》上奏朝廷。在其《乘轺录》中路振即云：

蕃、汉官子孙有秀茂者，必令学中国书篆，习读经史。自与朝廷（北宋）通好以来，岁选人才优异聪敏知文史者，以备南使，故中朝声教，皆略知梗概。[②]

标准之二：口齿伶俐，机敏善辩

辽人认为，本国使臣，或肩负某种出使重任，或面对因事而来的外使，都要做到思维敏捷，能言善辩。因为外事交锋，只有在气势上压倒对方，最终才能完成皇帝交

---

① 向南：《辽代石刻文编》，石家庄：河北教育出版社 1995 年版，第 646 页。
② 赵永春编注：《奉使辽金行程录》，长春：吉林文史出版社 1995 年版，第 20 页。

办的重要使命，所以遴选出来的使臣必须具备极好的口才与辩能，用一个当时的专用名词讲，就是要善于“专对”。比如，辽道宗寿昌四年（1098）的《邓中举墓志》即记载了邓中举通过先做接伴使的实践考察，被朝廷认为已经具备“专对”才能，便顺利升任国信副使。《邓中举墓志》云：

大安三年冬，充南使接伴，将以观其专对之良也。次年冬，果命公充南朝生辰国信副使。诗云：“皇皇者华，于彼原隰。”公实有之。[①]

又如梁援，也是因具备“能以语辨屈宋人”的才干入选辽国使臣行列的。梁援一生，“三奉命接送南朝国信副使，六充馆伴副使，一充皇太后南朝正旦国信副使”[②]，俨然成了辽代中后期的职业外交行家。

史实也的确如此。在出使过程中，不少辽代的信使都能凭借自身的机敏与善辩，既顺利完成了使命，也为朝廷争得了荣誉，堪称佳话。如圣宗朝的萧和尚：

使宋贺正，将宴，曲仪者告，班节度使下。和尚曰：“班次如此，是不以大国之使相礼。且以锦服为贶，如待蕃部。若果如是，吾不预宴。”宋臣不能对，易以紫服，位视执政，使礼始定。[③]

再如天祚帝朝的牛温舒：

（乾统）五年，夏为宋所攻，来请和解。温舒与萧得里底使宋。方大燕（宴），优人为道士装，索土泥药炉。优曰：“土少不能和。”温舒遽起，以手藉土怀之。宋主问其故，温舒对曰：“臣奉天子威命来和，若不从，则当卷土收去。”宋人大惊，遂许夏和[④]。

标准之三：仪态端严，遵循礼法

辽与北宋北南对峙，辽人常以北朝大国自居。为彰显大国使臣之形象，无损北南对等之尊严，辽国政府对遴选使臣的身形仪态、品德礼法等方面，也有较高要求。比如，

---

① 向南：《辽代石刻文编》，石家庄：河北教育出版社 1995 年版，第 489 页。

② 乾统元年（1101）《梁援墓志》// 向南：《辽代石刻文编》，石家庄：河北教育出版社 1995 年版，第 520 页。

③ 脱脱等：《辽史》卷八六《萧和尚传》，北京：中华书局 1974 年版，第 1326 页。

④ 脱脱等：《辽史》卷八六《牛温舒传》，北京：中华书局 1974 年版，第 1325 页。

出使他国的信使身形要端正，身体要健康，不能有伤残。如果信使带伤出使，一旦被朝廷知晓，必受重罚。如兴宗朝的镇国军节度使萧滴洌，辽兴宗重熙“六年，奉诏使宋，伤足而跛，不告遂行，帝怒。及还，决以大杖，降同签南京留守事”[①]。

肩负使命的辽朝使臣，一定要熟知并遵守对方的礼仪制规，在交聘过程中要谨言慎行（与机敏善辩不悖），不可稍有失仪或违法之处。上引天祚帝乾统元年（1101）的《梁援墓志》记载，梁援之所以多次被遴选为使臣，“三奉命接送南朝国信副使，六充馆伴副使，一充皇太后南朝正旦国信副使”，“其他出使小国杂领繁务者，率在期间”，原因之一便是他“善礼容，长决断，精藻鉴之故也”[②]。天祚帝乾统九年（1109）的《萧孝资墓志》记载，萧孝资生前“或充泝使诸馆接送伴者五，恂恂往来，语动必法，故使人服其知礼”[③]。

因为只有遵循礼法的使臣才能得到对方的尊重和礼赞。如萧奥只：

> 虽家门贵盛而虚己接物，汲引诸名士，时论贤之。宋张昇来使，奥只以侍中为馆伴，从容言：“两朝盟好，誓若山河，毋以小嫌，遽伤大信。”与昇谈论移日，曲尽其欢。昇亦云：“侍中，北朝仪表也。”深敬异之[④]。

也只有徇礼遵规的谦谦君子型使臣，才能得到本朝皇帝的赏识与重用。如刘四端，以“卫尉少卿”身份“使宋贺生辰，方宴，大张女乐，竟席不顾，人惮其严。还，拜枢密直学士”[⑤]。

身为大国之使臣，还要做到品行端正，不受诱惑，廉洁自律。倘若使臣在出使过程有贪腐受贿行为，一旦被人揭发，受到的惩处也是很严厉的。如兴宗朝的翰林学士刘六符，曾在重熙十一年（1042）与耶律仁先使宋，争得北宋增贡岁币，对朝廷的贡献不谓不大。但事后他被人（杜防）告发“尝受宋赂，白其事，出为长宁军

---

① 脱脱等：《辽史》卷九五《萧滴洌传》，北京：中华书局1974年版，第1390页。

② 向南：《辽代石刻文编》，石家庄：河北教育出版社1995年版，第520页。

③ 向南、张国庆、李宇峰辑注：《辽代石刻文续编》，沈阳：辽宁人民出版社2010年版，第265页。

④ 叶隆礼撰，贾敬颜、林荣贵点校：《契丹国志》卷一五《外戚·萧奥只传》，北京：中华书局2014年版，第179、180页。

⑤ 脱脱等：《辽史》卷八六《刘六符传》，北京：中华书局1974年版，第1323页。

节度使”[①]。

还有一点也非常重要，那就是作为使臣，要严守本国各种机密，绝不能向对方泄露半点儿。比如与军事有关的地理情报。曹显征先生在《辽宋交聘制度研究》中所举两个实例，即颇具代表性：一是辽道宗清宁元年（1055）使辽的宋人刘敞，途中作《铁匠馆》诗：

稍出卢龙塞，回看万壑青。旷原开碛口，别道入松亭……

诗下原注：

此馆以前属奚，山溪深险。此北属契丹，稍平衍，渐近碛矣。另一道自松亭关入幽州，甚径易，敌常秘，不欲汉使知。[②]

“敌常秘”，即指辽朝伴使坚守本国军事地理机密而绝不告知宋使。

二是辽道宗大康元年（1075）使辽的宋人沈括，在其《熙宁使虏图抄》中即言：

自幽州由岐路出松亭关，走中京，五百里，徇路稍有聚落，乃狄人常由之道。今驿回屈几千里，不欲使人出夷路，又以示疆域之险远。[③]

作为科学家的沈括比较了解辽国的地理状貌，他明显感觉到辽国伴使在有意掩饰什么。

此外，契丹辽国遴选出使他国的信使，似乎还有一个标准。笔者检索《辽代石刻文编》《辽代石刻文续编》《辽史》《契丹国志》《续资治通鉴长编》及《高丽史》等史料后发现，辽国正使基本上是由契丹族官员担任，副使则由汉族官员担任，但“罚使绝域”者可能除外。

二、信使言行与出使目的之关系

依照上述标准遴选出来的辽朝信使，奉君命出使邻邦，完成各种外事交涉，其言行举止要有一定之规，若有逾越，是为不妥，严重者要受到相应的处罚。但有意思的是，

① 脱脱等：《辽史》卷八六《刘六符传》，北京：中华书局 1974 年版，第 1323 页。
② 赵永春编注：《奉使辽金行程录》，长春：吉林文史出版社 1995 年版，第 48、49 页。
③ 同上，第 88 页。

事实也不尽完全如此。笔者检索出土辽代石刻文字资料及《辽史》等文献史料后发现，判定辽朝信使在境外的言行举止是“中规”还是“越矩”，与出使目的息息相关。

首先，如果出使方处于强势高位且有理无错，而被出使方处于弱势低位且无理有错，那么作为出使方的辽国信使在与被出使方进行外事交涉的过程中，其言行举止可能会有超出正常外交礼仪之处，表现出咄咄逼人的态势。比如辽与西夏，两国关系一直比较复杂，但大多数时候是西夏依附于辽，辽居强势，西夏处于弱势，所以，一旦西夏有错在先，辽国遣使西夏，就会拿出“问罪”的架势，信使的言行举止肯定非同常态。如辽道宗大康四年（1078）的《秦德昌墓志》记载的兴宗朝阁门使秦德昌出使西夏“问罪”夏王李元昊，以及李元昊“遂朝”后再遭秦德昌大声呼名的一段史事，即颇有代表性。《秦德昌墓志》云：

> 重熙中，兴宗问罪于西夏，遣公召夏王李元昊，奉命既严，乃曰：“李王据虎狼之国，不可以柔而致。”遂直诣其厅之前以下马，入厅限内见之。李王欲正坐，公请并坐，曰：“何得倨见上国使臣，及辱万乘亲征行銮咫尺而不朝见，毋恃小小土疆，至如十倍于此，亦不劳瓦解。”李王愠色，殊无礼待。公曰：“草莽之身，直如亡命，亦且无憾。”李王遂朝。初在阁门，嘱公以简其礼及不呼名。公尽依常礼，通名喝李王，左右掩耳声苦，皆欲奋剑而刺之。[①]

可见这种用于一般宾客的“常礼”，或许只是专对叛服无常的夏王更适用。

其次，如果被出使方是与契丹辽国地位对等的大国，那么，即便因事交涉，信使据理力争，哪怕是吵得面红耳赤，但其言行举止也不会逾越基本的外交礼节。如兴宗朝，辽宋之间曾因关南十县问题有过外事交涉，最终以北宋不同意割地而愿意增加岁币而了结。北宋不同于西夏，澶渊之盟后，辽宋北南对峙，地位平等，双方聘使交好，一直和平相处。虽然此次交涉起因在辽，自觉索地有理，且以举兵南下相要挟，但在谈判桌上，辽国信使也是据理而争，依礼交涉。如辽道宗咸雍八年（1072）的《耶律仁先墓志》即记载了耶律仁先出使北宋依礼交涉之事：

> 重熙十一年，大兵南举，宋国遣奏乞固旧好，命王（耶律仁先）使之，故太

① 向南、张国庆、李宇峰辑注：《辽代石刻文续编》，沈阳：辽宁人民出版社 2010 年版，第 167 页。

> 尉刘宋公（刘六符）为之副。是日临遣，上（辽兴宗）曰："彼自统和之后，岁贡金帛，迩来国情不诚，汝可往，庶毕朕命。"王至宋廷，甚承礼敬。宋帝与大臣议，著信誓书缃素，岁添纳金帛二十万，永愿为好。报命，上悦之。[①]

至于此次使宋过程中辽国信使与宋人据理而争、依礼交涉等具体谈判内容，《辽史·耶律仁先传》及同书《刘六符传》有载。如《辽史·耶律仁先传》即云：

> 时宋请增岁币银绢以偿十县地产，仁先与刘六符使宋，仍议书"贡"。宋难之，仁先曰："曩者石晋报德本朝，割地以献，周人攘而取之，是非利害，灼然可见。"宋无辞以对。乃定议增银、绢十万两、匹，仍称"贡"。[②]

《辽史·刘六符传》亦载：

> 会宋遣使增岁币以易十县，（刘六符）复与耶律仁先使宋，定"进贡"名，宋难之。六符曰："本朝兵强将勇，海内共知，人人愿从事于宋。若恣其俘获以饱所欲，与'进贡'字孰多？况大兵驻燕，万一南进，何以御之！顾小节，忘大患，悔将何及！"宋乃从之，岁币称"贡"。[③]

辽国信使与宋方谈判，虽然软硬兼施，恐吓加规劝，但依然是在外交礼仪的范围之内，没有多少逾越的成分。

在没有战事的和平岁月，与邻交好，互遣使臣，或祝生辰，或贺正旦，均属例行外事交聘，而且双方的当政者都希望通过这种信使往来维护和平，增进友谊。在这种和平的国际大环境下，信使的一言一行就更要体现出对对方文化习俗的尊重，更要符合外交礼节了，不仅不能像秦德昌对待李元昊那样强硬粗野，即便如牛温舒般欲"卷土收去"，恐怕使毕归国也要受到处罚。

三、信使使命之外的另项任务——谍报

辽国政府遣使他国，使之名称不一，所领任务各异。以辽宋交聘为例，信使出使

---

① 向南：《辽代石刻文编》，石家庄：河北教育出版社1995年版，第353页。

② 脱脱等：《辽史》卷九六《耶律仁先传》，北京：中华书局1974年版，第1395页。

③ 脱脱等：《辽史》卷八六《刘六符传》，北京：中华书局1974年版，第1323页。

任务主要有两大类：一是时间、任务比较固定的，如贺正使、贺生辰使、祭吊使、贺登位使、遗留使等；二是时间和任务都无法固定的普通聘问，或有事报告，或因事要求于对方，俗称“泛使”或“横使”。笔者钩沉出土辽代石刻文字资料及《辽史》等文献，发现辽朝信使在肩负以上各项使命之外，好像还承担着另外一项任务——对被出使方情报的搜集。

辽朝信使搜集的对方情报，多与军事有关。如辽道宗寿昌三年（1097）的《贾师训墓志》即记载贾师训“俄充南朝正旦国信副使。比还，密侦宋人军国事宜，具□□闻。上阅之，不释手者数日。迁枢密直学士”[①]。因为是使命之外的任务，所以贾师训对北宋军事情报的搜集也是秘密进行的，不能让对方发现。该情报可能非常重要，辽道宗不仅多次翻阅情报记录，还因此迁升了贾师训的官职。天祚帝乾统九年（1109）的《萧孝资墓志》亦记载了萧孝资使宋期间搜集对方情报之事：

> 持节以使汴。公既造其境，视其臣主之强懦，兵民之虚实，举之措之，灼在心目。未几，进永兴宫使，拜左金吾卫大将军。[②]

可见，萧孝资亦因出使期间搜集北宋军事情报有功，职阶得到提升。

辽国信使搜集被出使国军事情报，其实早在辽宋交战前即已开始。北宋建国之初，实施先南后北的战略方针，即先平灭十国残余，统一南方，然后北向，灭汉攻辽，收复石敬瑭割让的燕云十六州。所以，自公元960年北宋建立，直至公元979年，在近二十年时间里，辽宋关系尚处于平和之状态，并有少量遣使交聘活动。辽景宗乾亨元年（979），宋灭北汉，兵锋北指，即有攻辽迹象，出使北宋的辽国信使，耳闻目睹，回国后便及时将该情报奏报景宗皇帝。如《辽史·耶律虎古传》即云：

> （辽景宗保宁）十年，（耶律虎古）使宋还，以宋取河东之意闻于上。燕王韩匡嗣曰：“何以知之？”虎古曰：“诸僭号之国，宋皆并收，惟河东未下。今

① 向南：《辽代石刻文编》，石家庄：河北教育出版社1995年版，第478、479页。

② 向南、张国庆、李宇峰辑注：《辽代石刻文续编》，沈阳：辽宁人民出版社2010年版，第265页。

宋讲武习战，意必在汉。”匡嗣力沮，乃止。明年，宋果伐汉。帝以虎古能料事，器之，乃曰：“吾与匡嗣虑不及此。”授涿州刺史。[①]

此事亦见载于《辽史·韩匡嗣传》：

时耶律虎古使宋还，言宋人必取河东，合先事以为备。匡嗣诋之曰：“宁有是！”已而宋人果取太原，乘胜逼燕。[②]

耶律虎古使宋兼获军事情报，本想为国立功，不幸的是，景宗皇帝并未相信他的情报，他与权臣韩匡嗣还发生了争执，结果反倒为其人生的悲剧性结局埋下了伏笔。至圣宗朝，韩匡嗣之子韩德让已深得承天皇太后和圣宗皇帝的宠信，位极人臣，大权在握，盖因记恨耶律虎古昔日与父韩匡嗣关系不睦，便挟私报复，最终借故杀死了他：

统和初，皇太后称制，召（虎古）赴京师。（虎古）与韩德让以事相忤，德让怒，取护卫所执戎仗击其脑，卒。[③]

辽代信使借出使之机搜集对方情报，除用文字记述的文字情报之外，还有一种形式，即“图像情报”。据《辽史·耶律褭履传》记载，耶律褭履“风神爽秀，工于画”；“褭履善画”。后来，耶律褭履“使宋贺正，写宋主容以归”。“清宁间，复使宋。宋主赐宴，瓶花隔面，未得其真。陛辞，仅一视，及境，以像示饯者，骇其神妙。”[④]耶律褭履的确是契丹辽国人物素描之高手，仅辞行时匆匆一瞥，便将北宋皇帝御容画得惟妙惟肖，形象逼真。辽宋交聘过程中，双方互赠皇帝御容画像也是一项重要内容。但信使们想极力描绘对方皇帝御容，肯定不都是为了满足本国皇帝“求易御容，以代相见，笃兄弟之情”[⑤]那么简单。辽宋北南对峙，想通过观察皇帝御容状貌而分析对方的国情实力，也是有实例的。据宋人王明清《挥尘录·后录》记载，北宋徽宗宣和年间，有人向宋

① 脱脱等：《辽史》卷八二《耶律虎古传》，北京：中华书局1974年版，第1295页。

② 脱脱等：《辽史》卷七四《韩匡嗣传》，北京：中华书局1974年版，第1234页。

③ 脱脱等：《辽史》卷八二《耶律虎古传》，北京：中华书局1974年版，第1295页。

④ 脱脱等：《辽史》卷八六《耶律褭履传》，北京：中华书局1974年版，第1324页。

⑤ 李焘：《续资治通鉴长编》卷一七九//陶晋生、王民信编：《李焘续资治通鉴长编宋辽关系史料辑录》，第二册，台北：“中央研究院”历史语言研究所1974年刊行，第559页。

徽宗奏言辽国天祚皇帝耶律延禧的形貌有亡国之相，宰相王黼便推荐画正陈尧臣使辽，绘天祚帝像及辽地山川险易图以归。陈尧臣回国后奏报徽宗皇帝说：

虏主望之不似人君，臣谨写其容以进，若以相法言之，亡在旦夕。幸速进兵，兼弱攻昧，此其时也。[①]

靠观察对方皇帝御容的“相法”来判断其国力强弱没有什么科学根据，纯属荒诞不经。[②]但由此可以证明的是，北宋想通过绘制辽国皇帝御容及地形图来了解辽朝末年的国政军情，这毫无疑问是信使使命之外的一种谍报行为。宋人如此，辽国的耶律裹履绘像之举亦不排除有与之相同的目的。

四、一条与出使有关的法规——“罚使绝域”

周秦有五刑，至隋唐，为笞、杖、徒、流、死。辽承唐制，但其刑罚却传承流变，五刑减为四刑，“曰死，曰流，曰徒，曰杖”，其中，“流刑量罪轻重，置之边城部族之地，远则投诸境外，又远则罚使绝域”[③]。这就是说，辽在四刑之流刑中特别规定：判流刑最重者要“罚使绝域”。《辽史·刑法志》还举了一个世宗朝流刑处罚的案例，以作该项法律条文的解释：

世宗天禄二年，天德、萧翰、刘哥及其弟盆都等谋反，天德伏诛，杖翰，流刘哥，遣盆都使辖戛斯国。[④]

《辽史·耶律屋质传》对该案的案发过程、审讯状况及对罪犯的刑罚等有较详细的记载：

天禄二年，耶律天德、萧翰谋反下狱，惕隐刘哥及其弟盆都结天德等为乱。耶律石剌潜告屋质，屋质遽引入见，白其事。刘哥等不服，事遂寝。未几，刘哥邀驾观樗蒲，捧觞上寿，袖刃而进。帝觉，命执之，亲诘其事。刘哥自誓，帝复

① 王明清：《挥尘录·后录》卷四，北京：中华书局1961年版，第124页。
② 刘兴亮：《辽代的御容及辽宋间御容交聘活动考述》，《青海社会科学》2012年第1期。
③ 脱脱等：《辽史》卷六一《刑法志上》，北京：中华书局1974年版，第936页。
④ 同上，第937页。

不问。屋质奏曰："当使刘哥与石剌对状，不可辄恕。"帝曰："卿为朕鞫之。"屋质率剑士往讯之，天德等伏罪，诛天德，杖翰，迁刘哥，以盆都使辖戛斯国。[①]

黠戛斯在大漠之西北，辽在其地设有辖戛斯国王府。

有辽一代，常见判流刑"罚使绝域"之案例。其中，以出土辽代石刻文字资料所记圣宗朝的韩椅最具典型性。据辽兴宗重熙六年（1037）的《韩椅墓志》记载，韩椅一生多次充当信使，先后出使西夏、北宋、高丽等国，均属正常交聘，但他衔命出使西域沙州，则属因罪"罚使绝域"。志文中记载了他获罪及"罚使绝域"之过程，其使途之艰辛，确非常人所能感受。《韩椅墓志》云：

夫物忌大盛，先哲炯诫；事久则变，前代良箴。忽生曡缧于私门，欻被累囚于制狱。虞书文命，宁杀不辜；孔记冶长，信知昨罪。遂以笞刑断之，仍不削夺在身官告，念勋旧也。明年奉使沙州，册主帅曹恭顺为敦煌王。路歧万里，砂碛百程，地乏长河，野无丰草。过可敦之界，深入达妬。□囊告空，糗粻不继。诏赐食羊三百口，援兵百人，都护行李，直度大荒。指日望星，栉风沐雨。邮亭杳绝，萧条但听于鵽鸣；关塞莫分，坱漭宁知于狼望。旧疹忽作，以马为舆。适及岩泉，立传王命。在腹之瘣，倏然破堕，公亦仆地，至夕乃苏，其疾顿愈。议者谓公忠劳所感，神之祐也。东归之次，践历扰攘，童仆宵征，曾无致寇，骖騑夙驾，殊不畏危。轶绝漠之阻脩，越穷方之辽敻。肃将土贡，入奉宸严。[②]

《韩椅墓志》不仅记载了被"罚使绝域"者的真实遭遇与感受，而且也反映了辽代似乎并没有废除笞刑。《辽史·刑法志》只记四刑，或许是将笞刑并入杖刑之内，笞刑已为杖刑之一种。韩椅既受笞刑，又被"罚使绝域"，属一罪两罚。

一般来说，即便是"罚使绝域"式的出使，也应该是信使完成出使任务后，立即归国复命。但兴宗朝的耶律庶成案却比较特殊。据《辽史·耶律庶成传》记载：

庶成方进用，为妻胡笃所诬，以罪夺官，绌为"庶耶律"。使吐蕃凡十二年，

① 脱脱等：《辽史》卷七七《耶律屋质传》，北京：中华书局1974年版，第1257页。
② 向南：《辽代石刻文编》，石家庄：河北教育出版社1995年版，第205页。

清宁间始归。帝知其诬，诏复本族。[1]

耶律庶成“戴罪”出使吐蕃，应该符合辽代流刑中“又远则罚使绝域”[2]类最高等级之处罚，但他在吐蕃一住十二年未返，又不似一般戴罪信使之所为，与韩棁等人的出使方式显然不同，好像近世常驻他国的大使。何因？不详，待考。

还有一事亦需辨析。《辽史·刑法志》言“罚使绝域”属流刑之属，但《辽史·圣宗纪》在记载某一“罚使绝域”案例之后，却指其为徒刑之属。据《辽史·圣宗纪》载：辽圣宗开泰九年（1020）十月，“郎君老使沙州还，诏释宿累。国家旧使远国，多用犯徒罪而有才略者，使还，即除其罪”[3]。那么，辽代到底是流刑“罚使绝域”，应是徒刑“罚使绝域”？《辽史》“志”“纪”记载不一。笔者根据以上援引诸案例分析，认为“罚使绝域”应是属于流刑刑罚。辽代徒刑有刑期，“一曰终身，二曰五年，三曰一年半”[4]。辽代官员戴罪“罚使绝域”者，除极个别案例（如耶律庶成），大都是信使完成使命即回国复命并除罪，没有服刑的时间性规定。因此，应该是《辽史·圣宗纪》记载有误。

五、使途驿馆与管理驿馆之官与吏

辽国政府为保障与主要出使国的聘使往来，在通往该国的使途驿路之上，每隔一定里程便设一驿馆，为本国使臣及邻国信使提供食宿方便。辽国使途驿馆名称，《辽史》等文献极少记载。好在辽宋交聘频繁，北宋使辽之信使如宋抟、路振、王曾、薛映、宋绶、陈襄、沈括等人，均有记载其出使见闻之“使辽语录”传世，因而，辽代境内辽宋使途驿路上的驿馆名称大多得以保存。如路振于辽圣宗统和二十六年（宋真宗大中祥符元年，1008）以知制诰身份充贺契丹国主生辰使，出使契丹辽国。路振一行越辽宋边界白沟河进入辽国境内，一路北上，最终来到辽中京（今内蒙古赤峰市宁城）觐见辽帝。

① 脱脱等：《辽史》卷八九《耶律庶成传》，北京：中华书局1974年版，第1350页。
② 脱脱等：《辽史》卷六一《刑法志上》，北京：中华书局1974年版，第936页。
③ 脱脱等：《辽史》卷一六《圣宗纪七》，北京：中华书局1974年版，第188页。
④ 脱脱等：《辽史》卷六一《刑法志上》，北京：中华书局1974年版，第936页。

路振在其使辽语录《乘轺录》中即记载了此段使途的一些驿馆名称，如永宁馆、永和馆、孙侯馆（王曾《王沂公行程录》记该馆曾改称“望京馆”）、虎北馆、新馆、卧如馆、柳河馆、部落馆（沈括记为“打造馆”）、牛山馆、鹿儿馆（沈括记为“鹿峡馆”）、铁匠馆、富谷馆、通天馆、大同驿（王曾《王沂公行程录》记为“大同馆”）等。[①] 薛映于辽圣宗开泰五年（宋真宗大中祥符九年，1016）以贺契丹国主生辰使身份出使契丹辽国。薛映行走路线与路振相同，只不过他出使的最终目的地不是辽中京，而是辽上京（今内蒙古赤峰市巴林左旗）。薛映使辽语录《薛映记》记载了从辽中京到辽上京的一些驿馆名称，如临都馆、官窑馆、松山馆、崇信馆、广宁馆、咸宁馆、保和馆、宣化馆、长泰馆、临潢馆等。[②] 沈括于辽道宗大康元年（宋神宗熙宁八年，1075）以右正言知制诰假翰林学士身份充回谢辽国使，出使契丹辽国，其使辽路线白沟河至辽中京段与路振等人相同，但其使辽语录《熙宁使虏图抄》记载了路振《乘轺录》漏记的一些驿馆，如白沟馆、密云馆、金沟馆、古北馆、长兴馆等。此外，沈括还记载辽于使途两个驿馆之间均设“中顿”，即供信使临时饮食休息之处。沈括使辽的最终目的地是辽道宗的夏捺钵行帐所在——庆州犊儿山下的单于庭（约今内蒙古赤峰市巴林左旗、巴林右旗之北的乌兰坝附近），所以沈括也记载了辽中京至单于庭段使途驿馆（或帐馆）名称，如临都馆（与薛映所记同）、崇信馆（与薛映所记同）、松山馆（与薛映所记同）、鹿驼毡帐、广宁馆（与薛映所记同）、会星馆、咸熙毡帐、保和馆（与薛映所记同）、牛山毡帐（陈襄均记为“××毡馆”，余同）、锅窑毡帐、大河毡帐、牛心山毡帐、新添毡帐、顿程毡帐等。[③]

辽国设在使途上的驿馆内部设施如何，《辽史》等亦不见记载。契丹辽国的主要聘使国北宋也在从京师汴京到辽宋边界白沟河之间的使途上设有诸多驿馆（其他地区亦有）。文献记载，北宋驿、馆分设比较明确，即每隔约二十里为一驿，有歇马亭，

---

① 赵永春编注：《奉使辽金行程录》，长春：吉林文史出版社 1995 年版，第 14~17 页。
② 同上，第 32、33 页。
③ 同上，第 89、90 页。

盖与沈括所记辽地两馆之间的“中顿”相类，供信使等人饮食及临时歇息之用；每隔约六十里为一馆，是为信使等人正式的食宿场所。北宋的一些驿、馆规模也较大，设施也很齐全。如凤翔扶风的凤鸣驿，苏轼在《凤鸣驿记》中即记载该驿如官府，如庙观，如数世富人之宅，四方之至者，如归其家，皆乐而忘去。辽代的驿馆，特别是设在京城或州府县城者，设施与服务也应该有一定的档次。如宋人路振在其使辽语录《乘轺录》中记述了辽中京的大同驿，“在阳德门外，驿东西各三厅，概仿京师上元驿也”[①]。拥有六厅之大同驿虽远不如北宋凤鸣驿之规模，更逊于有几百间客房的汴京都亭驿（北宋用于专门接待辽国使团的国宾馆），但相对于本国其他使途驿馆及草原帐馆，应该是比较大的了。

为保障本国使臣及邻邦信使的使途安顺，辽国政府设有驿馆管理官员，并在驿馆内设有具体负责入馆人员食宿的吏职及其他勤杂人员。但遗憾的是，《辽史》等传世文献对此却无只字记载，好在出土辽代石刻文字资料有所反映。如辽景宗保宁元年（969）的《重移陀罗尼幢记》中即见“都亭驿使太原王公恕荣”[②]。此石刻清乾隆年间出土于北京地区，据此估计该都亭驿应在辽南京附近。辽道宗清宁四年（1058）的《显州北赵太保寨白山院舍利塔石函记》中见“来宾馆都监赵珪”“紫蒙馆都监马季昌”“白马馆都监、银青崇禄大夫、检校国子祭酒、上骑尉赵莹”等。[③] 由此可知，辽代管理驿馆的官员有“使”及“都监”等。唐朝也有驿馆之设，朝廷亦置官对其进行监管。据《唐会要》记载，唐朝由御史台第二御史兼任馆驿使，其职责为掌核诸道驿馆，勘其簿书，察其过失，以行黜陟等[④]。辽承唐制，前期有驿使，后期见都监，盖均为使途驿馆之监管官员。

辽国驿馆内有吏职及勤杂人员具体负责入馆信使等人的日常接送及服务工作。北宋的驿馆由衙前差役为驿夫，出现了由乡村一等富户差派里正衙前和乡户衙前，

① 赵永春编注：《奉使辽金行程录》，长春：吉林文史出版社 1995 年版，第 17 页。
② 向南：《辽代石刻文编》，石家庄：河北教育出版社 1995 年版，第 45 页。
③ 同上，第 289~291 页。
④ 参见李然《唐代官员使用馆驿的管理制度》，《边疆经济与文化》2004 年第 8 期。

名曰“馆驿三番”，负责在汴京至白沟河之间使途上接送辽国信使，并担任驿馆供应信使及随员食宿的服侍工作。宋人包拯《包拯集·请罢巡驿内官》即云：“臣窃见自京至雄州人使，馆驿专副，尽是差乡民有家产者勾当。一年一替，仍须是三人已上方可管勾得。前及年终，亦多逃避者。盖信使往来，三番取给，实为烦费，虽有条贯约束，其诸州久例为敝，难为止绝，乡民不敢申诉，以至荡尽产业。”[①] 辽仿宋制，在辽宋交界的涿州境内亦设驿馆衙前吏职，类似于北宋馆驿三番，负责接送并服务两国信使及随员。据天祚帝天庆八年（1118）的《郑士安实录铭记》记载：

公（郑士安）以豪户永泰军衙职祇候，可历任，史君每承温顾，常年奉南宋国信，补充客司书表，从随八次入汴。其于文字往返施礼，谓可知凭。……至左都押衙出职。[②]

原本辽宋两国使团出入边境，都要在本国一侧驿馆将随行所带牵马、担擎等由衙前吏职充任的驿夫交辖，即在宋境由宋人负责，在辽境由辽人负责[③]。但郑士安的身份比较特殊，他除了充任在辽国境内接送两国信使的衙前吏职外，还要“补充客司书表”，因而，才有随使团出境“八次入汴”的经历。

辽代使路驿馆由当地豪户充任吏职驿夫，政府要拨给他们一定数量的土地，作为差役之补贴。如路振《乘轺录》即云：

自白沟至契丹国凡二十驿。近岁已来，中路又添顿馆，供帐鲜洁，器用完备，烛台、炭炉，悉铸以铜铁。奚民守馆者，皆给土田，以营养焉。国信所至，则蕃官具刍秣，汉官排顿置，大阁执抆案，舍利劝酒食，与汉使言，率以子孙为契，观其畏威怀德，必能久守欢约矣。[④]

由此亦知，辽国使路驿馆之设施及服务水平尚可，宋使入馆，接待者和蔼友善，

---

① 参见向南《辽代石刻文编》，石家庄：河北教育出版社 1995 年版，第 675 页，注①、注②。
② 向南：《辽代石刻文编》，石家庄：河北教育出版社 1995 年版，第 674 页。
③ 魏天安、杨世利：《宋代的驿馆与邮传》，《中州学刊》2003 年第 4 期。
④ 赵永春编注：《奉使辽金行程录》，长春：吉林文史出版社 1995 年版，第 21 页。

气氛祥和温馨，确实给人以宾至如归之感觉。

元修《辽史》，仓促而草率，讹误、遗漏太多，因而，研究辽国与使臣及驿馆相关的史事，只能广泛搜集出土辽代石刻文字资料以及宋人使辽语录等，再结合《辽史》等文献，对其做较细致考述，尽力还原并再现相关史况。但笔者以上所论之内容，仍属辽国外交史事冰山之一角，其中还有诸多问题需要进一步发掘与研究，比如辽人外交理念的形成与变化，交聘礼仪的出现与发展，信使团体的组成与分工，使路驿馆的建构与职能，等等，都有待于辽史学者今后发掘新的史料后，做更为深入、细致和系统之研究。

第二章
辽代石刻所见辽朝工商贸易史事

第一节　辽朝的手工业门类与生产场所

建立辽国的契丹人为北方草原游牧民族，畜牧业是其支柱产业。自燕云地区入辽后，辽国汉民人口剧增，农业和手工业亦成为契丹辽国的重要经济门类。特别是辽国的手工业，受中原唐、宋先进生产技术的影响，各行各业都有较大程度的发展和提高。宋人夏竦《文庄集·计北寇》即云："幽蓟陷敌之余，晋季蒙尘之后，中国器度工巧衣冠士族多为犬戎（契丹）所有。"出土辽代石刻文字资料反映，契丹辽国在建国之初即应设有管理全国手工业生产的机构与官员。如辽道宗寿昌三年（1097）的《贾师训墓志》即载：墓主贾师训的高祖贾去疑，在辽初太祖朝"俾督工役，营上都，事业（毕），迁将作大匠"[①]。辽制承唐仿宋。据《旧唐书·职官志》记载，唐代的大匠即为管理全国手工业生产的机构将作监的长官，"掌供邦国修建土木工匠之政令，总四署三监百工之官属，以供其职事"[②]。有关契丹辽国的手工业状况，传世历史文献所记有限，但出土的辽代石刻文字资料中却有较多反映辽国手工业生产门类的内容。

一、兵器作坊——中作

辽朝制作兵器的作坊称"中作"。辽圣宗统和十八年（1000）的《刘宇杰墓志》记载，

① 向南：《辽代石刻文编》，石家庄：河北教育出版社 1995 年版，第 476 页。
② 刘昫等：《旧唐书》卷四四《职官志三》，北京：中华书局 1975 年版，第 1896 页。

刘宇杰曾于统和十一年（993）“授监显州中作”[①]。显州，隶属东京道，为东丹王耶律倍显陵的奉陵邑，旧址在今辽宁北镇境内。向南先生认为，辽代的中作应同于中原王朝的作院[②]。笔者赞同此说。作院盖置于五代后周，宋、金沿置，是为诸朝制造兵器的场所。[③]出土辽代石刻文字资料中虽未见辽朝有作院之设，但种种迹象表明，中作即是辽朝制造兵器的场所，职掌与作院相类。《辽史·圣宗纪》云：辽圣宗统和四年（986）三月壬午，圣宗皇帝曾下诏：“马乏则括民马；铠甲阙，则取于显州之甲坊。”[④]这说明辽国政府在显州的确设有制作兵器的场所，甲坊即是其一。辽朝的中作不仅设于某州，有些京城亦设之。如辽兴宗重熙八年（1039）的《张思忠墓志》即载，墓主张思忠曾“知上京南中作使”[⑤]。可见，辽上京城南有中作之设。由此推断，刘宇杰所任之职盖为显州中作使，是负责显州兵器制作的管理官员。

二、铁冶与铁器制造场所

铁矿石的开采与投炉冶炼，在契丹辽国是非常重要的手工业生产部门之一，早在契丹建国之初即已存在。《辽史·食货志》即云：“坑冶，则自太祖始并室韦，其地产铜、铁、金、银，其人善作铜、铁器。”[⑥]契丹人从室韦人那里学得采矿和冶炼技术后，铁冶生产得以迅速发展。

出土辽代石刻文字资料记载了契丹辽国的一些铁冶生产基地，如营州新兴铁冶。辽景宗保宁元年（969）的《宝峰寺尊胜陀罗尼幢记》记载，建幢施主张德元曾兼监新

---

① 向南：《辽代石刻文编》，石家庄：河北教育出版社 1995 年版，第 107 页。

② 同上，第 108、109 页，注⑧。

③ 薛居正等《旧五代史》卷一一二《周书第三·太祖纪三》即云：“先是，诸道州府，各有作院，每月课造军器，逐季搬送京师进纳。”（北京：中华书局 1976 年版，第 1485 页）脱脱等《宋史》卷一六三《职官志三·工部》亦载：“绍兴二年，诏于行在别置作院造器甲，令工部长贰提点，郎官逐旬点检。”（北京：中华书局 1977 年版，第 3862 页）脱脱等《金史》卷五七《百官志三》亦云：“作院，使一员，副使一员，掌监造军器，兼管徒囚，判院事。（北京：中华书局 1975 年版，第 1316 页）

④ 脱脱等：《辽史》卷一一《圣宗纪二》，北京：中华书局 1974 年版，第 120 页。

⑤ 向南：《辽代石刻文编》，石家庄：河北教育出版社 1995 年版，第 216 页。

⑥ 脱脱等：《辽史》卷六〇《食货志下》，北京：中华书局 1974 年版，第 930 页。

兴铁冶[①]。新兴铁冶在辽南京道营州境内，即今河北昌黎。

景州龙池铁冶。天祚帝天庆三年（1113）的《丁文道墓志》记载，墓主丁文道“旋出为景州龙池冶监”[②]。景州亦属南京道，旧址在今河北遵化附近。

涿州铁院。天祚帝乾统五年（1105）的《造长明灯幢记》中见“前涿州铁院都监刘建”[③]。涿州亦属南京道，旧址在今河北涿州。

出土辽代石刻文字资料表明，在辽朝的一些京府州县，特别是在南京道的不少地方，都有铁冶及铁产品的加工场所。当然，见诸历史文献特别是经考古发掘证实，辽朝的铁冶及铁器加工场所还远不止这些。[④]

辽国铁矿资源丰富，冶炼场所较多，生产技术比较先进，因而其铁器产品质量较高，颇具特色。比如，辽朝手工匠人加工的镔铁，坚韧如钢，用其制作的刀具，是辽国契丹皇帝赠送北宋皇帝的重要节日礼物之一。[⑤]

此外，近年来辽墓考古也出土了大量辽代铁器手工业作坊生产的各种铁制兵器、生产工具和生活用品等，种类繁多，品相较佳[⑥]。

三、银冶与银器制造场所

契丹辽地银矿矿藏十分丰富，因而，辽朝银矿的开采、冶炼以及银器的加工生产非常兴盛。笔者钩沉出土辽代石刻文字资料，发现多处契丹辽地的银矿开采及冶炼基地（银冶），并有政府置官监管。

如都峰银冶与大石银冶。辽景宗保宁十年（978）的《李内贞墓志》记载，墓主李

① 向南：《辽代石刻文编》，石家庄：河北教育出版社 1995 年版，第 40 页。

② 同上，第 640 页。（参见本书附录图版三）

③ 同上，第 554 页。

④ 漆侠、乔幼梅先生在其《辽夏金经济史》中考证辽朝的铁冶和铁器加工场所还有炭山铁冶、柳河馆铁冶、铁利州铁冶、饶州长乐县铁冶、东平县铁冶、曷术部铁冶、铁匠馆铁冶、兴中府霸州铁冶、利州铁冶、惠州铁冶、渔阳铁冶、打造部落馆铁冶、河州铁冶、显州铁冶等。（石家庄：河北大学出版社 1994 年版，第 71~73 页）

⑤ 叶隆礼撰，贾敬颜、林荣贵点校：《契丹国志》卷二一《南北朝馈献礼物》，北京：中华书局 2014 年版，第 226 页。

⑥ 冯永谦：《辽代铁器考古研究》，沈阳：辽宁教育出版社 2018 年版。

内贞曾任都峰银冶都监，李内贞的次子李琰任大石银冶都监[①]。都峰银冶与大石银冶的具体位置，《李内贞墓志》没有记载，但它反映李内贞及其诸子为官基本是在南京道，所以，笔者推测这两处银冶应在长城以南的燕云某地。

安众银冶与艾耩子银冶。辽景宗乾亨四年（982）的《许从赟暨妻康氏墓志》记载，墓主许从赟的三子许守节曾任安众银冶都监；长女"适艾耩子银冶都监程光胤"[②]。安众银冶与艾耩子银冶地址亦不详。《许从赟暨妻康氏墓志》反映许从赟为官及与妻子康氏生前大多数时间是生活在辽西京道与南京道所在的燕云地区，且以西京大同（云州）地区为主。据此推测，该两处银冶位于燕云西部的可能性较大。

严州银冶。辽道宗寿昌三年（1097）的《贾师训墓志》记载，墓主贾师训"在永乐，尝与严州刺史……行视其州银冶之地"[③]。永乐，辽中京道锦州附郭；严州，锦州属州，旧址在今辽西兴城红崖子乡古城子村。据此推测，严州银冶应在其附近。

宝兴银冶。天祚帝乾统三年（1103）的《师哲为父造幢记》记载，师哲的父亲于"大康七年五月二十五日，不禄于宝兴银冶，享年五十三"[④]。宝兴银冶约在辽西京道辽、宋边界附近某处。

此外，辽兴宗重熙十三年（1044）的《沈阳塔湾无垢净光舍利塔石函记》中见修塔邑人"银冶务使金日新"[⑤]。该石刻没有记载该银冶的名称和所在地，笔者推测应在辽东京道沈州（今沈阳市）周边。

除以上出土辽代石刻文字资料中所见辽朝银矿开采及冶炼场所外，另据《辽史·食货志》及《辽史·地理志》等文献记载，辽朝还有泽州陷河银冶（在今河北平泉上、下杖子村附近）、银州银冶（在今辽宁铁岭）、辽河源银冶、阴山银冶、顺州东北银冶（约在今北京密云附近）[⑥]、新兴银冶等。

---

① 向南：《辽代石刻文编》，石家庄：河北教育出版社 1995 年版，第 53、54 页。
② 向南、张国庆、李宇峰辑注：《辽代石刻文续编》，沈阳：辽宁人民出版社 2010 年版，第 20 页。
③ 向南：《辽代石刻文编》，石家庄：河北教育出版社 1995 年版，第 480 页。
④ 同上，第 538 页。
⑤ 向南、张国庆、李宇峰辑注：《辽代石刻文续编》，沈阳：辽宁人民出版社 2010 年版，第 356 页。
⑥ 漆侠、乔幼梅：《辽夏金经济史》，石家庄：河北大学出版社 1994 年版，第 74、75 页。

契丹辽国还有专门从事银器加工的场所——银院，政府亦设官管理。如辽圣宗开泰六年（1017）的《朝阳东塔经幢记》中即见建塔施主“舍手打棺银院使丁仁宪”[①]。辽圣宗太平二年（1022）的《韩绍娣墓志》记载，墓主韩绍娣亦曾监当银院[②]。辽朝银院中工匠们制作的各类银器，样式精美，颇具时代与地域特色。近年来，辽墓考古出土了大量辽朝银器，不仅有饮食器皿，如银盘、银壶，舆服饰品，如银带、银簪、银鞍饰，也有祭器葬具，如银枕、银佛像，等等。

虽然出土辽代石刻文字资料中未见辽朝金冶、铜冶的相关记载，但这并不表明辽朝没有金、铜矿藏的开采和冶炼。文献史料证明，辽朝有金矿，其中一处在上京道的阴山，辽国政府在该地置有金矿开采和冶炼的管理机构——山金司。《辽史・国语解》记载：“山金司：以阴山产金，置冶采炼，故以名司。”[③]

辽朝亦有铜矿及其冶炼场所。比如在辽中京地区，考古发现即有兴隆寿王坟铜冶、平泉小寺沟铜冶以及大名城铜冶等。[④]此外，辽墓考古出土的大量金器和铜镜、铜钱等，也充分证明了契丹辽国应有多处金、铜器物的加工作坊。

四、车船制造与石雕土建场所

辽人特别是辽朝契丹人擅长制车，据说他们是从黑车子室韦及奚人那里学来的。《辽史・国语解》即云：“黑车子，国也。以善制车帐得名。契丹之先，尝遣人往学之。”[⑤]

沈括《熙宁使虏图抄》亦云：

> 契丹之车，皆资于奚。……后广前杀而无般，材简易败，不能任重，而利于行山。长毂广轮，轮之牙，其厚不能四寸，而軫之材不能五寸。其乘车，驾之以驼。[⑥]

---

① 向南：《辽代石刻文编》，石家庄：河北教育出版社1995年版，第149页。
② 向南、张国庆、李宇峰辑注：《辽代石刻文续编》，沈阳：辽宁人民出版社2010年版，第63页。
③ 脱脱等：《辽史》卷一一六《国语解》，北京：中华书局1974年版，第1539页。
④ 漆侠、乔幼梅：《辽夏金经济史》，石家庄：河北大学出版社1994年版，第76页。
⑤ 脱脱等：《辽史》卷一一六《国语解》，北京：中华书局1974年版，第1534页。
⑥ 赵永春编注：《奉使辽金行程录》，长春：吉林文史出版社1995年版，第86页。

此外，契丹辽地的渤海人也擅长造车。王曾《王沂公行程录》即云："七十里至富谷馆，居民多造车者，云渤海人。"[①]

辽朝的车多种多样，计有军用战车、送葬灵车、载人小车、运物货车及水陆两用车等。

出土辽代石刻文字资料中常见车子院、铁木院等，此即辽人造车作坊及车辆管理、调配之机构，其中亦设管理官员。如辽兴宗重熙八年（1039）的《张思忠墓志》记载，墓主张思忠的长子张可举曾任上京车子院都监[②]。辽道宗清宁四年（1058）的《显州北赵太保寨白山院舍利塔石函记》中见建塔邑主"上京铁木院场管"[③]杨守忠。天祚帝乾统八年（1108）的《蔡志顺墓志》记载，墓主蔡志顺的次子蔡昌裔曾任铁木院都监[④]。当然，辽朝的铁木院除造车之外，亦不排除生产其他铁、木材质的器具与工具等。

辽朝造船业亦较发达，无论是漕运之海船，还是军用之楼船，都有建造。《辽史·食货志》即云：辽圣宗太平九年（1029），"燕地饥，户部副使王嘉请造船，募习海漕者，移辽东粟饷燕"[⑤]。

《辽史·耶律铎轸传》亦载：辽兴宗重熙十七年（1048），辽征西夏，"命铎轸相地及造战舰，因成楼船百三十艘。上置兵，下立马，规制坚壮"[⑥]。

辽征西夏，舰船是行驶在黄河中游一带，因而推断辽朝制造军用船只的船坞亦应在西京道沿黄河某地。而辽朝海船的建造，应该是在渤海湾某处。辽国政府在造船现场设置官员，进行监造。如《宝坻古广济寺碑》中即见"提点造船韩少孚""监造海行舟船刘可度"等[⑦]。辽朝造船工匠已能建造双层军用楼船，说明其造船生产技术已经

① 赵永春编注：《奉使辽金行程录》，长春：吉林文史出版社1995年版，第29页。
② 向南：《辽代石刻文编》，石家庄：河北教育出版社1995年版，第216页。
③ 同上，第288页。
④ 向南、张国庆、李宇峰辑注：《辽代石刻文续编》，沈阳：辽宁人民出版社2010年版，第261页。
⑤ 脱脱等：《辽史》卷五九《食货志上》，北京：中华书局1974年版，第925页。
⑥ 脱脱等：《辽史》卷九三《耶律铎轸传》，北京：中华书局1974年版，第1379页。
⑦ 向南、杨若薇：《辽代经济机构试探》//《文史》总第十七辑，北京：中华书局1983年版，第116页。

达到较高水平。

石雕也是辽朝手工业门类之一。佛教石经幢、石塔造型之华美，墓葬石棺浮雕纹饰之精致，墓志铭文镌刻之秀丽，无不体现着辽朝石雕工匠艺人的高超技艺。出土辽代石刻文字资料显示，辽朝有专门从事石雕加工的场所——石作院，亦设官进行管理。如辽圣宗开泰二年（1013）的《白川州陀罗尼经幢记》中即见“石作院使王德辛”[①]。有这样一种可能：辽代石作院的管理者是从石雕工艺匠人中选拔出来的，因为他们对石雕加工工艺内行，便于进行生产管理与技术指导，而《白川州陀罗尼经幢记》文字的镌刻者正是这位石作院使王德辛本人。

辽朝亦有专门经营土木、土石建筑的机构或组织，职掌京州府县城池、宫殿、府衙的修建，政府亦置官进行行业管理与生产指导。出土辽代石刻文字资料记载，辽初的土木、土石营建被称为“板筑”（或“版筑”）。如辽景宗保宁二年（970）的《刘承嗣墓志》即云：“南北京城，霖雨摧塌，妥度板筑，备历修完”[②]。

辽初管理板筑的官员有板筑使和板筑都部署。在具体的板筑营建中，除大量的建筑工人外，还应有基层的生产管理者，如砌匠作头，以及各类技工，如小匠、砖匠等[③]。

五、造曲酿酒场所

辽人特别是辽国契丹人喜好饮酒，所以辽朝的酿酒业也比较发达。辽初，政府未设酒禁，允许私人酿酒和卖酒。不久，辽国政府便开始禁止私人酿酒，并全面推行官卖酒曲政策。辽朝官营酿酒场所称为“曲院”和“酒坊”。据文献史料及出土辽代石刻文字资料记载，辽朝在各京城和州、县所在地均设有官酿的曲院和酒坊，并设官进行管理。

---

① 向南：《辽代石刻文编》，石家庄：河北教育出版社 1995 年版，第 147 页。

② 同上，第 48 页。

③ 咸雍十年（1074）《双城县时家寨净居院舍利塔记》// 向南：《辽代石刻文编》，石家庄：河北教育出版社 1995 年版，第 368 页；大安十年（1094）《悯忠寺石函题名》// 向南：《辽代石刻文编》，石家庄：河北教育出版社 1995 年版，第 463 页。

1.京城曲院和酒坊

如上京曲院。上京为辽朝前期的皇都，城内即有曲院。据《辽史·地理志》记载，上京临潢府，“绫锦院、内省司、曲院，赡国、省司二仓，皆在大内西南”[①]。

燕京（南京）曲院和酒坊。辽燕京即南京，府名析津。燕京城内有曲院。辽景宗保宁十年（978）的《李内贞墓志》记载，墓主李内贞的次子李玉曾任燕京都曲院都监[②]。天祚帝天庆三年（1113）的《丁文逌墓志》记载墓主丁文逌之兄丁文遘曾任燕京都曲院都监[③]。燕京城内不仅有曲院，还有酒坊，同为官酿场所。如辽道宗大康二年（1076）的《王敦裕墓志》即记载，墓主王敦裕“母曰鲜于氏，故燕京酒坊使兖之季女也”[④]。天祚帝天庆十年（1120）的《杜悆墓志》亦记载，墓主杜悆的一个侄孙女嫁燕京酒坊副使王郇[⑤]。

虽然曲院和酒坊均为官酿场所，但两者还是有区别的，前者造曲并商售[⑥]，后者用前者造的曲酿酒[⑦]。也就是说，曲院与酒坊应该属于配套关系，要想酿造美酒，二者缺一不可。由此可以推断，辽朝的京、府、州、县中既有曲院，亦应有酒坊，出土辽代石刻文字资料中多见“曲院”，鲜见“酒坊”，属未刻或漏载。

东京曲院。东京辽阳府，城内亦有曲院。辽兴宗重熙十三年（1044）的《沈阳塔湾无垢净光舍利塔石函记》中即见“前东京曲院都监”[⑧]。辽道宗寿昌三年（1097）的《贾师训墓志》记载，墓主贾师训“丁太夫人忧，卒哭，充东京曲院使”[⑨]。

---

① 脱脱等：《辽史》卷三七《地理志一》，北京：中华书局1974年版，第441页。
② 向南：《辽代石刻文编》，石家庄：河北教育出版社1995年版，第54页。
③ 同上，第640页。（参见本书附录图版三）
④ 同上，第379页。
⑤ 向南、张国庆、李宇峰辑注：《辽代石刻文续编》，沈阳：辽宁人民出版社2010年版，第306页。
⑥ 脱脱等《宋史》卷一六五《职官志五》即云：司农寺“都曲院，掌造曲，以供内酒库酒醴之用，及出鬻以收其直”。（北京：中华书局1977年版，第3905页）曲院造曲并出售，已有商贸之性质，考诸出土辽代石刻文字资料，辽朝设官管理曲院者，大多与管理商贸事务合而为一。
⑦ 脱脱等《金史》卷五六《百官志二》云：“太府监……酒坊，使，从八品；副使，正九品。掌酝造御酒及支用诸色酒醴。”（北京：中华书局1975年版，第1272、1273页）
⑧ 向南、张国庆、李宇峰辑注：《辽代石刻文续编》，沈阳：辽宁人民出版社2010年版，第352页。
⑨ 向南：《辽代石刻文编》，石家庄：河北教育出版社1995年版，第477页。

笔者依据出土辽代石刻文字资料，推测西京亦有曲院之设。如辽道宗清宁九年（1063）的《张绩墓志》即云：辽兴宗重熙二十二年（1053）后，墓主张绩被调往西京道任职，先任西京警巡使，负责该地区的治安管理；后来，“兴宗皇帝以天下生财，云中旧壤，飞挽之计，矾、曲尤盈。……宣□为都监。公受命之辰，莅位伊始，惠爱潛设，威察外施……殆周其岁，以旧最出□钱二万三千余缗。第课之际，□□朝□”[①]。这就是说，兴宗皇帝为繁荣西京地区的手工业经济，根据西京道云中一带的自然资源，设置了制造矾、曲的作坊，任命张绩为都监，监督其生产和销售，绩效十分显著。

2. 州、县曲院

如彰国军曲院，又名“应州曲院”。辽景宗乾亨三年（981）的《陈公之铭》残碑中即见“弟彰国军管内都曲税（下缺）昭”[②]。彰国军为辽西京道应州军号，治今山西应县。

龙化州曲院、铁州曲院和顺州曲院。辽道宗清宁四年（1058）的《显州北赵太保寨白山院舍利塔石函记》中即见“前龙化州商曲都监”赵惟方、“前铁州商曲都监”赵惟翰、“前顺州商曲都监”赵为（惟）宝。[③]另，天祚帝天庆三年（1113）的《马直温妻张馆墓志》记载，墓主张馆的小弟张岐曾任顺州商曲都监[④]。龙化州属辽上京道，旧址约在今内蒙古通辽市老哈河与敖来河之间八仙筒一带。铁州属辽东京道，治今辽宁盖州汤池。顺州，辽上京道头下军州之一，旧址约在今辽宁阜新南部。

锦州曲院。辽道宗大康二年（1076）的《王敦裕墓志》记载，墓主王敦裕的妹妹嫁与锦州商曲都监鲜于嗣赤。[⑤]锦州属辽中京道，旧址在今辽宁省锦州市。

儒州曲院。《张衍墓志》记载，墓主张衍长子张经曾任儒州商曲铁院使[⑥]。儒州属辽西京道，旧址在今北京延庆附近。

---

① 向南：《辽代石刻文编》，石家庄：河北教育出版社 1995 年版，第 314 页。
② 同上，第 79 页。
③ 同上，第 289、290 页。
④ 同上，第 635 页。
⑤ 同上，第 379 页。
⑥ 同上，第 691 页。

怀州曲院。天祚帝乾统八年（1108）的《蔡志顺墓志》记载，墓主蔡志顺曾任“怀州商曲都监”[①]。怀州属辽上京道，旧址约在今内蒙古巴林左旗西部。

神水县曲院。辽兴宗重熙十五年（1046）的《刘日泳墓志》记载，墓主刘日泳之子刘从敏曾任神水县商曲都监[②]。神水县为辽中京大定府属县，其旧址据向南先生考证，应在今辽宁省锦州市西六十五里之台集屯。[③]

潞县曲院。天祚帝天庆三年（1113）的《丁文逌墓志》记载，墓主丁文逌曾任潞县商曲铁都监[④]。潞县为辽南京析津府属县，旧址在今北京通州。从丁文逌所任官职看，辽朝潞县不仅有造曲的作坊，同时也有铁冶之场所。

三河县曲院。天祚帝天庆四年（1114）的《史洵直墓志》记载，墓主史洵直的长孙史天倪曾任三河县商曲铁都监[⑤]。三河县为辽南京道蓟州属县，旧址约在今天津蓟县附近。

闾山县曲院。辽兴宗重熙十三年（1044）的《沈阳塔湾无垢净光舍利塔石函记》中见“前闾山县西（商）曲都监”康元和。[⑥]闾山县为辽中京道兴中府属县，旧址不详。

此外，天祚帝天庆八年（1118）的《郑士安实录铭记》记载，郑士安的父亲郑澄曾任范阳酒务使[⑦]。据此推测，辽南京道涿州范阳县似有官酿场所酒坊之设。

六、晒煮食盐场所

契丹辽地有丰富的盐业资源，除了内陆的多处湖盐生产基地，如炭山南湖盐、鹤

---

① 向南、张国庆、李宇峰辑注：《辽代石刻文续编》，沈阳：辽宁人民出版社2010年版，第261页。
② 向南：《辽代石刻文编》，石家庄：河北教育出版社1995年版，第245页。
③ 同上，第247页，注⑨。
④ 同上，第639页。（参见本书附录图版三）
⑤ 同上，第652页。（参见本书附录图版四）
⑥ 向南、张国庆、李宇峰辑注：《辽代石刻文续编》，沈阳：辽宁人民出版社2010年版，第354页。
⑦ 向南：《辽代石刻文编》，石家庄：河北教育出版社1995年版，第674页。

剌泺湖盐[①]、广济湖湖盐[②]、丰州湖盐[③]外，在渤海湾沿线，还有多处海盐生产场所，如香河县海盐[④]、隰州海滨县海盐[⑤]等。

笔者检索出土辽代石刻文字资料发现，辽朝食盐生产与销售场所称“盐院”或“榷盐院”，朝廷亦设官进行管理。

如永济盐院。辽兴宗重熙八年（1039）的《赵为干墓志》即载：

朝廷以繁局盛务，必赖能人；操行冲襟，果膺重选。命监永济盐院。任徇一载，课余万缗[⑥]。

可见，永济盐院是一处既生产食盐，也出售食盐的场所。辽道宗大安九年（1093）的《景州陈宫山观鸡寺碑铭》亦云：观鸡寺“北依遵化城，实前古养马之监；南临永济院，乃我朝煮盐之场”[⑦]。向南先生据《丰润县志》记载，认为辽朝永济盐院旧址应在今河北丰润[⑧]。

辰渌盐院。辽道宗寿昌二年（1096）的《孟有孚墓志》记载，墓主孟有孚曾任辰渌盐院使[⑨]。又，天祚帝乾统七年（1107）的《梁援妻张氏墓志》亦载，梁援与张氏的长子梁庆先曾“监辰渌盐院，其刚清秉训于官课外，酬数有八”[⑩]。辰，即辽东京道辰州；渌，东京道渌州。二州相邻，旧址约在今辽南营口、盖州一带。这说明辽朝在辽

---

① 脱脱等：《辽史》卷六〇《食货志下》，北京：中华书局1974年版，第930页。

② 路振：《乘轺录》//赵永春编注：《奉使辽金行程录》，长春：吉林文史出版社1995年版，第20页。漆侠、乔幼梅先生在《辽夏金经济史》中认为，路振《乘轺录》中所提到的产盐地即为《辽史·食货志》所说的“广济湖”。（河北大学出版社1994年版，第87页）

③ 脱脱等：《辽史》卷六〇《食货志下》，北京：中华书局1974年版，第930页；脱脱等：《辽史》卷四一《地理志五》，北京：中华书局1974年版，第508页。漆侠、乔幼梅称其为“西京道大盐泺”（见《辽夏金经济史》，石家庄：河北大学出版社1994年版，第87页）。

④ 脱脱等：《辽史》卷四〇《地理志四》，北京：中华书局1974年版，第495页。

⑤ 脱脱等：《辽史》卷三九《地理志三》，北京：中华书局1974年版，第489页。乾统五年（1105）的《刘贡墓志》中亦见“尝临隰川（州）之鹾务”（向南、张国庆、李宇峰辑注：《辽代石刻文续编》，沈阳：辽宁人民出版社2010年版，第252页）。

⑥ 向南：《辽代石刻文编》，石家庄：河北教育出版社1995年版，第220页。

⑦ 同上，第452页。

⑧ 转引自向南《辽代石刻文编》，石家庄：河北教育出版社1995年版，第454页，注⑤。

⑨ 向南：《辽代石刻文编》，石家庄：河北教育出版社1995年版，第470页。

⑩ 同上，第568页。

东半岛近海地方亦有制盐与售盐场所。

甜水盐院。天祚帝天庆六年（1116）的《灵感寺释迦佛舍利塔碑铭》中即见建塔施主“甜水盐院都监”张检。[①] 甜水盐院地址不详。

此外，辽兴宗重熙十三年（1044）的《李继成暨妻马氏墓志》记载，墓主李继成早年曾“监督盐院，煮海繁司，羡余倍积”[②]。李继成所“监”之盐院为何名，在何处，《李继成暨妻马氏墓志》均没有说明，但从“煮海”二字分析，应在南京道或东京道的沿海地区。又，辽道宗大安三年（1087）的《茹雄文墓志》记载，墓主茹雄文曾任“榷盐院都监”，“身然处于脂膏，志常怀于霜雪”[③]。茹雄文任职的榷盐院名称为何，建在哪里，《茹雄文墓志》亦未记载，但从“身然处于脂膏”看，辽朝管理食盐生产与销售的官员如榷盐使、盐院都监等都是美差和肥缺。因为辽朝亦实行比较严格的食盐生产与销售管控，盐业课税是政府财政的重要收入来源之一，所以朝廷对盐业管理官员的选拔和任用非常慎重，要求其既要能干，还得清廉。

七、纺织印染场所

辽朝的纺织手工业也比较发达。首先，契丹辽地可供纺织用的原材料比较丰富，既有大量可供毛织的羊毛、驼毛和牛毛等，也有丰富可供丝织、麻织的桑蚕和线麻等。前者，宋人洪皓《松漠纪闻》卷下即云：北羊（契丹羊）“三月八月两剪毛，……可捻为线。春毛不直钱，为毡则蠹，惟秋毛最佳”[④]。后者，早在辽建国前述澜任契丹首领时，即已“教民种桑麻，习织组”[⑤]。

至辽代中期，辽西大凌河流域已经成为契丹辽国重要的桑蚕和线麻生产基地。宋人路振《乘轺录》即载：

沿灵河有灵、锦、显、霸四州，地生桑、麻、贝、锦，州民无田租，但供蚕织，

---

① 向南：《辽代石刻文编》，石家庄：河北教育出版社1995年版，第663页。
② 向南、张国庆、李宇峰辑注：《辽代石刻文续编》，沈阳：辽宁人民出版社2010年版，第87页。
③ 同上，第184页。
④ 《辽海丛书》（一），沈阳：辽沈书社1985年影印本，第209页。
⑤ 脱脱等：《辽史》卷二《太祖纪下》，北京：中华书局1974年版，第24页。

名曰太后丝蚕户。[①]

其次，在契丹建国前后，有大量中原地区的纺织工匠被契丹军队俘掠或主动北上，定居于契丹辽地，他们广泛传播了中原地区的先进纺织技术。《旧五代史·卢文进传》即云："自是戎师（契丹军队）岁至，驱掳数州士女，教其织纴工作，中国所为者悉备。"[②]

五代胡峤《陷虏记》亦载：

西楼有邑屋市肆，交易无钱而用布。有绫锦诸工作……皆中国人，而并、汾、幽、蓟之人尤多。[③]

有了纺织原材料，又有了纺织生产工匠，契丹辽国的纺织手工业便迅速发展起来。

绫锦院是辽朝官营丝织生产场所之一。北宋亦有绫锦院，《宋史·职官志》云："绫锦院，掌织纴锦绣。"[④]辽、宋绫锦院的职掌应相类。辽朝的绫锦院设在京城或某些州府所在地，政府派官员进行管理。如上京有绫锦院，在皇城"大内西南"[⑤]。中京亦有绫锦院。辽圣宗太平二年（1022）的《程延超墓志》记载，墓主程延超的长子曾任中京留守绫锦院使[⑥]。辽兴宗重熙十五年（1046）的《刘日泳墓志》亦记墓主刘日泳曾任中京绫锦使[⑦]。祖州也有绫锦院。《辽史·地理志》云："祖州，天成军，上，节度……东为州廨及诸官廨舍，绫锦院，班院祗候蕃、汉、渤海三百人。"[⑧]

除丝织场所绫锦院外，辽朝还在某些京城设染院，负责丝、麻等纺织原料的染色。北宋亦有染院，《宋史·职官志》云："染院，掌染丝枲币帛。"[⑨]辽、宋染院的职掌亦应相同。出土辽代石刻文字资料反映辽朝在燕京（南京）即设有染院。辽兴宗重熙二十二年（1053）的《王泽墓志》记载，墓主王泽的祖父王让曾任燕京染院使；王泽

① 赵永春编注：《奉使辽金行程录》，长春：吉林文史出版社1995年版，第19页。
② 薛居正等：《旧五代史》卷九七《晋书·卢文进传》，北京：中华书局1976年版，第1295页。
③ 赵永春编注：《奉使辽金行程录》，长春：吉林文史出版社1995年版，第9页。
④ 脱脱等：《宋史》卷一六五《职官志五》，北京：中华书局1977年版，第3918页。
⑤ 脱脱等：《辽史》卷三七《地理志一》，北京：中华书局1974年版，第441页。
⑥ 向南：《辽代石刻文编》，石家庄：河北教育出版社1995年版，第167页。
⑦ 同上，第244页。
⑧ 脱脱等：《辽史》卷三七《地理志一》，北京：中华书局1974年版，第442页。
⑨ 脱脱等：《宋史》卷一六五《职官志五》，北京：中华书局1977年版，第3918页。

的父亲王英继任燕京染院使[1]。天祚帝天庆三年（1113）的《丁文道墓志》记载，墓主丁文道的祖父丁求说曾任染院副使[2]。王泽家族两代人相继出任染院使，或许可证辽朝管理手工业生产的官员属"技术型官员"，他们此前或许从事过该行业产品的生产加工，熟知相应生产技术。

综上，出土辽代石刻文字资料反映的辽朝手工业的门类虽比较齐全，但也有遗漏。历史文献及考古资料显示，辽朝的手工业门类还有陶瓷业、皮毛加工及制革业、雕版印刷业，等等。此外，还有一点需要说明，那就是辽朝各类手工业生产场所的管理官员，均由汉人担任，鲜见契丹人。此即说明两点：一是辽朝的手工业多数源自中原地区，生产者和管理者大多由来自中原的汉人及他们的后代担任；二是辽朝统治者实施"因俗而治"的统治方针，汉人和契丹人的生产活动分工明确，因而有辽一代契丹人多数没有参与到手工业生产领域。

第二节　辽朝的工匠及其管理

出土辽代石刻文字资料显示，有辽一代，在筑城建房、修葺寺塔、镌刻碑铭的过程中，都有人数众多、不同类型的工匠参与。此外，从辽代墓葬出土的大量陶瓷金属器皿、玉石骨木物件、蚕丝毛麻衣物等随葬品来看，剔除部分来自境外者，大多数应出自契丹辽地各行业手工业工匠之手。以往，研究辽朝历史的学者对辽朝手工业行业的种类以及发展状况等已有所探讨[3]，但具体到各行业的生产者——工匠，以及工匠的管理机构与管理者，目前尚无人涉及。

① 向南：《辽代石刻文编》，石家庄：河北教育出版社 1995 年版，第 259 页。

② 同上，第 639 页。（参见本书附录图版三）

③ 可见漆侠、乔幼梅《辽夏金经济史》"第四章　契丹辽国的社会生产（下）：各种手工业生产"，石家庄：河北大学出版社 1994 年版。

一、工匠和他们的作品

辽朝手工业门类比较齐全，在诸多手工业行业中，都有大量的工匠存在，他们靠师授、家传的专业技术，凭借聪明才智与高超技能，创造了大量财富，为契丹辽国物质文化之积淀，做出了很大贡献。辽道宗咸雍八年（1072）的《蓟州神山云泉寺记》有云：

佛法西来，天下响应。国王大臣与其力，富商强贾奉其赀，智者献其谋，巧者输其艺，互相为劝，惟恐居其后也。①

这其中的“巧者”即指参与修建寺院、佛塔的各类能工巧匠。出土辽代石刻文字中常见在某些寺塔建筑工地的工匠身影。如辽道宗咸雍三年（1067）的《燕京大昊天寺碑》即记载了该寺修建过程中，工匠们各负其责、通力协作的生产场景：

诏王行己督辖工匠。梓者斤，陶者埴，金者冶，彩者绘，锸云屯，杵雷动，三霜未逾而功告毕。栋宇廊庑，亭槛轩牖，甍檐栱桷，栏楯栎栌，皆饰之以丹青，间之以瑶碧。金绳离其道，珠网罩其空。缥瓦鸳翔，修梁虹亘。②

辽道宗咸雍八年（1072）的《创建静安寺碑铭》亦记载了静安寺修建过程中，工匠们各尽其职、相互配合的劳作情形：

由是斫险为坦，堙卑就宽。长木下而翠色移，贞瑳出而云光破。风斤叠运，远谷回音；雷杵高相，寒泉交响。金者冶，瓴者陶，壁者圬，材者斫，彩者绘，隅者涂。众工炫勤，百事谐作。③

钩沉出土的辽代石刻文字资料，常见的辽朝工匠有如下几种：

1. 木匠

辽朝有大量的木匠存在，其中大多活动在建筑行业，比如在修建皇城宫殿、官府衙门、佛教寺院及官民宅舍等场所，出土的辽代石刻文字资料中常见他们从事梁、柱、门、窗等与木质建材相关的部件制作与成品安装的内容。如上引《创建静安寺碑铭》

① 向南：《辽代石刻文编》，石家庄：河北教育出版社 1995 年版，第 358 页。

② 同上，第 330 页。

③ 同上，第 361 页。

所见寺院修建过程中的“梓者斤”“材者斫”等，均属木匠所为。“梓”者，落叶乔木也，木建良材之一种；“斤”考，斧也，木匠常用之工具。“材”，指木材；“斫”，指用斧砍、削木料。役工们从深山老林伐树并运至建筑工地，木匠便开始了对木材的加工与木质构件的安装。出土辽代石刻文字资料多有记载。如辽道宗大康七年（1081）的《义丰县卧如院碑记》即记载了该寺院修建时木匠们的工艺技能与操作方式：

度木也，取橡樟之良；择匠焉，得鲁班之妙。丹梁画栋，烁蝃蝀之辉空；缥瓦朱簷，状鸳鸯之接翼。萃之以日力，鸠之以岁功。斤斧挥风，筌绳揆景。[①]

鲁班，姓公输，春秋末至战国初期鲁国人，木匠家庭出身，经验丰富，技能超群，后世木匠均尊其为祖师爷。辽道宗大安五年（1089）的《安次县祠垡里寺院内起建堂殿并内藏碑记》亦记载了该寺院堂殿修建过程中木匠们的生产程序与劳动成果：

于大安五年祀春三月启土，而莫不鸠工运巧，命梓度材。……厥后栋梁雷动，栱桷星攒。幼年壮年，日日不停于锛锤；大匠小匠，时时无罢于斧斤。是以从微至著，自下升高，日往月来，堂殿方成。远而视者如云住空，近而瞻者从地涌出。[②]

从保存至今的辽朝寺院建筑，如辽宁义县的奉国寺、天津蓟县的独乐寺和山西大同的华严寺等看，它们多属木结构建筑，所以出土辽代石刻文字资料在描述辽朝寺院的修建过程时，木匠的劳作场景既常见又壮观。“幼年壮年”与“大匠小匠”的记述，不仅表明辽道宗大安年间修建祠垡里寺院堂殿时参与的木匠人数之多，同时也反映了在众多的木匠当中，既有年长的师傅（大匠），也有年轻的徒弟（小匠）。

当然，也有些木匠是在自家或木工作坊里从事桌椅床榻或棺椁葬具的打造。近年来辽墓考古出土的大量木制随葬品，即反映了辽朝家庭或木工作坊里木匠们的高超制作技能与丰硕劳动成果。以河北宣化下八里Ⅰ区辽朝后期张氏家族墓出土的随葬木制家具为例，考古工作者在张匡正墓出土了九件木制非明器实用家具，计有大桌、小桌、木椅、盆架、镜架、竹木小匣和鱼形饰件等，其中的木椅为方座靠背式，四足用方木

① 向南：《辽代石刻文编》，石家主：河北教育出版社 1995 年版，第 396 页。
② 同上，第 418、419 页。

制成，足间置横掌，正面横掌的挡板雕三朵花瓣纹；靠背呈弓形，背柱、横带木皆抹角。木制盆架用圆木雕成，架座为四块弧形扁木结成圆形，扁木之间以卯榫相合；架间中空，以承洗子；架座下按四角方位做四个圆形木柱形足，四面做出弧形木掌。木制镜架为长方框形，用抹角长条木结合而成，架中部为空档，架顶为两端翘起之横木，横木的中间加生花形饰物，为悬挂铜镜所用；横木之下两主柱的下端做出斜榫并置二斜柱，以使架身向后倾斜；斜柱之下设一横木为足。① 这些家具的设计合理巧妙，制作工艺十分精湛。

辽墓出土的木制骨灰匣和木棺等葬具，也是辽朝木匠们的重要作品。20 世纪 70 年代前期，考古工作者在内蒙古赤峰市巴林左旗辽上京遗址南塔山东麓发现一座券顶砖室僧人墓，墓室内有四件木质骨灰匣，其中一件制作精良，为盝顶式匣盖，柏木质料，内板墨书“天庆元年四月二十八日开悟寺前开龙别贮沙门积行灰衬”②。2003 年，内蒙古通辽市吐尔基山一座辽代早期契丹人墓葬中出土一具制作十分精致的彩绘木棺，柏木材质，棺体刻饰仙鹤、凤鸟、缠枝牡丹、祥云等图案。③ 辽朝木匠制作的木质葬具最有特色的是盛放石棺的棺床小帐。比如辽宁法库叶茂台七号辽墓出土的木制棺床小帐，九脊顶，鸱吻为两个木雕龙首，饰有两角，龙口外向。小帐面阔三间，进深两间，周围是壁板，前有门窗；门居中，为平板式，以铁合页钉连在门柱上，两侧为破子棂窗；须弥座为上中下三层叠涩，束腰周围雕出壶门；围栏有寻杖、栏板等结构。④ 其制作工艺堪称完美。

此外，考古工作者在一些辽墓中发现的盛装墓主骨灰的木制真容偶像亦颇具时代特色，也是辽朝木匠们的杰作之一。1974 年，考古工作者发掘河北宣化下八里 I 区辽朝张氏家族张世卿墓时，发现一具木质真容偶像，用柏木雕成，有头、躯干、四肢和手足等。从残存的真容偶像面部可以推测墓主是一位老年男性，眼窝凹陷，颧骨隆起，

---

① 河北省文物研究所：《宣化辽墓》（上册），北京：文物出版社 2001 年版，第 59~61 页。

② 王未想：《辽上京城址周围出土的墨书铭文骨灰匣》，《北方文物》2002 年第 1 期。

③ 塔拉、张亚强：《内蒙古通辽市吐尔基山辽代墓葬》，《考古》2004 年第 7 期。

④ 王秋华：《惊世叶茂台》，天津：百花文艺出版社 2002 年版，第 99 页。

颔下蓄须并剃发，加上经过彩绘的瞳孔、髭须和朱唇，形象非常逼真。[①] 据出土的《张世卿墓志》记载，张世卿去世时享年七十四岁，偶像之形象与其年龄完全相符。由此亦可推断，该真容偶像应是木匠依据丧主生前之面相雕琢而成。

2. 石匠

出土辽代石刻文字资料及考古发现实物资料反映，辽朝的石匠阵容也很庞大。石匠的职能，是在役工开山劈石并将石料运至作坊或工地后，或凿碑立幢，或雕制石棺及佛像等。譬如，辽朝佛教盛行，好多佛教信徒为表达对已故父母（或祖父母）的孝心，为亡者祈冥福，为生者求安康，购买石材，延请石匠，在已故父母（或祖父母）的坟旁雕石立幢，镌字刻经。天祚帝乾统五年（1105）的《白怀有为亡考妣造陀罗尼经幢记》即云：

其有孝子顺孙，信而乐福者，虽贫贱殚财募工市石，刻厥密言，表之于祖考之坟垄。冀其尘影之霑庇者，然后追悼之情塞矣。[②]

天祚帝天庆八年（1118）的《郑士安实录铭记》亦记："公生七子，谨请良匠剋石为记。"[③]。

辽朝有不少石质建筑及石材器物上都留有刻记文字，其中常见建造者——石匠的名字。如辽道宗清宁五年（1059）的《滦河重建陀罗尼幢记》上即见"石匠周文才"[④]。辽道宗咸雍四年（1068）的《阳台山清水院藏经记》碑，记载了辽道宗咸雍年间南阳佛教居士邓从贵舍资修缮僧舍及刊印《大藏经》并供养的事迹，其文本由"燕京天王寺文英大德赐紫沙门志延撰"，书丹者为"昌平县坊市乡贡进士李可忠"，凿碑镌字者署名"燕京通天门外供御石匠曹辨"[⑤]。"通天门"为辽朝南京（燕京）城之北门。曹辨的身份为供御石匠，很可能是专为政府或皇室服务的工匠，因此，他雕琢此碑，不排除是奉诏而为。

---

① 河北省文物管理处等：《河北宣化辽壁画墓发掘简报》，《文物》1975 年第 8 期。
② 向南：《辽代石刻文编》，石家庄：河北教育出版社 1995 年版，第 549 页。
③ 同上，第 674 页。
④ 向南、张国庆、李宇峰辑注：《辽代石刻文续编》，沈阳：辽宁人民出版社 2010 年版，第 116 页。
⑤ 向南：《辽代石刻文编》，石家庄：河北教育出版社 1995 年版，第 332 页。

辽墓考古出土了不少精美石棺及随葬的石狮、石人、石制灯具等明器，它们亦反映了辽朝石匠的高超雕刻水平。如在辽宁法库叶茂台契丹萧氏后族墓群中，有五座墓中发现了石棺，其中最有特色的是七号墓出土的石棺。该石棺四壁是用四块砂岩石板合成，插在一块厚大的长方形石棺底座上，上面扣一石棺盖。该石棺除底座外，通体平雕花纹，棺盖为盝顶式，顶心花纹为两层，中间为一大株枝叶茂盛的龙牙蕙草，四周为线雕的缠枝牡丹，四刹浮雕“人化”十二生肖，四角各雕一只伏狮，石棺四壁又分别雕刻青龙、白虎、朱雀、玄武道教四方神。在该石棺前和的内侧还雕有《朱雀展翅图》和《妇人启门图》。[①] 考古工作者在河北宣化下八里辽朝张世卿墓后室发现了随葬的石雕狮子三件，它们均是用青色石灰岩精雕而成，其中一件为圆座石狮，狮毛浓密，呈蹲踞状，昂首前视；另一件为方座石狮，狮毛下垂，前足直立，后体蹲踞，尾上卷，扬首左视，双耳上竖，张口露齿，作怒吼状；第三件为方座石狮，昂首闭口，狮毛披散成波浪式，项下有带，系铜铃，前足伫立，后体作蹲踞状。[②] 三件石狮神态各异，堪称辽代石雕工艺之佳作。

笔者钩沉出土辽代石刻文字资料发现，有明确文字记载的辽朝工匠还有砌匠、铁匠、瓦匠、锻匠、贴金匠等。如辽兴宗重熙十二年（1043）的《朝阳北塔今聊记石匣内题记》中即见“砌匠”和“铁匠”[③]。朝阳北塔天宫刻字砖《故都维那》中有“瓦匠赵楼遂、刘全正，锻匠二人，赵惟新、刘希演”[④] 等字样。《朝阳北塔作头题名》中亦见“锻匠”和“砌匠”[⑤]。辽兴宗重熙十八年（1049）的《庆州圆首建塔碑》中见“塔匠”和“贴金匠”[⑥]。辽道宗咸雍十年（1074）的《双城县时家寨静居院舍利塔记》中见“砌匠”“砖匠”“锻匠”及“画匠”[⑦]。辽道宗大安十年（1094）的《悯忠寺石函题名》

---

① 冯永谦、温丽和：《法库县文物志》，沈阳：辽宁民族出版社 1996 年版，第 278 页。
② 河北省文物研究所：《宣化辽墓》（上册），北京：文物出版社 2001 年版，第 232 页。
③ 向南、张国庆、李宇峰辑注：《辽代石刻文续编》，沈阳：辽宁人民出版社 2010 年版，第 79 页。
④ 同上，第 80 页。
⑤ 同上，第 84 页。
⑥ 同上，第 101 页。
⑦ 向南：《辽代石刻文编》，石家庄：河北教育出版社 1995 年版，第 368 页。

中亦见“砌匠”[①]。

上述工匠的作品，除了表现在保存至今或已经消失的辽朝寺院、佛塔等建筑上的相关材质构件之外，亦有大量作为辽人死后的随葬品被埋入地下，并于近世辽墓考古中得以重见天日，使今人有幸一睹千年前辽朝工匠们的精美制作。譬如金（银）匠的作品。耶律羽之墓是辽代早期契丹贵族墓葬，曾出土三十余件随葬金银器，如金碗、金镯、金戒指、金耳坠、金璎珞等，多为实用器皿。其中的一只金碗，碗口呈五曲状，俯视如绽放的美丽花朵；底部中心位置有互嬉的双鱼，辅以荷叶；腹壁有葫芦形开光，并錾刻鸿雁，造型十分精美。[②]

近年来，一些辽墓还出土了颇具时代与民族特色的金、银、铜质葬具，比如用铜丝或银丝编织而成的用于包裹墓主尸身的金属网络和覆盖死者面部的金属面具，它们亦是辽朝金属加工类工匠们留下的珍贵作品。以出土于今内蒙古乌兰察布市察右前旗豪欠营辽朝契丹女尸墓的铜丝网络为例，该网络由六个部分即头网络、身网络、臂网络、手网络、腿网络、足网络组合而成，铜丝拉伸粗细均匀，网络编织精致细密。辽墓出土金属面具的材质有金、银、铜和铜鎏金等几类。考古工作者经过细致考察后认为，辽朝的金（银、铜）匠们在制作金属面具时，首先要按照死者的脸型，先用硬木雕成一个面具模型，然后把薄的金、银或铜板覆盖于硬木面模上，再用木槌慢慢敲打，最终便打制成一个个浮雕式金属面具。

辽墓随葬的铁器种类也很多，它们亦是辽朝铁匠、锻匠及铸造匠们创制的作品，其中生产工具有铁锄、铁犁、铁锹、铁镐等，生活用具有铁壶、铁鼎、铁筒、铁剪、铁铲、铁斧、铁钳、铁熨斗、铁锅、铁炉、铁鏊子、铁马具等，兵器有铁刀、铁矛、铁镞、铁骨朵、铁甲片，等等。

辽朝画匠们遗留至今的画作数量也非常多，主要以辽墓壁画为主。辽墓考古发现证实，辽朝好多官贵人士墓葬的墓室、墓道及棺壁上都留有画匠们的各种彩绘或黑白

---

① 向南：《辽代石刻文编》，石家庄：河北教育出版社 1995 年版，第 463 页。

② 盖之庸：《探寻逝去的王朝：辽耶律羽之墓》，呼和浩特：内蒙古大学出版社 2004 年版，第 55~78 页。

作品，内容十分丰富。经专家考察分析，辽朝画匠绘画一般为单线平涂，但个别也有在人物面部采用晕染创作手法的。他们以墨线为骨，着以红、黄、蓝、绿等矿物颜料，使画作鲜艳亮丽，历经千余年而色彩犹新。如内蒙古赤峰市巴林左旗白音勿拉苏木白音罕山辽朝韩氏家族墓地二号墓天井西壁有一幅《出行图》，画面中绘有四人一马，形象生动而有趣：四人皆为汉族侍从，其中一人站立于马前，小髭须，头戴黑色交脚幞头，身穿圆领窄袖袍，脚穿靴，右手执策，正回首与牵马者交谈；中间牵马者的穿着与前者相类，右手牵着马缰，左手执鞭，所牵之马头戴白色笼头，颈下拴一大红缨穗，红色鞧带，扬首举蹄作嘶鸣状；马后并立两名侍从，其中一人手拿长竿，荷于右肩。[①]

辽朝的手工业比较发达，门类也比较齐全。笔者根据文献记载以及辽墓出土随葬物品种类推断，除上述见诸出土辽代石刻文字资料、有明确记载的工匠外，有辽一代，还应该有众多的丝织类、印染类、刺绣类、制衣类、毛皮加工类、制陶瓷类、制砖瓦类、制盐类、制曲类、酿酒类、雕版印刷类等各类工匠，限于篇幅，不赘述。

二、工匠的管理者

检索传世历史文献，钩沉出土辽代石刻文字资料，笔者发现，辽人对工匠的管理至少分为三个层面：一是各类工匠作头管理，二是建筑行业各部门提点、勾当类官员管理，三是手工业大类行业使、都监类官员管理。

1．工匠的直接管理者——× 匠作头

出土辽代石刻文字资料显示，辽朝工匠们在各手工业生产作坊或建筑施工现场辛勤劳作，带领并指导他们工作的直接管理者就是 × 匠作头。如辽兴宗重熙十二年（1043）的《朝阳北塔今聊记石匣内题记》中即见“砌塔作头李从道，次作头何□□、刘智，铁匠作头李规正，次作头崔从成”[②]。由此亦知，辽朝的工匠作头分为正、副（次）两等，且所设副（次）作头有的还不止一人。又，辽兴宗重熙十八年（1049）

---

① 孙建华编著：《内蒙古辽代壁画》，北京：文物出版社 2009 年版，第 96 页。
② 向南、张国庆、李宇峰辑注：《辽代石刻文续编》，沈阳：辽宁人民出版社 2010 年版，第 79 页。

的《庆州圆首建塔碑》中亦见：

> 东窑坊作头王元，西窑坊作头张琏，中窑坊作头孙进。凋（雕）木匠作头李文显，长行七人。铸相轮匠作头李显、刘信，长行五人。方直作军使郑延信，长行八人。镀相轮匠作头高野里，长行六人。铸镜匠作头贯重仙，长行一十一人。锻匠作头田德正，长行一十人。画待照（诏）张文甫，作头胡日瑾，长行七人。石匠作头，长行一十人。贴金匠作头陈宜，长行五人。油匠作头高守贞，长行六人。[①]

诸作头之下的长行，到底是指一般工匠还是杂役类人员，待考。

辽道宗咸雍年间，契丹辽地某佛教邑社组织在东京道双州双城县建舍利塔（塔址在今辽宁沈阳沈北新区石佛村七星山上）。辽道宗咸雍十年（1074）的《双城县时家寨静居院舍利塔记》即记载了建塔邑社成员及工匠的名字，其中有“砌匠作头燕京武清张文宝”[②]。武清为辽南京道析津府属县，旧址在今天津西北。佛教邑社成员在东京道双州双城县修建佛塔，需要远赴南京道武清县聘请砌匠作头，一方面体现了组织者对建塔质量的高度重视，如果当地没有合适工匠作头人选，便千里迢迢去外地聘请能人担任；另一方面也反映了辽朝的工匠作头应该是由技能高超且有管理经验的工匠选拔担任。

出土辽代石刻文字资料显示，辽朝建筑类工匠作头中还有一种称“都作头”，他们概为工匠作头的负责人（技术官）。如，约辽兴宗重熙十二年（1043）的《朝阳北塔作头题名》中即见：

> 锻匠都作头李□□，男文□。副作头崔从成，弟从已。同作头张守用，男录义，刘加宁，赵惟信，刘希演，李匡政，温宜遵，刘好哥，王从政。砌匠都作头李从道，次作头何德亨。[③]

辽兴宗重熙十八年（1049）的《庆州圆首建塔碑》中亦见“塔匠都作头寇守辇，

---

① 向南、张国庆、李宇峰辑注：《辽代石刻文续编》，沈阳：辽宁人民出版社 2010 年版，第 101 页。
② 向南：《辽代石刻文编》，石家庄：河北教育出版社 1995 年版，第 368 页。
③ 向南、张国庆、李宇峰辑注：《辽代石刻文续编》，沈阳：辽宁人民出版社 2010 年版，第 84 页。

副作头吕继升，副作头寇文宝”[①]，等等。

作为技术类工匠管理人员，有的工匠都作头还被授予了不同的官阶，因此，其身份和地位应该有了改变。如辽道宗大安十年（1094）的《悯忠寺石函题名》中即见：

盖阁都作头、右承制、银青崇禄大夫兼监察御史、武骑尉康日永。盖殿宝塔都作头、右承制、银青崇禄大夫兼监察御史、武骑尉任敏。[②]

当然，这些被授予官阶的工匠都作头，其职责与管理范畴似乎也比一般都作头相对大些，他们大都负责某工程一个单项的所有工匠管理，如康日永应负责管理整个佛阁修建工程的所有工匠，康敏应负责管理整个佛殿及佛塔工程的所有工匠。

2．建筑行业工匠及建筑工程项目的管理者——提点 ×× 与勾当 ××

出土辽代石刻文字资料显示，辽人进行某项土木工程施工时，管理工程的某一项目及工匠者称“提点 ××”或“勾当 ××”，他们多由不同阶衔的官员担任。1992 年，内蒙古文物考古部门在维修巴林右旗辽朝庆州佛塔的过程中，在塔室及塔刹中发现几方记载当年建塔过程的碑刻，其中即有建塔工程诸项目及工匠管理官员名单。如辽兴宗重熙十八年（1049）的《庆州白塔螭首造像建塔碑》中即见：

玄宁军节度使、检校太师、守右千牛卫上将军、提点张惟保；威胜军节度使、检校太师、勾当马埠；威武军节度使，检校司徒、同勾当郭进；越州观察使、检校司空、提点钱帛孙素；闲厩使、检校右散骑常侍、勾当工匠侯外安；右奉宸、杂勾当李用和；前提辖使、同勾当钱帛王怀信。[③]

这其中的各提点、勾当官员应该就是建塔工程施工中负责监督工匠、管理钱财事务的负责人。

在辽朝，建一座高大雄伟的佛塔的确不是一件易事，需要操办者协调、沟通工程项目的方方面面，因而，所设提点、勾当类管理官员名目繁多。如辽兴宗重熙十八年（1049）的《庆州圆首建塔碑》中即见管理建塔工程各类具体事务的勾当官

---

① 向南、张国庆、李宇峰辑注：《辽代石刻文续编》，沈阳：辽宁人民出版社 2010 年版，第 101 页。
② 向南：《辽代石刻文编》，石家庄：河北教育出版社 1995 年版，第 463 页。
③ 向南、张国庆、李宇峰辑注：《辽代石刻文续编》，沈阳：辽宁人民出版社 2010 年版，第 98 页。

员名单：

勾当造食，东头供奉官杨继闰；勾当铸镜二人，前御院通进李存、右班殿直郭义方；受纳应用诸物二人，殿直张用之、殿直李日永；六宅使、提点三窑坊高桂；西窑坊二人，东头供奉官田积善、内侍李成顺；东窑坊二人，左承制王行方、内侍高行善；中窑坊二人，庆州知律皇甫至柔，内侍高行远；勾当烧石灰窑二人，右班殿直梁圭、内侍李信；塔下受纳石灰，东头供奉官李元吉；塔下本典王昌；塔上勾当使砖，内侍大文琴；勾当油画殿直焦文政。[①]

出土辽代石刻文字显示，辽朝担任工程项目及工匠管理的提点、勾当类官员，不仅有实职俗官，还有一些是誉衔僧官。[②]

3．工匠所属行业管理机构及专职管理官员——×× 使与 ×× 都监

契丹辽国手工业比较发达，行业门类比较齐全。辽国政府为有效组织各门类手工业生产活动及管理手工业产品的创造者——各类工匠，专门成立相关机构，设置专职官员，出土辽代石刻文字资料对此多有记载。诸如：

辽朝兵器制造的生产场所及管理机构称“中作”，类似于宋、金两朝的作院。[③] 出土辽代石刻文字资料中所见辽朝中作机构所设专职管理工匠及组织生产经营事务的官员称“使”。如辽兴宗重熙八年（1039）的《张思忠墓志》记载，墓主张思忠曾“知上京南中作使”[④]。又，辽圣宗统和十八年（1000）的《刘宇杰墓志》记载，墓主刘宇杰曾于统和十一年（993）“授监显州中作。一意任贤，式契休明之代；百工居肆，雅协经济之能”[⑤]。

铁矿开采及冶炼的生产场所及管理机构称“铁冶”，且多以其所在地的地名冠之。出土辽代石刻文字资料中所见其专职管理工匠及组织生产经营事务的官员称“都监”。如辽景宗保宁元年（969）的《宝峰寺尊胜陀罗尼幢记》记载张德元曾兼监“新兴铁冶”[⑥]。

① 向南、张国庆、李宇峰辑注：《辽代石刻文续编》，沈阳：辽宁人民出版社 2010 年版，第 101 页。
② 同上，第 301 页。
③ 参见向南《辽代石刻文编》，石家庄：河北教育出版社 1995 年版，第 108、109 页，注⑧。
④ 向南：《辽代石刻文编》，石家庄：河北教育出版社 1995 年版，第 216 页。
⑤ 同上，第 107 页。
⑥ 同上，第 40 页。

又，天祚帝天庆三年（1113）的《丁文道墓志》记载，墓主丁文道曾任景州龙池冶监，“其冶铁货岁出数不供课，比来为殿罚者殆且十数人……公洎至，督役勉工，亲时铸炼，所收倍于常绩”[①]。

而铁器的生产场所及其管理机构称“铁院”，出土辽代石刻文字资料中所见其所设专职管理工匠及组织生产经营事务的官员称“都监”。如天祚帝乾统五年（1105）的《造长明灯幢记》中即见“前涿州铁院都监刘建”[②]。

银矿开采与冶炼的生产场所及管理机构称“银冶”，亦多以其所在地地名冠之。出土辽代石刻文字资料中所见其所设专职管理工匠及组织生产经营事务的官员称“都监”。如辽景宗保宁十年（978）的《李内贞墓志》记载，墓主李内贞曾任都峰银冶都监，其次子李琰曾任大石银冶都监[③]。又，辽景宗乾亨四年（982）的《许从赟暨妻康氏墓志》记载，墓主许从赟的三子许守节曾任安众银冶都监，长女适艾糒子银冶都监程光胤[④]。

而银器的打造场所及管理机构称“银院”，出土辽代石刻文字资料中所见其专职管理工匠及组织生产经营事务的官员称“使”和“都监”。如辽圣宗开泰六年（1017）的《朝阳东塔经幢记》中即见“舍手打楮银院使丁仁宪”[⑤]。辽圣宗太平二年（1022）的《韩绍娣墓志》记载，墓主韩绍娣曾监当银院[⑥]。

车辆的生产场所及管理机构称“车子院”，出土辽代石刻文字资料中所见其所设专职管理工匠及组织生产经营事务的官员称“都监”。如辽兴宗重熙八年（1039）的《张思忠墓志》记载，墓主张思忠的长子张可举曾任上京车子院都监[⑦]。

石雕的生产场所及管理机构称“石作院”，出土辽代石刻文字资料中所见其所设

① 向南：《辽代石刻文编》，石家庄：河北教育出版社1995年版，第640页。（参见本书附录图版三）
② 同上，第554页。
③ 同上，第53、54页。
④ 向南、张国庆、李宇峰辑注：《辽代石刻文续编》，沈阳：辽宁人民出版社2010年版，第20页。
⑤ 向南：《辽代石刻文编》，石家庄：河北教育出版社1995年版，第149页。
⑥ 向南、张国庆、李宇峰辑注：《辽代石刻文续编》，沈阳：辽宁人民出版社2010年版，第63页。
⑦ 向南：《辽代石刻文编》，石家庄：河北教育出版社1995年版，第216页。

专职管理工匠及组织生产经营事务的官员称“使”。如辽圣宗开泰二年（1013）的《白川州陀罗尼经幢记》中即见“石作院使王德辛”[①]。

土木、土石建筑行业的管理机构称“板筑”（或“版筑”），历史文献与出土辽代石刻文字资料中所见其所设专职管理工匠及生产经营事务的官员称“使”和“都部署”。如《辽史·太祖纪》即载：辽太祖神册三年（918）二月“癸亥，城皇都，以礼部尚书康默记充版筑使”[②]。辽圣宗统和二十六年（1008）的《王说墓志》记载，墓主王说“奉宣为板筑都部署……建彼皇都，营筑劳神，板图任重……大内既成，宏基已就”[③]。

制曲酿酒的生产场所及管理机构称“曲院”，也多以其所在地地名冠之。出土辽代石刻文字资料中所见其所设专职管理工匠及组织生产经营事务的官员称“都监”和“使”。如辽景宗保宁十年（978）的《李内贞墓志》记载，墓主李内贞的次子李玉曾任“燕京都曲院都监”[④]。辽道宗寿昌三年（1097）的《贾师训墓志》记载，墓主贾师训“丁太夫人忧，卒哭，充东京曲院使”[⑤]。

而专门酿酒的生产场所及管理机构称“酒坊”，出土辽代石刻文字资料中所见其所设专职管理工匠及组织生产经营事务的官员称“使”。如辽道宗大康二年（1076）的《王敦裕墓志》记载，墓主王敦裕“母曰鲜于氏，故燕京酒坊使兖之季女也”[⑥]。天祚帝天庆十年（1120）的《杜悆墓志》记载，墓主杜悆的一个侄孙女嫁“燕京酒坊副使”王郇。[⑦]

食盐的生产、销售场所及管理机构称“盐院”，亦多以其所在地地名冠之。出土辽代石刻文字资料中所见其所设专职管理工匠及组织生产经营事务的官员称“都监”和“使”。如辽兴宗重熙八年（1039）的《赵为干墓志》即载：“朝廷以繁扃盛务，

① 向南：《辽代石刻文编》，石家庄：河北教育出版社1995年版，第147页。
② 脱脱等：《辽史》卷一《太祖纪上》，北京：中华书局1974年版，第12页。
③ 向南：《辽代石刻文编》，石家庄：河北教育出版社1995年版，第132页。
④ 同上，第54页。
⑤ 同上，第477页。
⑥ 同上，第379页。
⑦ 向南、张国庆、李宇峰辑注：《辽代石刻文续编》，沈阳：辽宁人民出版社2010年版，第306页。（参见本书附录图版五）

必赖能人；操行冲襟，果膺重选。命监永济盐院。任徇一载，课余万缗。”[①] 辽道宗寿昌二年（1096）的《孟有孚墓志》记载，墓主孟有孚曾任辰渌盐院使[②]。

丝织生产场所及管理机构称“绫锦院”，多以所在京城地名冠之。出土辽代石刻文字资料中所见其所设专职管理工匠及组织生产经营事务的官员称“使”。如辽圣宗太平二年（1022）的《程延超墓志》记载，墓主程延超的长子曾任中京留守绫锦院使[③]。辽兴宗重熙十五年（1046）的《刘日泳墓志》记载，墓主刘日泳亦曾出任中京绫锦使[④]。

而为丝织产品染色的生产场所及管理机构称“染院”，出土辽代石刻文字资料中所见其所设专职管理工匠及组织生产经营事务的官员称“使”。如辽兴宗重熙二十二年（1053）的《王泽墓志》记载，墓主王泽的祖父王让曾任燕京染院使，王泽的父亲王英亦任燕京染院使[⑤]。天祚帝天庆三年（1113）的《丁文逌墓志》记载，墓主丁文逌的祖父丁求说曾任染院副使[⑥]。

三、余论：对辽朝是否设置管理手工业行业及工匠的中央机构将作监与少府监之分析

依《辽史》等文献及出土辽代石刻文字资料记载，辽朝管理手工业事务及诸行业工匠的中央机构应为隶属于南面朝官系统的将作监和少府监。

先说将作监。《辽史·百官志·南面朝官·诸监职名总目》中见“将作监”[⑦]，但无其职掌等记载。检索《辽史》“列传”及出土辽代石刻文字资料得知，辽朝将作监内的官员主要有监和少监。如《辽史·姚景行传》即云：“景行博学。重熙五年，擢

---

① 向南：《辽代石刻文编》，石家庄：河北教育出版社 1995 年版，第 220 页。
② 同上，第 470 页。
③ 同上，第 167 页。
④ 同上，第 244 页。
⑤ 同上，第 259 页。
⑥ 同上，第 639 页。（参见本书附录图版三）
⑦ 脱脱等：《辽史》卷四七《百官志三》，北京：中华书局 1974 年版，第 789 页。

进士乙科，为将作监。"[①]《辽史·兴宗纪》重熙十七年（1048）见"将作少监王全"[②]。辽道宗咸雍五年（1069）的《董匡信及妻王氏墓志》记载，墓主董匡信"幼子守将作监、侍御史知杂（董）庠"[③]。天祚帝天庆四年（1114）的《王师儒墓志》亦载：辽道宗大康四年（1078）夏，王师儒"迁将作少监，知尚书吏部铨"[④]。

再说"少府监"。《辽史·百官志·南面》云："大理、司农有卿，国子、少府有监，……如唐制也。"[⑤]

辽少府监内官员，《辽史》及出土辽代石刻文字资料中亦见"监"和"少监"。如《辽史·耶律俨传》即载："后两府奏事，论群臣优劣，唯称俨才俊。改少府少监。"[⑥]

同书《窦景庸传》云："（景庸）聪敏好学。清宁中，第进士，授秘书省校书郎，累迁少府少监。"[⑦]

辽道宗大安六年（1090）的《郑恪墓志》记载，墓主郑恪"四迁至少府少监，知上京盐铁副使"[⑧]。天祚帝乾统元年（1101）的《梁援墓志》记载，墓主梁援登科入仕后不久，"旋加将作少监、秘书少监、应奉阁下文字，史职仍故。加少府监、知制诰，兼兵刑房承旨"[⑨]。

辽制承唐仿宋，将作监和少府监机构之设置亦应如是。唐朝中央设有管理全国手工业行业（包括建筑工程）的少府监和将作监机构。《旧唐书·职官志》"少府监"云：

> 监一员，少监二员。
>
> 监之职，掌供百工伎巧之事。
>
> 总中尚、左尚、右尚、织染，掌冶五署之官属，庀其工徒，谨其缮作。少监为之贰。

---

① 脱脱等：《辽史》卷九六《姚景行传》，北京：中华书局 1974 年版，第 1403 页。
② 脱脱等：《辽史》卷二〇《兴宗纪三》，北京：中华书局 1974 年版，第 238 页。
③ 向南：《辽代石刻文编》，石家庄：河北教育出版社 1995 年版，第 338 页。（参见本书附录图版六）
④ 同上，第 646 页。
⑤ 脱脱等：《辽史》卷四七《百官志三》，北京：中华书局 1974 年版，第 772 页。
⑥ 脱脱等：《辽史》卷九八《耶律俨传》，北京：中华书局 1974 年版，第 1415 页。
⑦ 脱脱等：《辽史》卷九七《窦景庸传》，北京：中华书局 1974 年版，第 1409 页。
⑧ 向南：《辽代石刻文编》，石家庄：河北教育出版社 1995 年版，第 428 页。
⑨ 同上，第 520 页。

……

将作监，大匠一员，少匠二员。大匠掌供邦国修建土木工匠之政令，总四署三监百工之官署，以供其职事。凡两京宫殿宗庙城郭诸台省监寺廨宇楼台桥道，谓之内外作，皆委焉。①

又如北宋，《宋史·职官志》记载，中央设有“少府监，监掌百工伎巧之政令，少监为之贰”。其下设机构有：

文思院，掌造金银犀玉工巧之物，金采绘素装钿之饰。

绫锦院，掌织纴锦绣。

染院，掌染丝枲币帛。

裁造院，掌裁制服饰。

文绣院，掌纂绣。②

北宋中央亦设将作监，监掌宫室、城郭、桥梁、舟车营缮之事。少监为之副，丞参领之。凡土木工匠、版筑造作之政令总管，其下设机构有修内司，掌宫城太庙缮修之事；东西八作司，掌京城内外缮修之事。此外还设竹木务、事材场、窑务、丹粉所等，亦各掌其事。

辽将作监和少府监下是否亦如唐、宋设相类的手工业分支管理机构，《辽史》等文献不见记载。尽管上引《辽史》及出土辽代石刻文字资料中多见“将作监”“将作少监”“少府监”“少府少监”等职官名称，但近年来一些研究辽朝职官制度的学者却认为，将作监、将作少监、少府监、少府少监等职官并非实职，而是文散（或本官）虚衔③，其依据之一就是出土的一些辽代石刻文字资料曾将辽朝的官（虚衔）、职（实

---

① 刘昫等：《旧唐书》卷四四《职官志三》，北京：中华书局1975年版，第1893、1896页。

② 脱脱等：《宋史》卷一六五《职官志五》，北京：中华书局1977年版，第3918页。

③ 详见王曾瑜《辽代官员的实职和虚衔初探》//《文史》总第三十四辑，北京：中华书局1992年版；杨军《辽代南面官研究——以碑刻资料为中心》，《史学集刊》2013年第3期；陈晓伟《辽代文官阶制再探——以新近出土的〈梁颖墓志铭〉为中心》//刘宁、张力主编：《辽金历史与考古国际学术研讨会论文集》（下），沈阳：辽宁教育出版社2012年版，第608~617页；王玉亭《辽代官员的本官、实职与阶及其关系——以辽代碑志文为中心》//韩世明、孔令海主编：《辽金史论集》第十四辑，北京：中国社会科学出版社2016年版，第150~170页。

任）予以区分。如辽道宗大安五年（1089）的《梁颖墓志铭》即云：

> 公官自著作佐郎、太子中舍、太子□□□中丞、太常丞、尚书礼部员外郎、尚书职方郎中、将作少监、太仆少卿、少府监、昭文馆直学士、谏议大夫、给事中□□□学士、宣政殿大学士、刑部尚书至所终官。职自蓟州军事判官、枢密院书令史、令史、奉圣州观察判官、厅房户□□□、兵刑吏三房承旨、副都承旨、提点大理寺、枢密直学士、翰林学士、签枢密院事、同知枢密院事、枢密副使、门下侍郎平章事、兴中尹至所终职。[①]

他们认为前者是为本官虚衔，后者才是实职实授。既然梁颖所任将作少监、少府监非实职，由此便可推断辽朝应该没有设置具备管理职能的将作监、少府监机构及相关官员。

笔者仔细检索出土辽代石刻文字资料，发现一条似可证明至少辽朝初年应该设有具备管理职能的将作监机构的资料。据辽道宗寿昌三年（1097）的《贾师训墓志》记载，贾师训的高祖贾去疑，“先仕后唐，我大圣天皇（辽太祖耶律阿保机）时，奉使来贡，因留之。俾督工役，营上都，事毕，迁将作大匠”[②]。另据《辽史·太祖纪》记载，辽太祖神册三年（918）二月“癸亥，城皇都，以礼部尚书康默记充版筑使”[③]。“上都”“皇都”均指辽的早期都城上京。贾去疑当年应该是先作为管理建都工程某一项目与工匠的官员，在版筑使康默记的具体领导下，参与了上京城的修建。因其政绩突出，建都工程结束后，其官职便得到提升，迁转为国家建筑及手工行业管理机构将作监的主政官员——将作大匠。上引《旧唐书·职官志》已知，唐代将作监的主政官员即为将作大匠，职掌“供邦国修建土木工匠之政令”。辽承唐制，于建国初年置将作监机构，设将作大匠之职，掌管修建城池宫室诸事是可能的。此后，职名发生变化，“将作大匠”改作“将作监”，“将作少匠”改为“将作少监”。因而，笔者认为，辽初贾去疑所任将作大匠应该不是虚衔，而是实职。当然，

---

① 杨卫东：《辽代梁颖墓志铭考释》//《文史》总第九十四辑，北京：中华书局 2011 年版。

② 向南：《辽代石刻文编》，石家庄：河北教育出版社 1995 年版，第 476 页。

③ 脱脱等：《辽史》卷一《太祖纪上》，北京：中华书局 1974 年版，第 12 页。

史学研究强调“孤证不立”。若想凿实辽朝初年中央确有管理建筑及手工行业的职能机构将作监、少府监及相关官员，还需进一步发掘文献史料及出土辽代石刻文字资料以强化佐证。

第三节　辽朝的仓与库

仓、库古已有之，但二者的使用功能却各不相同。一般来说，储藏粮谷者为仓。《吕氏春秋·仲秋》云：“修囷仓。”高诱注：“圆曰囷，方曰仓。”而存放其他物资的建筑则称“库”，其形状不同，名称各异。在中国古代，不仅有私人修建的规模小又简陋的米仓或库房，存放各种家用生产和生活物品，国家亦根据实际需要，建有大量具备不同功能的仓、库，并且这类仓、库已不仅仅作为单纯储藏粮谷或其他物资的建筑物，而是同时具有了政府置官管理、调配某类物资流转的特殊机构之职能。辽朝亦然。有辽一代二百余年间，于五京及诸州府亦建有很多仓、库，以满足政府存储、管理与调配各种国用与民生物资的需要。辽朝的仓、库究竟有多少？管理官员有哪些？主要功能是什么？《辽史》等文献史料的记载十分有限，但出土的辽代石刻文字资料可为之略做补充。

一、文献史料与石刻文字所见诸仓与库

辽代石刻文字资料与文献史料中关于仓的内容并不多。经笔者检索，仅见如下几种：

省仓（省司仓）与赡国仓。出土辽代石刻文字资料中有“省仓”，如辽兴宗重熙八年（1039）的《张思忠墓志》中即见“上京省仓”[①]。辽兴宗重熙十二年（1043）的《朝阳北塔今聊记石匣内题记》中亦见“省仓”[②]。《辽史》中见“省司仓”，与赡国仓一

① 向南：《辽代石刻文编》，石家庄：河北教育出版社 1995 年版，第 216 页。
② 向南、张国庆、李宇峰辑注：《辽代石刻文续编》，沈阳：辽宁人民出版社 2010 年版，第 79 页。

同设在上京皇城大内之西南。《辽史·地理志》云：上京皇城“其南具圣尼寺，绫锦院、内省司、曲院，赡国、省司二仓，皆在大内西南”[①]。该“省司仓”盖即出土辽代石刻文字资料中所见之“上京省仓”。

义仓。辽义仓分为两类：一是由政府设置的义仓。见诸文献史料者，如《辽史·圣宗纪》记载：辽圣宗统和十三年（995）“冬十月乙亥，置义仓”[②]。同书《食货志》亦载：辽圣宗统和“十三年，诏诸道置义仓”[③]。可知圣宗皇帝此次诏令设置义仓应是全国性的。二是民间自发设立的义仓。辽朝盛行佛教，一些大型寺院设有义仓。见诸出土辽代石刻文字资料者，如辽穆宗应历十五年（965）的《重修范阳白带山云居寺碑》即云：

> 风俗以四月八日，共庆佛生。凡水之滨，山之下，不远百里，仅有万家，预馈供粮，号为义仓。[④]

这说明云居寺设有义仓。

长盈仓。辽朝长盈仓仅见诸出土辽代石刻文字资料，如辽兴宗重熙十三年（1044）的《李继成暨妻马氏墓志》中即见“长盈仓”[⑤]。

和籴仓。辽朝和籴仓仅见诸文献史料，如《辽史·食货志》中即见“和籴仓”[⑥]。

辽代石刻文字资料与文献史料中关于库的记载较多。经笔者检索，有如下数种：

内库。对辽朝内库，文献史料多有记载。如《辽史·百官志》中即见“内库”[⑦]。同书《宦官·王继恩传》中亦见之[⑧]。此外，《辽史·游幸表》及同书《太祖纪》中亦有记述内库的相关文字。辽朝内库亦有见诸出土辽代石刻文字资料者，如辽圣宗

---

① 脱脱等：《辽史》卷三七《地理志一》，北京：中华书局 1974 年版，第 441 页。
② 脱脱等：《辽史》卷一三《圣宗纪四》，北京：中华书局 1974 年版，第 147 页。
③ 脱脱等：《辽史》卷五九《食货志上》，北京：中华书局 1974 年版，第 924 页。
④ 向南：《辽代石刻文编》，石家庄：河北教育出版社 1995 年版，第 33 页。
⑤ 向南、张国庆、李宇峰辑注：《辽代石刻文续编》，沈阳：辽宁人民出版社 2010 年版，第 88 页。
⑥ 脱脱等：《辽史》卷五九《食货志上》，北京：中华书局 1974 年版，第 925 页。
⑦ 脱脱等：《辽史》卷四七《百官志三》，北京：中华书局 1974 年版，第 784 页。
⑧ 脱脱等：《辽史》卷一〇九《宦官·王继恩传》，北京：中华书局 1974 年版，第 1480 页。

太平八年（1028）的《李知顺墓志》[①]及辽兴宗重熙八年（1039）的《张思忠墓志》[②]等。

辽朝还有随同皇帝銮驾移动的随驾内库，它属于内库之一种。如《辽史·仪卫志》中即见"随驾库"[③]。此外，出土辽代石刻文字资料中亦见之，如辽道宗清宁四年（1058）的《显州北赵太保寨白山院舍利塔石函记》[④]、天祚帝天庆元年（1111）的《为先内翰侍郎太夫人特建经幢记》[⑤]及天庆十年（1120）的《杜悆墓志》[⑥]中均见"随驾内库"及相关库名。

内藏库。辽朝内藏库有见诸文献史料者，如《辽史·百官志》记载内藏库归内省所属。[⑦]《辽史·道宗纪》亦见之。[⑧]辽朝内藏库见诸出土辽代石刻文字资料者，有辽道宗寿昌五年（1099）的《玉石观音唱和诗碑》[⑨]等。

军器库与弓箭库。辽朝军器库不见于文献史料，仅见诸出土辽代石刻文字资料，如辽圣宗统和二十六年（1008）的《王说墓志》[⑩]及天祚帝乾统八年（1108）的《蔡志顺墓志》[⑪]中均见"军器库"等字样。辽朝弓箭库仅见诸宋人李焘的《续资治通鉴长编》[⑫]。

大盈库。辽朝大盈库，《辽史》等文献未载，仅见诸出土辽代石刻文字资料，如辽

---

① 向南：《辽代石刻文编》，石家庄：河北教育出版社1995年版，第187页。

② 同上，第216页。

③ 脱脱等：《辽史》卷五七《仪卫志三·符印》，北京：中华书局1974年版，第914页。

④ 向南：《辽代石刻文编》，石家庄：河北教育出版社1995年版，第290页。

⑤ 同上，第617页。

⑥ 向南、张国庆、李宇峰辑注：《辽代石刻文续编》，沈阳：辽宁人民出版社2010年版，第306页。（参见本书附录图版五）

⑦ 脱脱等：《辽史》卷四七《百官志三》，北京：中华书局1974年版，第783页。

⑧ 脱脱等：《辽史》卷二一《道宗纪一》，北京：中华书局1974年版，第256页。

⑨ 向南：《辽代石刻文编》，石家庄：河北教育出版社1995年版，第505页。

⑩ 同上，第132页。

⑪ 向南、张国庆、李宇峰辑注：《辽代石刻文续编》，沈阳：辽宁人民出版社2010年版，第261页。

⑫ 李焘：《续资治通鉴长编》//陶晋生、王民信编：《李焘续资治通鉴长编宋辽关系史料辑录》第一册，台北："中央研究院"历史语言研究所1974年刊行，第58页。

兴宗重熙八年（1039）的《张思忠墓志》[①]及重熙十五年（1046）的《刘日泳墓志》[②]中均见之。

鞍辔库。辽朝鞍辔库，《辽史》未载，文献史料仅见诸宋人李焘的《续资治通鉴长编》[③]，出土辽代石刻文字资料中仅见诸辽景宗保宁年间（969—979）的《吴景询墓志》（残石）[④]。

永丰库。辽朝永丰库，文献史料亦不载，仅见诸出土辽代石刻文字资料中，如辽景宗保宁元年（969）的《王守谦墓志》[⑤]及辽道宗清宁六年（1060）的《赵匡禹墓志》[⑥]中均见之。

颁给库。辽朝颁给库，文献史料亦不载，仅见诸出土辽代石刻文字资料中，如辽圣宗太平八年（1028）的《李知顺墓志》[⑦]及辽兴宗重熙六年（1037）的《韩椅墓志》[⑧]中均见之。

天积库。辽朝天积库，亦不见载于《辽史》等文献，仅出土辽代石刻文字资料中有所反映。如辽兴宗重熙十五年（1046）的《刘日泳墓志》[⑨]及天祚帝天庆四年（1114）的《刘慈墓志》[⑩]中均见之。

法物库。辽朝法物库，仅见诸文献史料，如《辽史・百官志》即云，辽有法物库，属太常寺。[⑪]

尚衣库。辽朝尚衣库，仅见诸文献史料，如《辽史・百官志》中即见“尚衣库”，

---

① 向南：《辽代石刻文编》，石家庄：河北教育出版社 1995 年版，第 216 页。
② 同上，第 244 页。
③ 李焘：《续资治通鉴长编》// 陶晋生、王民信编：《李焘续资治通鉴长编宋辽关系史料辑录》第一册，台北：“中央研究院”历史语言研究所 1974 年刊行，第 63 页。
④ 向南、张国庆、李宇峰辑注：《辽代石刻文续编》，沈阳：辽宁人民出版社 2010 年版，第 17 页。
⑤ 同上，第 10 页。（参见本书附录图版七）
⑥ 向南：《辽代石刻文编》，石家庄：河北教育出版社 1995 年版，第 300 页。
⑦ 同上，第 188 页。
⑧ 同上，第 204 页。
⑨ 同上，第 244 页。
⑩ 向南、张国庆、李宇峰辑注：《辽代石刻文续编》，沈阳：辽宁人民出版社 2010 年版，第 284 页。
⑪ 脱脱等：《辽史》卷四七《百官志三》，北京：中华书局 1974 年版，第 786 页。

归内侍省所属。[①] 同书《宦官·王继恩传》中亦见之。[②]

茶酒库。辽朝茶酒库，仅见诸宋人李焘的《续资治通鉴长编》[③]。

临库。辽朝临库，仅见诸文献史料，如《辽史·能吏·马人望传》[④] 及同书《国语解》[⑤] 中均见之。

锦库与行库。辽朝锦库与行库仅见诸出土辽代石刻文字资料中，如辽道宗清宁四年（1058）的《显州北赵太保寨白山院舍利塔石函记》[⑥] 中即见之。

银绢库。辽朝银绢库仅见诸出土辽代石刻文字资料中，如《张衎墓志》[⑦] 中即见之。

辽朝诸库，有时被统称为“府库”。其实，在中国古代，“府”亦有“库”的含义，指国家储藏财物的场所。《礼记·曲礼下》郑玄注：“府，谓宝藏货贿之处。”辽朝亦如此。如储藏钱币的库可以统称为“府库”。《辽史·食货志》记载：“天祚之世，更铸乾统、天庆二等新钱，而上下穷困，府库无余积。”[⑧] 此“府库”即指天积库或永丰库之类国家金库。

有辽一代，戍边将官除担负统军御敌之重任外，还有充实府库物资的职责。如《辽史·耶律韩八传》即云：辽兴宗重熙十二年（1043），耶律韩八“再为北院大王。入朝，帝从容谓曰：‘卿守边任重，当实府库、振贫乏以报朕’”[⑨]。

遭遇战事等非常情况，统军将领可以从府库中调取物资激励士卒。如《辽史·萧兀纳传》即云：天祚帝天庆“六年，耶律章奴叛，来攻京城，兀纳发府库以赉士卒，

---

① 脱脱等：《辽史》卷四七《百官志三》，北京：中华书局 1974 年版，第 784 页。
② 脱脱等：《辽史》卷一〇九《宦官·王继恩传》，北京：中华书局 1974 年版，第 1480 页。
③ 李焘：《续资治通鉴长编》卷一九 // 陶晋生、王民信编：《李焘续资治通鉴长编宋辽关系史料辑录》第一册，台北：“中央研究院”历史语言研究所 1974 年刊行，第 67 页。
④ 脱脱等：《辽史》卷一〇五《能吏·马人望传》，北京：中华书局 1974 年版，第 1463 页。
⑤ 脱脱等：《辽史》卷一一六《国语解》，北京：中华书局 1974 年版，第 1549 页。
⑥ 向南：《辽代石刻文编》，石家庄：河北教育出版社 1995 年版，第 291 页。
⑦ 同上，第 691 页。
⑧ 脱脱等：《辽史》卷六〇《食货志下》，北京：中华书局 1974 年版，第 931 页。
⑨ 脱脱等：《辽史》卷九一《耶律韩八传》，北京：中华书局 1974 年版，第 1361、1362 页。

谕以逆顺，完城池，以死拒战”[①]。

由此可知，无论是皇帝要耶律韩八充实物资的府库，还是萧兀纳取物激励士卒的府库，都是辽朝某类型库的统称。

辽人有时也将仓与库合而称为“仓库”。如锦州仓库。辽兴宗重熙八年(1039)的《张思忠墓志》记载，墓主张思忠的一个儿媳为“前锦州仓库都监于延泰女”[②]。又如黔州仓库。辽圣宗太平二年（1022）的《韩绍娣墓志》记载，墓主韩绍娣曾任黔州仓库都监[③]。这种合成词“仓库”到底是指仓还是指库，或是二者兼而有之？出土辽代石刻文字资料中并没有透露任何信息。

二、管理仓、库事务之官员

辽朝的仓、库作为各类物资存储和流转的特殊机构，朝廷设置相应的仓官与库职，具体负责仓、库内部事务的日常管理。

先说仓官。

辽朝的仓官不见于《辽史·百官志》等文献史料，仅见诸出土辽代石刻文字资料中。如辽朝的省仓应是设在五京都城的粮食存储与流转调配机构，见诸出土辽代石刻文字资料中的主管官员为都监。辽兴宗重熙八年（1039）的《张思忠墓志》即记载，墓主张思忠的长子张可举曾任上京省仓兼车子院都监[④]。辽兴宗重熙十二年（1043）的《朝阳北塔今聊记石匣内题记》中亦见“省仓库都监室去疑”[⑤]。除省仓外，设都监的还有长盈仓。如辽兴宗重熙十三年（1044）的《李继成暨妻马氏墓志》即记载，墓主李继成曾任“长盈仓都监，出纳无吝，褒崇有功，迁管键之清资，贰微敽之重任”[⑥]。由此可知，辽朝诸仓都监应是掌管仓粮出纳与流转的主要官员。辽朝诸仓都监之下还有

① 脱脱等：《辽史》卷九八《萧兀纳传》，北京：中华书局1974年版，第1414页。
② 向南：《辽代石刻文编》，石家庄：河北教育出版社1995年版，第216页。
③ 向南、张国庆、李宇峰辑注：《辽代石刻文续编》，沈阳：辽宁人民出版社2010年版，第63页。
④ 向南：《辽代石刻文编》，石家庄：河北教育出版社1995年版，第216页。
⑤ 向南、张国庆、李宇峰辑注：《辽代石刻文续编》，沈阳：辽宁人民出版社2010年版，第79页。
⑥ 同上，第88页。

分管仓务、泛称“仓官”的官吏。[①]

再说库职。

检索出土辽代石刻文字资料与文献史料，辽朝的库职主要有三类——都提点与提点，都监与副都监，使与副使。

都提点与提点似乎只设于作为皇帝私藏的内库和内藏库。所谓提点，寓有提举与点检之意。《辽史·百官志》记载，辽朝内库的主管官员为都提点内库[②]。圣宗朝宦官王继恩曾出任此职（内库都提点）。[③] 都提点之下还有提点，应为其佐贰。辽圣宗太平八年（1028）的《李知顺墓志》记载，墓主李知顺的结衔之一即为提点内库[④]。此外，《辽史·百官志》记载，内藏库的管理者亦为提点，并言“道宗清宁元年见内藏库提点耶律乌骨”[⑤]。

都监与副都监是辽国政府于诸内库设置的另一类官员。如辽建在地方的内库、内藏库以及诸随驾内库均见都监与副都监之设。辽兴宗重熙八年（1039）的《张思忠墓志》记载，墓主张思忠之子张可奂曾任乾州内库都监[⑥]。辽道宗寿昌五年（1099）的《玉石观音唱和诗碑》中见和诗者之一“内藏（库）副都监寇□”[⑦]。辽道宗清宁四年（1058）的《显州北赵太保寨白山院舍利塔石函记》中见建塔邑人“随驾内库都监杜匡辅”[⑧]，建塔邑人“锦库都监郭同”“行库都监□满儿”[⑨]等。这就是说，辽朝的内库既设都提点、提点，亦设都监、副都监，表明二者的职掌应有所区别。

辽朝诸库亦有所设临时差遣性质的监当官，形式为“监某某库”。如辽景宗保宁

① 向南：《辽代石刻文编》，石家庄：河北教育出版社 1995 年版，第 292 页。
② 脱脱等：《辽史》卷四七《百官志三》，北京：中华书局 1974 年版，第 784 页。
③ 脱脱等：《辽史》卷一〇九《宦官·王继恩传》，北京：中华书局 1974 年版，第 1480 页。
④ 向南：《辽代石刻文编》，石家庄：河北教育出版社 1995 年版，第 187 页。
⑤ 脱脱等：《辽史》卷四七《百官志三》，北京：中华书局 1974 年版，第 783 页。
⑥ 向南：《辽代石刻文编》，石家庄：河北教育出版社 1995 年版，第 216 页。
⑦ 同上，第 505 页。
⑧ 同上，第 290 页。
⑨ 同上，第 291 页。

元年（969）的《王守谦墓志》即载墓主王守谦“监永丰库”[①]。天祚帝天庆四年（1114）的《刘慈墓志》亦载墓主刘慈“□（监）天积库”[②]。《张衍墓志》记载墓主张衍曾“差监银绢库”[③]。据《宋会要辑稿·食货五一之一》记载，北宋的内藏库以诸司使、副、内侍为监官，或置都监，另有内侍一人任点检。这就是说，北宋库职中都监与监当官是分置的。辽朝诸库的监当官与都监是何关系，是同置还是分设？因出土辽代石刻文字资料及文献史料中均无记载，笔者亦不好妄猜，待考。

使与副使是辽朝诸库具体负责库务的行政官员，并且是见诸出土辽代石刻文字资料与文献史料中最多的一类库职。详见下表：

库使一览表

库使姓名	库使名称	史料出处
杜叔长	随驾内库丝绵库使	天祚帝天庆十年（1120）《杜悆墓志》//向南、张国庆、李宇峰辑注《辽代石刻文续编》，沈阳：辽宁人民出版社2010年版，第306页。（参见本书附录图版五）
（马）内温	随驾锦透背皮毛库副使	天祚帝天庆元年（1111）《为先内翰侍郎太夫人特建经幢记》//向南：《辽代石刻文编》，石家庄：河北教育出版社1995年版，第617页。
王说	军器库使	辽圣宗统和二十六年（1008）《王说墓志》//向南：《辽代石刻文编》，石家庄：河北教育出版社1995年版，第132页。
王息	大盈库副使	辽兴宗重熙八年（1039）《张思忠墓志》//向南：《辽代石刻文编》，石家庄：河北教育出版社1995年版，第216页。
刘日泳	上京大盈库副使	辽兴宗重熙十五年（1046）《刘日泳墓志》//向南：《辽代石刻文编》，石家庄：河北教育出版社1995年版，第244页。
刘日泳	中京天积库副使	辽兴宗重熙十五年（1046）《刘日泳墓志》//向南：《辽代石刻文编》，石家庄：河北教育出版社1995年版，第244页。

① 向南、张国庆、李宇峰辑注：《辽代石刻文续编》，沈阳：辽宁人民出版社 2010 年版，第 10 页。（参见本书附录图版七）

② 同上，第 284 页。

③ 向南：《辽代石刻文编》，石家庄：河北教育出版社 1995 年版，第 691 页。

续表

库使姓名	库使名称	史料出处
萧蒲骨只	鞍辔库使	李焘：《续资治通鉴长编》//陶晋生、王民信编：《李焘续资治通鉴长编宋辽关系史料辑录》第一册，台北："中央研究院历史"语言研究所1974年刊行，第63页。
吴景询长子	□（鞍）辔库副使	辽景宗保宁年间（969—979）《吴景询墓志》//向南、张国庆、李宇峰辑注：《辽代石刻文续编》，沈阳：辽宁人民出版社2010年版，第17页。
赵为春	永丰库副使	辽道宗清宁六年（1060）《赵匡禹墓志》//向南：《辽代石刻文编》，石家庄：河北教育出版社1995年版，第300页。
李知顺	颁给库使	辽圣宗太平八年（1028）《李知顺墓志》//向南：《辽代石刻文编》，石家庄：河北教育出版社1995年版，第188页。
韩椅	颁给库使	辽兴宗重熙六年（1037）《韩椅墓志》//向南：《辽代石刻文编》，石家庄：河北教育出版社1995年版，第204页。
	法物库使	脱脱等：《辽史》卷四七《百官志三》，北京：中华书局1974年版，第786页。
	法物库副使	脱脱等：《辽史》卷四七《百官志三》，北京：中华书局1974年版，第786页。
王继恩	尚衣库使	脱脱等：《辽史》卷一〇九《宦官·王继恩传》，北京：中华书局1974年版，第1480页。
王琛	茶酒库副使	李焘：《续资治通鉴长编》//陶晋生、王民信编：《李焘续资治通鉴长编宋辽关系史料辑录》第一册，台北："中央研究院"历史语言研究所1974年刊行，第67页。

文献史料与出土辽代石刻文字资料均未载辽朝库使的阶衔品级。笔者参照《金史》所记金朝与辽相类库使之品级，推测辽朝诸库使职亦应属于品级较低的下层官员。如《金史·百官志》即载：

> 军器库，使一员，正八品。副使一员，从九品。掌甲胄兵仗。
>
> 永丰库。……使一员，从七品。副使一员，从八品。判官一员，正九品。掌泉货金银珠玉出纳之事。[①]

辽朝除设管理某仓某库内部事务的仓官库职之外，中央及地方还设有宏观管理某

① 脱脱等：《金史》卷五七《百官志三》，北京：中华书局1975年版，第1316、1320页。

区域仓、库事务的机构和官员。如《辽史·百官志》中有库部和仓部[①]。库部和仓部的主管官员为员外郎。《辽史·圣宗纪》即见“库部员外郎冯守琪”“仓部员外郎祁正”[②]。这可能是中央管理全国仓、库事务的机构和官员。而地方府州或有宏观管理当地仓、库事务的机构与官员，如仓曹与仓曹参军。辽圣宗太平四年（1024）的《张琪墓志》记载，墓主张琪曾任幽都府仓曹参军[③]。辽幽都府属南京道，后改称“析津府”。幽都府仓曹参军的管辖权限盖为南京道辖内的诸仓。仓曹参军的职掌，《辽史·百官志》及出土辽代石刻文字资料中均不见记载，可参考《新唐书·百官志》所记唐代同职之职掌：“仓曹司仓参军事，掌租调、公廨、庖厨、仓库、市肆。”[④]

三、仓、库之主要功能

由于文献史料记载缺漏严重，出土辽代石刻文字资料又散乱不全，有关辽朝仓、库的功能及作用，已很难说得十分清楚。辽制承唐仿宋，以下，笔者依据有限的出土辽代石刻文字资料和文献史料，参考唐宋之实况，对辽朝仓、库的主要功能，做些大致梳理。

1. 内库私藏，财物可为皇帝随时支配

辽朝具备皇帝物品私藏及支配功能的是内库和内藏库等，但内库和内藏库的这种功能并非始于辽朝。早在北魏时期，朝廷就已设内库，用于专储皇帝个人支配之私品。《魏书·食货志》记载：和平二年（461）“冬，（文成帝）诏出内库绫绵布帛二十万匹，令内外百官分曹赌射”[⑤]。

至唐代，皇帝内库私藏之物品更是五花八门，大凡丝绸绢帛、银锭铜钱、弓箭刀枪以及书籍画卷等都在其列。《旧唐书·宪宗纪》记载：元和十二年（817）“二月壬申，

① 脱脱等：《辽史》卷四七《百官志三·南面》，北京：中华书局1974年版，第772页。
② 脱脱等：《辽史》卷一三《圣宗纪四》，北京：中华书局1974年版，第141页。
③ 向南：《辽代石刻文编》，石家庄：河北教育出版社1995年版，第173页。
④ 欧阳修、宋祁：《新唐书》卷四九下《百官志四下》，北京：中华书局1975年版，第1312页。
⑤ 魏收：《魏书》卷一一〇《食货志》，北京：中华书局1974年版，第2851页。

出内库绢布六十九万段匹、银五千两，付度支供军”[①]。同书《文宗纪》云：“先是，宰相武元衡被害，宪宗出内库弓箭、陌刀赐左右街使。”[②]

总之，从北魏至隋唐，内库存储之物多用于皇帝赏赐臣下与劳军，说明内库与其他国库不同，确有天子私藏之性质。到了北宋，宫廷仍置内库，库存物资主要作为皇帝赈灾和援军之用。《宋史·食货志》云：

初，太祖以帑藏盈溢，又于讲武殿后别为内库，尝谓：“军旅、饥馑当预为之备，不可临事厚敛于民。”[③]

检索文献史料，五代后唐时又有皇帝另一私藏——内藏库之设。《新五代史·明宗纪》即云：“废内藏库，四方所上物，悉归之有司。”[④]可见，后唐皇帝的内藏库主要存储地方所上之贡品。北宋亦设内藏库。《宋史·食货志》：“凡货财不领于有司者，则有内藏库，盖天子之别藏也。”[⑤]

既然内藏库为“天子之别藏”，表明五代后唐及北宋时期内藏库的性质与内库已无多大区别。

辽承仿唐宋制度，内库与内藏库储存之物亦属皇帝之私藏。如《辽史·游幸表》即云，辽太祖神册五年（920）五月，耶律阿保机“射龙于拽剌山阳水上，其龙一角，尾长足短，身长五尺，舌二尺有半，敕藏内库”[⑥]。此事亦见载于《辽史·太祖纪》[⑦]。辽太祖“射龙”不足为信，但这个记载反映的却是辽朝初年即已设立了用于皇帝存储私人物品的内库。

出土辽代石刻文字资料显示，辽朝皇帝的内库有些是设在地方州府的所在地，如乾州内库。前引辽兴宗重熙八年（1039）《张思忠墓志》中已见墓主张思忠之子张可

---

① 刘昫等：《旧唐书》卷一五《宪宗纪下》，北京：中华书局1975年版，第458页。
② 刘昫等：《旧唐书》卷一七下《文宗纪下》，北京：中华书局1975年版，第563页。
③ 脱脱等：《宋史》卷一七九《食货志下一·会计》，北京：中华书局1977年版，第4369页。
④ 欧阳修：《新五代史》卷六《唐本纪第六·明宗纪》，北京：中华书局1974年版，第66页。
⑤ 脱脱等：《宋史》卷一七九《食货志下一·会计》，北京：中华书局1977年版，第4369页。
⑥ 脱脱等：《辽史》卷六八《游幸表》，北京：中华书局1974年版，第1038、1039页。
⑦ 脱脱等：《辽史》卷二《太祖纪下》，北京：中华书局1974年版，第16页。

奂曾任乾州内库都监[①]。乾州属东京道，为辽景宗乾陵的奉陵邑，旧址在今辽宁北镇境内。辽在皇陵的奉陵邑设置皇帝私人内库，所储存物品当为皇帝赴陵祭祖之所用。辽朝皇帝亦有自己的内藏库，其所存储之物品，钱币似为大宗。如《辽史・道宗纪》云：辽道宗清宁四年（1058）“秋七月辛巳，制诸掌内藏库官盗两贯以上者，许奴婢告”[②]。如果库官所盗物品以“贯”为单位，表明该库存储物品或是钱币。

辽朝皇帝的内库和内藏库储存之物品是否亦如唐宋时期那样主要用于皇帝赏赐臣下及赈灾、劳军等，虽然出土辽代石刻文字资料及文献史料中没有明确记载，但其中还是有一些蛛丝马迹。如《辽史・太祖纪》即云：辽太祖天显元年（926）二月“甲午，复幸忽汗城，阅府库物，赐从臣有差”[③]。该府库应是辽太祖耶律阿保机刚刚从战败的渤海国接收过来，纳入了皇帝私藏库之列，于是，阿保机便自取此库存储之物赏赐随他出征的文臣武将。又如《辽史・王继恩传》载：

> 继恩好清谈，不喜权利，每得赐赉，市书至万卷，载以自随，诵读不倦。每宋使来聘，继恩多充宣赐使。[④]

王继恩时任圣宗皇帝内库总管——都提点，宋使来聘，临别时圣宗皇帝有物品回赠，便差遣王继恩为宣赐使，那么圣宗皇帝赐给宋使的物品，很可能即出自王继恩主管的内库。

辽朝皇帝的私藏除了内库和内藏库之外，还包括大盈库。辽朝的大盈库亦为承唐制而设。唐有大盈库，为天子私藏之一。《旧唐书・杨炎传》云：

> 及第五琦为度支、盐铁使，京师多豪将，求取无节，琦不能禁，乃悉以租赋进入大盈内库，以中人主之意，天子以取给为便，故不复出。[⑤]

《新唐书・食货志》亦云：

> 王鉷为户口色役使，岁进钱百亿万缗，非租庸正额者，积百宝大盈库，以供

---

① 向南：《辽代石刻文编》，石家庄：河北教育出版社 1995 年版，第 216 页。
② 脱脱等：《辽史》卷二一《道宗纪一》，北京：中华书局 1974 年版，第 256 页。
③ 脱脱等：《辽史》卷二《太祖纪下》，北京：中华书局 1974 年版，第 22 页。
④ 脱脱等：《辽史》卷一〇九《宦官・王继恩传》，北京：中华书局 1974 年版，第 1481 页。
⑤ 刘昫等：《旧唐书》卷一一八《杨炎传》，北京：中华书局 1975 年版，第 3420 页。

天子燕私。[①]

辽朝大盈库之所藏，依据前引《刘日泳墓志》中出现的“宝货”等字样，再参考新旧《唐书》之所记，应该也是钱币类物品。

由于辽朝皇帝一年四季要到不同的地方捺钵，春水秋山，纳凉避寒，接见外使，处理政务；由于辽朝前期皇帝经常率领契丹铁骑征战四方，开疆拓土，因此，辽朝也设有随皇帝四时捺钵或率军征战而移动的随驾内库。随驾内库的功能就是保障皇帝及其后妃、皇子、公主等随驾皇室成员日常衣食住行等生活所需各类物资的供应，所以辽朝的随驾内库有用各种存储物资命名的分库。如天祚帝天庆十年（1120）的《杜悆墓志》中即见“随驾内库丝锦库”[②]。又天祚帝天庆元年（1111）的《为先内翰侍郎太夫人特建经幢记》中见“随驾锦透背皮毛库”[③]等。在四时捺钵或率军出征的过程中，辽帝所获得的一些宝物或战利品，都要随时入藏随驾内库。如辽太宗耶律德光率契丹大军南下中原灭后晋，军中即设随驾内库，收藏有掠夺于后晋宫廷的一枚玉印。《辽史·仪卫志》云：“玉印，太宗破晋北归，得于汴宫，藏随驾库。”[④]

有学者依据相关史料记载，认为北宋时期的皇帝私藏库——内库及内藏库已经具备掌管国家财政金融之职能。

首先，宋代内库已经掌握部分货币的发行权。《宋史·食货志》云：“诸监所铸钱悉入于王府（即内库），岁出其奇羡给之三司，方流布于天下。”[⑤]同时，内库在兑换货币、维护纸币信誉、调节货币流通及维护交引信用方面，亦起到了重大作用。[⑥]因而，宋代内库实际上已经成为名副其实的国家金融管理机构。

---

① 欧阳修、宋祁：《新唐书》卷五一《食货志一》，北京：中华书局1975年版，第1346页。

② 向南、张国庆、李宇峰辑注：《辽代石刻文续编》，沈阳：辽宁人民出版社2010年版，第306页。（参见本书附录图版五）

③ 向南：《辽代石刻文编》，石家庄：河北教育出版社1995年版，第617页。

④ 脱脱等：《辽史》卷五七《仪卫志三·符印》，北京：中华书局1974年版，第914页。

⑤ 脱脱等：《宋史》卷一八〇《食货志下二》，北京：中华书局1977年版，第4384页。

⑥ 程民生：《宋代内库的金融职能》，《中州学刊》1987年第3期。

其次，从宋初开始，财政年度计司的财政结余已全数调入内库。太宗朝以后，又扩充内库，内库收入不断扩大，甚至侵夺了中央计司所掌之经费财赋。[①] 也就是说，宋代的内库已成为计司之外的国家又一财政管理部门。

辽朝经济管理机构的设置比较特殊，为的是适应随皇帝四时捺钵而移动的“行朝”之需要。《辽史·食货志》云：“五京及长春、辽西、平州置盐铁、转运、度支、钱帛诸司，以掌出纳。”[②] 同书《百官志》亦载：

> 上京盐铁使司。东京户部使司。中京度支使司。南京三司使司。南京转运使司，亦曰燕京转运使司。西京计司。[③]

同书《百官志》中亦见“长春路钱帛司，兴宗重熙二十二年置。辽西路钱帛司。平州路钱帛司”[④]，等等。实际上，辽朝五京中的各京并非只设单一的某司，而是多种机构并置。笔者检索出土辽代石刻文字资料及宋人记载发现，辽上京亦有户部使司，东京亦有转运使司，中京亦有户部使司[⑤]，西京实为转运使司[⑥]，等等。但遗憾的是，辽朝皇帝之内库及内藏库是否亦有国家财政金融管理之职能，由于出土辽代石刻文字资料与文献史料均不载，尚不得其详，只能待发现新的史料后再做考证。

2. 仓储粮米，用于灾年赈贷及平抑粮价

灾年赈贷、救济灾民之功能，主要为义仓所为。文献史料反映，隋朝时已有义仓，由政府置设，百姓纳粮存储于仓，以备荒年赈灾之用。《隋书·长孙平传》云：

> 平见天下州县多罹水旱，百姓不给，奏令民间每秋家出粟麦一石已下，贫富差等，储之闾巷，以备凶年，名曰义仓。[⑦]

---

① 朱鸿：《宋代内库的财政管理述论》，《西北师大学报》1991 年第 4 期。
② 脱脱等：《辽史》卷五九《食货志上》，北京：中华书局 1974 年版，第 923 页。
③ 脱脱等：《辽史》卷四八《百官志四》，北京：中华书局 1974 年版，第 803 页。
④ 脱脱等：《辽史》卷四八《百官志四》，北京：中华书局 1974 年版，第 822 页。
⑤ 向南：《辽代石刻文编》，石家庄：河北教育出版社 1995 年版，第 169、181、132 页。
⑥ 林鹄：《辽史百官志考订》，北京：中华书局 2015 年版，第 267 页。
⑦ 魏徵等：《隋书》卷四六《长孙平传》，北京：中华书局 1973 年版，第 1254 页。

唐朝也置义仓，亦为储粮赈灾之用。《旧唐书·宪宗纪》记载：元和六年（811）二月，“以京畿民贫，贷常平、义仓粟二十四万石，诸道州府依此赈贷”[①]。北宋亦置用于赈灾之义仓。《宋史·食货志》云：

常平、义仓，汉隋利民之良法，常平以平谷价，义仓以备凶灾。[②]

辽国政府设置义仓之目的，同样是为了荒年赈灾济民。《辽史·食货志》云：辽圣宗统和“十三年，诏诸道置义仓。岁秋，社民随所获，户出粟庤仓，社司籍其目。岁俭，发以振民”[③]。《辽史·圣宗纪》亦载：辽圣宗统和十五年（997）四月“壬寅，发义仓粟振南京诸县民”[④]。辽朝一些大型寺院所设义仓，也为储粮用于灾年赈济。如天祚帝乾统八年（1108）的《妙行大师行状碑》即云：出身契丹后族的萧姓妙行大师志智，“纠化义仓，赈给荒歉，凡有乞者，无使空回”[⑤]。

从隋唐到两宋，义仓放粮救灾大致有三种形式——无偿赈济、有偿赈贷与有偿赈粜。所谓“赈贷”，就是在发生灾荒之时，百姓可以从义仓借贷粮谷种子，待秋熟时再如数归还。两宋时期，义仓的赈贷不收利息，如果年成不好，还可以延缓还贷；若实在无力偿还，最终可予蠲免。[⑥]依据现有史料分析，在辽朝义仓救灾的过程中，寺院义仓放粮应该是无偿赈济，出土辽代石刻文字资料中未见有“赈贷”及“偿还”等字样；而政府的义仓救灾放粮，应该是有偿赈贷。如辽圣宗开泰元年（1012），圣宗皇帝即诏令：“年谷不登，发仓以贷。”[⑦]既然是“贷”，秋后就必须偿还。如辽圣宗统和“十五年，诏免南京旧欠义仓粟”[⑧]，这说明此前南京义仓曾予灾民以赈贷，但因秋后年景不好，灾民无力偿还，朝廷只好诏令蠲免。

辽国政府义仓所储粮谷的来源，一是丰年政府征缴于种粮之农户。前引《辽史·食

① 刘昫等：《旧唐书》卷一四《宪宗纪上》，北京：中华书局1975年版，第434页。
② 脱脱等：《宋史》卷一七六《食货志上四·常平义仓》，北京：中华书局1977年版，第4275页。
③ 脱脱等：《辽史》卷五九《食货志上》，北京：中华书局1974年版，第924、925页。
④ 脱脱等：《辽史》卷一三《圣宗纪四》，北京：中华书局1974年版，第149页。
⑤ 向南：《辽代石刻文编》，石家庄：河北教育出版社1995年版，第587页。
⑥ 许秀文、阎荣素：《论宋代义仓》，《河北学刊》2006年第5期。
⑦ 脱脱等：《辽史》卷五九《食货志上》，北京：中华书局1974年版，第925页。
⑧ 同上。

货志》即云：辽圣宗统和“十三年，诏诸道置义仓。岁秋，社民随所获，户出粟庤仓，社司籍其目”[①]。辽国政府义仓的这种征粮方式同于北宋。北宋义仓储藏的粮谷即来源于国家征收正税之外的另项输纳，也就是民户按朝廷规定在二税之外按比例交纳的谷物。据《宋会要辑稿·食货六二之一八》记载，宋初，按百分之十征收；仁宗康定（1040）以后，征收又参考了户等成分；神、哲时期，征收比例下降为百分之五。辽国政府义仓之粮谷征收形式虽同于北宋，但其征收之比例，因文献史料漏载，出土辽代石刻文字资料中未记，已不得其详。

二是灾民获义仓赈贷，秋后偿还给义仓的粮谷。因辽国政府用义仓粮谷济民属于赈贷，所以灾情过后，粮食丰收，获赈贷之民户要将粮谷如数偿还于义仓。当然，如果遭遇连年荒歉，或突然出现其他灾情，朝廷也会酌情减免民户应偿还义仓之粮。

辽朝寺院所建义仓之资费及存储之粮谷，一般均来自崇佛信教之富家大户的捐赠、一般民户的施舍以及寺院僧人的自筹。天祚帝乾统十年（1110）的《宝胜寺前监寺大德遗行记》即载，传戒大师听说宝胜寺某大师“以精进慈悲喜舍为务，乃相谓而言曰：‘苟岁不登稔，如何济世？’遂同建义仓，凡不足者，随众而惠之”[②]。又天祚帝天庆二年（1112），“有惠行大德，潜资义仓，提点云敷，共舍净资一千缗。其诸释侣，量力施钱。共四百千，用充功费”[③]。

辽朝灾年具有平抑粮价功能的应是省仓及和籴仓。所谓平抑粮价，是指政府在丰年购粮于民户，入仓储存，荒年再以常价出售，以平抑因灾上涨的市场粮价，使灾民有能力购粮，不致饿死。北宋时期的省仓即具有和籴平抑粮价的功能。《宋史·食货志》云：

> 熙宁七年，诏河北转运、提举司置场，以常平及省仓岁用余粮，减直听民以丝、

---

① 脱脱等：《辽史》卷五九《食货志上》，北京：中华书局 1974 年版，第 924 页。

② 向南：《辽代石刻文编》，石家庄：河北教育出版社 1995 年版，第 604 页。

③ 天庆二年（1112）《释迦定光二佛舍利塔记》// 向南：《辽代石刻文编》，石家庄：河北教育出版社 1995 年版，第 629 页。

绵、绫、绢增价博买，俟秋成博籴。[①]

辽制承唐仿宋，笔者推测辽朝省仓亦应如此。而辽朝和籴仓确有平抑粮价之功能。《辽史·食货志》即云：

道宗初年……辽之农谷至是为盛。而东京如咸、信、苏、复、辰、海、同、银、乌、遂、春、泰等五十余城内，沿边诸州，各有和籴仓，依祖宗法，出陈易新，许民自愿假贷，收息二分。所在无虑二三十万硕，虽累兵兴，未尝用乏。[②]

辽国政府于东京道沿边诸州建和籴仓可谓一举三得：一是仓粮常价和籴，能起到灾年平抑粮价之作用；二是"许民"有息借贷，使仓粮"出陈易新"，可常保仓粮之质量；三是仓储粮足，也实现了储粮备边之目的。

3. 专库专储，百物各得其用

辽朝诸仓、库物资大都是专库专储，每库主藏一类（可能为数种），以应对各行业对物资的不同需求。诸如：

天积库、永丰库主藏金银及各种货币，是名副其实的国家金库。中京是辽朝中后期的国都，建有天积库。辽兴宗重熙十五年（1046）的《刘日泳墓志》记载，墓主刘日泳任"中京天积库副使"，"宝货是重，慎择公廉，府库洪盈，宜扬清洁。改授上京大盈库副使"[③]。刘日泳任职于国家金库天积库，清廉不贪，管理有方，政绩突出，因而迁转皇帝私藏大盈库之同职。天祚帝天庆四年（1114）的《刘慈墓志》记载：

以祖荫调入三班院，屡经监督，不染脂膏，以公勤□名，超授东班小底，□（监）天积库，考满未五旬而课最焉[④]。

辽朝永丰库亦属国家金库之一，以储藏金银珠玉及货币为主。辽景宗保宁元年（969）的《王守谦墓志》即云：

---

① 脱脱等：《宋史》卷一七五《食货志上三·和籴》，北京：中华书局 1977 年版，第 4244 页。
② 脱脱等：《辽史》卷五九《食货志上》，北京：中华书局 1974 年版，第 925 页。
③ 向南：《辽代石刻文编》，石家庄：河北教育出版社 1995 年版，第 244 页。
④ 向南、张国庆、李宇峰辑注：《辽代石刻文续编》，沈阳：辽宁人民出版社 2010 年版，第 284 页。

监永丰库，大凡邦国丘井之赋，山泽泉货之物，受纳免贪蠹之谤。百官将校之俸，诸司程作之用，给遣杜刻减之弊，迹无缁磷，岁有丰羡[①]。

刘慈任职天积库，考绩“课最”；王守谦监临永丰库，“岁有丰羡”，表明辽朝天积库、永丰库等国家金库储藏的宝货来源已经多元化，除了新铸货币入库、接收地方税赋、受纳友邻岁贡之外，似乎还有货币流通环节放贷所获的利息收入。

军器库存储各种兵器，用于装备军队，以应对战事所需。《续资治通鉴长编》《宋会要辑稿》及《宋史》等均记载宋朝有军器库，又称“内军器库”，建于北宋初年；后因兵器制造数量剧增，至仁宗天圣年间便析分为四库，掌禁兵器、铠甲、供军什器储备之物，收受作坊、诸司及诸州造作兵器以及出纳之事。辽朝军器库的职能与宋相类，亦用于储存各种兵器。如辽圣宗统和二十六年（1008）的《王说墓志》即云：王说出任“军器库使”，“弧矢既精，戈矛足利”[②]。一般来说，军器库应该设在军器作坊附近。前已述及，辽朝军器作坊称“中作”。如辽兴宗重熙八年（1039）的《张思忠墓志》即载，上京城南有中作[③]。果然，上京确有军器库之设。天祚帝乾统八年（1108）的《蔡志顺墓志》记载，墓主蔡志顺曾知上京军器库使[④]。1988年，有人在内蒙古赤峰市巴林左旗辽上京临潢府遗址附近征集到一枚印文为“临潢府军器库之印”的官印（现藏于辽上京博物馆）[⑤]，进一步证明了辽上京有军器库之设。又，辽圣宗统和十八年（1000）的《刘宇杰墓志》及《辽史·圣宗纪》分别记载东京道显州（旧址在今辽宁北镇境内）有中作[⑥]和甲坊[⑦]，据此推测，显州及其附近亦应设有军器库。果然，文献史料反映，确有军器库设在紧邻显州的乾州。《辽史·天祚皇帝纪》云：天祚帝乾统二年（1102）“冬十月乙卯，

---

① 向南、张国庆、李宇峰辑注：《辽代石刻文续编》，沈阳：辽宁人民出版社2010年版，第10页。（参见本书附录图版七）

② 向南：《辽代石刻文编》，石家庄：河北教育出版社1995年版，第132页。

③ 同上，第216页。

④ 向南、张国庆、李宇峰辑注：《辽代石刻文续编》，沈阳：辽宁人民出版社2010年版，第261页。

⑤ 辛蔚：《辽代“临潢府军器库之印”考》，《北方文物》2008年第1期。

⑥ 向南：《辽代石刻文编》，石家庄：河北教育出版社1995年版，第107页。

⑦ 脱脱等：《辽史》卷一一《圣宗纪二》，北京：中华书局1974年版，第120页。

萧海里叛，劫乾州武库器甲”[①]。“武库”应即“军器库”之别称。此外，据宋人李焘《续资治通鉴长编》记载，宋太祖开宝八年（辽景宗保宁七年，975）八月，“壬戌，契丹遣左卫大将军耶律霸德、弓箭库使尧卢骨，通事左监卫将军王英来聘，献御衣、玉带、名马，上皆厚赐之”[②]。可见，辽朝还设有弓箭库，盖为军器库的分库，专门储存骑兵所用的骑射兵器。

鞍辔库储藏鞍辔马具，以供皇帝及皇室成员、王公大臣等骑驾出行之用。据文献史料反映，五代之后梁、后汉已有鞍辔库之设。如《旧五代史·高季兴传附从诲传》即云：

> 从诲，初仕梁，历殿前控鹤都头、鞍辔库副使、左军巡使、如京使、左千牛大将军、荆南牙内都指挥使。[③]

又，同书《郭允明传》云：“高祖镇太原，稍历牙职。及即位，累迁至翰林茶酒使兼鞍辔库使。”[④]

北宋亦设鞍辔库。《宋史·职官志》云：

> 鞍辔库。应奉御马鞍勒，及以藉辔给赐臣下。
>
> 鞍辔库。使，副使，监官二人，以诸司副使及三班使臣、内侍充。[⑤]

宋朝的鞍辔库有两种：一是宋初于京师开封府景龙门内街西设立的鞍辔库，属于鞍辔制造与储藏机构。《宋会要辑稿·食货五二之三七》即云：“鞍辔库掌管御马金玉鞍勒，给赐王公群臣、外国使以及国信藉辔诸名物。”二是为骑兵提供鞍辔的内鞍辔库。

辽朝亦有鞍辔库，其职能应同于五代及北宋，但《辽史》中不见鞍辔库记载，仅

① 脱脱等：《辽史》卷二七《天祚皇帝纪一》，北京：中华书局1974年版，第319页。

② 李焘：《续资治通鉴长编》// 陶晋生、王民信编：《李焘续资治通鉴长编宋辽关系史料辑录》第一册，台北：“中央研究院”历史语言研究所1974年刊行，第58页。

③ 薛居正等：《旧五代史》卷一三三《世袭列传·高季兴传附从诲传》，北京：中华书局1976年版，第1752页。

④ 薛居正等：《旧五代史》卷一〇七《汉书·郭允明传》，北京：中华书局1976年版，第1414页。

⑤ 脱脱等：《宋史》卷一六四《职官志四·太仆寺》，北京：中华书局1977年版，第3894、3895页。

出土辽代石刻文字资料中有所反映。如辽景宗保宁年间（969—979）的《吴景询墓志》（残石）中即见墓主吴景询长子曾任“□（鞍）辔库副使”[①]的记载。此外，宋人李焘《续资治通鉴长编》亦载，宋太宗太平兴国元年（辽景宗保宁八年，976）十二月“戊午，契丹使鞍辔库使萧蒲骨只来修赙礼。上命引进副使田守奇，劳于城外，加赐以遣之”[②]。可证辽朝确有鞍辔库之设。

法物库储藏礼典器物，以供朝廷举行大典时使用。《辽史·百官志》记载，辽朝设有法物库，归太常寺所属[③]。北宋亦设法物库，《宋史·职官志》云：“太庙祭器法物库监官二人，掌祠祭器服之名物，各有专典。”[④]可知法物库存储应为朝典礼仪所用之衣冠、幰盖、旗器等物品，且“各有专典”。辽朝亦然。《辽史·百官志》即云：“《辽朝杂礼》有法物库所掌图籍。”[⑤]

辽朝临库的功能比较特殊，并非传统概念上的府库名称。临库见诸《辽史·马人望传》：

> 未几，拜参知政事，判南京三司使事。时钱粟出纳之弊，惟燕为甚。人望以缣帛为通历，凡库物出入，皆使别籍，名曰“临库”。[⑥]

《辽史·国语解》释“临库”与之相类：“以帛为通历，具一库之物，尽数籍之，曰临库。”[⑦]

笔者以为，所谓临库，应是辽朝后期作为国家经济机构南京三司主管官员的马人望，针对燕云地区国家府库钱粟出纳出现管理者贪腐之弊端所采取的临时性防范措施，“临”，监临之意也。

---

① 向南、张国庆、李宇峰辑注：《辽代石刻文续编》，沈阳：辽宁人民出版社 2010 年版，第 17 页。
② 李焘：《续资治通鉴长编》// 陶晋生、王民信编：《李焘续资治通鉴长编宋辽关系史料辑录》第一册，台北：“中央研究院”历史语言研究所 1974 年刊行，第 63 页。
③ 脱脱等：《辽史》卷四七《百官志三》，北京：中华书局 1974 年版，第 786 页。
④ 脱脱等：《宋史》卷一六五《职官志五·少府监》，北京：中华书局 1977 年版，第 3918 页。
⑤ 脱脱等：《辽史》卷四七《百官志三》，北京：中华书局 1874 年版，第 786 页。
⑥ 脱脱等：《辽史》卷一〇五《能吏·马人望传》，北京：中华书局 1974 年版，第 1463 页。
⑦ 脱脱等：《辽史》卷一一六《国语解》，北京：中华书局 1974 年版，第 1549 页。

有辽一代二百余年间，辽朝仓、库的设置肯定不止上述所列，由于出土辽代石刻文字资料的记载散乱不全，《辽史》等文献史料严重漏载，因此目前尚无法将辽朝设置的所有仓、库以及诸仓、库的各种功能钩沉和爬梳得十分清楚，只待今后发现新的史料后再做补充。

第四节　辽朝的商贸市场与商务管理

农牧为立国之本，商贸为富国之源。公元10—12世纪的契丹辽国为多民族联合政权，农牧兼行，因俗而治，立国二百余年。这除了依靠强大的军事实力，以发达的农牧经济为基础之外，较为兴盛的各类商贸活动，也为其富国强军、固政便民创造了有利条件。有关辽朝商贸市场和商务管理等问题，已有学者从不同视角和侧面做过研究。[①] 本节即在前人研究的基础上，对契丹辽国的商贸市场和商务管理等问题试做系统探讨，以期全面反映辽人商务活动之原貌。

一、商贸市场

根据文献史料及出土辽代石刻文字资料记载，契丹辽国有比较发达、数量繁多的各类商品交易市场。这些市场为辽国国内外各类商品的互市交易，为各种军用民需物资的发行转运，提供了良好而便利的流通平台。

辽朝的商品交易市场大致有三种类型：

---

① 详见张亮采《宋辽间的榷场贸易》，《东北师范大学科学集刊》1957 年第 3 期；陈茂宏《试论宋辽间的榷场贸易》，《河南财经学院学报》1985 年第 3 期；张庆龄《宋辽间的走私贸易》，《史林》1988 年第 2 期；唐统天《契丹治下的商业》，《北方文物》1991 年第 2 期；漆侠、乔幼梅《辽夏金经济史》“第五章：契丹辽国的城市和商业及其与周边诸族（国）的贸易”，石家庄：河北大学出版社 1994 年版；马志强《略论西京大同在辽宋贸易中的地位》，《昭乌达蒙族师专学报》1997 年第 3 期；左强《试论宋辽与宋金贸易特点的异同》，《辽金史论丛——纪念张博泉教授逝世三周年论文集》，长春：吉林人民出版社 2003 年版；王晓燕《论宋与辽、夏、金的榷场贸易》，《西北民族大学学报》2004 年第 4 期；魏特夫、冯家升著，王波然译《辽代商业研究》，《辽宁师范大学学报》2005 年第 2 期；肖爱民、李潇《辽代境内市场探析》，《河北大学学报》（哲学社会科学版）2007 年第 6 期；程嘉静《辽代商业研究》，2015 年吉林大学博士学位论文。

1. 五京及各州县市场

辽有五京，各京城内均设有大型商贸市场，供国内外商人及各族民众进行商品交易，互通有无。

如上京临潢府，建于契丹建国之初。[①] 上京城分为北部的皇城和南部的汉城，商贸市场分布在南部的汉城。《辽史・地理志》即云：

> 南城谓之汉城，南当横街，各有楼对峙，下列井肆。……南门之东回鹘营，回鹘商贩留居上京，置营居之。……周广顺中，胡峤《记》曰："上京西楼，有邑屋市肆，交易无钱而用布。"[②]

"市肆"，即市场及店铺。考古发现也证明了辽上京汉城市肆内不仅有汉、契丹等各族商人的商贸活动，还有西域来的胡商参与交易。一是上京遗址出土了一些商贾所用的各种形状的契丹文和汉文画押印，二是出土了深目高鼻、广颡尖颏、长眉光头的瓷质胡人。[③]

东京辽阳府，原为辽南京，后改为东京。东京亦分内、外两城，有南、北两个商贸市场，均在外城。"外城谓之汉城，分南北市，中为看楼；晨集南市，夕集北市。"[④]"看楼"应是市场管理官员工作的场所，居高临下，便于对市场进行监督察视。

南京析津府，本唐代幽州城，后晋石敬瑭献燕云十六州入辽，辽太宗升幽州为南京。南京经济发达，商贸繁荣，"坊市、廨舍、寺观，盖不胜书"[⑤]。由于辽南京城的"皇城"在城的西南，因此，其市场分布在城的北部。《辽史・食货志》即云："太宗得燕，置南京，城北有市，百物山偫，命有司治其征。"[⑥]《契丹国志》亦云：辽南京"城北

---

① 上京为辽朝前中期政治中心，始建于辽太祖神册三年（918），初名"皇都"，辽太宗会同元年（938），更名为"上京"。

② 脱脱等：《辽史》卷三七《地理志一》，北京：中华书局1974年版，第441页。

③ 王晴：《辽上京遗址及其出土文物记述》，《昭乌达盟文物通讯》1979年第8期。

④ 脱脱等：《辽史》卷三八《地理志二》，北京：中华书局1974年版，第456页。

⑤ 脱脱等：《辽史》卷四〇《地理志四》，北京：中华书局1974年版，第494页。

⑥ 脱脱等：《辽史》卷六〇《食货志下》，北京：中华书局1974年版，第929页。

有市，陆海百货，聚于其中”[①]。宋人路振《乘轺录》亦载：南京城“居民棋布，巷端直，列肆者百室”[②]。

中京大定府，建城于辽圣宗统治的辽朝中期，是仿照中原北宋都城而建。中京城内也有商品交易市场，分布于居民、商贾聚居的外城。《辽史·地理志》即载：圣宗“择良工于燕、蓟，董役二岁，郛郭、宫掖、楼阁、府库、市肆、廊庑，拟神都之制”[③]。宋人王曾《上契丹事》记载，辽中京城“有市楼四，曰天方、天衢、通阛、望阙”[④]。一城之内有四座“市楼”，说明中京城市场众多，商贸活动十分繁盛。

西京大同府，兴宗升云州大同军而成。出土辽代石刻文字资料显示，辽西京道商贸活动亦较活跃，《辽史·地理志》未记西京城内有市场，盖属元人修史之疏漏。

辽朝除了在各京城设市场做商贸外，其下各州县也有市场及比较繁荣的商贸活动，特别是在靠近京城的州县以及奉陵州邑，其市场设置及商贸活动更为活跃。比如《辽史·地理志》记载，上京道祖州城内“东南横街，四隅有楼对峙，下连市肆”[⑤]。这说明祖州城内有供商品交易的市场店铺以及供商贸管理的办公场所“市楼”。再如南京道檀州，因紧邻南京，其城内亦设商贸市场。宋人刘敞于宋仁宗至和二年（辽道宗清宁元年，1055）使辽，途径檀州，亲眼看见檀州城内有商贸市场，其使辽诗《檀州》即云：

穷谷回看尽，孤城平望遥。市声衙日集，海盖午时消。冠带才通汉，山川更入辽。春风解冰雪，最觉马蹄骄。[⑥]

“衙日”，原注：“此州衙日市集。”盖每至州衙官员集中到衙办公的那天才有集市交易，与今日乡村大集相类，有固定之时日，非如京城市场每天都开张。

又如南京道析津府香河县所属新仓镇，因盛产食盐，商品市场繁盛。辽圣宗太平

---

① 叶隆礼撰，贾敬颜、林荣贵点校：《契丹国志》卷二二《四京本末》，北京：中华书局2014年版，第241页。

② 贾敬颜：《五代宋金元人边疆行记十三种疏证稿》，北京：中华书局2004年版，第49页。

③ 脱脱等：《辽史》卷三九《地理志三》，北京：中华书局1974年版，第481页。

④ 贾敬颜：《五代宋金元人边疆行记十三种疏证稿》，北京：中华书局2004年版，第102页。

⑤ 脱脱等：《辽史》卷三七《地理志一》，北京：中华书局1974年版，第442页。

⑥ 赵永春编注：《奉使辽金行程录》，长春：吉林文史出版社1995年版，第45页。

五年（1025）的《广济寺佛殿记》记载了新仓市场商品交易的实况：

凤城西控，日迎碣馆之宾；鳌海东邻，时揖灵槎之客。而复枕榷酤之剧务，面交易之通衢。云屯四境之行商，雾集百城之常货。[①]

另据史料记载，中京道松山州所属松山县、北安州所属兴化县，西京道奉圣州所属望云县等，亦均有商贸市场存在。

天祚帝朝镌刻的《重修觉山寺碑记》记述了辽道宗于大安年间赐钱修寺及开设隶属于寺院的商贸店铺之事：

辽大安五年八月二十八日，适镇国大王行猎经此，见寺宇摧毁，还朝日奏请皇帝道宗，旨敕下重修，革故鼎新。仍赐钱十万缗，即于本邑开设贾肆，以所入子钱，日饭缁素。[②]

觉山寺在今山西灵丘境域。辽灵丘县隶属西京道蔚州。

2. 皇帝捺钵行在市场与北、南宰相府所属契丹部族市场

契丹为草原民族，游牧渔猎为其主要生产和生活方式。契丹建国后，契丹皇帝带领皇室、后宫成员与众臣僚及其家属等，组成一个庞大的团队，春水，秋山，夏纳凉，冬避寒，一年四季，各有去处，由此便形成了辽朝极具特色的捺钵制度。《辽史·营卫志》即载：

辽国尽有大漠，浸包长城之境，因宜为治。秋冬违寒，春夏避暑，随水草就畋渔，岁以为常。四时各有行在之所，谓之“捺钵”。[③]

至辽朝中后期，基本形成了比较固定的捺钵地点。比如春捺钵在长春州的鸭子河泺，夏捺钵在黑山附近的凉殿，秋捺钵在庆州（《辽史·营卫志》记为“永州”，误）附近的伏虎林，冬捺钵在永州附近的广平淀。宋人路振《乘轺录》记载了辽圣宗夏捺钵地点：

炭山，即黑山也。地寒凉，虽盛夏必重裘。宿草之下，掘深尺余，有层冰，

① 向南：《辽代石刻文编》，石家庄：河北教育出版社1995年版，第177页。

② 同上，第689页。

③ 脱脱等：《辽史》卷三二《营卫志中》，北京：中华书局1974年版，第373页。

> 莹洁如玉，至秋分，则消释。山北有凉殿，虏每夏往居之。西北至荆头五百里，地苦寒，井泉经夏常冻。虏（契丹皇帝等）小暑则往凉殿，大热则往荆头，官属、部落咸挈妻子以从。[①]

一个游动着的庞大皇家消费群体，他们的日常生活所需用品，其核心人物——帝、后等有随驾之专门机构和官员转运采买，而捺钵的随从人员及其家属等，则必须依赖于市场交易来获得，这便催生了辽朝一种特殊的商贸市场——行在市场，又称“行宫市场”。

关于辽朝捺钵地行在市场，《辽史》没有明确记载。一些学者依据《辽史》“本纪”所见辽朝诸帝不时“观市”“微行市中”“观灯于市”等文字，即一概认为其“市”是指行宫市场。笔者以为，《辽史》记载的契丹皇帝的观市活动没有具体地点，所以无法确定它们是否均指行在市场，不排除有些是在五京市场。其实，能够证明契丹皇帝捺钵行在附近有市场者，为使辽宋人的“行程录”，他们亲眼看见，真实可靠。如沈括于宋神宗熙宁八年（辽道宗大康元年，1075）出使契丹辽国，其间他曾到过辽道宗夏捺钵行宫所在地庆州黑山附近的单于庭（今内蒙古赤峰市巴林右旗境域），目睹了夏捺钵皇帝行宫及附近的市场状况，其《熙宁使契丹图抄》即载：

> 单于庭，有屋，单于（指辽道宗）之朝寝、萧后之朝寝凡三，其余皆毡庐，不过数十，悉东向。庭以松干表其前，一人持牌立松干之间，曰阁门；其东六七帐，曰中书、枢密院、客省。又东毡庐一，旁驻毡车六，前植纛，曰太庙，皆草莽之中。东数里有潦涧。涧东原隰十余里，其西与北，皆山也。其北山，庭之所依者，曰犊儿。过犊儿北十余里，曰市场，小民之为市者，以车从之于山间。[②]

此外，辽墓考古出土石刻文字资料，如辽圣宗统和二十三年（1005）的《王悦墓志》中亦见“行宫市场”等字样，足证辽朝确有随契丹皇帝四时捺钵而移动

---

① 贾敬颜：《五代宋金元人边疆行记十三种疏证稿》，北京：中华书局 2004 年版，第 69 页。
② 同上，第 168、169 页。

的行在市场。

另据文献史料记载，契丹辽国北、南宰相府管下的契丹各部落，也有他们自己的商贸市场。如《辽史·食货志》即云："明年，（圣宗）诏以南、北府市场人少，宜率当部车百乘赴集。"[①] 这是圣宗统治的辽朝中期部族市场状况。据《辽史·兵卫志》记载，辽朝的北、南宰相府分别统辖契丹五院部、六院部、奚王府及乙室部、品部等四十余部。若每部都有自己的市场，其数量还真是可观！

3. 边贸市场——榷场

契丹辽国政权建立后，与周边部族及邻国，在征伐交战间歇的和平岁月，双方政府在边界或边境地区，不时建立边贸市场，以供双方商人进行商品交易，互通有无，利国便民。这种于边境设立的国管贸易市场，史称"榷场"。榷场之含义可能源于班固《汉书》韦昭注："榷者，禁他家，独王家得为之也。"[②] 即国有专卖，如食盐、矿产，等等。辽朝文献没有关于榷场的定义性文字。而《金史·食货志》中却有明确记载：

> 榷场，与敌国互市之所也。皆设场官，严厉禁，广屋宇，以通二国之货，岁之所获亦大有助于经用焉。[③]

辽金兴替，国情相类，此可为辽朝榷场含义之诠释。[④]

契丹辽立国后，南边先后与中原五代各政权及后来的北宋为邻。当然，燕云十六州入辽前后的辽与中原政权的边界也有很大变化，最终在周末宋初稳定在白沟河一线。

契丹辽国最早在南部边境建立的边贸榷场，应该是辽太祖耶律阿保机于公元909年在炭山之北羊城（约今河北沽源南境）建立的榷场。《辽史·食货志》云："征商之法，则自太祖置羊城于炭山北，起榷务以通诸道市易。"[⑤] 同书《太祖纪》亦云：辽

---

① 脱脱等：《辽史》卷六〇《食货志下》，北京：中华书局1974年版，第929页。
② 班固：《汉书》卷五三《景十三王传》，北京：中华书局1962年版，第2420页。
③ 脱脱等：《金史》卷五〇《食货志五》，北京：中华书局1975年版，第1113页。
④ 程嘉静：《辽代榷场设置述论》，《内蒙古社会科学》（汉文版）2015年第2期。
⑤ 脱脱等：《辽史》卷六〇《食货志下》，北京：中华书局1974年版，第929页。

太祖三年（909）“五月甲申，置羊城于炭山之北，以通市易”①。羊城榷场的贸易对象，应该是五代割据政权中的后梁或后唐。

北宋政权建立后，与辽先战后和。而榷场的设立，大多是在辽宋澶渊结盟停战交好之后。辽国在辽宋边境辽方一侧先后设立多处榷场。

比如涿州新城（今河北新城）榷场。此榷场应该是澶渊之盟订立后，辽于辽宋边境最早设立的榷场之一。《宋史·食货志》记载了北宋一方设立榷场的情况：

景德初，复通好，请商贾即新城贸易。诏北商赍物货至境上则许之。二年，令雄州、霸州、安肃军置三榷场，北商趋他路者勿与为市。②

可见，应该是辽方一侧的新城先设立榷场，然后是北宋设立了雄州等三处榷场。辽新城榷场还见载于宋人李焘《续资治通鉴长编》卷六〇：宋景德二年（辽统和二十三年，1005）五月，“知雄州何承矩言，契丹新城榷场都监刘日新致书，遗毡、羊、酒。诏承矩受之，答以药物”③。

朔州（今山西朔州）城南榷场。该榷场的具体设立时间不详。辽圣宗统和二十六年（1008）的《常遵化墓志》记载：辽圣宗统和二十四年（1006），常遵化“奉命授朔州榷场都监”④。这说明此榷场应设立于统和二十四年（1006）之前。后因故废止，并于辽圣宗统和二十八年（宋大中祥符三年，1010）重设。《宋会要辑稿》即载：宋真宗大中祥符三年（1010）十二月二十日，河东沿边安抚司言，“契丹于朔州南再置榷场”⑤。

振武军（约今内蒙古和林格尔西北）榷场。此榷场初设时间不详，后亦因故废止，辽圣宗统和二十三年（1005）重置。《辽史·圣宗纪》云：辽圣宗统和二十三年（1005）“二月丙戌，复置榷场于振武军”⑥。

---

① 脱脱等：《辽史》卷一《太祖纪上》，北京：中华书局 1974 年版，第 4 页。
② 脱脱等：《宋史》卷一八六《食货志下八·互市舶法》，北京：中华书局 1977 年版，第 4562 页。
③ 李焘：《续资治通鉴长编》卷六〇 // 陶晋生、王民信编：《李焘续资治通鉴长编宋辽关系史料辑录》第一册，台北：“中央研究院”历史语言研究所 1974 年刊行，第 264 页。
④ 向南：《辽代石刻文编》，石家庄：河北教育出版社 1995 年版，第 128 页。
⑤ 徐松：《宋会要辑稿》卷五二五七《番夷二之五》，北京：中华书局 1957 年版，第 7694 页。
⑥ 脱脱等：《辽史》卷一四《圣宗纪五》，北京：中华书局 1974 年版，第 161 页。

古北口榷场。古北口又名虎北口。此榷场设置时间亦不详。宋人路振《乘轺录》载："虏（契丹人）置榷场于虎北口而收地征。"[①]

契丹辽国于古北口设榷场而征收商税，《辽史·圣宗纪》所记可为佐证：辽圣宗统和四年（986）十一月"壬申，以古北、松亭、榆关征税不法，致阻商旅，遣使鞫之"[②]。由此可知，古北口、松亭、榆关等塞外与中原北南交通关隘之处早在辽宋战前即已设立榷场，而路振所见，应是澶渊结盟后之重建者。

辽国东京道的东部与朝鲜半岛王氏高丽为邻。辽圣宗统治时期，辽对高丽曾经进行过三次较大规模的武力征伐。交战间歇及停战聘使交好后，两国边贸活动一直未断。为便利两国之间的边境贸易，辽国政府曾在两国边境一线设立榷场，如保州、定州榷场。保、定二州榷场的设立时间，《辽史·食货志》有载：辽圣宗统和"二十三年，振武军及保州并置榷场"[③]。而同书《地理志》却云：辽圣宗"开泰三年取其保、定二州，于此置榷场。"[④]二者所记榷场设置时间不同，这其中可能涉及辽与高丽的战事及边州的置废取舍等问题，保州榷场牵涉其中，大概经历了初置、废止及再建的复杂过程。

生女真在辽国东京道的东北部，是辽国未入籍的属部，辽国内地与生女真之间亦有比较频繁的贸易往来。《辽史·食货志》即云：

> 雄州、高昌、渤海亦立互市，以通南宋、西北诸部、高丽之货，故女直以金、帛、布、蜜、蜡诸药材及铁离、靺鞨、于厥等部以蛤珠、青鼠、貂鼠、胶鱼之皮、牛羊驼马、毳罽等物，来易于辽者，道路襁属。[⑤]

辽国政府为加强内地与生女真的贸易，特在宁江州（约今吉林松原境域）设立榷场。《契丹国志》即云：

> 先是，（宁江）州有榷场，女真以北珠、人参、生金、松实、白附子、蜜蜡、

① 贾敬颜：《五代宋金元人边疆行记十三种疏证稿》，北京：中华书局2004年版，第55页。
② 脱脱等：《辽史》卷一一《圣宗纪二》，北京：中华书局1974年版，第125页。
③ 脱脱等：《辽史》卷六〇《食货志下》，北京：中华书局1974年版，第929页。
④ 脱脱等：《辽史》卷三八《地理志二》，北京：中华书局1974年版，第459页。
⑤ 脱脱等：《辽史》卷六〇《食货志下》，北京：中华书局1974年版，第929页。

麻布之类为市，州人低其直，且拘辱之，谓之“打女真”。[①]

辽国内地与生女真之间不平等的贸易，也是最终激起女真反辽灭辽的因素之一。

二、商务管理机构与官员

辽国政府为加强对商贸税收和交易市场的管理，保障商贸经济正常发展，从中央到地方，设置了不同层次级别及职能各异的众多机构和官员。

1. 五京及州县商税管理机构与官员

出土辽代石刻文字资料显示，辽朝五京大都设有商税管理机构都商税院（或云“管内都商税院”），官员有都监、点检、点使、使、判官、知商税事等，其职责，《辽史·百官志》未载，可参见宋、金相关机构与官员之职能。如《金史·百官志三》即云：

中都都商税务司。使一员，正八品。副使一员，正九品。掌从实办课，以佐国用。都监一员，从九品，掌签署文簿，巡察匿税。[②]

皇都上京都商税院及其官员。辽圣宗统和二十四年（1006）的《王邻墓志》记载，墓主王邻于“统和二十一年授上京都商税院都监”[③]。天祚帝乾统八年（1108）的《蔡志顺墓志》亦载，墓主蔡志顺于辽道宗咸雍“七年，出为上京商税点检”，在迁转他职几年后，“再为上京商税点检”。而该墓志铭的作者杨骏声的职衔为“上京管内商税点提”[④]。

南京（燕京）都商税院及其官员。如辽圣宗统和二十六年（1008）的《王说墓志》记载，墓主王说曾任“燕京管内商税都点检”[⑤]。辽道宗清宁九年（1063）的《张绩墓志》亦载，墓主张绩曾于辽兴宗重熙“六年冬，朝廷以识察过人，廉直约己，财毋苟得，

① 叶隆礼撰，贾敬颜、林荣贵点校：《契丹国志》卷一〇《天祚皇帝上》，北京：中华书局2014年版，第115页。

② 脱脱等，《金史》卷五七《百官志三》，北京：中华书局1975年版，第1319页。

③ 向南：《辽代石刻文编》，石家庄：河北教育出版社1995年版，第121页。

④ 向南、张国庆、李宇峰辑注：《辽代石刻文续编》，沈阳：辽宁人民出版社2010年版，第261页。

⑤ 向南：《辽代石刻文编》，石家庄：河北教育出版社1995年版，第132页。

□□□□，差公充燕京管内都商税判官”[①]。

西京都商税院及其官员。如天祚帝天庆四年（1114）的《史洵直墓志》记载，墓主史洵直于辽道宗“清宁八年，登进士第，释褐授著佐，寻差充西京管内都商税判官”[②]。辽道宗大安三年（1087）的《董庠妻张氏墓志》记载，墓主张氏之兄（或弟）张援，曾任西京管内都商税点检[③]。辽道宗大安九年（1093）的《刘从信墓志》亦载，墓主刘从信父辈刘爱，曾任西京商点使[④]。

五京所属各州县亦设有各类商税机构和官员。如辽圣宗统和十八年（1000）的《刘宇杰墓志》记载，墓主刘宇杰于辽圣宗统和年间“洎宸衷而深注，顾重务以爰临，授易州商税都监。抱公绝私，巨致廉平之绩；通商惠贾，俾弘宽大之规”[⑤]。

但出土辽代石刻文字资料亦显示，辽朝州之规模较小者及县的商税机构大都与曲（酿酒）或铁（开矿）或盐等管理机构合并一起办公。如辽兴宗重熙十五年（1046）的《刘日泳墓志》记载，墓主刘日泳的儿子刘从敏，曾任神水县商曲都监[⑥]。辽道宗清宁四年（1058）的《显州北赵太保寨白山院舍利塔石函记》中见“前龙化州商曲都监男赵惟方”“前铁州商曲都监赵惟瀚”“前顺州商曲都监……赵为（惟）宝”[⑦]。辽道宗大康二年（1076）的《王敦裕墓志》记载，墓主王敦裕的妹夫曾任锦州商曲都监[⑧]。天祚帝天庆三年（1113）的《马直温妻张馆墓志》记载，墓主张馆幼弟张岐，曾任顺州商曲都监[⑨]。天祚帝天庆三年（1113）的《丁文逌墓志》记载，墓主丁文逌曾任潞县商曲铁都监[⑩]。天祚帝天庆四年（1114）的《史洵直墓主》记载，墓主史洵直的孙子史天倪曾任三河县商曲铁都

① 向南：《辽代石刻文编》，石家庄：河北教育出版社 1995 年版，第 313、314 页。
② 同上，第 651 页。（参见本书附录图版四）
③ 同上，第 409 页。
④ 向南、张国庆、李宇峰辑注：《辽代石刻文续编》，沈阳：辽宁人民出版社 2010 年版，第 212 页。
⑤ 同上，第 107 页。
⑥ 同上，第 245 页。
⑦ 同上，第 289、290 页。
⑧ 同上，第 379 页。
⑨ 同上，第 635 页。
⑩ 同上，第 640 页。（参见本书附录图版三）

监[①]。另据《张衍墓志》记载，墓主张衍曾任管内都商税判官，“处脂膏之所，廉洁不染”，其子张经，曾任儒州商曲铁院使[②]。

2. 内地市场管理机构与官员

为规范和有效地管理五京及州县诸市场，辽设有京府都市司。辽圣宗太平六年（1026）的《宋匡世墓志》记载，墓主宋匡世曾任大定府都市令[③]。辽朝都市司，《辽史》及出土辽代石刻文字资料中均未见记载。《金史·百官志》记载，金有相类机构市令司，中都置，令一员，正八品，丞一员，正九品，“掌平物价，察度量权衡之违式、百货之估直”[④]，可为辽都市司机构职能之参考。

辽朝管理市场的机构还应有市买司。辽道宗咸雍五年（1069）的《韩资道墓志》记载，墓主韩资道“宣省市买都监，讵侵挠于民利，无烦费于公缗”[⑤]。天祚帝乾统五年（1105）的《刘文用墓志》记载，墓主刘文用的父亲刘保信曾任中京市买都监[⑥]。辽朝市买司，《辽史》亦未载。北宋有此机构。清人周成《宋东京考》有云：供奉库、杂物库、杂买务，旧曰“市买司”，太平兴国中改今名，“掌货市百物，凡宫禁官物所需，以时供纳”。辽盖仿宋而设此机构于京城。

辽朝契丹皇帝四时捺钵行宫市场也设有管理机构和官员，比如巡检使。辽圣宗统和二十三年（1005）的《王悦墓志》记载，墓主王悦曾任行宫市场巡检使[⑦]。比如市巡都监。天祚帝保大元年（1121）的《鲜于氏墓志》记载，墓主鲜于氏的丈夫曾任大辽随驾市巡都监[⑧]。所谓“随驾市巡都监”应指随皇帝捺钵地四时迁移的行宫市场管理官员。

3. 边地榷场管理机构与官员

辽朝榷场均设于边境交通要道之处，经济与军事地位同等重要，所以辽国政府非

---

① 向南：《辽代石刻文编》，石家庄：河北教育出版社 1995 年版，第 652 页。（参见本书附录图版四）
② 同上，第 691 页。
③ 同上，第 181 页。
④ 脱脱等：《金史》卷五七《百官志三》，北京：中华书局 1975 年版，第 1316 页。
⑤ 向南：《辽代石刻文编》，石家庄：河北教育出版社 1995 年版，第 334 页。
⑥ 向南、张国庆、李宇峰辑注：《辽代石刻文续编》，沈阳：辽宁人民出版社 2010 年版，第 250 页。
⑦ 向南：《辽代石刻文编》，石家庄：河北教育出版社 1995 年版，第 113 页。
⑧ 同上，第 684 页。

常重视榷场商贸所关乎的国家安全，设机构，置官员，以强化对榷场事务的各种监督与管理。比如，辽圣宗于开泰年间在靠近北宋的南京道（包括后来的西京道）沿边诸州设置多处转运使司，主政官员为转运使。《辽史·圣宗纪》即云：辽圣宗开泰三年（1014）三月“戊申，南京、奉圣、平、蔚、云、应、朔等州置转运使”[①]。向南、杨若薇先生即认为，此机构的设置与辽宋榷场边贸有关。因为转运使具有经理钱货转运的职能，所以转运使司应是流通榷场贸易物资以供国需的重要管理机构。[②]

而具体到分布于边境地区的各个榷场，辽国政府亦设官员进行管理，如榷场都监，是朝廷临时差遣到各个榷场的管理官员，任职期限一般为一年。辽圣宗统和二十六年（1008）的《常遵化墓志》即云，墓主常遵化于统和“二十四年，奉命授朔州榷场都监。山积宝货，功作云兴。宣布王猷，发挥帝命。年终官毕，返驾归朝”[③]。又如“知榷场事”。辽景宗保宁元年（969）的《张建立墓志》即载，墓主张建立之子张彦英曾在榆州知榷场事[④]。

三、商贸事务管理内容

依据文献史料和出土辽代石刻文字资料记载，辽朝的商贸事务管理大致分为两类：一是商税的征收，二是市场秩序监管。

商税关涉政府的财政收入，所以辽国政府十分重视商税征收工作，置机构，设官员，形成一套系统的商税征收工作程序。如上所述，辽国政府于五京及各州县均置设商税管理机构，并设专兼职官员，负责商税征收及管理。如《辽史·食货志》即云：

> 征商之法，则自太祖置羊城于炭山北，起榷务以通诸道市易。太宗得燕，置南京，城北有市，百物山偫，命有司治其征；余四京及它州县货产懋迁之地，置亦如之。[⑤]

这说明早在辽朝前期的太宗朝开始，各京州县便陆续设置商税征收机构，委派官

---

① 脱脱等：《辽史》卷一五《圣宗纪六》，北京：中华书局1974年版，第175页。
② 向南、杨若薇：《辽代经济机构试探》//《文史》总第十七辑，北京：中华书局1983年版。
③ 向南：《辽代石刻文编》，石家庄：河北教育出版社1995年版，第128页。
④ 同上，第43页。
⑤ 脱脱等：《辽史》卷六〇《食货志下》，北京：中华书局1974年版，第929页。

员进行商税征收。而有些州县商税收征时间较晚。如《辽史·圣宗纪》载：辽圣宗开泰元年（1012）十二月，“贵德、龙化、仪坤、双、辽、同、祖七州，至是有诏始征商”[①]。

出土辽代石刻文字资料中有关于辽朝商税管理官员因征收商税业绩突出而官职得到破格提拔的记载。如辽兴宗重熙十三年（1044）的《李继成暨妻马氏墓志》即载：

以芯郡市征，旧课繁浩，久以亏损，辍公以监之。公通商惠贾，人得其利，课绩倍增于常额，渥泽霑降于新恩。[②]

李继成临危受命，兼任商税都监，政绩突出，得到破格提拔。又，辽道宗清宁九年（1063）的《张绩墓志》亦载，墓主张绩任燕京管内都商税判官，“吏不敢欺，商修所鬻，市征倍入，府库无虚。以出钱三百万余，不满考而勾赴中堂”[③]。张绩任商税判官，业绩超常，亦得到破格迁升。辽道宗寿昌五年（1099）的《刘祜墓志》亦记，墓主刘祜“既壮，仕历诸道商榷官，连奏最为第一，累功迁内府杂支使。岁满，积羡帛三万五千，他物称是”[④]。

有些地区情况比较特殊，商税征收亦采取不同的政策。如东京道的东丹国（原渤海国）地区属辽国的特区，商税征收之制即不同于其他京道。《松漠纪闻》即载：“契丹阿保机灭其王……往来贸易，关市皆不征。”唐统天先生认为，此中所言大约是指东丹与契丹之间的贸易不征税，当地的其他贸易还是要征税的。[⑤]笔者以为，应该是作为特区的东京道原东丹地区商税一直较轻。如《辽史·圣宗纪》即云：“东辽之地，自神册来附，未有榷酤盐曲之法，关市之征亦甚宽弛。”[⑥]后来冯延休、韩绍勋主政东京，加重了边民税收负担，才导致渤海遗民大延琳叛乱。

若遇到灾荒之年，辽国政府也会视灾情而酌量减免商税的征收额度，以利商事民生。如《辽史·圣宗纪》即云，辽圣宗统和初年，辽南京道秋雨伤稼，粮谷歉收，南京留

---

① 脱脱等：《辽史》卷一五《圣宗纪六》，北京：中华书局1974年版，第172页。
② 向南、张国庆、李宇峰辑注：《辽代石刻文续编》，沈阳：辽宁人民出版社2010年版，第88页。
③ 向南：《辽代石刻文编》，石家庄：河北教育出版社1995年版，第314页。
④ 向南、张国庆、李宇峰辑注：《辽代石刻文续编》，沈阳：辽宁人民出版社2010年版，第236页。
⑤ 唐统天：《契丹治下的商业》，《北方文物》1991年第2期。
⑥ 脱脱等：《辽史》卷一七《圣宗纪八》，北京：中华书局1974年版，第203、204页。

守奏请“权停关征，以通山西籴易，从之”[①]。同书《食货志》亦载：“圣宗统和初燕京留守司言，民艰食，请弛居庸关税，以通山西籴易。”[②]

类似的利商利民举措在圣宗统治时期还有多次。如统和十二年（994）二月“甲午，免诸部岁输羊及关征”[③]。如果发现地方征收商税的官员徇私枉法，朝廷也会遣使严肃处理，绝不姑息。如《辽史·圣宗纪》云：统和四年（986）十一月“壬申，以古北、松亭、榆关征税不法，致阻商旅，遣使鞫之”[④]。

辽国政府对某些商品的管理十分严格，特别是对于关乎国防安全及国计民生的某些商品，更是严禁榷场交易和出口。我们在一些辽、宋史籍文献中经常看到严禁某某产品出口交易的皇帝诏令，若有违抗，惩罚是颇为严厉的。如辽国政府严禁羊、马、粮食及钱币、铜铁、书籍等物品出境。早在辽朝前期的太宗朝，即曾诏令严禁鬻羊出境。《辽史·太宗纪》即云：辽太宗会同二年（939）“五月乙巳，禁南京鬻牝羊出境”[⑤]。至圣宗朝，辽西南面巡检耶律唐古曾提议，“严立科条，禁奸民鬻马于宋、夏界。因陈弭私贩，安边境之要。太后嘉之，诏边郡遵行，著为令”[⑥]。宋人李焘《续资治通鉴长编》卷一五四引宋庆历五年（辽重熙十四年，1045）欧阳修《请耕禁地札子》亦言：“北界（辽）禁民以粟、马入我（北宋）境，其法至死。”这就是说，兴宗时期亦严禁粮食、马匹交易出境，违者处死。另据《辽史·刑法志》记载：

先是，南京三司销钱作器皿三斤，持钱出南京十贯，及盗遗火家物五贯者处死；至是（重熙元年），铜逾三斤，持钱及所盗物二十贯以上处死。[⑦]

“持钱出南京”，应包括持钱出国境者。此外，辽国政府对铜、铁等金属的禁售也比较严格。如辽道宗于清宁九年（1063）正月，诏令“禁民鬻铜”[⑧]。辽道宗清宁十

---

① 脱脱等：《辽史》卷一〇《圣宗纪一》，北京：中华书局1974年版，第111页。
② 脱脱等：《辽史》卷六〇《食货志下》，北京：中华书局1974年版，第929页。
③ 脱脱等：《辽史》卷一三《圣宗纪四》，北京：中华书局1974年版，第144页。
④ 脱脱等：《辽史》卷四《太宗纪下》，北京：中华书局1974年版，第125页。
⑤ 同上，第46页。
⑥ 脱脱等：《辽史》卷九一《耶律唐古传》，北京：中华书局1974年版，第1362页。
⑦ 脱脱等：《辽史》卷六二《刑法志下》，北京：中华书局1974年版，第943页。
⑧ 脱脱等：《辽史》卷二二《道宗纪二》，北京：中华书局1974年版，第262页。

年（1064）十一月，诏禁南京“私货铁”[1]。辽国政府还一贯严禁书籍出境交易，违者亦处以死刑。宋人沈括《梦溪笔谈》卷一五即云：“契丹书禁甚严，传入中国（中原北宋）者，法皆死。”

当然，以上辽国政府所禁出境，除了属于禁止在官方榷场贸易外，亦包括禁止民间走私交易。

对于国内各类商贸市场的交易秩序，辽国政府经常发布各种禁令，并委任各类官员进行督察，严禁出售质量不合格的商品。诸如《辽史·圣宗纪》即云，统和三年（985）十一月“癸巳，禁行在市易布帛不中尺度者”[2]。同书《食货志》亦载：圣宗统和初年，“令有司谕诸行宫，布帛短狭不中尺度者，不鬻于市”[3]。

出土辽代石刻文字资料显示，辽朝地方官员及商贸市场管理者中，不少人都能做到大公无私，尽职尽责。一些在生产或交易场所仗势欺人、违法乱纪、中饱私囊的吏员，则被严厉惩治。如辽圣宗统和二十三年（1005）的《王悦墓志》即云：墓主王悦出任行宫市场巡检使，“泊于守职，惊若循墙。捐贫奉富之俦，都然屏迹”[4]。

辽道宗咸雍五年（1069）的《韩资道墓志》记载，墓主韩资道出任市买都监，“讵侵挠于民利，无烦费于公缗”[5]。

辽道宗寿昌三年（1097）的《贾师训墓志》亦载，墓主贾师训任东京曲院使，有“秤吏董猪儿得幸北枢密使乙信（耶律乙辛），怙势日索官钱二千，人莫敢御。公至即不与。猪儿憾公，累以恶言挑之。公不校，乃自以锤折齿诬公。公禁益切，遂止”[6]。

---

① 脱脱等：《辽史》卷二二《道宗纪二》，北京：中华书局 1974 年版，第 264 页。
② 脱脱等：《辽史》卷一〇《圣宗纪一》，北京：中华书局 1974 年版，第 116 页。
③ 脱脱等：《辽史》卷六〇《食货志下》，北京：中华书局 1974 年版，第 929 页。
④ 向南：《辽代石刻文编》，石家庄：河北教育出版社 1995 年版，第 113 页。
⑤ 同上，第 334 页。
⑥ 同上，第 477 页。

第三章 辽代石刻所见辽朝职官制度史事

第一节 辽朝官员的考绩与迁转

官员考绩与职阶迁转是职官管理体系的重要环节之一。有职官之设，就必定有官员的考绩与职阶迁转，古今中外，不同时期，不同地域，不同民族或国家政权，均概莫能外。公元10—12世纪由北方草原游牧民族契丹人建立的辽王朝，因俗而治，“官分南、北，以国制治契丹，以汉制待汉人。国制简朴，汉制则沿名之风固存也”[①]。所谓“汉制”“沿名之风”，是指契丹辽国对中原唐朝制度的沿承。但不管是“事简职专，官制朴实”[②]的北面契丹官制，还是“有唐官爵”“乃用唐制”[③]的南面汉官制度，亦都存在官员的考绩与职阶迁转问题，因为同中国古代其他封建王朝一样，辽朝的官员，从中央到地方，从文职到武官，也是形形色色，多种多样，而且每一类型的官员，不论是实职还是虚衔，亦均形成系列。[④]辽人入仕，亦是从最底层的职务做起，由卑及尊，呈不断迁升趋势；与官员切身利益（薪俸和荣誉）相关的阶、勋、爵、封等转进迁授，亦从低到高，与之同步。当然，官员在职期间如果犯错或犯罪，他的职阶之迁转则是相反方向——左迁或罢黜。但不论辽朝官员的职阶向哪个方向迁转，其前提都是在考绩的基础上进行的。但遗憾的是，由于元人修《辽史》时的匆忙草率，四卷篇幅的《百

① 脱脱等：《辽史》卷四五《百官志一》，北京：中华书局1974年版，第685页。

② 同上。

③ 脱脱等：《辽史》卷四七《百官志三》，北京：中华书局1974年版，第771、772页。

④ 参见王曾瑜《辽代官员的实职和虚衔初探》//《文史》总第三十四辑，北京：中华书局1992年版，第159~184页；杨军《辽代南面官研究——以碑刻资料为中心》，《史学集刊》2013年第3期。

官志》中却没有任何有关辽朝官员考绩与职阶迁转的记载。这也是造成从 20 世纪初至今百余年间，辽史学界有关辽朝职官制度研究尽管硕果累累，但却鲜见涉及官员考绩与职阶迁转问题的主要原因。[①]

一、官员的任期

官员考绩与职阶迁转首先牵涉的是官员任期问题。辽朝官员有无任职期限？若有，该是多少？翻遍《辽史》，不见记载。职官制度“大率皆徇辽、宋之旧”[②]的金朝，因其官员有职务、品级和内外、卑高之别，所以不同职位的任期也不尽相同，比如职事官的任职期限为三十月，群牧官及管课官为三年，防御使为四十月，三品以上官为五十月，转运使为六十月，[③]等等。笔者经认真检索并钩沉出土辽代石刻文字资料，可以考定辽朝官员亦有固定任期，有些职位亦为三年。辽朝官员三年任职期满，即可迁转他职。如辽景宗乾亨四年（982）的《许从赟暨妻康氏墓志》即载：

> （许从赟）授大同军节度使、检校司徒。由是安民和众，吐惠含仁，抑酋豪而恤鳏寡，重刑罚而轻赋役，期月之间，政成事立，三年之内，家给人足。才解殿邦，尤资卫社，授右领军卫上将军、特进、检校太保。[④]

该墓志即显示，许从赟是任节度使三年后迁转右领军卫上将军的，文资散官亦从检校司徒升为检校太保，并授特进誉阶。

辽圣宗太平六年（1026）的《宋匡世墓志》亦载，圣宗朝的宋匡世于统和十六年（998）入仕，“起家署为都孔目官”，不久，“特奏授将仕郎、北安州兴化县令。一同布政，疲民受赐于三年；九市开廛，贤相选才于百里，秩满，授大定府都市令”[⑤]。这段文字

---

① 有关辽朝官员的考绩研究，目前仅见曾资生先生的《宋辽金元的考核制度概况》（载 1945 年《东方杂志》41 卷 12 期）及武玉环教授的《辽代职官考核制度探析》（载《史学集刊》2014 年第 3 期）。曾文概论了宋、辽、金、元四朝职官之考核，辽朝内容只是其中一部分；武文扼要论述了辽朝职官的考核状况，其中一部分属于官员廉察之内容。二文均没有涉及辽朝官员职阶的迁转问题。

② 脱脱等：《金史》卷五五《百官志一》，北京：中华书局 1975 年版，第 1216 页。

③ 脱脱等：《金史》卷五二《选举志二》，北京：中华书局 1975 年版，第 1158 页。

④ 向南、张国庆、李宇峰辑注：《辽代石刻文续编》，沈阳：辽宁人民出版社 2010 年版，第 19 页。

⑤ 向南：《辽代石刻文编》，石家庄：河北教育出版社 1995 年版，第 180、181 页。

亦表明，宋匡世在兴化县令的职位上亦工作三年，任职到期，便迁转新职大定府都市令。

秩，旧指官员的俸禄，引申为职位或品级。秩满，即指官员职位任期届满。另，辽道宗大安十年（1094）的《耶律庆嗣墓志》亦云，耶律庆嗣被道宗皇帝“召至行在所，授同中书门下平章事、知西北路招讨使。三载，迁兼侍中”[①]。可见，耶律庆嗣也是在任西北路招讨使三年后“迁兼侍中”的。

此外，辽道宗咸雍元年（1065）的《耶律宗允墓志》中有一段文字，言耶律宗允“寻知匡义军节度使事。秩满，用相印节制于乾州”[②]。但该墓志并未记耶律宗允秩满前任匡义军节度使的具体年限。匡义军，辽饶州军号，属上京道。[③] 耶律宗允为皇太弟耶律隆庆第三子、辽圣宗耶律隆绪亲侄，契丹名谢家奴。[④] 检索《辽史·圣宗纪》，辽圣宗太平五年“十二月丁巳，……皇侄长沙郡王谢家奴匡义军节度使”；太平九年“六月戊子朔，以长沙郡王谢家奴为广德军节度使”[⑤]。广德军，辽乾州军号，属东京道。[⑥] 根据《辽史·圣宗纪》所记推算，耶律宗允从“知匡义军节度使事”到“用相印节制于乾州”（任广德军节度使）用时为三年半，其间若除去考满磨勘、办理迁转及走马赴任等用时，其任职匡义军节度使之年限（秩满）亦约三年左右。从以上四条出土辽代石刻文字资料所记，可知辽朝地方官中的军州节度使及县令等任职期限应为三年。

辽朝官员某些职位的任职期限为三年，应与辽朝官制承唐仿宋有关。唐朝官员任职有期，唐初为四年，中唐以后改为三年。如德宗朝吏部员外郎沈既济曾言：“唐虞迁官，必以九载。魏晋以后，皆经六周。国家因隋为四，近又减削为三。”[⑦]

北宋亦规定，文官三年一任。《宋史·职官志》：“凡内外官，计在官之日，满

① 向南：《辽代石刻文编》，石家庄：河北教育出版社 1995 年版，第 457 页。
② 同上，第 320 页。
③ 脱脱等：《辽史》卷三七《地理志一》，北京：中华书局 1974 年版，第 448 页。
④ 脱脱等：《辽史》卷六四《皇子表》，北京：中华书局 1974 年版，第 986 页。
⑤ 脱脱等：《辽史》卷一七《圣宗纪八》，北京：中华书局 1974 年版，第 198、203 页。
⑥ 脱脱等：《辽史》卷三八《地理志二》，北京：中华书局 1974 年版，第 465 页。
⑦ 杜佑撰，王文锦等点校：《通典》卷一八，北京：中华书局 1989 年版，第 452 页。

一岁为一考，三考为一任。”①

前已述及，踵辽之后的金朝，某些职位的任期亦为三年，其中除了群牧官和管课官之外，还有猛安谋克官、县官等。②可见，辽之官制承唐仿宋，最终亦影响到了金朝。

辽朝官制中规定的官员任职期限有无超过三年或不足三年者？笔者检索出土辽代石刻文字资料，未见明确记载，仅是辽道宗大安六年（1090）的《萧袍鲁墓志》记载，墓主萧袍鲁“以能，迁归州观察使。岁满，遥领静江军节度使”。不久，他又“特授太子太傅。岁满，召拜北府宰相”③。岁，年也。岁满即一整年。

与萧袍鲁相类，辽兴宗重熙八年（1039）的《赵为干墓志》记载，墓主赵为干曾被兴宗诏命“监永济盐院。任徇一载，课余万缗，盖负贞材，复迁列郡”④。这表明，赵为干任职永济盐院亦是一年后便迁转他职。但萧袍鲁和赵为干任职一年后的迁转，是为考绩后的正常迁转，还是与廉察相关的不次超授，两墓志均没有说明，因而也就很难确定辽朝职官是否有规定任期一年者。

笔者检索出土辽代石刻文字资料及《辽史》“纪”“传”史料发现，辽朝官员的确存在大量的非秩满（三年）迁转现象，此属廉察后的不次超授范畴，与本节内容无涉，详见下节。

二、官员的考绩

辽朝官员任职期满后的迁转，或升或降，均取决于任职期间的考绩结果。考绩又称“考课”“考功”等，是古代封建政权整饬吏治、完善职官管理制度的重要措施之一。中国最早的考绩活动可以追溯至尧舜时期。《尚书·舜典》云：“三载考绩，三考，黜陟幽冥，庶绩咸熙，分北三苗。”⑤

---

① 脱脱等：《宋史》卷一六三《职官志三·吏部》，北京：中华书局1977年版，第3839页。

② 脱脱等：《金史》卷四七《食货志二》，北京：中华书局1975年版，第1050页。

③ 向南：《辽代石刻文编》，石家庄：河北教育出版社1995年版，第424页。

④ 同上，第220页。

⑤ 孔安国传，孔颖达疏：《十三经注疏·尚书正义》卷三《舜典第二》，北京：北京大学出版社1999年版，第82页。

但史前原始部落联盟时期尚无国家官僚机构出现，部落联盟首领舜考绩的对象显然还不是与后世相类的正式职官。辽朝的官员考绩主要承仿于唐宋，其考绩状况《辽史·百官志》不载，仅出土辽代石刻文字资料及《辽史》“纪”“传”中有零散记述。

首先是考绩的年限，即多长时间“考”一次。辽之前的唐朝初年是每年一考，四年终考。《唐会要》载贞观十一年（637）正月“敕”云：“凡入仕之后，迁代则以四考为限。”[①]

这说的就是唐初太宗朝的考绩状况。后来又改为三考为终。与辽大致同期的北宋，文官亦是每年一考，三年终考。踵辽之后的金朝是每三十月一考，任期较长者如转运使等要经历两考方可迁转。[②] 辽朝官员的考绩年限是多少，文献史料及出土辽代石刻文字资料均不见明确记载。辽道宗清宁六年（1060）的《赵匡禹墓志》云：知临海军节度使事赵匡禹“覃信惠，去烦苛，劝农桑，缮庐舍，考未三载，治洽一同”[③]。“考未三载”，意为赵匡禹在“知临海军节度使事”任期内虽尚未三年考满，但此间已经有过考绩。此即表明，对赵匡禹的考绩肯定不是三年才考一次。但究竟是否为承仿唐宋的每年一考，还不好判定。另据辽道宗清宁九年（1063）的《张绩墓志》记载：

> （辽兴宗重熙）六年冬，朝廷以识察过人，廉直约己，财毋苟得，□□□□，差公（张绩）充燕京管内都商税判官，吏不敢欺，商修所鬻，市征倍入，府库无虚，以出钱三百万余，不满考而勾赴中堂。七年冬，俾权延庆宫汉儿渤海都部署判官[④]。

张绩任燕京管内都商税判官是在辽兴宗重熙六年（1037）冬，他“权延庆宫汉儿渤海都部署判官”是在辽兴宗重熙七年（1038）冬，时间刚好为一年，而他“勾赴中堂”的时间恰在二者之间，不足一年，故该墓志称为“不满考”，那么到是年冬天（年底）的考绩肯定就是例行之年考了。由此可以大致推断，辽朝亦应承唐仿宋，对官员每年

① 王溥等撰：《唐会要》卷八一，上海：上海古籍出版社 1991 年版，第 1776 页。
② 脱脱等：《金史》卷五二《选举志二》，北京：中华书局 1975 年版，第 1158 页。
③ 向南：《辽代石刻文编》，石家庄：河北教育出版社 1995 年版，第 300 页。
④ 同上，第 313、314 页。

一考，三年终考。[①]

其次是考绩的内容与标准。辽代的官员考绩亦有相应的标准，应该是参考了唐朝的“四善二十七最”及宋朝的“监司七事考”等内容，用以综合考量官员的德、能、勤、绩等。

一是对官员道德品行的考核。辽朝对官员的品德方面非常看重，为官是否清廉正直，是考绩内容的重中之重，其具体执行应是参照了《唐六典·吏部考功郎中》所记唐朝的“四善”标准，即德义有闻、清慎明著、公平可称及勤恪匪懈等。[②] 有辽一代，皇帝经常诏令臣下在推举选拔官员时，要格外注重对其道德品行的考察。如《辽史·能吏传》即云：

> 辽自太祖创业，太宗抚有燕、蓟，任贤使能之道亦略备矣。然惟朝廷参置国官，吏州县者多遵唐制。历世既久，选举益严。时又分遣重臣巡行境内，察贤否而进退之。[③]

《辽史·兴宗纪》亦载：辽兴宗重熙十年（1041）“冬十月丙戌，（兴宗）诏东京留守萧孝忠察官吏有廉干清强者，具以名闻”。重熙十一年（1042）七月，兴宗又诏令“外路官勤瘁正直者，考满代；不治事者即易之”[④]。这些都说明道德品行已成为辽朝评判某官员是否为清官良吏的重要准则。

辽圣宗统和十八年（1000）的《高嵩墓志》作者贾瑜在评价永兴宫汉儿都部署高嵩时，还具体列出了为官的八项品德标准：

> 正而能直，精而能勤，公而能忠，谨而能愿，推(是)四者可以奉于上；宽则有猛，清则有通，谦则有光，慈则有惠，推是四者可以纠于下。[⑤]

辽人认为，凡是按此标准去做的，就是品德考绩的达标者。比如圣宗至兴宗朝的

---

① 但张绩的此次职迁显然不是因为终考（三年秩满），而是属于不次超授。
② 李林甫等撰，陈仲夫点校：《唐六典》卷二，北京：中华书局1992年版，第42页。
③ 脱脱等：《辽史》卷一〇五《能吏传》，北京：中华书局1974年版，第1459页。
④ 脱脱等：《辽史》卷一九《兴宗纪二》，北京：中华书局1974年版，第226、227页。
⑤ 向南、张国庆、李宇峰辑注：《辽代石刻文续编》，沈阳：辽宁人民出版社2010年版，第38页。

董匡信，“临财以廉平，莅事以勤敬，功考余羡，率越常绩”①。道宗朝的蔡志顺，“为人敏达，果于用事，所处皆以廉直著闻。至有王事繁鞅，当遣使治，公时承命奔走，乃无不辦，朝廷以为能”②。

二是对官员行政业绩的考核。在官员行政业绩的考核方面，辽人亦参考了唐朝的“二十七最法”，诸如“功课皆充，丁匠无怨”的役使之最；“耕耨以时，收获剩课”的屯官之最；“市廛不扰，奸滥不行”的市肆之最等。③以及北宋的“监司七事考”之内容，诸如“举官当否”“劝课农桑、增垦田畴”“户口增损”“兴利除害”“事失案察”“较正刑狱”及“盗贼多寡”等。④辽国政府考核官员政绩及能力时，亦非常注重被考核者是否居“最”，特别是对主抓经济工作的官员，课税缴纳是否充足，钱谷是否增羡等，都是他们考绩结果是否优秀、秩满后能否迁升的重要指标。如穆宗朝南京道蓟北县令王守谦，任职期间，“峻其科条，严其程限，均其劳逸，恤其羸弱，期年，免稽逋之累，黎元绝轻重之□，然后宽其惩责，槚楚几不用矣。是时，比岁丰稔，百姓谧宁，……考课居最”⑤。兴宗朝的张思忠，曾任“乾、义等州刺史，分竹符而炫贵，驾熊轼以飞荣。公才既最，仕路寖升，改授济州刺史、知上京南中作使”⑥。

三是对官员年劳方面的考核。年劳又称“年资”“劳考”等，是指被考核官员的任职年限、为官资历、年考次数及年龄指标等，它们是构成其官资的重要组成部分。隋唐以降，官员入仕后，每经一次考绩即得“一考”，考绩次数代表该官员的劳绩与资历，“终考”便有了迁转资格。考次累增，资历弥深。因而，年劳是官员徇资

---

① 咸雍五年（1069）《董匡信及妻王氏墓志》//向南：《辽代石刻文编》，石家庄：河北教育出版社 1995 年版，第 337 页。

② 乾统八年（1108）《蔡志顺墓志》//向南、张国庆、李宇峰辑注：《辽代石刻文续编》，沈阳：辽宁人民出版社 2010 年版，第 261 页。

③ 李林甫等撰，陈仲夫点校：《唐六典》卷二，北京：中华书局 1992 年版，第 42 页。

④ 脱脱等：《宋史》卷一六三《职官志三》，北京：中华书局 1977 年版，第 3839 页。

⑤ 保宁元年（969）《王守谦墓志》//向南、张国庆、李宇峰辑注：《辽代石刻文续编》，沈阳：辽宁人民出版社 2010 年版，第 11 页。（据志文，志主入葬时间为“丙子岁”，即保宁八年，公元 976 年，墓志铭亦应镌刻于是年）

⑥ 重熙八年（1039）《张思忠墓志》//向南：《辽代石刻文编》，石家庄：河北教育出版社 1995 年版，第 216 页。

迁转的重要依据。辽朝亦然。任某职之官员如果此前有过相应任职资历，三年“终考”，加之年资合适，再结合前两项（品德与政绩）考绩结果，就可以正常迁转了。如《辽史·道宗纪》即载：辽道宗大安二年（1086）“五月丁巳朔，以牧马蕃息多至百万，赏群牧官，依次进阶”①。所谓“依次进阶”，就是群牧官的官阶按年劳晋升，但前提是“牧马蕃息多至百万”的业绩考核。再如兴宗至道宗朝的刘文用，“倡赞傧导，颇有朝范，前后使南宋东韩为礼官书状者七次。年劳受代，为京郡掾曹，县封主籍，迨至长吏，凡一十六任”②。道宗朝的萧十三，“清宁间，以年劳迁护卫太保”③。

辽朝还曾实行过部门长官的属僚——掾史亦按年劳迁转的制度。如《辽史·萧兀纳传》即云：“大安初，……（萧兀纳）改南院枢密使，奏请掾史宜以岁月迁叙，从之。”④“叙”者，按规定之等级次第授官或按劳绩大小给予奖励也。

此外，如果官员能力或业绩突出，还可能被减资考任。如《辽史·圣宗纪》即载：辽圣宗统和十二年（994）“六月辛巳朔，诏州县长吏有才能无过者，减一资考任之”⑤。

其实，年劳是一柄双刃剑，它既能使官员职阶迁转循序渐进，按部就班，同样也可能起到豢养慵懒、压制强能的作用。一方面，倘若官员职阶迁转中有单凭年劳指标而不考虑品德和政绩等其他因素即可近转的现象，就一定会滋生出诸多弊端。比如会使某些官员因循岁月，轻视治绩，不求有功，但求无过，熬满任期，年劳适当，即可迁转走人。欧阳修与范仲淹即曾就北宋官员考绩与职阶迁转中过于强调年劳而深表忧虑：

> 奉法守职、积劳岁月而无过者，皆有进秩之资。⑥
>
> 今文资三年一迁，武职五年一迁，谓之磨勘。不限内外，不问劳逸，贤不肖并进。⑦

---

① 脱脱等：《辽史》卷二四《道宗纪四》，北京：中华书局 1974 年版，第 291 页。

② 乾统五年（1105）《刘文用墓志》// 向南、张国庆、李宇峰辑注：《辽代石刻文续编》，沈阳：辽宁人民出版社 2010 年版，第 250 页。

③ 脱脱等：《辽史》卷一一〇《奸臣上·萧十三传》，北京：中华书局 1974 年版，第 1488 页。

④ 脱脱等：《辽史》卷九八《萧兀纳传》，北京：中华书局 1974 年版，第 1414 页。

⑤ 脱脱等：《辽史》卷一三《圣宗纪四》，北京：中华书局 1974 年版，第 144 页。

⑥ 欧阳修：《欧阳修全集》，北京：中华书局 2001 年版，第 1162 页。

⑦ 范能濬编集，薛正兴校点：《范仲淹全集》，南京：凤凰出版社 2004 年版，第 474 页。

辽朝又未尝不是如此。另一方面，职阶迁转若过分强调年劳，也会使一些有能力、想作为的栋梁才俊，因为等资质待阶迁，长时间被压制在底层下位，晋升不及时，人才遭埋没。

唐、宋两朝的官员考绩制度中还有一个重要环节，就是对官员考绩过程与内容进行监督及复验，前者称“监临”，后者名“磨勘”。比如唐朝，对官员的考绩分九等注入考状，官员秩满，则依据考绩结果决定职务迁转升降。至德宗时期，为了强化考绩的权威性，朝廷指定两位高官担任考校使，分校朝野官员的考绩；同时，又指定门下省的给事中和中书省的中书舍人担任监考使，分别监察考绩活动的进展情况。为防止考绩材料不实，造成官员职阶迁转升降不当，吏部和各道观察使等最后还要对考绩材料加以复验。至北宋，朝廷专设审官院和考课院负责百官的考绩；设磨勘院，专责考绩簿历文书的推究和勘验。辽制承唐仿宋，至少在辽朝后期，业已实行对官员考绩过程进行监督的监临制和对考绩材料进行复验的磨勘制。

如辽道宗寿昌二年（1096）的《孟有孚墓志》即云，刚刚入仕的孟有孚因能力、业绩突出，道宗皇帝“特旨改韶阳军节度副使。上方急用之，当涂无有力者推挽，改知卢龙县、锦州节度副使，至磨勘、监临、解由，凡五任。上复记其能，用为大理正”[①]。从这段记载我们亦知，辽朝后期官员考绩中，除了履行监临、磨勘程序外，还有书写解由之环节，亦属承唐仿宋之结果。所谓“解由”，是指被考官员的工作小结、个人简历及考绩录文等文字材料，是官员职阶迁转的重要档案依据。《金史·百官志》有云：

> 凡内外官之政绩，所历之资考，更代之期，去就之故，秩满皆备陈于解由，吏部据以定能否。[②]

孟有孚职阶迁转前的考绩过程经历了监临、磨勘和解由等多个环节，说明辽朝后期的官员考绩与职阶迁转在唐宋制度影响下，已逐步走向正轨。

---

① 向南：《辽代石刻文编》，石家庄：河北教育出版社1995年版，第470、471页。

② 脱脱等：《金史》卷五五《百官志一》，北京：中华书局1975年版，第1227页。

辽国政府对官员进行考绩，应有相应的组织机构和专门的官员负责，但《辽史·百官志》对此亦没有任何记载。武玉环教授依据辽沿承唐制，比对唐朝的职官考绩制度，结合出土辽代石刻文字资料和《辽史》“纪”“传”史料，认为辽朝中央南面官尚书省六部中的吏部和南枢密院的吏房是为官员考绩的主管部门，其中，吏部应设有考功司，内设考功尚书郎等官员，具体负责职官考绩工作；而州、县等地方官员的考绩应由政事省负责。[①]笔者基本赞同武教授的论断。不过，实际上辽朝的考绩机构与官员应该还不止这些。但具体还有哪些部门和官员参与其中，现有文献与出土辽代石刻文字资料均缺失记载，只好等待发现新资料后再做补充。

辽朝相关机构对官员品德与业绩的考核以及官员的迁转情况，每年都要向枢密院申报一次，并由枢密院相关部门记录存档。如《辽史·兴宗纪》即载：辽兴宗重熙二十二年（1053）“十一月辛卯，（兴宗）诏诸职事官以礼受代及以罪去者置籍，岁申枢密院”[②]。而就在此前两年，兴宗皇帝亦曾下诏，就枢密院负责记录官员考绩情况的人员做过调整。《辽史·兴宗纪》云：辽兴宗重熙二十年（1051）十一月“丁卯，罢中丞记录职官过犯，令承旨总之”[③]。检索《辽史·百官志》可知，辽朝北面官契丹北枢密院设有北院都承旨、北院副承旨，北枢密院中丞司设有北院左中丞、北院右中丞。北面官契丹南枢密院的承旨与中丞之设与北枢密院相同。辽朝南面官汉人枢密院设有枢密都承旨和枢密副承旨、吏房承旨、兵刑房承旨等。但先后负责记录官员考绩情况的究竟是哪个枢密院中哪个具体部门的中丞和承旨，出土辽代石刻文字资料与《辽史》中均不见记载，亦只得存疑待考。

三、官员考绩后的职阶迁转

辽朝官员秩满，依据考绩结果，进行职阶迁转。迁转之方向大致为职阶迁升、留任进阶、退闲不仕及左迁降黜等。

---

① 武玉环：《辽代职官考核制度探析》，《史学集刊》2014 年第 3 期。
② 脱脱等：《辽史》卷二十《兴宗纪三》，北京：中华书局 1974 年版，第 246 页。
③ 同上，第 243 页。

1. 职阶迁升

职阶迁升是指官员秩满后，德能政绩突出者（类似唐、宋考绩等第较高者），得以升职进阶。天祚帝天庆十年（1120）的《杜悆墓志》中所谓“例从考绩，秩满授资”[①]，说的就是官员积累了一定考资后，便有了升职进阶的必要条件。如圣宗朝的耿延毅，统和“二十三年受代，来朝燕京，寻授控鹤都指挥使，进位左领军卫大将军，出守归化，古定襄也。秩满，改帅长宁军（节度使），移镇昭德军（节度使），皆有政绩”[②]。耿延毅的职务通过迁转由控鹤都指挥使升任长宁军节度使。

稍后的韩椅，征高丽“军还，加左监门卫大将军，知归化州军州事。密迩楼烦，切邻白霫，俗多犷佷，民苦侵渔，公自下车，咸服仁化。秩满，除彰愍宫都部署”[③]。

韩椅的职务通过迁转，由知归化州军州事升任彰愍宫都部署。耿延毅、韩椅职务升迁后，其武资散官未见变化。但辽朝也有一些官员在职务迁升的同时，他的资阶誉衔等也会随之改变。比如兴宗朝的赵为干，原职永济盐院都监，勋衔为云骑尉，因其政绩突出，迁任沂州刺史后，勋衔亦进至飞骑尉[④]。还有道宗朝的张衎，“寿昌元年登进士第，授校书郎，管内都商税判官。处脂膏之所，廉洁不染。课绩毕，迁秘书郎，知龙门县事”[⑤]。张衎考满后职务由管内都商税判官迁任知龙门县事，同时他的文资散官亦由校书郎升为秘书郎。

2. 留任进阶

辽朝一些任职地方的官员，因其爱民勤政，便有秩满迁转时民众上书朝廷，请求

---

① 向南、张国庆、李宇峰辑注：《辽代石刻文续编》，沈阳：辽宁人民出版社 2010 年版，第 304、305 页。（参见本书附录图版五）

② 开泰九年（1020）《耿延毅墓志》// 向南：《辽代石刻文编》，石家庄：河北教育出版社 1995 年版，第 160 页。

③ 重熙六年（1037）《韩椅墓志》// 向南：《辽代石刻文编》，石家庄：河北教育出版社 1995 年版，第 205 页。

④ 重熙八年（1039）《赵为干墓志》// 向南：《辽代石刻文编》，石家庄：河北教育出版社 1995 年版，第 220 页。

⑤ 《张衎墓志》// 向南：《辽代石刻文编》，石家庄：河北教育出版社 1995 年版，第 691 页。

将其留任原职的事情发生。钩沉出土辽代石刻文字资料，常见“每考满而后，攀辕卧辙而留、乐送泣别而去者，不可殚记”[①]；“将离旧任，合境号泣而随之，乃有剪耳卧路恳留之俗，其余揽辔截镫脱辐攀轩者，莫究其数”[②]等字样。尽管这些墓志铭文不乏溢美虚夸之处，但所云之事应该确实存在。每至此，多数时候朝廷都会同意上书民众的请求，批准该官员留任原职。如太宗朝的耶律朔古：

天显七年，授三河乌古部都详稳。平易近民，民安之，以故久其任[③]。

圣宗朝的韩德凝：

开泰（《辽史·圣宗纪》记为“统和”）中，累迁护卫太保、都宫使、崇义军节度使。移镇广德，秩满，部民请留，从之。[④]

道宗朝的耶律那也：

寿隆（寿昌）元年，复讨达理得、拔思母等有功，赐诏褒美，改乌古敌烈部统军使，边境以宁。（秩满）部民乞留，诏许再任。[⑤]

地方官员秩满留任，其职务虽未改变，官阶应是依年劳正常晋升，因为这涉及官员的切身利益，也是朝廷对考绩优秀的地方官员的一种奖励。

出土辽代石刻文字资料显示，辽朝有些地方官员秩满被民众乞留的场面颇为感人。如道宗朝的贾师训：

上遣使授尚书左仆射，移中京留守。将行，人皆拦道塞门，挽车马……莫之能止。公俟夜间出，翌日号泣而随出界者数千百人。[⑥]

但感人的乞留场面也不都是真实的，有些很可能是当事者自编自导的骗人闹剧，

---

① 大康四年（1078）《秦德昌墓志》// 向南、张国庆、李宇峰辑注：《辽代石刻文续编》，沈阳：辽宁人民出版社 2010 年版，第 167 页。

② 大安三年（1087）《茹雄文墓志》// 向南、张国庆、李宇峰辑注：《辽代石刻文续编》，沈阳：辽宁人民出版社 2010 年版，第 184 页。

③ 脱脱等：《辽史》卷七六《耶律朔古传》，北京：中华书局 1974 年版，第 1246 页。

④ 脱脱等：《辽史》卷七四《韩德凝传》，北京：中华书局 1974 年版，第 1235 页。

⑤ 脱脱等：《辽史》卷九四《耶律那也传》，北京：中华书局 1974 年版，第 1384 页。

⑥ 寿昌三年（1097）《贾师训墓志》// 向南：《辽代石刻文编》，石家庄：河北教育出版社 1995 年版，第 479 页。

因为地方官员秩满后被当地民众乞留，也不是每次都能得到朝廷的准许。如道宗朝的知龙门县事张衎："秩满，士民攀辕曳镫请留。不许，补中京留守推官。"[①]张衎秩满后民众请留，朝廷就没有同意，到底是什么原因，其墓志没有说明，但我们不妨回看大安元年（1085）道宗皇帝的一道诏令，就大致明白其中之缘故了。《辽史·道宗纪》云：

（大安元年）十一月乙未，诏："比者，外官因誉进秩，久而不调，民被其害。今后皆以资给迁转。"[②]

原来，辽朝后期有些地方官员为沽名钓誉，虽然在职期间政绩不佳，口碑不好，但却利用职权，假借民意，编织民众乞留的谎言，伪造民众拦车塞道的感人场面，以此哄骗朝廷，达到留任升阶，继续在当地作威作福、鱼肉百姓的自私目的。朝廷了解到这些弊端后，才有了大安元年（1085）道宗皇帝诏令的发布，以及此后张衎等人秩满、民众乞留而未被朝廷批准的情况出现。类似之事后来也曾发生在金朝。比如，金世宗曾于大定十九年（1179）发布诏命，取消地方官员秩满、民众赴都举请、朝廷准其迁升的规定，原因亦是这些官员"往往无廉能之实，多为所使而来沽名者"[③]。

3. 退闲不仕

辽朝有些官员任期届满，不想继续迁转为官，而是寻个理由辞官退闲。当然，这其中有些人只是暂时离开仕途，闲居一段时间后，可能又重新入仕任职。如景宗朝的耶律海里："保宁初，拜彰国军节度使，迁惕隐。秩满，称疾不仕。久之，复为南院大王。"[④]

但大多数人是想借故远离官场，永久隐居不仕。如萧札剌：

保宁间，以戚属进，累迁宁远军节度使。秩满里居，淡泊自适。统和末，召为南京马步军都指挥使，以疾求退，不听，迁夷离毕。又以疾辞，许之。遂入颉山，

① 《张衎墓志》// 向南：《辽代石刻文编》，石家庄：河北教育出版社 1995 年版，第 691 页。
② 脱脱等：《辽史》卷二四《道宗纪四》，北京：中华书局 1974 年版，第 290 页。
③ 脱脱等：《金史》卷五四《选举志四》，北京：中华书局 1975 年版，第 1206 页。
④ 脱脱等：《辽史》卷八四《耶律海里传》，北京：中华书局 1974 年版，第 1311 页。

杜门不出。[①]

有的官员则干脆直接办了“离休”手续。如辽末的马直温。天祚帝天庆三年（1113）的《马直温妻张馆墓志》载：“马君移典顺州，将受代，天庆二年冬，表乞归，允之。拜右散骑常侍，致仕。”[②]

所谓“受代”，即指官员任满去职，将接受新官的替代。致仕前，马直温曾任静江军节度使，知顺州军州事[③]。这就是说，马直温知顺州军州事、秩满迁转之际，提出了致仕申请，并得到了朝廷的准许。辽有一项优待、奖励致仕官员的政策，那就是官员在请辞被批准后，要给予加誉衔赐官阶之待遇，[④]因而才有马直温致仕时拜右散骑常侍（文资散官）之现象。

4. 左迁降黜

左迁即降职降阶。唐朝官员考绩分为九等，等高者迁升，加官晋爵，等低不合格者则被降职降阶。宋朝则采用三等考第标准，“五事为上，三事为中，余为下”[⑤]，并且根据官员的平时表现，折算打分，排序列等，以决定官员的迁升或罢黜。[⑥]辽朝官员考绩有否等级之分虽不得详，但出土辽代石刻文字资料及文献史料却明确记载，若某官员任职期间毫无政绩，且由工作失误或患有疾病等原因，那么等待他的就只有职阶的左迁了。如圣宗朝的武白。《辽史·武白传》即云：

先是，有讼宰相刘慎行与子妇姚氏私者，有司出其罪。圣宗诏白鞫之，白正

---

① 脱脱等：《辽史》卷一〇六《卓行·萧札剌传》，北京：中华书局1974年版，第1467页。

② 向南：《辽代石刻文编》，石家庄：河北教育出版社1995年版，第634页。

③ 天庆元年（1111）《为先内翰侍郎太夫人特建经幢记》// 向南：《辽代石刻文编》，石家庄：河北教育出版社1995年版，第617页。

④ 此类事在出土辽代石刻文字资料及《辽史》“列传”中多有记载。如寿昌三年（1097）的《贾师训墓志》即载：“公以莅事，夙夜矻矻不自已，事不讫不饮食，以癁成疾，遂求还政。上闻，迁延久之，竟以公病重烦以事，遂许之。加同中书门下□□□□□□□□□□□□□□至诞日，遣中使赉物就第以赐。”（向南《辽代石刻文编》，石家庄：河北教育出版社1995年版，第480页）天庆二年（1112）的《萧义墓志》亦云：“天庆元年，（萧义）坚请辞政。皇上雅矜其意，不得已而许之。加守太傅、兼中书令，增号崇仁全德功臣，致仕。”（向南《辽代石刻文编》，石家庄：河北教育出版社1995年版，第624页）等。

⑤ 徐松辑：《宋会要辑稿》，北京：中华书局1957年版，第2610页。

⑥ 邓小南：《课绩·资格·考察——唐宋文官考核制度侧谈》，郑州：大象出版社1997年版，第55页。

其事。……时慎行诸子皆处权要，以白断百姓分籍事不直，坐左迁。①

很显然，导致武白左迁的原因除“工作失误”外，更多的应是掺杂了被掌权者挟私报复的人为因素。又如道宗朝的杨晳（绩），因病而被左迁，由枢密使降为府尹。《辽史·杨晳传》记载：

（杨晳）历长宁军节度使，山西路转运使，知兴中府。清宁初，入知南院枢密使，与姚景行同总朝政。……以足疾，复知兴中府。②

而圣宗朝的萧惠，则是因戍边御敌不利而遭左迁，由招讨使降为侍卫亲军马步军都指挥使。《辽史·萧惠传》云：

惠为招讨累年，（边地）屡遭侵掠，士马疲困。（太平）七年，左迁南京侍卫亲军马步军都指挥使。③

官员任职期间有考绩以及秩满后职阶迁转等，均为辽朝职官制度承唐仿宋的结果，尽管《辽史·百官志》没有任何记载，但我们通过以上对出土辽代石刻文字资料和《辽史》“纪”“传”史料的检索、钩沉和整理，已能对其有了大致之了解。在整理史料和撰写本节的过程中，笔者发现，在辽朝官员任期考绩与秩满迁转的同时，也存在大量随处可见的未经考绩且非秩满而迁转之现象（见下节内容）。这就是说，辽朝官员职阶迁转实行的是“双轨制”，即考绩后秩满迁转与廉察中不次迁转，二者同生共存，互为补充。辽朝官员职阶迁转实行“双轨制”，对提高官员素质，改善吏治环境，提高行政效率，完善运转机制，均起到了有效的保障作用。辽朝官员职阶迁转实行“双轨制”已是毫无疑问，但究竟在什么时间、哪些场合、何种情况下用哪一种迁转方式，就目前已掌握的资料看，似乎既无定制，亦没有任何规律可循。我们可以从出土辽代石刻文字资料中随机抽选一位官员，他的一生职任官阶可能迁转数次或多至十数次乃至数十次，而此官的职阶变化，时而是按秩考绩后迁转，时而便是不次超授官资。

---

① 脱脱等：《辽史》卷八二《武白传》，北京：中华书局 1974 年版，第 1294 页。
② 脱脱等：《辽史》卷八九《杨晳传》，北京：中华书局 1974 年版，第 1351 页。
③ 脱脱等：《辽史》卷九三《萧惠传》，北京：中华书局 1974 年版，第 1374 页。

这应该是辽朝职官管理制度的一大特色。

第二节　辽朝官员职阶的不次迁转

官员考绩秩满后迁转是辽朝职官制度承唐仿宋的必然结果。然而，就在辽朝官员考绩秩满迁转的同时，也存在大量的、随处可见的官员职阶不次（即非秩满）迁转现象。这就是说，辽朝官员职阶迁转实行的是“双轨制”，二者相辅相成，互为补充，这对提高官员素质，改善吏治环境，创制良好的行政机构运转机制等，均起到了有效保障与推动作用。辽朝官员职阶的不次迁转应与辽国政府实施的廉察制度有关。此前，辽史学界对辽朝的廉察问题研究虽有一些成果[①]，但与廉察相涉的官员职阶不次迁转问题，却无人问津。

一、与官员职阶不次迁转相涉的廉察活动

有辽一代，除了对官员实行每年一考、三年考满的按期考绩外，还有对朝野百官实施的廉察活动。朝廷通过巡行察视，随时随地掌握官员的功过是非，并以此而定对官员的奖励或处罚，其中即包括职阶的迁升与罢黜。辽国政府对官员的廉察大致有以下几种方式：

一是中央官员巡行四方，对中外百官进行全面监察。《辽史·能吏传》云：

> 辽自太祖创业，太宗抚有燕、蓟，任贤使能之道亦略备矣。然惟朝廷参置国官，吏州县者多遵唐制。历世既久，选举益严。时又分遣重臣巡行境内，察贤否而进退之。[②]

如圣宗朝的中书省（政事省）参知政事邢抱朴，曾“以枢密使韩德让荐，按察诸

① 仅见岛田正郎《辽代监察官考》（刊《大陆杂志》1965 年第 30 卷第 7 期）、任崇岳《辽代的廉政措施》（刊《北方民族》1990 年第 2 期）及武玉环《辽代监察制度考述》（刊《北方文物》2000 年第 3 期）三文。

② 脱脱等：《辽史》卷一〇五《能吏传》，北京：中华书局 1974 年版，第 1459 页。

道守令能否而黜陟之，大协人望”[①]。而兴宗朝的张俭则是以专职监察官——监察御史的身份察核在朝官员。辽兴宗重熙二十二年（1053）的《张俭墓志》即载：张俭“以字民迁监察御史，供职行在，簪笔以肃朝宪”[②]。

二是皇帝诏令地方主管官员对属下进行监督考察。如辽圣宗曾于统和九年（991）七月，“诏诸道举才行，察贪酷，抚高年，禁奢僭，有殁于王事者官其子孙”[③]。《辽史·兴宗纪》亦载：辽兴宗重熙十年（1041）“冬十月丙戌，（兴宗）诏东京留守萧孝忠察官吏有廉干清强者，具以名闻”[④]。此外，辽朝皇帝还鼓励地方官员互相监督及检举不法。如辽太宗会同三年（940）“六月乙未朔，东京宰相耶律羽之言渤海相大素贤不法，（太宗）诏僚佐部民有才德者代之”[⑤]。

三是契丹皇帝亲自考察官员的品行绩效。辽道宗寿昌二年（1096）的《孟有孚墓志》即载：

（孟有孚）曾知泰州乐康县，甚有佳政，朝廷亦闻之。及受代，为辰渌盐院使。会（道宗）车驾路出于金山，问其政于民，乃超赴行在所，行未及至，授同知泰州军州事，从彼人之欲也[⑥]。

天祚帝天庆四年（1114）的《王师儒墓志》亦载：

（王师儒）接伴宋使钱勰者，南国之闻人也，在驿涂，相与论六经子史及天文□□山海异物医卜之书，公无不知者，闻其讲贯，一皆输伏。到阙，馆宴次，故相国窦公景庸，时任枢密直学士，方在馆□，闻钱勰大许公以博洽，且言于本朝两制间求之，亦不多得。时属上（道宗）微行，亲耳之，自是恩礼眷待，绝异等伦，旋授知制诰[⑦]。

① 脱脱等：《辽史》卷八〇《邢抱朴传》，北京：中华书局1974年版，第1279页。
② 向南：《辽代石刻文编》，石家庄：河北教育出版社1995年版，第266页。
③ 脱脱等：《辽史》卷一三《圣宗纪四》，北京：中华书局1974年版，第141页。
④ 脱脱等：《辽史》卷一九《兴宗纪二》，北京：中华书局1974年版，第226、227页。
⑤ 脱脱等：《辽史》卷四《太宗纪下》，北京：中华书局1974年版，第48页。
⑥ 向南：《辽代石刻文编》，石家庄：河北教育出版社1995年版，第470页。
⑦ 同上，第646页。

四是将公众的口碑纳入廉察范畴。公众口碑的好坏对官员职阶迁转非常重要，辽国政府将公众口碑也视作为对官员廉察的一个重要侧面。特别是地方官员，若其清正爱民，政绩突出，在当地百姓中有好的口碑，信息传至朝廷，一定会加重该官员的升职进阶砝码。此类事例亦较多。如《辽史·圣宗纪》即云：辽圣宗统和八年（990）“夏四月丙午朔，严州刺史李寿英有惠政，民请留，从之”[①]。“民请留”所反映的就是该官员有“惠政”，当地百姓请求朝廷批准将其留任。《辽史·能吏·马人望传》亦载：马人望为南院枢密使，“人不敢干以私，用人必公议所当与者”[②]。所谓“公议”，指的是集体讨论，类于公众的口碑。

二、官员职阶不次迁转之过程

经过廉察的官员，不待秩满，不需年劳，或由皇帝钦点，或经高官举荐，交付廷议之后，便可随时迁转职阶。

1. 皇帝钦点

有辽一代，官员未及考迁转、不满考晋升、不次擢用以及超试官资之现象非常普遍。如《辽史·穆宗纪》即载，辽穆宗应历十八年（968）四月，穆宗皇帝下诏：“左右从班有材器干局者，不次擢用。”[③]

辽朝官员由皇帝钦点而不次擢用者比比皆是。如太宗朝的耶律海思。辽太宗会同五年（942）正月“戊午，（太宗）诏求直言，北王府郎君耶律海思应诏，召对称旨，特授宣徽使”[④]。

圣宗朝的萧朴：

> 开泰初……帝问以政，朴具陈百姓疾苦，国用丰耗，帝悦曰：“吾得人矣！”擢左夷离毕。[⑤]

---

① 脱脱等：《辽史》卷一三《圣宗纪四》，北京：中华书局1974年版，第139页。
② 脱脱等：《辽史》卷一〇五《马人望传》，北京：中华书局1974年版，第1463页。
③ 脱脱等：《辽史》卷七《穆宗纪下》，北京：中华书局1974年版，第85页。
④ 脱脱等：《辽史》卷四《太宗纪下》，北京：中华书局1974年版，第51页。
⑤ 脱脱等：《辽史》卷八〇《萧朴传》，北京：中华书局1974年版，第1280、1281页。

当然，经皇帝钦点的官员也不全是职阶迁升，被降黜者亦占一定比例。如景宗朝的萧讨古：

乾亨初，宋侵燕，讨古与北院大王奚底拒之，不克，军溃。讨古等不敢复战，退屯清河。帝闻其败，遣使责之曰：“卿等不严侦候，用兵无法，遇敌即败，奚以将为！”讨古惧。顷之，援兵至，讨古奋力以败宋军。上释其罪，降为南京侍卫亲军都指挥使。[①]

2. 高官举荐（或建议）

这里所说的高官，主要是指两院枢密使及两府宰相等，他们有举荐官员迁升或建议官员左迁的特权。如圣宗朝的北院枢密使萧合卓：

太平五年，有疾……会北府宰相萧朴问疾，合卓执其手曰：“吾死，君必为枢密使，慎勿举胜己者。”朴出而鄙之。[②]

可见，举荐官员应是枢密使的职责之一。相类的佐证还见于《辽史·萧孝穆传》：兴宗朝的萧孝穆曾任北院枢密使，“尝语人曰：‘枢密选贤而用，何事不济？若自亲烦碎，则大事凝滞矣！’自萧合卓以吏才进，其后转效，不知大体，叹曰：‘不能移风易俗，偷安爵位，臣子之道若是乎。’”[③]

有辽一代，官员经枢密使举荐而实现职阶迁转的例子也不少，比如圣宗朝的耶律仆里笃：“开泰间，为本班郎君。有捕盗功，枢密使萧朴荐之，迁率府率。”[④]

因为枢密使握有举荐官员不次迁转之权力，若该枢密使只是任人唯亲，不能选贤使能，其后果即可想而知。有史料反映，辽朝官员经廉察后职阶能否不次迁升，通过职阶变化能否得到梦想的肥缺，很多时候，确实要看枢密使的脸色。如果你是当权枢密使的亲信或同党，你就可能很快被举荐迁升，从此飞黄腾达。如道宗朝的耶律燕哥，时为权臣、枢密使耶律乙辛的同党，所以理所当然得到耶律乙辛的举荐而迁升。《辽史·耶律燕哥传》云：

---

① 脱脱等：《辽史》卷八四《萧讨古传》，北京：中华书局1974年版，第1309、1310页。
② 脱脱等：《辽史》卷八一《萧合卓传》，北京：中华书局1974年版，第1287页。
③ 脱脱等：《辽史》卷八七《萧孝穆传》，北京：中华书局1974年版，第1332页。
④ 脱脱等：《辽史》卷九一《耶律仆里笃传》，北京：中华书局1974年版，第1365页。

清宁间，（燕哥）为护卫太保。大康初，转北面林牙。初，耶律乙辛自中京留守复为枢密使，以燕哥为耳目，凡闻见必以告。乙辛爱而荐之，帝亦以为贤，拜左夷离毕。①

而那些清正廉直的官员一旦得罪了枢密使，即便其廉察结果再优秀，其好运却不再而厄运已经来临。如兴宗朝的耶律韩留：

重熙元年，累迁至同知上京留守，改奚六部秃里太尉。性不苟合，为枢密使萧解里所忌。上欲召用韩留，解里言（韩留）目病不能视，议遂寝。四年，召为北面林牙。帝曰："朕早欲用卿，闻有疾，故待之至今。"韩留对曰："臣昔有目疾，才数月耳，然亦不至于昏。第臣驽拙，不能事权贵，是以不获早睹天颜。非陛下圣察，则愚臣岂有今日耶！"②

辽朝的两府宰相也有向皇帝举荐官员迁升或建议将其左迁的权力。如《辽史·耶律俨传》即载：

大康初，（耶律俨）历都部署判官、将作少监。后两府奏事，论群臣优劣，唯称俨才俊，改少府少监，知大理正，赐紫。③

"两府"即指北面官的南、北宰相府。因两府宰相亦职掌举荐官员之迁升，所以，有谁胆敢得罪了宰相，那他的职阶迁升亦肯定会遇到麻烦。如道宗朝的耶律棠古就是典型一例。《辽史·耶律棠古传》云：

（耶律棠古）性坦率，好别白黑，人有不善，必尽言无隐，时号"强棠古"。在朝数论宰相得失，由是久不得调，后出为西北戍长。④

此外，据《辽史·杨佶传》记载，兴宗朝的杨佶曾任吏部尚书兼门下侍郎、同中书门下平章事，颇得兴宗皇帝信赖，"其居相位，以进贤为己任，事总大纲，责成百司，人人乐为之用"⑤。此即表明，辽朝的南面官宰相（兼门下侍郎、同中书门下平章事者）

---

① 脱脱等：《辽史》卷一一〇《奸臣上·耶律燕哥传》，北京：中华书局1974年版，第1487页。
② 脱脱等：《辽史》卷八九《耶律韩留传》，北京：中华书局1974年版，第1352页。
③ 脱脱等：《辽史》卷九八《耶律俨传》，北京：中华书局1974年版，第1415页。
④ 脱脱等：《辽史》卷一〇〇《耶律棠古传》，北京：中华书局1974年版，第1427页。
⑤ 脱脱等：《辽史》卷八九《杨佶传》，北京：中华书局1974年版，第1353页。

也有举荐官员的职责和权力。

辽朝官员廉察后的职阶不次迁转，无论是被皇帝钦点，还是经高官举荐，之后还有一个重要程序，那就是将其交付廷议，又称“朝议”，亦即朝廷召集相关部门负责人开会，对某官员职阶的迁升或降黜进行议决。此制似在辽初太宗朝即已施行。如辽圣宗统和三年（985）的《韩匡嗣墓志》即云：

> 嗣圣皇帝以（匡嗣）勋旧之胤，有干济之才，乃议褒升，罔徇资级，特授右骁卫将军。[①]

韩匡嗣为太祖朝佐命功臣韩知古之子，故称“勋旧之胤”。“嗣圣皇帝”即辽太宗耶律德光。出身官宦之家的韩匡嗣职阶迁转即属于“罔徇资级”（不次），并且是履行了“乃议褒升”的廷议程序。另据《辽史·萧惠传》记载，圣宗开泰年间东京留守出现空缺，派谁出任此职，亦经过了朝臣廷议之裁决：

> 朝议以辽东重地，非勋戚不能镇抚，乃命惠知东京留守事。[②]

笔者依据相关史料推断，讨论官员职阶迁转的廷议主持人应是当朝皇帝。《辽史·耶律乙辛传》云，大康初年，道宗皇帝听信林牙萧岩寿的密奏，左迁北院枢密使耶律乙辛为中京留守。后来道宗皇帝又反悔，欲召乙辛回朝，官复原职，于是，“诏近臣议召乙辛事。北面官属无敢言者，耶律撒剌曰：‘初以萧岩寿奏，出乙辛。若所言不当，宜坐以罪；若当，则不可复召。’累谏不从。乃复召为北院枢密使”[③]。

此事亦见载于《辽史·耶律撒剌传》：

> 大康二年，耶律乙辛为中京留守，（道宗）诏百官廷议，欲复召之，群臣无敢正言。撒剌独奏曰：“萧岩寿言乙辛有罪，不可为枢臣，故陛下出之；今复召，恐天下生疑。”进谏者三，不纳。[④]

此例亦证，看似比较民主的廷议，实际上还是皇帝的“一言堂”，多数情况下，

---

① 向南、张国庆、李宇峰辑注：《辽代石刻文续编》，沈阳：辽宁人民出版社 2010 年版，第 23 页。（参见本书附录图版八）

② 脱脱等：《辽史》卷九三《萧惠传》，北京：中华书局 1974 年版，第 1373 页。

③ 脱脱等：《辽史》卷一一〇《奸臣上·耶律乙辛传》，北京：中华书局 1974 年版，第 1485 页。

④ 脱脱等：《辽史》卷九九《耶律撒剌传》，北京：中华书局 1974 年版，第 1420 页。

官员职阶迁转决断权还是掌握在皇帝的手中。

三、官员职阶不次迁转的条件及原因

辽朝官员非秩满、不次迁转，无论是迁升还是降黜，都不可能是无缘无故，均应具备相应条件及原因。这些条件和原因有些是与廉察内容相涉，有些则与之关系不大，或没有关系。

1.职阶迁升之条件

（1）忠正清廉

辽国政府非常重视官员的品行与道德，无论是对官员的考绩还是廉察，品德一项都被放在首位。因而，为官忠正清廉，是官员职阶迁升的必备条件。特别是掌管钱财物资的官员，如若不贪不腐，两袖清风，则其迁升应是必然的。如景宗朝的刘宇杰：

> 保宁二年，起家授东头供奉官。修身慎行，精夙夜以惟勤；砥节砺名，输忠恪而不怠。丹禁未盈于一记，皇泽遽延于九迁。德业式昭，阶名并进。[①]

再如刘景：

> 景宗即位，以景忠实，擢礼部侍郎，迁尚书、宣政殿学士。[②]

（2）政绩突出

政绩反映的是官员的工作能力和责任心，也是官员职阶迁升的首要条件之一。如兴宗朝的杨佶：

> （重熙）十五年，出为武定军节度使。……漯阳水失故道，岁为民害，乃以己俸创长桥，人不病涉。及被召，郡民攀辕泣送。上御清凉殿宴劳之，即日除吏部尚书，兼门下侍郎、同中书门下平章事。[③]

道宗朝的贾师训：

---

① 统和十八年（1000）《刘宇杰墓志》//向南：《辽代石刻文编》，石家庄：河北教育出版社1995年版，第106、107页。

② 脱脱等：《辽史》卷八六《刘景传》，北京：中华书局1974年版，第1322页。

③ 脱脱等：《辽史》卷八九《杨佶传》，北京：中华书局1974年版，第1353页。

徙同知永州军州事。既上，日夜经画民事利病。奏减其部并邻道龙化、降圣等州岁供行在役调，计民功三十余万，奏课天下第一。上嘉之，就拜鸿胪少卿、知观察使事。①

（3）军功卓著

辽以武立国，因而，武官率兵御敌，均以立有军功为荣耀，立有军功者的职阶亦能很快得到迁升。如景宗朝的耶律元宁：

南夏作梗，皇朝出师……公（元宁）奋雄勇之志，率骁果之骑，数不满百，威可当千，掠蛇豕以孤飞，突鹤鹅而深入，俄而，俱得所遗兵器而还。因是军功，达于睿听，宣署北大王府管军司徒。后以伪宋靡料不敌之势，载举无名之师……以公扼东入之患，两道齐进，一时夹攻，成败宋之雄名，立全燕之显效，因授奉国军节度管内观察处置等使。②

圣宗朝的耶律化哥，辽圣宗统和“十六年，复侵宋，为先锋，破敌于遂城，以功迁南院大王”③。

（4）特殊才能

一些官员有他人不具备的特殊才能或身份背景，而一些特殊岗位又急需这样的人才，所以他们的职阶亦经常被不次迁升。如太祖朝的汉官耿崇美，因通晓契丹语，故而被迁任负责翻译事务的通事一职。辽景宗保宁二年（970）的《耿崇美墓志》即云：

又以上国之言与中华迥异，公(崇美)善于转译，克副佥求，大圣皇帝自谓得人，选为通事。④

兴宗朝的辽兴军节度使耶律宗政，出身皇室，为兴宗之叔弟，有他人所不具备的特殊身份和地位，所以管理皇室宗族事务之职非他莫属。辽道宗清宁八年(1062)的《耶

---

① 寿昌三年(1097)《贾师训墓志》//向南:《辽代石刻文编》，石家庄:河北教育出版社1995年版，第478页。

② 统和二十六年（1008）《耶律元宁墓志》//向南、张国庆、李宇峰辑注:《辽代石刻文续编》，沈阳:辽宁人民出版社2010年版，第43页。

③ 脱脱等:《辽史》卷九四《耶律化哥传》，北京:中华书局1974年版，第1381页。

④ 向南、张国庆、李宇峰辑注:《辽代石刻文续编》，沈阳:辽宁人民出版社2010年版，第13页。

律宗政墓志》即云：辽兴宗重熙“九年，上以国之属籍，非宗中之长，孰能董正之，遂拜（宗政）大内惕隐”①。

（5）遇恩迁升

辽朝有些官员很幸运，每遇朝中礼典大事，便有被恩典迁升的机会。比如遇新皇即位而迁升。耶律仁先于兴宗朝末期职任东京留守、判辽阳府事，“今皇帝（道宗）嗣位之初岁，诏王（耶律仁先）赴阙，授同知燕京留守事，旋拜枢密使”②。

遇行册礼上尊号而迁升。如圣宗朝的耶律宗政：“太平元年冬，会行册礼，进阶特进。”③

遇册礼而进阶亦包括行嘉仪之柴册仪等。如萧撒八，原任千牛卫大将军、祗候郎君，“以柴册礼恩，加检校太傅，永兴宫使”④。

遇改元而迁升。如圣宗朝的宋匡世，原任北面都孔目官，“俄属今主上，尧阶受册，舜历改元，摄毛诗博士”⑤。

2. 职阶降黜之原因

（1）忤旨违逆

若某官员对皇帝不忠不敬，敢逆“龙鳞”，或在朝廷政争中“站错队”，便会受到轻则左迁、重则罢黜的惩罚。如耶律朔古，即因在世宗耶律阮与皇太弟耶律李胡（应天皇太后之子）的皇位争夺中“站错队”，受到了被罢官免职的处分。《辽史·耶律朔古传》云：“世宗即位，朔古奉太宗丧归上京，佐皇太后出师，坐是免官。”⑥

敢逆“龙鳞”而遭降黜者如天祚帝朝的萧兀纳。《辽史·萧兀纳传》载：

① 向南：《辽代石刻文编》，石家庄：河北教育出版社 1995 年版，第 306 页。

② 咸雍八年（1072）《耶律仁先墓志》// 向南：《辽代石刻文编》，石家庄：河北教育出版社 1995 年版，第 353 页。

③ 清宁八年（1062）《耶律宗政墓志》// 向南：《辽代石刻文编》，石家庄：河北教育出版社 1995 年版，第 306 页。

④ 脱脱等：《辽史》卷八七《萧撒八传》，北京：中华书局 1974 年版，第 1333 页。

⑤ 太平六年（1026）《宋匡世墓志》// 向南：《辽代石刻文编》，石家庄：河北教育出版社 1995 年版，第 181 页。

⑥ 脱脱等：《辽史》卷七六《耶律朔古传》，北京：中华书局 1974 年版，第 1246 页。

初，天祚在潜邸，兀纳数以直言忤旨。及嗣位，出为辽兴军节度使，守太傅。以佛殿小底王华诬兀纳借内府犀角，诏鞫之。兀纳奏曰："臣在先朝，诏许日取帑钱十万为私费，臣未尝妄取一钱，肯借犀角乎！"天祚愈怒，夺太傅官，降宁边州刺史。[①]

（2）贪腐营私

如果官员利用职权贪污腐化，舞弊营私，影响十分恶劣，那么一经发现，即遭降黜。如兴宗朝的耶律（韩）涤鲁："以私取回鹘使者獭毛裘，及私取阻卜贡物，事觉，决大杖，削爵免官。"[②]

道宗朝的萧术哲：

清宁初，为国舅详稳、西北路招讨使，私取官粟三百斛，及代，留畜产，令主者鬻之以偿。后族弟胡睹到部发其事，帝怒，决以大杖，免官。[③]

（3）政事失误

辽朝朝野百官，种类繁多，各成系统。官员们在不同的职位上，各负其责，从事着自己的本职工作。如果某官员在工作中不慎出错，造成行政事故，那么等待他的必然是职阶的左迁或罢黜。如兴宗朝的耶律合里只：

重熙中，累迁西南面招讨都监。充宋国生辰使，馆于白沟驿。宋宴劳，优者嘲萧惠河西之败。合里只曰："胜负兵家常事。我嗣圣皇帝俘石重贵，至今兴中有石家寨。惠之一败，何足较哉？"宋人惭服。帝闻之曰："优伶失辞，何可伤两国交好！"鞭二百，免官。[④]

又如圣宗朝的枢密院知部署院事萧朴，辽圣宗开泰年间"以酒废事，出为兴国军节度使"[⑤]。兴宗朝的南院枢密副使杨绩（晳），"与杜防、韩知白等擅给进士堂帖，

① 脱脱等：《辽史》卷九八《萧兀纳传》，北京：中华书局1974年版，第1414页。
② 脱脱等：《辽史》卷八二《涤鲁传》，北京：中华书局1974年版，第1291页。
③ 脱脱等：《辽史》卷九一《萧术哲传》，北京：中华书局1974年版，第1363页。
④ 脱脱等：《辽史》卷八六《耶律合里只传》，北京：中华书局1974年版，第1327页。
⑤ 脱脱等：《辽史》卷八〇《萧朴传》，北京：中华书局1974年版，第1281页。

降长宁军节度使，徙知涿州”[①]。

（4）战事失利

与荣立军功相反，若统军将领在与敌交战中因指挥不力而败北，那么他就很可能被降职左迁。如圣宗朝的西南面招讨使萧排押：

（开泰）七年，再伐高丽，至开京，敌奔溃，纵兵俘掠而还。渡茶、陀二河，敌夹射，排押委甲仗走，坐是免官。[②]

东京留守、启圣竭力功臣萧恒德：

从都部署和朔奴讨兀惹，未战，兀惹请降。恒德利其俘获，不许。兀惹死战，城不能拔。和朔奴议欲引退，恒德曰："以彼倔强，吾奉诏来讨，无功而还，诸部谓我何！若深入多获，犹胜徒返。"和朔奴不得已，进击东南诸部，至高丽北鄙。比还，道远粮绝，士马死伤者众，坐是削功臣号。[③]

（5）其他原因

有些官员的职阶在不次迁转中被降黜，应是依从各种规章制度的必然结果。比如，为了孝养年迈双亲，官员可以申请迁转至父母所居地任职，即便是由朝官出任地方也应心甘情愿。如道宗朝的南面林牙耶律庆嗣："会于越（庆嗣父仁先）镇守燕京，公（庆嗣）志求觐养，遂移领易州。"[④]

辽朝有任官避亲之规则，所以每遇此，需要回避者的职阶必定被左迁低授。如道宗朝的枢密院副使王言敷之子王冲任枢密院吏房承旨：

季叔当国，时议曰抵法。上闻之，诏以从卑改授，乃降起居郎、榆州刺史。八年，季叔薨，其年冬诏为堂后官，复其旧秩。[⑤]

---

① 脱脱等：《辽史》卷九七《杨绩传》，北京：中华书局1974年版，第1410页。

② 脱脱等：《辽史》卷八八《萧排押传》，北京：中华书局1974年版，第1342页。

③ 脱脱等：《辽史》卷八八《萧恒德传》，北京：中华书局1974年版，第1342页。

④ 大安十年（1094）《耶律庆嗣墓志》//向南：《辽代石刻文编》，石家庄：河北教育出版社1995年版，第457页。

⑤ 天庆十年（1120）《杜悆墓志》//向南、张国庆、李宇峰辑注：《辽代石刻文续编》，沈阳：辽宁人民出版社2010年版，第305页。

四、余论：官员职阶不次迁转之利弊

辽朝官员职阶的非按秩不次迁转，其后果则有利、弊两个方面：

其一，不待秩满，非叙年劳，依据廉察结果，看重品德功绩，皇帝钦点，枢密、宰相推荐，越资晋升，即时迁转，弥补了考绩徇资迁转之不足，的确能使很多优秀人才得到破格提拔，被及时安排到重要岗位上来，使其才能得到更好的发挥，这对巩固封建政权，发展与繁荣社会经济与文化，都将大有益处；同时，对那些混入官僚队伍的庸碌无能之辈，对那些不思进取、毫无政绩的守成官员，对那些贪得无厌、鱼肉百姓的贪官污吏，不待秩满，一经廉察发现，随时降黜，也能使贪腐苗头被及早遏止，官场风气得到及时净化，对畅行佳风良俗，亦能起到积极的推动作用。金朝大定十一年（1171）八月，金世宗完颜雍就官员的廉察与迁升之关系对宰臣说的话颇具代表性，亦与辽事相合。他说：

> 随朝之官，自谓历一考则当得某职，两考则当得某职。第务因循，碌碌而已。自今以外路官与内除者，察其公勤则升用之，但苟简于事，不须任满，便以本品出之。赏罚不明，岂能劝勉！[①]

其二，非按秩，不叙年劳，职阶即时迁转，也可能为那些善于投机钻营、阿谀逢迎之徒，为那些有背景、找靠山之人开了绿灯。如果那些手握推荐官员迁转大权的朝廷高官不是唯才是举，而是任人唯亲，选任、荐举官员全凭个人爱憎，那就会造成对官员举荐迁升或降黜罢免的不当，或致庸碌贪腐者陟，或使忠直廉能者黜，其后果即是国家吏治的败坏。辽道宗耶律洪基在位期间就曾有过与之类似、近似儿戏、颇遭后世史家诟病的拔举官员之奇法。《辽史·耶律俨传》云：

> 帝（道宗）晚年倦勤，用人不能自择，令各掷骰子，以采胜者官之。（耶律）俨尝得胜采，上曰："上相之征也。"迁知枢密院事，赐经邦佐运功臣，封越国公。[②]

① 脱脱等：《金史》卷六《世宗纪上》，北京：中华书局 1975 年版，第 149 页。

② 脱脱等：《辽史》卷九八《耶律俨传》，北京：中华书局 1974 年版，第 1416 页。

辽朝后期，受唐宋制度的影响，职官制度建设已渐趋完善。但不可否认的是，当时的职官选任受人为因素的影响还是非常明显的。笔者以为，制度的完善是一方面，而保证制度的正常贯彻和执行则更为重要。

第三节　辽朝官员的丁忧与起复

丁忧，亦称“丁艰”“守制”，是古人遭父母之丧的通称。古时父母死后，子女按礼需居丧三年，其间不行婚嫁之事，不预吉庆之典，任官者必须离职回乡。《尔雅·释诂》：“丁，当也。”《尚书·说命上》：“忧，居丧也。”

古人居丧丁忧，也是遵循和践行儒家孝道理念的一个重要侧面。儒家家庭伦理要求子女对父母必须尽孝，生则赡养，死则祭祀。正如《孝经》所云：“人之行，莫大于孝。”“孝，德之本也。”

出土辽代石刻文字资料和文献史料均反映，辽朝官员遭逢父母之丧时，亦有去官丁忧之举。同时，契丹皇帝为维护统治之需，亦常常诏令丁忧官员夺情起复。考察辽朝官员的丁忧与起复，对深入研究辽朝丧葬礼制大有裨益。此前，辽史学界对这一论题鲜有关注，仅见曲守成先生《辽代守制考论》[①]一文。曲文于此论题虽有开拓之功，但也存在一些不足：一是援引史料不够全面，特别是作者没有看到近年出土的辽代石刻文字资料；二是所论内容也不够全面，其重点是在丁忧守制，与之相关的夺情起复问题则论之较少。

一、百行孝为先：各族官员的居丧丁忧

检索出土辽代石刻文字资料和文献史料，从辽太祖耶律阿保机建国到辽世宗耶律阮执政期间的辽朝前期，辽人似乎还没有丁忧的概念和实践。有学者认为，此间官员丁父母忧，请几天假，回家治丧，不仅汉族官员中有，而且契丹族官员中也有，但请

---

① 曲守成：《辽代守制考论》，《学习与探索》1998 年第 6 期。

假长达三年，三年中履行条文繁缛的种种规定，并成为必须遵守的制度，却不见记载，至少在现有的史料中没有见到。[①]前者，言官员请数日假回家治丧，有一定道理，但其仅仅是按常理推断和揣测，并没有史料为佐证。笔者检索出土辽代石刻文字资料发现，辽朝官员家有丧事，应有一定时日的丧假，当为皇帝特批；如若不够，还可奏请续之。如辽道宗大安九年（1093）的《萧公妻耶律氏墓志》即记载了道宗朝萧公妻子病逝后，道宗皇帝特批萧公丧假，以及萧公奔丧并续假获准之事：

> 皇辽大安九年，岁在作噩，秋八月十日，夫人始感疾于途次。遍命医祷，术尽无验。越九月一日，奄终于居例山之阳，享年三十有六。时萧公方从□翠华，远畋黑岭。适有报德宫爽裕，因以闻，颇悯怜之，诏公驰视。至则已不逮矣。公悼亡抚稚，悲不自胜。及殓，遣长子麽撒里躬护灵榇，先往香台山依先茔择便地，殡止。公以职近假满，旋赴行卫，昼待夜直，不遑宁处。复念人伦之重，莫若伉丽。世路之隔，俯期窀穸。遂奏请往，就视葬所。诏下俞允。[②]

后者，言这一时期官员还没有践行如中原礼制中那样的三年丁忧之制，亦或是事实，因为从《辽史》等文献中确能找到些“反证”的蛛丝马迹。比如辽太宗天显十二年（937）夏，已降契丹的原后唐卢龙军节度使、北平王赵德钧病逝，赵德钧的长子赵延寿并没有按中原礼制为父丁忧，而是很快被辽太宗耶律德光任命为幽州节度使，赴任去了。《辽史·赵延寿传》即载：“明年，德钧卒，以延寿为幽州节度使，封燕王，及改幽州为南京，迁留守，总山南事。”[③]此外，辽穆宗应历八年（958）的《赵德钧妻种氏墓志》，先见“良人（赵德钧）奄逝”，紧接着便是“令嗣（赵延寿）克兴”[④]，推测赵延寿应该没有为父丁忧。

第二个“反证”之例是太宗朝的北院大王耶律图鲁窘。耶律图鲁窘的父亲耶律敌鲁古战死后，耶律图鲁窘亦没有为父丁忧，而是马上袭父之官爵走马上任了。《辽史·耶

① 曲守成：《辽代守制考论》，《学习与探索》1998年第6期。
② 向南、张国庆、李宇峰辑注：《辽代石刻文续编》，沈阳：辽宁人民出版社2010年版，第220页。
③ 脱脱等：《辽史》卷七六《赵延寿传》，北京：中华书局1974年版，第1247页。
④ 向南：《辽代石刻文编》，石家庄：河北教育出版社1995年版，第22页。

律图鲁窘传》载：

> 太宗立晋之役，其父敌鲁古为五院夷离堇，殁于兵，帝即以其职授图鲁窘。会同元年，改北院大王。[①]

第三个例子是穆宗朝的辽兴军节度使韩德枢。从《辽史·韩延徽传》及同书《韩德枢传》中，均未见韩德枢的父亲、南府宰相韩延徽死后，韩德枢为父丁忧的记载。这样的例子在辽朝前期还有不少，这说明在契丹建国前期，辽人（汉人和契丹人等）还没有接受和实行为父母丁忧这一制度。曲守成先生认为其原因有二：

一是辽朝初年的汉官大部分为俘虏或扣留不遣的中原人，他们大都只身在辽，父母均在中原，天各一方，信息不灵，交通不便，即便父母亡故，也无法回乡丁忧尽孝。

二是契丹起于北方草原，制度简朴，虽有孝道，但重实质而轻仪式，况且政权草创，征伐不断，带有多种礼仪的儒家文化深入各领域并非一朝一夕就能完成，丁忧制度亦不例外，需要一个适应和完善的过程。[②]

曲先生所言第二条原因应该是正确的，但第一条便有些牵强。因父母不在身边，不方便回乡丁忧的个别现象或许是存在的，但并非全部。以上所举赵延寿、耶律图鲁窘和韩德枢三个没见丁忧的事例，都不是与父母隔断天涯、不在一地的原因。笔者以为，其主要原因还是在辽朝前期，包括丁忧制度在内的中原儒家文化在契丹辽地的传播与普及程度还不够深透，人们对其接受还需要一个较长的过程，不可能一蹴而就。

根据史料记载，辽朝汉族官员的丁忧活动大约始于穆宗朝。自辽太宗耶律德光援立、平灭石晋，占得燕云十六州之地后，中原的汉族农耕文明便大量涌入塞北草原。至世宗朝，辽国南北面官建制完成，“因俗而治”国策得以完善之后，包括丁忧制度在内的儒家文化也在契丹辽地开始传播。特别是在实行“汉制”的辽地汉人聚集区内，汉官们重新沿袭中原汉唐丧葬礼制，逐渐执行父母去世、三年居丧的丁忧制度。这已被出土辽代石刻文字资料及文献史料所验证。

---

① 脱脱等：《辽史》卷七五《耶律图鲁窘传》，北京：中华书局 1974 年版，第 1242 页。

② 曲守成：《辽代守制考论》，《学习与探索》1998 年第 6 期。

仍以赵德钧家族为例。前述太宗朝赵德钧去世后，作为长子（养子）的赵延寿似乎没有为父丁忧，而是马上接受了太宗皇帝授予的官爵，迅速服务于契丹王朝。而到了辽穆宗统治的应历八年（958），赵德钧的妻子种氏去世后，她与赵德钧所生次子赵延密，便已有了为亡母丁忧的行为，尽管没有坚持到三年终制。据应历八年（958）的《赵德钧妻种氏墓志》记载：

有子三人，次曰延密，河阳军节度使，起复云麾将军、左金吾卫将军、同正太尉。资宗许国，秉训承家，侍疾尤深，居丧哀毁。念寒泉而增恸，痛幽陇以长扃[①]。

因古时起复与丁忧是紧密关联的，所以此有起复，前必有丁忧。也就是说，身为河阳军节度使的赵延密曾为其母种氏丁忧，但未及三年终制即被穆宗皇帝夺情而起复任职（关于夺情起复，后将详述，此不赘言）。穆宗朝为父丁忧的汉官还有翰林学士刘景。据《辽史・刘景传》载：

景资端厚，好学能文。燕王赵延寿辟为幽都府文学。应历初，迁右拾遗、知制诰，为翰林学士。九年，周人侵燕，留守萧思温上急变，帝欲俟秋出师，景谏曰："河北三关已陷于敌，今复侵燕，安可坐视！"上不听。会父忧，去未几，起复旧职。[②]

笔者检索出土辽代石刻文字资料和文献史料得知，景宗朝为父母丁忧的汉族官员有三位。比如耿绍基。辽景宗保宁二年（970）的《耿崇美墓志》载，耿崇美去世，身为长子、官居太后宫通事的耿绍基，"悲结匪莪，恸兴陟岵。寝苫枕块，无以尽其哀诚；泣血绝浆，殆欲至于灭性。皇太后辍以近臣之假，令终孝子之情"[③]。"寝苫枕块"，出自《仪礼・既夕礼》："居倚庐，寝苫枕块。"指睡在草荐上，头枕着土块，是为古时宗法所规定的孝子居父母之丧的礼节之一。墓志中虽然未见"丁忧"字样，但实际反映的就是耿绍基为父丁忧、最终又被皇太后夺情，起复为太后宫通事旧职之史实。

比如韩德威。辽圣宗统和十五年（997）的《韩德威墓志》载：辽景宗乾亨四

---

① 向南：《辽代石刻文编》，石家庄：河北教育出版社 1995 年版，第 22 页。
② 脱脱等：《辽史》卷八六《刘景传》，北京：中华书局 1974 年版，第 1322 页。
③ 向南、张国庆、李宇峰辑注：《辽代石刻文续编》，沈阳：辽宁人民出版社 2010 年版，第 14 页。

年（982），宣徽北院使、彰武军节度使韩德威“丁秦王（韩匡嗣）之忧，礼极无容，悲深永诀。绝曾子之浆，泣高柴之血”[①]。“曾子绝浆”和“高柴泣血”都是古人丁忧尽孝的典型事例。曾子是孔子的弟子，性情沉静，举止稳重，为人谨慎，待人谦恭，以孝著称，齐国欲聘之为卿，他因在家孝敬父母，辞而不就。高柴字子皋，亦在孔子门下受业。《礼记·檀弓上》：“高子皋之执亲之丧也，泣血三年，未尝见齿。君子以为难。”

比如韩德凝（耶律隆祐）。统和二十九年（1011）的《耶律隆祐墓志》载：韩匡嗣死后，他的第七子、右神武大将军韩德凝（耶律隆祐）“丁考之忧，孝符曾子，五内绝浆；痛甚高柴，双眸泣血”[②]。

至圣宗、兴宗、道宗和天祚帝统治的辽朝中后期，受中原汉儒礼制文化影响进一步加深，丁忧制度逐渐健全，因而，汉官中丁忧之人数也比此前大大增加（见下表）。

辽朝中后期汉族官员丁忧情况表

时段	汉官姓名	丁忧对象	丁忧状况	史料来源	备注
圣宗朝	韩椅	不详	辽兴宗重熙六年（1037）的《韩椅墓志》载：“统和二十三年，运契戢囊，时丁归放。”	向南：《辽代石刻文编》，石家庄：河北教育出版社1995年版，第204、205页。	
圣宗朝	韩德威	丁母忧	辽圣宗统和十五年（997）的《韩德威墓志》载：统和“十一年，（韩德威）丁秦国太夫人之忧”。	向南、张国庆、李宇峰辑注：《辽代石刻文续编》，沈阳：辽宁人民出版社2010年版，第35页。	秦国太夫人即韩匡嗣之妻，韩德威之母。

① 向南、张国庆、李宇峰辑注：《辽代石刻文续编》，沈阳：辽宁人民出版社2010年版，第35页。
② 同上，第51页。

续表

时段	汉官姓名	丁忧对象	丁忧状况	史料来源	备注
圣宗朝	丁求谨	丁父忧	辽道宗清宁三年（1057）的《丁求谨墓志》载："先令公赏叹者数四，以五兄在上，难诣公车，故抑而未仕。翌日，励志惟精，愈勤坟素。无何，丁先令公忧，嵴毁骨立，哀悼不已。比终祥禫，志奉蒸尝，于统和中，以公良家之子，奏授银青崇禄大夫，行秦国王府校尉，兼监察御史、武骑尉。"	向南、张国庆、李宇峰辑注：《辽代石刻文续编》，沈阳：辽宁人民出版社2010年版，第110页。（参见本书附录图版九）	丁求谨是丁忧三年期满"释服"后入仕为官的，由此向前推之，他为父丁忧的时间大约是在统和十年（992）前后。
圣宗朝	王元则	丁父忧	辽圣宗统和二十六年（1008）的《王说墓志》载：户部使王说病逝于统和二十五年（1007）七月三日，王说"生八子，长（子）元则，新妇常氏，将授□命，俄丁父忧"。	向南：《辽代石刻文编》，石家庄：河北教育出版社1995年版，第133页。	
圣宗朝	张俭	丁父忧	辽兴宗重熙二十二年（1053）的《张俭墓志》载：辽圣宗统和二十七年（1009），张俭之父、太子太傅张雍去世，身为范阳县令的张俭"丁先太傅忧，七日绝浆，三年泣血"。	向南：《辽代石刻文编》，石家庄：河北教育出版社1995年版，第266页。	
圣宗朝	邢抱朴	丁母忧	《辽史·圣宗纪》载：辽圣宗统和十三年（995）"夏四月己卯，参知政事邢抱朴以母忧去官"。	《辽史》卷一三《圣宗纪四》，北京：中华书局1974年版，第146页。	
圣宗朝	韩德让	丁母忧	《辽史·耶律隆运传》载："耶律隆运，本姓韩，名德让，西南面招讨使匡嗣之子也。……（统和）十一年，丁母忧。"	《辽史》卷八二《耶律隆运传》，北京：中华书局1974年版，第1289、1290页。	
兴宗朝	王泽	丁母忧	辽兴宗重熙二十二年（1053）的《王泽墓志》载：重熙中，知详复院事王泽"方膺朝奖，俄遘家艰，丁母忧。公之先母李氏，盛年蚤逝。继亲仇氏，慕崇觉行，落发为尼。公伏腊给供，既丰且腆。痛其沦谢，哀至乎恸"。	向南：《辽代石刻文编》，石家庄：河北教育出版社1995年版，第260、261页。	王泽能为没有血缘关系的继母丁忧，说明这一时期辽国汉人中的丁忧制度已日臻完善。

续表

时段	汉官姓名	丁忧对象	丁忧状况	史料来源	备注
兴宗朝	杨佶	丁母忧	《辽史·杨佶传》载："重熙元年，升翰林学士承旨。丁母忧。"	《辽史》卷八九《杨佶传》，北京：中华书局1974年版，第1353页。	
兴宗朝	刘伸	丁父忧	《辽史·刘伸传》载：重熙年间，"以父忧"。	《辽史》卷九八《刘伸传》，北京：中华书局1974年版，第1416页。	
道宗朝	贾师训	丁母忧	辽道宗寿昌三年（1097）的《贾师训墓志》载：道宗朝初年，恩州军事判官贾师训"丁太夫人忧"。	向南：《辽代石刻文编》，石家庄：河北教育出版社1995年版，第477页。	
道宗朝	邓中举	丁父忧	寿昌四年（1098）的《邓中举墓志》载："洎大安六年，特授宣权盐铁使。未周岁，俄钟荼蓼，丁父忧。"	向南：《辽代石刻文编》，石家庄：河北教育出版社1995年版，第489页。	
道宗朝	梁援	丁母忧	天祚帝乾统元年（1101）的《梁援墓志》载：辽道宗大安"三年，丁齐国太夫人忧，哀毁去职"。	向南：《辽代石刻文编》，石家庄：河北教育出版社1995年版，第521页。	
道宗朝	姚景行	不详	《辽史·姚景行传》载：辽道宗咸雍年间，姚景行"致仕，不逾月复旧职。丁家艰"。	脱脱等：《辽史》卷九六《姚景行传》，北京：中华书局1974年版，第1403页。	
道宗朝	李俨	丁父忧	《辽史·耶律俨传》载："耶律俨，字若思，析津人。本姓李氏。（大康七年）丁父忧。"	脱脱等：《辽史》卷九八《耶律俨传》，北京：中华书局1974年版，第1415页。	
道宗朝	李君裕	不详	天祚帝乾统元年（1101）的《梁援墓志》载：乾统元年（1101）八月五日，中书侍郎梁援病逝，天祚帝差遣的敕葬使李君裕职衔即为"起复朝请大夫、守司农少卿、知迁州军州事、骑都尉"。	向南：《辽代石刻文编》，石家庄：河北教育出版社1995年版，第519页。	李君裕起复为官，说明其于道宗朝后期曾为父（或母）亲丁忧。
道宗朝	宁鉴	丁母忧	乾统十年（1110）的《宁鉴墓志》载：道宗末年，宁鉴"丁太君忧"。	向南：《辽代石刻文编》，石家庄：河北教育出版社1995年版，第607页。	

续表

时段	汉官姓名	丁忧对象	丁忧状况	史料来源	备注
道宗朝	孟初	丁母忧	天祚帝天庆七年（1117）的《孟初墓志》载：道宗大安末，“丁母忧”。	向南、张国庆、李宇峰辑注：《辽代石刻文续编》，沈阳：辽宁人民出版社2010年版，第297页。（参见本书附录图版二）	
道宗朝	杜悆	丁母忧	天祚帝天庆十年（1120）的《杜悆墓志》载：辽道宗寿昌“三年六月，擢为枢密副都承旨，加太常少卿。是月，丁太夫人忧”。	向南、张国庆、李宇峰辑注：《辽代石刻文续编》，沈阳：辽宁人民出版社2010年版，第305页。（参见本书附录图版五）	
天祚帝朝	姚球、姚琭与姚玢	丁母忧	天祚帝天庆七年（1117）的《姚琭墓志》载：“公（姚琭）有昆弟二人：兄长讳球，起复西上阁门使、陇州团练使。……弟曰玢，起复登州刺史、知东上阁门副使。……公因服母丧，哀悼日久，灾疾寖至，于天庆七年夏四月二日不厌而卒，享年四十四。”	向南：《辽代石刻文编》，石家庄：河北教育出版社1995年版，第665页。	姚球、姚玢“起复”为官，姚琭“服母丧”，可见，姚氏三兄弟应是同时为母丁忧，只是姚琭因哀伤过度，不幸于丁忧期间病故。

辽朝契丹族官员（非汉族）也有为父母丁忧者，据史料反映，应始于兴宗统治时期，但人数却很少，笔者检索相关文献，仅见四人。比如穆宗朝的女里。《辽史·女里传》载：

> 女里，字涅烈衮，逸其氏族，补积庆宫人。应历初，为习马小底，以母忧去。一日，至雅伯山，见一巨人，惶惧走。巨人止之曰：“勿惧，我地祇也。葬尔母于斯，当速诣阙，必贵。”女里从之，累迁马群侍中。[①]

比如兴宗朝的萧孝友。《辽史·萧孝友传》载：兴宗重熙年间，萧孝友“丁母忧”[②]。

---

① 脱脱等：《辽史》卷七九《女里传》，北京：中华书局1974年版，第1273页。
② 脱脱等：《辽史》卷八七《萧孝友传》，北京：中华书局1974年版，第1334页。

比如道宗朝的萧乌野（推测）。《辽史·萧乌野传》载：

萧乌野，字草隐。……性孝悌，尚礼法，雅为乡党所称。……寻以母老，归养于家。母亡（丁忧），尤极哀毁。[①]

比如道宗朝的萧余里也。《辽史·萧余里也传》载：

帝出乙辛知南院大王事，坐与乙辛党，以天平军节度使归第。寻拜西北路招讨使。以母忧去官，卒。[②]

二、忠孝难两全：丁忧官员被夺情起复

古制丁忧时间为三年。也就是说，官员回乡为父母丁忧，要离职三年。辽朝规制亦不例外。如辽道宗大安十年（1094）的《耶律智先墓志》即记载墓主人耶律智先曾因父母丧而丁忧三年："及宰相别胥薨，庐于坟侧，三载骨立。"[③]

辽朝官员三年丁忧期满，称为"终制"或"服阕"。随之即是离乡官复原职或履就新职。但检索出土辽代石刻文字资料和文献史料，辽朝官员丁忧真正达到三年期满者却寥寥无几，仅见数例而已。如张俭。辽兴宗重熙二十二年（1053）的《张俭墓志》载：张俭丁父忧，"服阕之翌日，授礼部郎中、知制诰、直枢密院，加赐金紫、柱国，特封开国男，食赋三百室。"[④]阕，原指祭祀结束而闭门，后引申为"终了""完结"，特指丁忧期满。

比如刘伸。《辽史·刘伸传》载：刘伸"以父忧，终制，为三司副使，加谏议大夫，提点大理寺"[⑤]。

比如萧乌野。《辽史·萧乌野传》载：萧乌野丁母忧，"服阕，历官兴圣、延庆二宫使"[⑥]。

---

① 脱脱等：《辽史》卷九二《萧乌野传》，北京：中华书局1974年版，第1370页。
② 脱脱等：《辽史》卷一一一《奸臣下·萧余里也传》，北京：中华书局1974年版，第1492页。
③ 向南、张国庆、李宇峰辑注：《辽代石刻文续编》，沈阳：辽宁人民出版社2010年版，第222页。
④ 向南：《辽代石刻文编》，石家庄：河北教育出版社1995年版，第266页。
⑤ 脱脱等：《辽史》卷九八《刘伸传》，北京：中华书局1974年版，第1416页。
⑥ 脱脱等：《辽史》卷九二《萧乌野传》，北京：中华书局1974年版，第1370页。

有辽一代，大多数官员都未能守满三年制期，而是半途终止丁忧，被皇帝诏令夺情起复，官复原职或履新职，重新服务于朝廷。终止丁忧是为夺情，授官履职称为“起复”。忠与孝共同构成了儒家文化的核心内容之一。忠与孝分别对应的是君主和父母。儒家要求为人臣者要忠，为人子者要孝，但有时二者却不能同时兼顾，而忠君者事大，所以孝亲就必须让位于忠君。“移孝资忠”[①]的事例在辽代有很多。

比如王泽。辽兴宗重熙二十二年（1053）的《王泽墓志》载：王泽丁母忧，“齐縗被体，金革夺情，起复前职”[②]。

比如邓中举。辽道宗寿昌四年（1098）的《邓中举墓志》载：邓中举“丁父忧。方卒哭，命起复旧职。服阕，加直学士，知盐铁使，凡出纳供拟必济”[③]。这就是说，皇帝诏令邓中举夺情起复应该是在父亡百日祭后。

比如梁援。天祚帝乾统元年（1101）的《梁援墓志》载：梁援丁母忧，辽道宗大安四年（1088）（志石刻为“十年”有误），“起复兴中尹。百里内野蚕成茧，驰驿以进，诏充御服绵续及贯念珠以赐诸沙门。五年，起复诸行宫都部署”[④]。由此亦知，辽朝官员丁忧期间被夺情起复，并非都是官复原职，而是按朝廷需要而酌定，并且丁忧期间可被多次起复。墓志所记梁援两次起复之官职，均非其原职。

比如宁鉴。天祚帝乾统十年（1110）的《宁鉴墓志》载：宁鉴丁母忧，“寻起复，加尚书户部郎中”[⑤]。

朝廷军政的特殊需要应是辽朝丁忧官员被夺情起复的主要原因。如韩德威。辽圣宗统和十五年（997）的《韩德威墓志》载：韩德威先丁父忧，“皇家以得人为急，公议以从权为当，节哀顺变，特示夺情，移孝资忠，俾令摄事，授起复云麾将军，依前充职。公以成命载降，固辞不获”。后又丁母忧，“朝廷闻之，以戎事方殷，阃寄尤重。稽旧史，考彝章，本鲁侯夺礼之规，行晋子墨縗之制，乘传遣使，出綍宣恩，授起复

① 向南、张国庆、李宇峰辑注：《辽代石刻文续编》，沈阳：辽宁人民出版社 2010 年版，第 35 页。
② 向南：《辽代石刻文编》，石家庄：河北教育出版社 1995 年版，第 261 页。
③ 同上，第 489 页。
④ 同上，第 521 页。
⑤ 同上，第 607 页。

冠军大将军、右金吾卫上将军”[①]。

《韩德威墓志》反映了辽朝官员丁忧期间被夺情起复的一些规制：一是根据朝廷当下军政情势需要而决定是否夺情起复。韩德威两次被夺情起复，均是由当时辽宋战事对重要将领的特殊需要所致。二是忠、孝不能两全时，忠必重于孝，孝必须为忠让路，所谓“移孝资忠”是也。三是夺情起复有典可依。四是朝廷遣专使（起复使）向丁忧官员宣达皇帝起复之诏命。

再如韩德凝（耶律隆祐）。辽圣宗统和二十九年（1011）的《耶律隆祐墓志》载：韩德凝（耶律隆祐）丁父忧，“我国家公行大义，恩示夺情，盖籍崇班，难从远制，寻起复云麾将军，余如故。陟岵之哀既往，自天之命俄临”[②]。

至辽末，就官员丁忧与起复之相关问题，朝廷还出台了一些新规，使该制度更趋完善和具有可操作性。如天祚帝天庆七年（1117）的《孟初墓志》即载：孟初丁母忧，“差中京银绢库都监。寿昌元年，起复史馆修撰，迁司勋郎中、□□左司郎中”[③]。

孟初于夺情起复之前，“差中京银绢库都监”，表明辽末官员丁忧期间可被临时“差遣使职”盖不属于起复之列。

再如杜悆。天祚帝天庆十年（1120）的《杜悆墓志》载：杜悆丁母忧，“寻诏起复，官职之格，未及品者不听奏闻，特授异恩，尤为荣事”[④]。由此亦知，辽末官员丁忧期间的夺情起复，似乎还与官员的品级挂上了钩。

在辽朝，有些被夺情起复的官员并不情愿终止为父母丁忧尽孝，当起复的诏命到达后，他们可能会向朝廷提出申请，要求继续丁忧，但最终往往得不到皇帝的准许（“固辞不获”），到头来还得听命于朝廷，乖乖复职赴任。如邢抱朴。《辽史·邢抱朴传》载：邢抱朴丁母忧，“诏起视事。表乞终制，不从；宰相密谕上意，乃视事。人以孝称”[⑤]。

---

① 向南、张国庆、李宇峰辑注：《辽代石刻文续编》，沈阳：辽宁人民出版社2010年版，第35页。
② 同上，第51页。（参见本书附录图版一〇）
③ 同上，第297页。（参见本书附录图版二）
④ 同上，第305页。（参见本书附录图版五）
⑤ 脱脱等：《辽史》卷八〇《邢抱朴传》，北京：中华书局1974年版，第1279页。

如果丁忧官员极不愿意被夺情起复，朝廷只能强令其接受。如韩德让（耶律隆运）和韩德威。《辽史·耶律隆运传》载：韩德让（耶律隆运）丁母忧，“诏强起之。明年，室昉致政，以隆运代为北府宰相，仍领枢密使，监修国史，赐兴化功臣”[①]。同书《韩德威传》亦载：韩德威丁父忧，“强起复职，权西南招讨使”[②]。

另据《辽史》“列传”记载，辽朝官员丁忧期间被夺情起复者还有刘景、萧孝友、杨佶、姚景行、李俨（耶律俨）等人。

三、藩属国王的丁忧与起复

高丽、西夏等曾为契丹辽国的藩属。和平年代，高丽及西夏国王的王位与官职等均要由契丹皇帝遣使册封，所以每当两国老国王薨逝时，新任国王也要按礼居丧丁忧，但国中不可一日无王，因而，每至于此，契丹辽国均要差遣起复使至高丽或西夏，诏告新国王恢复王位与相应官职，继续治理国家。

先说高丽。据《高丽史》卷一〇《世家·献宗》载：辽道宗大安十年（1094）五月，高丽国王（宣宗）王运薨逝，其子王昱即位，是为献宗。按礼，新国王王昱要为已故国王王运丁忧三年，即所谓“凷苫在制”。鉴此，契丹辽国政府便及时差遣起复使至高丽，诏谕王昱起复，继续履行国王的职责。于是，辽道宗大安十年（1094）“十二月，辽……起复使郭人文等来”。“丙戌，起复使传诏于乾德殿。诏曰：王适遘家艰，爰膺世嗣，凷苫在制……今左崇禄卿郭人文往彼赐卿起复……可起复骠骑大将军、检校太尉、兼中书令、上柱国、高丽国王，食邑七千户，食实封七百户，仍令所司，择日备礼册命主者施行。”

一般来说，契丹辽国遣使诏告高丽国王起复后，还要再遣一使落起复。如《高丽史》卷一二《世家·睿宗一》载：天祚帝乾统五年（1105）十月，高丽国王王颙（肃宗）薨逝，其子王俣继承王位，是为睿宗。天祚帝乾统六年（1106）正月丙午，辽“遣

① 脱脱等：《辽史》卷八二《耶律隆运传》，北京：中华书局1974年版，第1290页。
② 脱脱等：《辽史》卷八二《韩德威传》，北京：中华书局1974年版，第1291页。

刘鼎臣命王起复”。天祚帝乾统八年（1108）“二月辛丑，辽遣崇禄卿张掞来命王落起复”。

高丽国王不仅要为父王丁忧，而且其母王太后薨逝，他也要依礼守制，因此，同样涉及起复问题。每至此，契丹辽国也要差遣起复使至高丽，诏告高丽国王起复及落起复。如《高丽史》卷一三《世家·睿宗二》载：天祚帝天庆二年（1112）“七月己巳，（高丽）王太后柳氏薨于信朴寺”。天祚帝天庆三年（1113）正月“戊寅，辽遣崇禄卿杨举直来命王起复”。天祚帝天庆四年（1114）十二月“乙巳，辽遣王僦来命王落起复”。

再说西夏。《辽史》等文献对西夏国王或王太后薨逝后，辽国契丹皇帝遣使至西夏，命在位丁忧国王起复的记载缺漏比较严重，目前笔者仅检索到一例两条。《辽史·圣宗纪》载：辽圣宗统和二十五年（1007）“秋七月壬申，西平王李德昭母薨，遣使吊祭。甲戌，遣使起复”[①]。《辽史·二国外记·西夏》亦载：辽圣宗统和“二十五年，德昭母薨，遣使吊祭，起复”[②]。

综上可知，辽朝官员为父母丁忧，并非一以贯之。穆宗朝之前，丁忧守制还没有在契丹辽地开始实行。穆宗朝之后，儒家文化影响加深，丁忧制度在辽地初始渐行。至辽朝中后期，汉族官员中为父母丁忧者日渐增多。但终辽一代，历史文献所见契丹族官员为亲人丁忧者却寥寥无几。也就是说，汉族官员和契丹族官员的丁忧之人数是有着很大差别的。由此，辽朝官员丁忧之制便呈现出了比较鲜明的阶段性和民族性特征。从某种意义上说，这便是辽朝“以汉制待汉人，以国制治契丹”的反映。

辽朝官员丁忧者多不能达到三年终制，夺情起复比较常见，似乎遭遇了孝亲与忠君对立之尴尬。其实不然，孝亲与忠君并不矛盾。儒家经典《孝经》即云：“身体发肤，受之父母，不敢毁伤，孝之始也；立身行道，扬名于后世，以显父母，孝之终也。夫孝，

① 脱脱等：《辽史》卷一四《圣宗纪五》，北京：中华书局 1974 年版，第 163 页。
② 脱脱等：《辽史》卷一一五《二国外记·西夏》，北京：中华书局 1974 年版，第 1525 页。

始于事亲，中于事君，终于立身。”

由此可见，儒家行孝的观念不仅仅局限于孝敬父母，孝敬父母只是行孝道的初始阶段，效忠君主才是行大孝的终极目的。相比较而言，孝亲只是“小孝”，忠君才是“大孝”，夺情起复仅是“小孝”让位于“大孝”而已。

有辽一代，历史文献少见、出土辽代石刻文字资料中未见契丹族官员为父母丁忧，表明构成中原儒家文化核心内容之一的孝道文化尚未完全被契丹人所接受。丁忧制度在契丹辽地的实施，重点还是在汉人群落；在契丹人中，除了契丹皇帝为了统治需要作些宣传外，只有汉化程度较深、对儒家礼制文化有特殊喜好的契丹族官员，才在一定程度上接纳并践行了丁忧制度。当然，辽朝契丹族官员中鲜见为父母丁忧者，亦不排除传世文献史料记载有缺漏等原因。

辽朝主要行于汉官之中的丁忧制度虽然没有如中原王朝那样健全和完善，但前引出土辽代石刻文字资料已证明，随着儒家文化影响的进一步加深，至辽朝末年，与丁忧、起复相关的制度已趋日臻完善和复杂化，诸如为没有血缘关系的继母丁忧，临时差遣使职不算正式官职起复，官品不达标者不在起复之列，不愿听命起复为官者可强令为之，等等。

此外，辽还将丁忧与起复制度行之于高丽与西夏，这既证明了二者之间的宗藩关系，也为我们研究契丹辽国与周邻政权的文化交流等，提供了新的视角与思路。

第四节　辽朝捺钵的随驾官

所谓“捺钵”，是形成并存在于公元10—12世纪契丹辽国的一种特殊制度。此后，金、元、清三朝均有不同程度的沿袭与承继。“捺钵”为契丹语，有“行在”“行营”或“行宫”之含义。《辽史·营卫志》记载：

> 辽国尽有大漠，浸包长城之境，因宜为治。秋冬违寒，春夏避暑，随水草就畋渔，岁以为常。四时各有行在之所，谓之“捺钵”。[1]

① 脱脱等：《辽史》卷三二《营卫志中》，北京：中华书局1974年版，第373页。

建立辽国的契丹人属中古时期北方草原游牧民族，其生产与生活方式以游牧和渔猎为主，“畜牧畋渔以食，皮毛以衣，转徙随时，车马为家”[①]，这是形成辽朝四时捺钵制度的基础和前提。有辽一代，契丹皇帝率领文武百官以及后妃、皇子等人，组成一个庞大的捺钵集团，一年四季，春、夏、秋、冬，到不同的地方驻帐，或避暑，或消寒，或渔猎，或习武，同时还与随行大臣议事理政。关于契丹皇帝四时捺钵之所在以及不同季节的捺钵的具体活动内容，《辽史·营卫志》亦有记载：

春捺钵：曰鸭子河泺。皇帝正月上旬起牙帐，约六十日方至。天鹅未至，卓帐冰上，凿冰取鱼。冰泮，乃纵鹰鹘捕鹅雁……弋猎网钩，春尽乃还。

夏捺钵：无常所，多在吐儿山……四月中旬起牙帐，卜吉地为纳凉所。五月末旬、六月上旬至。居五旬。与北南臣僚议国事，暇日游猎。七月中旬乃去。

秋捺钵：曰伏虎林。七月中旬自纳凉处起牙帐，入山射鹿及虎。

冬捺钵：曰广平淀……其地饶沙，冬月稍暖，牙帐多于此坐冬。与北南大臣议国事，时出校猎讲武，兼受南宋及诸国礼贡。[②]

近一个世纪以来，与契丹辽国四时捺钵制度相关的诸多问题，已有傅乐焕、姚从吾等史学大家以及后起诸学者的研究，成果已较斐然[③]。但其中也存在某些空白，比如关于捺钵扈从人员状况，关于保障契丹皇帝捺钵行政与生活的随驾人员情况，等等，都鲜有涉及。辽朝官员跟随契丹皇帝四时捺钵，文献史料仅见《辽史·营卫志》中一段简短叙述：

皇帝四时巡守，契丹大小内外臣僚并应役次人，及汉人宣徽院所管百司皆从。汉人枢密院、中书省唯摘宰相一员，枢密院都副承旨二员，令史十人，中书令史一人，御史台、大理寺选摘一人扈从。每岁正月上旬，车驾启行。宰相以下，还于中京居守，行遣汉人一切公事。除拜官僚，止行堂帖权差，俟会议行在所，取旨、出给诰敕。

① 脱脱等：《辽史》卷三二《营卫志中》，北京：中华书局1974年版，第373页。

② 同上，第373~375页。

③ 详见傅乐焕《辽史丛考》，北京：中华书局1984年版；姚从吾《东北史论丛》，台北：正中书局1959年版。

文官县令、录事以下更不奏闻，听中书铨选，武官须奏闻。五月，纳凉行在所，南北臣僚会议。十月，坐冬行在所，亦如之。①

20 世纪 80 年代后期，北京大学历史系杨若薇作《契丹王朝政治军事制度研究》②博士论文，其中第二篇第一章“行朝——辽代行政制度之特色”，即其利用传世文献史料，结合出土辽代石刻文字资料，对扈从契丹皇帝捺钵的辽朝中央各机构相关官员之情况，进行了初步探讨，从而弥补了前人关于辽朝四时捺钵制度研究中存在的一些缺陷，具有开拓之功。但杨文同样存在不足：对保障完成四时捺钵活动的随驾人员，基本没有涉及。这不能不说是一种遗憾。要支撑并保障一个庞大的四处游动的行朝捺钵集团中诸类人等行政事务和日常生活的顺利进行，负责安保侍卫、政务统筹及物资供应的随驾人员肯定不在少数，因为只有这些人职任明确，各尽其责，才会有辽朝四时捺钵制度存在和延续二百余年而不停辍的可能。

有关保障辽朝契丹皇帝四时捺钵活动的随驾官员之情况，《辽史》等文献史料鲜见记载。检索一部《辽史》，仅见寥寥几处“随驾”字样。如《辽史·道宗纪》：辽道宗咸雍三年（1067）“夏五月壬辰，驻跸纳葛泺。壬寅，赐随驾官诸工人马。”③

《辽史·礼志》：

都部署司、宫使、副宫使，都承以下令史，北面主事以下随驾诸司为武官。馆、阁、大理寺，堂后以下，御史台、随驾闲员、令史、司天台、翰林、医官院为文官。④

《辽史·仪卫志》：“玉印，太宗破晋北归，得于汴宫，藏随驾库。”⑤

《辽史·仪卫志》：“随驾诸司供奉官三十人。”⑥

但上述这几条史料中，均未见具体的随驾官员之名称。

值得欣慰的是，出土辽代石刻文字资料中保存了一些与契丹皇帝四时捺钵相关的

---

① 脱脱等：《辽史》卷三二《营卫志中》，北京：中华书局 1974 年版，第 375、376 页。
② 杨若薇：《契丹王朝政治军事制度研究》，北京：中国社会科学出版社 1991 年版。
③ 脱脱等：《辽史》卷二二《道宗纪二》，北京：中华书局 1974 年版，第 266 页。
④ 脱脱等：《辽史》卷五一《礼志四·宾仪·正座仪》，北京：中华书局 1974 年版，第 847 页。
⑤ 脱脱等：《辽史》卷五七《仪卫志三·符印》，北京：中华书局 1974 年版，第 914 页。
⑥ 脱脱等：《辽史》卷五八《仪卫志四·卤簿仪仗人数马匹》，北京：中华书局 1974 年版，第 921 页。

随驾官员的零散资料，钩沉并利用之，既可初步考察部分捺钵随驾官员的职任与作用，还能对杨若薇博士的研究成果予以补充和丰富。

一、军事安保类随驾官

契丹皇帝出行捺钵，无论是驻跸卓帐，还是山川渔猎，身边均少不了负责安保的禁卫军人，他们要随时随地保卫皇帝及其他扈从者的人身安全。关于皇帝捺钵行宫驻地的军事安保，《辽史·营卫志》有云：

> 冬捺钵……皇帝牙帐以枪为硬寨，用毛绳连系。每枪下黑毡伞一，以庇卫士风雪。枪外小毡帐一层，每帐五人，各执兵仗为禁围……宫用契丹兵四千人，每日轮番千人祗直。禁围外卓枪为寨，夜则拔枪移卓御寝帐。周围拒马，外设铺，传铃宿卫。[①]

关于捺钵猎场的军事安保，天祚帝乾统九年（1109）的《萧孝资墓志》记载了萧孝资曾数十年间亲率禁卫骑兵为两朝皇帝做捺钵狩猎安保之事：

> 自道宗至今上（天祚帝），凡岁时畋猎，必以公预其事。公即受职，必先阅其山川险易之利，而后阴以兵略部勒士骑，伺其缓急而纵敛之。故举无遗获，识者以为有良将之器。繇始至卒，其历从卫凡三十有四年矣。[②]

出土辽代石刻文字资料记载了《辽史·百官志》等史料文献漏载未记的某些捺钵军事安保类随驾职官之名称。

1. 随驾步军什将

捺钵随驾军事禁卫武职之一，见诸辽兴宗重熙十三年（1044）的《沈阳塔湾无垢净光舍利塔石函记》中：建塔邑人"随驾步军什将张继全。"[③]步军，又称"步兵"，辽主要兵种之一，因军士出征作战不乘战马和车辆而名之。辽步军主要由汉军组成，既属野战部队，亦为契丹皇帝捺钵随驾军事安保力量之一。什将，又作"十将"，辽承仿唐宋之制而设。如唐有十将。《资治通鉴》卷二五四《唐纪七十》记载：唐僖宗

---

① 脱脱等：《辽史》卷三二《营卫志中》，北京：中华书局1974年版，第375页。

② 向南、张国庆、李宇峰辑注：《辽代石刻文续编》，沈阳：辽宁人民出版社2010年版，第266页。

③ 同上，第354页。

中和元年（881）九月，“昭义十将成麟杀高浔，引兵还据潞州”。五代后唐亦设十将。《新五代史·明宗纪》记载：长兴元年（930）八月，“壬寅，杀捧圣督军使李行德、十将张俭，灭其族”。[①]北宋亦设十将。《宋史·职官志》云：

每军有都指挥使、都虞候，每指挥有指挥使、副指挥使，每都有军使、副兵马使、十将、将、虞候、承局、押官，各以其职隶于殿前司。[②]

辽虽亦设置十将，但具体情况不明，《辽史·百官志》及《辽史·兵卫志》等均无只字记载。出土辽代石刻文字资料中除了见“随驾步军什将”外，辽穆宗应历五年（955）的《北郑院邑人起建陀罗尼幢》中尚见建幢人“义掖十将王从德”[③]等。可见辽朝确有武职十将之设。

2. 随驾三军都虞候

捺钵随驾军事禁卫武职之一，见诸辽道宗大安三年（1087）的《耶律弘世墓志》：“随驾三军都虞候蔡志顺奉祭奠。”[④]

相同内容还见于天祚帝乾统八年（1108）的《蔡志顺墓志》：“大安元年，授随驾三军都虞候。”[⑤]

所谓“三军”，先秦时期或指左、中、右三军，或指上、中、下三军；若以兵种区划，又指步、车、骑三军。《辽史·兵卫志》没有为辽“三军”作定义。见诸《辽史》的三军，或为辽军种中的某三支部队。如《辽史·太宗纪》：辽太宗天显三年（928）正月“丁巳，阅皮室、拽剌、墨离三军”[⑥]。皮室军，原为皇帝典宿卫的御帐亲军，后演变成由中央调遣、奉命屯驻军事要地的野战部队。或指辽某兵种中不同名称的三支军队。如《辽史·萧阳阿传》记载：萧阳阿“历铁林、铁鹞、大鹰三军详稳。”[⑦]铁林军、铁鹞军和

---

① 欧阳修：《新五代史》卷六《唐本纪第六·明宗纪》，北京：中华书局1974年版，第62页。
② 脱脱等：《宋史》卷一六六《职官志六·殿前司》，北京：中华书局1977年版，第3928页。
③ 向南：《辽代石刻文编》，石家庄：河北教育出版社1995年版，第12页。
④ 向南、张国庆、李宇峰辑注：《辽代石刻文续编》，沈阳：辽宁人民出版社2010年版，第191页。
⑤ 同上，第261页。
⑥ 脱脱等：《辽史》卷三《太宗纪上》，北京：中华书局1974年版，第28页。
⑦ 脱脱等：《辽史》卷八二《萧阳阿传》，北京：中华书局1974年版，第1293页。

大鹰军均为辽骑兵部队。关于大鹰军，《辽史·国语解》即云："鹰，鸷鸟。以之名军，取捷速之义。后记龙军、虎军、铁鹞军者，仿此。"[①]

"铁鹞军"，《资治通鉴》卷二八四《后晋纪五·开运二年》胡三省注："契丹谓精骑为铁鹞，谓其身被铁甲而驰突轻疾，如鹞之搏鸟雀也。"

笔者以为，辽随驾三军都虞侯中的"三军"应为泛指，即所有参与捺钵军事安保行动的步军、骑兵等禁卫部队均应包括在内。

都虞候，古代武职官称，最早出现在唐代后期，当时藩镇节帅以亲信武官为都虞候，是军中的执法官。至五代，都虞候为诸政权禁军之高级军官。该职宋代亦沿置。据《宋史·职官志》记载，宋代殿前司、侍卫亲军马步军司均置都虞候，与都指挥使、副都指挥使一起，"入则侍卫殿陛，出则扈从乘舆，大礼则提点编排，整肃禁卫卤簿仪仗，掌宿卫之事"[②]。辽朝的都虞候亦属承仿唐宋之制而设，其中随驾三军都虞候为契丹皇帝捺钵随驾禁卫部队的指挥官之一。

3. 随驾马军虞候

捺钵随驾军事禁卫武职之一，见诸辽道宗大康二年（1076）的《王敦裕墓志》："有妹一人，如哥，适故宜州礼宾使、随驾马军虞候鲜于白第三子。"[③]

马军，即骑兵。《辽史·百官志》"南面京官""南面大蕃府官""南面方州官""南面军官"中均见"侍卫亲军马军都指挥使司"机构及"马军都指挥使"职官等。所谓"虞候"，本为春秋时期掌管山泽的职官。《左传·昭公二十年》云："薮之薪蒸，虞候守之。"西魏及隋朝以后，虞候成为军官称号，如虞候都督、左右虞候率、都虞候等，其职掌亦不尽相同，或为警备巡查官，或为内部监察官。虞候的职位要低于都虞候。

4. 随驾步军都孔目官、随驾马步军都孔目官

捺钵随驾军事禁卫机构文吏职名，掌军府文秘事务，前者见诸辽兴宗重熙十三年（1044）的《沈阳塔湾无垢净光舍利塔石函记》：建塔邑人"前随驾步军都孔目官张

① 脱脱等：《辽史》卷一一六《国语解》，北京：中华书局1974年版，第1535页。

② 脱脱等：《宋史》卷一六六《职官志六·殿前司》，北京：中华书局1977年版，第3927页。

③ 向南：《辽代石刻文编》，石家庄：河北教育出版社1995年版，第379页。

利用"[1]。后者见诸辽道宗清宁二年（1056）的《张宁石幢记》：墓主"前随驾马步军都孔目官张宁"[2]。孔目，原指档案目录，后即成为文书之吏员的名称。都孔目官，唐初置设，职责为"专知御书"。唐后期各藩镇的节度使和都护的衙门中，都设有孔目官，掌六书，其办事机构为孔目司。《资治通鉴》卷二一六《唐纪三十二・天宝十载》胡三省注："孔目官，衙前吏职也。唐世始有此名，言凡使司之事，一孔一目，皆须经由其手也。"

宋朝三司诸衙、秘书省等机构亦置孔目官和都孔目官，掌点检本部门诸案行遣文字。辽亦置都孔目官，但《辽史・百官志》不载。

除随驾步军都孔目官和随驾马步军都孔目官外，出土辽代石刻文字资料所见还有"北面都孔目官""部署院杂事孔目官""孔目院书表""州孔目官""王府都孔目官"等，足证辽朝很多部门都置有吏职孔目官以及专属机构孔目院。其中都孔目官的职位似应高于孔目官。

5. 随驾南克奈

捺钵随驾军事禁卫职官，见诸辽道宗大康七年（1081）的《萧孝恭墓志》："续授随驾南克奈。"[3]

南克，辽中期契丹部族之一。《辽史・营卫志》"圣宗三四十部"有"南克部"和"北克部"[4]。契丹南克部和北克部均有自己的部族军。如《辽史・兵卫志》"众部族军"即见"南克部"军和"北克部"军，均隶属东北路统军司[5]。《辽史・太宗纪》记载：辽太宗天显"三年春正月己酉，阅北克兵籍。庚戌，阅南克兵籍"[6]。《辽史・国语解》对"北克"和"南克"的解释是："掌军官名，犹汉南北军之职。"[7]

---

① 向南、张国庆、李宇峰辑注：《辽代石刻文续编》，沈阳：辽宁人民出版社 2010 年版，第 357 页。
② 向南：《辽代石刻文编》，石家庄：河北教育出版社 1995 年版，第 275 页。
③ 向南、张国庆、李宇峰辑注：《辽代石刻文续编》，沈阳：辽宁人民出版社 2010 年版，第 169 页。
④ 脱脱等：《辽史》卷三三《营卫志下》，北京：中华书局 1974 年版，第 391 页。
⑤ 脱脱等：《辽史》卷三五《兵卫志中》，北京：中华书局 1974 年版，第 411 页。
⑥ 脱脱等：《辽史》卷三《太宗纪上》，北京：中华书局 1974 年版，第 28 页。
⑦ 脱脱等：《辽史》卷一一六《国语解》，北京：中华书局 1974 年版，第 1537 页。

由上述史料便知，“南克”为契丹部族名称、部族军名称及军官职名。但“南克”后加一“奈”字，“奈”为何意？待考。

二、物资供给类随驾官

有辽一代，每年扈从契丹皇帝四时捺钵的有后妃皇子、亲王外戚、文武百官以及大量侍卫军人、生活服务人员，等等，数量十分可观。有人根据文献史料做过统计，辽朝后期扈从契丹皇帝春捺钵的各类官员大约有一千至一千五百人，随驾安保军事人员约一万人，应役次人（即乐坊、鹰坊、铁坊、太医局、兽医局、飞龙院等机构人员）约一千人，后宫、东宫及其服务人员约五百至一千人，总计在一万三千人至一万七千人之间。[①] 这么多人的日常衣食住行所需各类物资的供给，需要有专门的随驾机构和官员负责。根据史料记载，辽朝契丹皇帝四时捺钵的物资供给应该有多种渠道，其中之一是靠随捺钵移动的各类国有物资仓库供应，各仓库有专门的随驾官员负责管理；二是到随捺钵移动的行宫市场购买，行宫市场亦设专门的随驾管理官员。出土辽代石刻文字资料中记有部分随驾物资仓库官员和行宫市场管理官员名称，它们亦为《辽史·百官志》等所未载。

1. 随驾内库都监

捺钵随驾物资库监管官员，见诸辽道宗清宁四年（1058）的《显州北赵太保寨白山院舍利塔石函记》：建塔邑人“随驾内库都监杜匡辅”[②]。所谓“内库”，即古代皇宫的府库。辽朝设随驾内库都监，职掌监管捺钵行朝府库物资的流转及使用。

2. 随驾内库丝锦库使

捺钵随驾物资库管理官员，见诸天祚帝天庆十年（1120）的《杜悆墓志》：杜悆之侄杜叔长曾任随驾内库丝绵库使[③]。此“丝绵库”应是随驾内库的一个分库，盖是专

---

① 李旭光：《查干湖畔的辽帝春捺钵》，吉林人民出版社 2011 年版，第 65、66 页。

② 向南：《辽代石刻文编》，石家庄：河北教育出版社 1995 年版，第 290 页。

③ 向南、张国庆、李宇峰辑注：《辽代石刻文续编》，沈阳：辽宁人民出版社 2010 年版，第 306 页。（参见本书附录图版五）

门储存供捺钵时为皇室成员裁制服装所用的衣料库。库使杜叔长应是随驾丝绵库的主管官员。

3. 随驾锦透背皮毛库副使

捺钵随驾物资库管理官员，见诸天祚帝天庆元年（1111）的《为先内翰侍郎太夫人特建经幢记》：建幢人之一“前随驾锦透背皮毛库副使（马）内温”[①]。此“锦透背皮毛库”亦应为随驾内库的分库之一，或是专门贮藏捺钵时为皇室成员做衣帽鞋靴用的高等级动物皮毛料品。马内温为该库的副使，是库使的助手。

4. 随驾针线院都监

捺钵随驾服务机构监管官员，见诸天祚帝乾统八年（1108）的《蔡志顺墓志》：蔡志顺曾任随驾针线院都监[②]。针线院，应是为捺钵者及其扈从人员制作服装鞋帽的随驾织纫手工作坊。北宋曾设针线院，隶属殿中省。《宋史·职官志》云：“旧有裁造院、针线院、杂卖场，后省并之。”[③]

辽之随驾针线院都监应职掌捺钵随驾针线院织纫工作的监督与管理。

5. 随驾生料副使

捺钵随驾物资供应官员，见诸天祚帝乾统八年（1108）的《蔡志顺墓志》：墓主蔡志顺曾任知随驾生料副使[④]。蔡志顺知随驾生料副使，是为正职随驾生料使的助手。

6. 随驾市巡都监

捺钵随驾行宫市场商品交易监管官员，见诸天祚帝保大元年（1121）的《鲜于氏墓志》：墓主鲜于氏之夫赵公曾任大辽随驾市巡都监[⑤]。辽设有供捺钵扈从及其家属购买日常生活用品的行宫市场。北宋沈括曾于宋神宗熙宁八年（辽道宗大康元年，1075）出使契丹辽国，他在辽道宗夏捺钵行宫附近亲见捺钵行宫市场。

① 向南：《辽代石刻文编》，石家庄：河北教育出版社 1995 年版，第 617 页。
② 向南、张国庆、李宇峰辑注：《辽代石刻文续编》，沈阳：辽宁人民出版社 2010 年版，第 261 页。
③ 脱脱等：《宋史》卷一六四《职官志四·殿中省》，北京：中华书局 1977 年版，第 3882 页。
④ 向南、张国庆、李宇峰辑注：《辽代石刻文续编》，沈阳：辽宁人民出版社 2010 年版，第 261 页。
⑤ 向南：《辽代石刻文编》，石家庄：河北教育出版社 1995 年版，第 684 页。

而其他季节的捺钵，契丹皇帝行宫附近同样设有市场，亦设相关市场管理官员，除随驾市巡都监外，还有行宫市场巡检使，见诸辽圣宗统和二十三年（1005）的《王悦墓志》：王悦曾任“行宫市场巡检使”，“泊于守职，惊若循墙。捐贫奉富之俦，都然屏迹”[①]。

三、仪銮典礼类随驾官

辽朝礼制亦是承唐仿宋，至太宗朝后期，中原王朝的仪卫制度已基本被契丹人所接纳。如《辽史·太宗纪》即载，耶律德光灭后晋，“晋诸司僚吏、嫔御、宦寺、方技、百工、图籍、历象、石经、铜人、明堂刻漏、太常乐谱、诸宫县、卤簿、法物及铠杖，悉送上京”[②]。

《辽史·仪卫志》亦云：“金吾、黄麾六军之仗，辽受之晋，晋受之后唐，后唐受之梁、唐，其来也有自。”[③]

契丹皇帝捺钵銮驾出行，要配备相应的卤簿仪仗。《辽史·仪卫志》“卤簿仪仗人数马匹”条详细记载了契丹皇帝卤簿仪仗的人员与马匹构成情况：

> 步行擎执二千四百一十二人，坐马擎执二百七十五人，坐马乐人二百七十三人，步行教坊人七十一人，御马牵拢官五十二人，御马二十六匹，官僚马牵拢官六十六人，坐马挂甲人五百九十八人，步行挂甲人百六十人，金甲二人，神舆十二人，长寿仙一人，诸职官等三百五人，内侍一人，引稍押衙二人，赤县令一人，府牧一人，府吏二人，少尹一人，司录一人，功曹一人，太常少卿一人，太常丞一人，太常博士一人，司徒一人，太仆卿一人，鸿胪卿一人，大理卿一人，御史大夫一人，侍御史二人，殿中侍御史二人，监察御史一人，兵部尚书一人，兵部侍郎一人，兵部郎中一人，兵部员外郎一人，符宝郎一人，左右诸卫将军三十五人，左右诸折冲二十一人，左右诸果毅二十八人，尚乘奉御二人，排仗承直二人，左右夹骑

---

① 向南：《辽代石刻文编》，石家庄：河北教育出版社1995年版，第113页。

② 脱脱等：《辽史》卷四《太宗纪下》，北京：中华书局1974年版，第59、60页。

③ 脱脱等：《辽史》卷五八《仪卫志四》，北京：中华书局1974年版，第917页。

二人，都头六人，主帅一十四人（教坊司差），押纛二人，左右金吾四人，虞候佽飞一十六人，鼓吹令二人，漏刻生二人，押当官一人，司天监一人，令史一人，司辰一人，统军六人，千牛备身二人，左右亲勋二人，左右郎将四人，左右拾遗二人，左右补阙二人，起居舍人一人，左右谏议大夫二人，给事中书舍人二人，左右散骑常侍二人，门下侍郎二人，中书侍郎二人，鸣鞭二人（内侍内差），侍中一人，中书令一人，监门校尉二人，排列官二人，武卫队正一人，随驾诸司供奉官三十人，三班供奉官六十人，通事舍人四人，御史中丞二人，乘黄丞二人，都尉一人，太仆卿一人，步行太卜令一人。职官乘马三百四匹，进马四匹，驾车马二十八匹。人之数凡四千二百三十有九，马之数凡千五百二十。①

契丹皇帝在捺钵驻地行宫上朝，身边同样要有相应的随驾仪鸾卤簿。那么，组织并管理随驾仪鸾卤簿事务，亦必须设置相应的随驾官员。此外，契丹皇帝在捺钵过程中涉及行朝或皇室各类礼仪庆典活动，也要配置相应的随驾官员予以负责。出土辽代石刻文字资料中亦见《辽史·百官志》等漏载未记的捺钵随驾仪鸾典礼类官员。

1.随驾仪鸾副使

捺钵随驾仪鸾事务官，见诸辽道宗清宁六年（1060）的《赵匡禹墓志》：赵匡禹“有子十人，……次曰为带，随驾仪銮副使”②。辽设仪銮使、副，亦为承仿五代及北宋之制。五代后梁曾置仪鸾院，设官曰“仪鸾院使”，专掌卤簿仪仗之事。至宋，改仪鸾院为仪鸾司，属卫尉寺，设职官名“仪鸾使”。《宋史·礼志》云：

皇帝升位，扇却，仪鸾使焚香……扇开，卷帘，仪鸾使焚香，喝文武官就位，四拜起居。③

宋黄庭坚《观伯时画马》云：“仪鸾供帐饕虱行，翰林湿薪爆竹声，风帘官烛泪纵横。”

① 脱脱等：《辽史》卷五八《仪卫志四》，北京：中华书局 1974 年版，第 920、921 页。
② 向南：《辽代石刻文编》，石家庄：河北教育出版社 1995 年版，第 300 页。
③ 脱脱等：《宋史》卷一一七《礼志二十·宾礼二·入阁仪》，北京：中华书局 1977 年版，第 2766~2768 页。

辽除了设置“随驾”的仪鸾使、副之外，亦有非“随驾”的仪鸾官员，如辽圣宗统和二十六年（1008）的《王说墓志》即记述墓主王说之弟王希祐曾任“仪銮副使”[①]。

2. 知随驾太常礼院

捺钵“随驾”典礼事务官，见诸天祚帝天庆三年（1113）的《马直温妻张馆墓志》：

> 有妹一人……再适守卫尉少卿、知随驾太常礼院韩君详。[②]

太常礼院，唐始置，属太常寺，置礼院修撰、礼院检讨等职官。五代沿置，掌郊庙之制，检讨礼仪故事。宋亦置此机构，专掌典礼之事，后并入太常寺。《宋史·职官志》云：

> 别置太常礼院，虽隶本寺（太常寺），其实专达。有判院、同知院四人，寺与礼院事不相兼。康定元年，置判寺、同判寺，始并兼礼院事。[③]

辽制承唐仿宋，亦置太常礼院，为太常寺的附属机构。知随驾太常礼院，应即主持捺钵随驾太常礼院日常工作的官员。

四、余论

钩沉出土辽代石刻文字资料，除了有捺钵随驾职官外，还见“随帐”与“随使”字样官吏，《辽史·百官志》亦未载。比如随帐郎中，见诸辽穆宗应历九年（959）的《驸马赠卫国王沙姑墓志》，该墓志文末列“应历九年七月五日，随帐郎中焦习撰”[④]。郎中，官称，始置于战国，秦汉沿之，掌管门户、车骑等事，内充侍卫，外从作战。晋武帝时置尚书诸曹郎中，为曹司之长。隋唐以后，各部皆置郎中，分掌诸司事务，为尚书、侍郎之下的高级职员。郎中的身份比较特殊。《韩非子·孤愤第十一》云：“郎中不因，则不得近主，故左右为之匿。”注云：“郎中，为郎居中，则君之左右之人也。”

---

① 向南：《辽代石刻文编》，石家庄：河北教育出版社1995年版，第132页。

② 同上，第635页。

③ 脱脱等：《宋史》卷一六四《职官志四·太常寺》，北京：中华书局1977年版，第3883页。

④ 向南：《辽代石刻文编》，石家庄：河北教育出版社1995年版，第28页。

辽朝南面官系统之尚书省左、右司及六部均置郎中一职。但焦习任郎中所“随”之“帐”，究竟是指穆宗皇帝捺钵的行宫大帐，还是卫国王沙姑的王府之帐，《驸马赠卫国王沙姑墓志》中没有说明。以辽朝撰写墓志者多为墓主熟人的惯例，笔者揣测为后者的可能性较大。如此，焦习所任之职应属王府官员系列，因为有辽一代还存在节度方镇级的随使系列职官，如辽景宗保宁十一年（979）的《耶律琮神道碑》碑文最后即列“随使左都押衙李贞，随使右都押衙李光，随使□□……随使契丹都提□□□”[①]等，他们均应为节度使府的衙前军职。耶律琮生前曾任华州镇国军节度使，尽管为遥领虚衔，但似乎业已开府，否则就不会有冠以“随使”字样的属官列在他的碑铭之下。辽道宗清宁五年（1059）的《耶律庶幾墓志》文后亦见：

> 清宁五年九月十一日癸卯铭记。在帐随使番汉都部署王守贞，汉儿渤海都部署郭守忠，随使左都押衙康源，随使小底都行首郭守用，随使（都）提点小丹□中，随使□知客吴桂，随使都宅务杨归会，随使知内客刘从志，随使都护槽契丹蒲古。[②]

据该墓志及辽兴宗重熙十三年（1044）的《沈阳无垢净光舍利塔石函记》等记载，耶律庶幾曾先后任过沈州昭德军节度使、上京留守和平州辽兴军节度使等方镇之职，其志文最后所列诸随使官吏，亦应为其节度使府衙前属吏。而辽圣宗统和十年（992）的《清水院陀罗尼题记》则更清楚地标示，冠以“随使”字样者，就是隶属于节度使府的衙前吏职，诸如“武定军节度随使押衙张重荣”“摄凤祥节度随使左校（教）练冯延晖”[③]，等等。一般情况下，节镇一方的军州府衙应该是固定的，其属官也应该在固定于某地的军州节度府内任职当差，不应该随意添加“随使”之前缀。如果他们亦类似于契丹皇帝捺钵时的随驾官员，那么只有一种可能，那就是每当军州节度使离府外出——或是被契丹皇帝召赴捺钵行宫扈从公干，或是被朝廷诏令率军奔赴边关御敌时，节度使府衙机构中的一部分官员也要随节度使出行，组成一个临时的节度使行衙，

---

① 向南、张国庆、李宇峰辑注：《辽代石刻文续编》，沈阳：辽宁人民出版社 2010 年版，第 344 页。

② 向南：《辽代石刻文编》，石家庄：河北教育出版社 1995 年版，第 296 页。

③ 向南、张国庆、李宇峰辑注：《辽代石刻文续编》，沈阳：辽宁人民出版社 2010 年版，第 349 页。

故在随行者原来职称之前冠以“随使”二字。若此推论不谬，则诸王府与五京留守府的随帐诸职亦应类此。

通常来说，辽朝契丹皇帝捺钵随驾官员，因其具体职称之前被冠以“随驾”二字前缀，似应属于差遣性质。而临时差遣的使职多是有事即设，事毕则撤。但事实上，契丹皇帝一年四季到处捺钵，年复一年、永无休止地循环游走，似乎永远没有事毕的时候，因此，这些随驾官员就应属固定职位，没必要周而复始地被任命差遣与被去职裁撤。的确，从上述出土辽代石刻文字资料中所见部分随驾官员之行踪，比如作为佛教邑社成员的杜匡辅、张继全等，于刻石之时，他们均在远离契丹皇帝捺钵地的某修建佛塔工地，但石刻中他们的职务名称前仍冠以“随驾”二字，由此推断，他们的职名似乎又是固定的，并非临时差遣性质。但事实究竟如何，限于辽朝史料稀缺，目前还无法得出确切结论，只得存疑待考。

第五节　辽朝的警巡、军巡与巡检

据《辽史・百官志》记载，辽于五京城内设有警巡院，于东京城内设有军巡院，于西南、西北边地设有巡检司。关于辽的警巡和军巡，仅韩光辉先生的著作《宋辽金元建制城市研究》[①] 及论文《辽南京城的方圆与警巡院》[②]《北京历史上的警巡院》[③]《宋辽金元建制城市的出现与城市体系的形成》[④] 中有所论及，特别是对警巡涉猎较多，研究亦较深入，但其中仍有论之未尽及可商讨之处。至于辽的巡检，至今尚未见有人作过研究。警巡、军巡与巡检均关涉辽朝的城乡治安与民政管理等，其机构置设、官员组成、职责区划等，都需要做细致的梳理和分析。

① 韩光辉：《宋辽金元建制城市研究》，北京：北京大学出版社 2011 年版。

② 韩光辉：《辽南京城的方圆与警巡院》，《燕都》1987 年第 4 期。

③ 韩光辉：《北京历史上的警巡院》，《北京档案史料》1990 年第 3 期。

④ 韩光辉等：《宋辽金元建制城市的出现与城市体系的形成》，《历史研究》2007 年第 4 期。

一、警巡考

警巡制度肇始于辽。警巡院是辽首创的五京城市治安及民政管理机构，但《辽史》中关于辽朝警巡的记载却很少，仅寥寥四条。《辽史·百官志》“南面京官”记载，辽五京设有警巡院：

五京警巡院职名总目：某京警巡使。某京警巡副使。上京警巡院。东京警巡院。中京警巡院。南京警巡院。西京警巡院。①

对于辽诸京警巡院各设置于何时，其结构如何，官员有哪些，职能是什么，等等，《辽史·百官志》无只字记载。韩光辉先生认为，辽的警巡院是由军巡院改称而来②。笔者以为，辽的警巡院并非军巡院之改称，有辽一代，警巡院与军巡院应是同存共处，其职能既有交叉重叠，亦有不同之处。警巡院为辽首创，其设置，应该是参仿了唐朝京城的左右巡及五代军巡院的某些内容。

警巡使是辽警巡院内的主要官员。出任过辽五京警巡使的，《辽史》中仅见马人望一人。马人望曾出任南京警巡使，时间是在道宗朝后期③。笔者检索出土辽代石刻文字资料，发现还有几人曾在兴宗朝、道宗朝和天祚帝时期出任过五京警巡使。

如西京警巡使张绩。辽道宗清宁九年（1063）的《张绩墓志》即载：辽兴宗重熙“二十二年春，（张绩）除西京警巡使”④。

如东京警巡使张可及。辽道宗大安六年（1090）的《萧袍鲁墓志》即见“东京警巡使、司农少卿张可及充敕祭使”⑤。

如上京警巡使某某。辽道宗大安三年（1087）的《冢塔记》见“朝散大夫、尚书金部郎中、知上京警巡使（后缺）”⑥。

---

① 脱脱等：《辽史》卷四八《百官志四》，北京：中华书局 1974 年版，第 805、806 页。
② 韩光辉：《宋辽金元建制城市研究》，北京：北京大学出版社 2011 年版，第 37、38 页。
③ 脱脱等：《辽史》卷一〇五《能吏·马人望传》，北京：中华书局 1974 年版，第 1462 页。
④ 向南：《辽代石刻文编》，石家庄：河北教育出版社 1995 年版，第 314 页。
⑤ 同上，第 424 页。
⑥ 向南、张国庆、李宇峰辑注：《辽代石刻文续编》，沈阳：辽宁人民出版社 2010 年版，第 195 页。

如“东京警巡使”张检。天祚帝天庆六年（1116）的《灵感寺释迦佛舍利塔碑铭》载：

> 先君朝散大夫、少府少监、甜水盐院都监、前知东京警巡使、兼辽阳少府……张检。[①]

笔者梳理文献史料与出土辽代石刻文字资料的相关记载得知，作为辽五京城市治安及民政管理机构的警巡院，其主要职能有巡查缉盗、执法鞫讼、济众安民及户口检括与户籍管理等。如《辽史·马人望传》即言，马人望于道宗朝后期由南京三司度支判官“迁警巡使。京城狱讼填委，人望处决，无一冤者。会检括户口，未两旬而毕。同知留守萧保先怪而问之，人望曰：‘民产若括之无遗，他日必长厚敛之弊，大率十得六七足矣。’保先谢曰：‘公虑远，吾不及也’”[②]。

可见，马人望任南京警巡使后，审办滞积讼案，检括户口民产，认真地履行了自己的工作职责，得到了民众和上司的认可。另据辽道宗寿昌三年（1097）的《贾师训墓志》记载，道宗朝后期，中京城区治安形势非常严峻，“上遣使授（贾师训）尚书左仆射，移中京留守。……既在道，闻京中猾盗朋聚，民不安寝。公下车，即督有司尽索京中浮游丐食之民，□□□□□□□□□遣之，其老弱癃疾不能自活者，尽送义仓给养。仍敕吏卒分部里巷游徼，人或被盗，俾偿其直。浃旬以来，关市清肃”[③]。

《贾师训墓志》提到的“有司”，很可能就是中京警巡院，因为该有司的所作所为与警巡院的职能相同。还有，天祚帝乾统七年（1107）的《董承德妻郭氏墓志》中所见“大辽西京警巡院右厢住人，久居系通百姓董承德”[④]字样，表明西京警巡院确有管理城区厢内常住居民户籍的职能。

此外，据《辽史·兴宗纪》记载，辽兴宗重熙十三年（1044）三月“置契丹警巡院”[⑤]。

---

① 向南：《辽代石刻文编》，石家庄：河北教育出版社1995年版，第663页。
② 脱脱等：《辽史》卷一〇五《能吏·马人望传》，北京：中华书局1974年版，第1462页。
③ 向南：《辽代石刻文编》，石家庄：河北教育出版社1995年版，第479、480页。
④ 同上，第573页。
⑤ 脱脱等：《辽史》卷一九《兴宗纪二》，北京：中华书局1974年版，第230页。

兴宗皇帝之所以批准设置契丹警巡院，亦与五京警巡院有处理城区居民讼案之职掌有关。《辽史·耶律重元传》云：

先是契丹人犯法，例须汉人禁勘，受枉者多。重元奏请五京各置契丹警巡使，诏从之。[①]

这就是说，兴宗重熙十三年（1044）前，诸京城区无论是汉人还是契丹人，只要涉嫌违法犯罪，统由警巡院的汉人警巡使处理。一些契丹人认为汉族出身的警巡官员执法不公，便通过皇太弟耶律重元奏请，兴宗皇帝诏批，在诸京置设契丹警巡院，实行诸京城区汉人与契丹人讼案的不同处理模式，即法律适用上的“因俗而治”。

这里有必要对《辽史》记载的一处错误进行更正。《辽史·兴宗纪》记载，兴宗皇帝诏批置设契丹警巡院是在重熙十三年（1044）的三月；诏批“改云州为西京”是在重熙十三年（1044）的十一月。[②]而耶律重元奏请“五京各置契丹警巡使”应该是在重熙十三年（1044）三月之前。这就是说，辽设置契丹警巡院时西京还没有出现。既然西京不存在，哪来的“五京”？很显然，《辽史·耶律重元传》叙述有误。

二、军巡考

军巡制度始于唐末，与专权宦官在京城统率的神策军有关。神策军接替左右街使行使京城徼巡职权后，于军内始设专管京城治安的执法机构军巡院[③]，并置军巡使，具体执行巡逻缉盗任务。据徐松《唐两京城坊考》卷四记载，唐西京长安颁德坊即设有右军巡院。五代王朝更迭，诸政权均于京城沿置军巡院，缉盗理讼之职掌不变。如《旧五代史·刑法志》即云：

唐同光二年六月己巳，敕：“应御史台河南府行台马步司左右军巡院，见禁囚徒，据罪轻重，限十日内并须决遣申奏。仍委四京、诸道州府，见禁囚徒，速宜疏决，

① 脱脱等：《辽史》卷一一二《逆臣上·耶律重元传》，北京：中华书局1974年版，第1502页。
② 脱脱等：《辽史》卷一九《兴宗纪二》，北京：中华书局1974年版，第230、231页。
③ 韩光辉：《宋辽金元建制城市研究》，北京：北京大学出版社2011年版，第10页。

不得淹停”。[①]

唯一有所区别的是，唐末禁军京城执法区域以坊为单位，五代时已改坊为厢。辽朝诸制多沿承于唐及五代，其中亦包括于京城设置军巡院。

辽有五京。“太宗以皇都为上京，升幽州为南京，改南京为东京，圣宗城中京，兴宗升云州为西京，于是五京备焉。”[②]但《辽史·百官志》“南面京官”条依据同书《地理志》的记载，仅言东京（今辽宁辽阳）城设有军巡院：“东京军巡院。《地理志》，东京有归化营军千余人，籍河、朔亡命于此，置军巡院。”[③]

查《辽史·地理志》，其记载与之大致相同：“东京辽阳府……军巡院，归化营军千余人，河、朔亡命，皆籍于此。”[④]

除此之外，一部《辽史》再不见“军巡”字样。关于辽军巡院与警巡院的关系，韩光辉先生认为：

> 辽代在东京设有军巡院，为沿袭五代制度之证明……警巡院与军巡院在称呼上的一字之差，是制度在沿革过程中经常出现的现象，辽之建国设官分职，与五代战乱形式有所不同，改变五代以禁军管理城市的陋习，自然不能再以“军巡”称之，而军巡院本有“巡警京都”之任，故号曰警巡院。[⑤]

依韩先生所言，辽朝军巡院与警巡院应是承续关系，先有军巡院，后因社会环境变化而改称为警巡院。韩先生的观点，笔者不敢完全苟同。前已述及，辽朝五京的军巡院和警巡院应是同时存在，并非前后承续关系。出土辽代石刻文字资料显示，辽朝五京除东京外的其他京城也应有军巡院置设，盖是《辽史》漏载未记。比如，辽在上京城亦设军巡院，并且它在辽朝中期的圣宗朝仍存在，时人常遵化即曾出任上京军巡使。辽圣宗统和二十六年（1008）的《常遵化墓志》即云：

> 至（统和）十九年，授（常遵化）上京军巡使、京内巡检使。顿得盗贼併（屏）

---

① 薛居正等：《旧五代史》卷一四七《刑法志》，北京：中华书局1976年版，第1965页。
② 脱脱等：《辽史》卷三七《地理志一》，北京：中华书局1974年版，第438页。
③ 脱脱等：《辽史》卷四八《百官志四》，北京：中华书局1974年版，第808页。
④ 脱脱等：《辽史》卷三八《地理志二》，北京：中华书局1974年版，第455、456页。
⑤ 韩光辉：《宋辽金元建制城市研究》，北京：北京大学出版社2011年版，第39页。

迹，豪户洗心。巷陌宽而舞手行，辰夜静而启门卧。[①]

如此，我们总不能说契丹辽国建国已近百年，尚未从战乱形式转变为和平模式，制度仍在“沿革过程中”吧？

既然军巡院和警巡院都有微巡缉盗等维护五京城市治安的职能，的确没必要重复设置，但二者同存共处又是事实，那么其中一定有其并行不悖的原因。实际上，唐末五代至辽，军巡院和警巡院除了具有京城微巡缉盗、理讼问案的职能外，亦有“领诸厢坊、抚治齐民”的作用。[②]具言之，军巡院或警巡院还负责京城辖区各坊或厢内常住者的户口检括及户籍管理。根据相关史料分析，笔者推测，辽五京警巡院管理的是辖区的民户户籍，军巡院则兼管辖区外来入籍之军人。这一点在前引《辽史·百官志》及《辽史·地理志》记述东京军巡院置设原因中已经非常明确。辽之河朔大致位于上京道南部、西京道西部的黄河以北，即西夏的东北部地区。河朔一带的西夏（公元1038年前为党项夏州政权）军人何时“亡命”入辽，并被安置在数千里外的东京归化营，落籍于东京军巡院，《辽史》没有记载，已无从查证。笔者以为，在辽初太祖朝的可能性较大。据《辽史·太祖纪》记载，辽太祖神册元年（916）七月至十一月，耶律阿保机曾率契丹大军对河朔一带的党项等部族进行过一次大规模征讨，攻下蔚州、武州等多地，俘获甚多，“遂改武州为归化州”[③]。如果河朔亡命者所在的东京归化营与归化州存在某种关联的话，那么东京军巡院的置设或许即在神册元年（916）之后的某一时段。

辽朝军人的确有籍。如《辽史·兵卫志》即载：“辽国兵制，凡民年十五以上，五十以下，隶兵籍。”[④]

《辽史·兴宗纪》亦载：辽兴宗重熙二十年（1051）“冬十月己卯朔，括诸道军籍”[⑤]。括，检括也，即调查、登记军户之数额。《辽史·道宗纪》亦云：辽道宗清宁四年

---

① 向南：《辽代石刻文编》，石家庄：河北教育出版社1995年版，第128页。

② 韩光辉：《宋辽金元建制城市研究》，北京：北京大学出版社2011年版，第38页。

③ 脱脱等：《辽史》卷一《太祖纪上》，北京：中华书局1974年版，第11页。

④ 脱脱等：《辽史》卷三四《兵卫志上》，北京：中华书局1974年版，第397页。

⑤ 脱脱等：《辽史》卷二〇《兴宗纪三》，北京：中华书局1974年版，第243页。

（1058）“三月戊寅，募天德、镇武、东胜等处勇捷者，籍为军”[①]。籍，将军人登记入册。但五京城内辽正规军之军籍是否亦由军巡院来检括与管理，上京军巡院兼管的外来入籍之军人究竟来自何方，等等，《辽史》及出土辽代石刻文字资料中均不见记载，笔者亦不好妄猜，只得存疑待考。

三、巡检考

巡检出现在中晚唐[②]，五代时设置范围扩大，各政权均于京师留都、州县军镇、沿边山地、江河湖海及各经济领域设置巡检官员，如巡检使、都巡检使等，肩负率军戍边御敌、弹压动乱、巡逻缉盗等维护社会治安之职责。[③]如《旧五代史·庄宗纪》即云：

> 有自贝州来者，言乱兵将犯都城，都巡检使孙铎等急趋史彦琼之第，告曰：“贼将至矣，请给铠仗，登陴拒守。”[④]

北宋终结五代十国割据政权，一统中原之后，亦置巡检，并且有了专任机构巡检司，负责国家的治安管理工作。北宋的巡检司按地方体制路、州、县三级设置。《宋史·职官志》对宋朝的诸类巡检及其职掌有比较详细之记载：

> 有沿边溪峒都巡检，或蕃汉都巡检，或数州数县管界，或一州一县巡检，掌训治甲兵、巡逻州邑、擒捕盗贼事。又有刀鱼船战棹巡检，江、河、淮、海置捉贼巡检，及巡马递铺、巡河、巡捉私茶盐等，各视其名，以修举职业，皆掌巡逻几察之事。中兴以后，分置都巡检使、都巡检、巡检、州县巡检，掌土军、禁军招填教习之政令，以巡防捍御盗贼。凡沿江沿海招集水军，控扼要害及地分阔远处，皆置巡检一员，往来接连合相应援处，则置都巡检以总之，皆以材武大小使臣充。[⑤]

---

① 脱脱等：《辽史》卷二一《道宗纪一》，北京：中华书局1974年版，第256页。
② 白化文等：《入唐求法巡礼行记校注》，石家庄：花山文艺出版社1992年版，第63页；李锦绣：《唐代财政史稿》，北京：北京大学出版社2001年版，第421、422页。
③ 刘琴丽：《五代巡检研究》，《史学月刊》2003年第6期。
④ 薛居正等：《旧五代史》卷三四《唐书·庄宗纪第八》，北京：中华书局1976年版，第470页。
⑤ 脱脱等：《宋史》卷一六七《职官志七·巡检司》，北京：中华书局1977年版，第3982页。

辽承仿唐宋制度，亦置巡检机构及官员，负责京城之外的边防沿线、内地州县、契丹部族及商贸市场等处的治安管理。辽朝的巡检机构亦名“巡检司”。《辽史·百官志》“北面边防官”中即见“西南路巡察司”“西南面巡检司”和“西北路巡检司”；官员有西南巡边官、西南路巡察将军、西南面巡检、西南面同巡检等。[1]《辽史·百官志》“南面边防官”中又见“巡检使司”[2]。《辽史·百官志》记载之内容既混乱又多遗漏。其实，辽的巡察司、巡检司和巡检使司应属同类机构；辽的边疆地区也绝不止西南和西北两地有巡检机构置设。比如，《辽史·圣宗纪》即载：辽圣宗太平三年（1023）六月，以“萧孝恭（为）东京统军兼沿边巡检使”[3]。这表明辽东京道所在的东北边疆地区亦有巡检司置设。此外，辽地方州县、契丹部族及商贸市场等处的巡检机构《辽史·百官志》也均漏载未记，仅见诸出土辽代石刻文字资料。

如州县巡检。辽道宗咸雍十年（1074）的《双城县时家寨净居院舍利塔记》即见：“前双州同知、兼管内巡检萧孝祖。见（现）同知事副率、管内巡检耶律如。”[4]这说明辽东京道双州及所属之双城县有巡检司置设。

部族巡检。辽道宗咸雍八年（1072）的《创建静安寺碑铭》记载：兰陵郡夫人萧氏有二子，“长曰（耶律）佶，礼宾副使、银青崇禄大夫、检校右散骑常侍、同知利州事，兼部内巡检”[5]。此“部”即指契丹三十四部族中的某部。

市场巡检。辽圣宗统和二十三年（1005）的《王悦墓志》即载：王悦原任“燕京西南面巡检使。阿私不入，奸蠹旋除。白刃雕弧，神惮鬼慴。复充行宫市场巡检使”[6]。契丹皇帝四时捺钵地的行宫市场设有巡检使，表明辽朝各地的大型商贸市场，特别是沿边一带的外贸榷场所在地均应有巡检机构置设。

文献史料与出土辽代石刻文字中所见辽朝的巡检官员有：

---

① 脱脱等：《辽史》卷四六《百官志二》，北京：中华书局 1974 年版，第 747~750 页。
② 脱脱等：《辽史》卷四八《百官志四》，北京：中华书局 1974 年版，第 828 页。
③ 脱脱等：《辽史》卷一六《圣宗纪七》，北京：中华书局 1974 年版，第 191 页。
④ 向南：《辽代石刻文编》，石家庄：河北教育出版社 1995 年版，第 367 页。
⑤ 同上，第 362 页。
⑥ 向南：《辽代石刻文编》，石家庄：河北教育出版社 1995 年版，第 113 页。

1. 巡检使

《辽史·耶律合住传》云：景宗保宁初年，“以宋师屡梗南边，拜涿州刺史，西南兵马都监、招安、巡检等使”[①]。耶律合住汉语名耶律琮，辽景宗保宁十一年（979）的《耶律琮神道碑》亦载：“授兼涿州刺史、西南面招安、巡检使。”[②]

在辽州级巡检使中亦有一人同时兼管数州者。如辽道宗清宁八年（1062）的《耶律宗政墓志》记载，墓主耶律宗政于圣宗太平元年（1021）和道宗清宁六年（1060）两次“判武定军节度，奉圣、归化、儒、可汗等州观察、处置、巡检、屯田、劝农等使”[③]。该墓志中提到的奉圣州、归化州、儒州和可汗州均属西京道，大致位于西京道东南部与南京道交界一带。

2. 巡检

《辽史·圣宗纪》云：辽圣宗太平八年（1028）“秋七月丁酉，以遥辇帐郎君陈哥为西北路巡检，与萧谐领同管二招讨地”[④]。

3. 都巡检

辽兴宗重熙六年（1037）的《韩椅墓志》云：圣宗开泰、太平年间，韩椅“寻授乾、显、宜、锦、建、霸、白川七州都巡检”[⑤]。可见，辽朝“都巡检”中也有一人同时负责数州巡检事务之状况。

4. 市巡都监

天祚帝保大元年（1121）的《鲜于氏墓志》中见“大辽随驾市巡都监……赵公”[⑥]。所谓“市巡都监”，应是“市场巡检都监”的简称。这说明辽朝市场巡检机构中除巡检使外还设都监一职。

---

① 脱脱等：《辽史》卷八六《耶律合住传》，北京：中华书局 1974 年版，第 1321 页。
② 向南：《辽代石刻文编》，石家庄：河北教育出版社 1995 年版，第 59 页。
③ 同上，第 306、307 页。
④ 脱脱等：《辽史》卷一七《圣宗纪八》，北京：中华书局 1974 年版，第 202 页。
⑤ 向南：《辽代石刻文编》，石家庄：河北教育出版社 1995 年版，第 205 页。
⑥ 向南：《辽代石刻文编》，石家庄：河北教育出版社 1995 年版，第 684 页。

5.巡边官

应是某巡检职名的俗称。《辽史·耶律侯哂传》云:“侯哂初为西南巡边官,以廉洁称,累迁南京统军使，寻为北院大王。”[①]

此外，上引《辽史·百官志》中还见“巡察将军”一职。

辽朝的巡检司是设置于五京都城以外的地方治安管理机构，其主要职能如下：

一是巡检官员率兵驻扎并巡徼边防铺口，御敌平乱，惩奸安边。辽朝的边地巡检机构大多设于边境障塞险阻控御之处，有驻军，其军人驻防之地多称“铺”。如宋人王曾《王沂公行程录》即云：

> 至古北口，两旁峻崖，中有路，仅容车轨。口北有铺，彀弓连绳，本范阳防扼奚、契丹之所。[②]

圣宗朝的耶律元宁曾出任边地巡检使且颇有政声。辽圣宗开泰四年（1015）的《耶律元宁墓志》即云：

> 遂奉宣于西品府（大同府），为三镇（云、应、朔）口巡检使。屡迁寒暑，甚有劳能，靡染脂膏，遐飞声誉。[③]

而辽圣宗太平三年（1023）的《耶律道清墓志》记载的都巡检使耶律延宁事迹，则在一定程度上反映了辽边地巡检官员巡边缉盗之职责：

> 考讳延宁，云、应、朔三镇山口都巡检使，提点三镇节度使事。自天禀气，与国为祯。皇上以选出鹓行，用巡藩翰。参銮扈跸，早推尽节之功；察俗观风，又显惩奸之理。[④]

二是巡检官员负责地方州县治安管理，缉盗抚民。如景宗保宁初年于南京道涿州出任西南面巡检使的耶律琮(合住),即出色地履行了这一职责。辽景宗保宁十一年(979)的《耶律琮神道碑》即云：

---

① 脱脱等：《辽史》卷九二《耶律侯哂传》，北京：中华书局1974年版，第1368页。

② 赵永春编注：《奉使辽金行程录》，长春：吉林文史出版社1995年版，第29页。

③ 向南、张国庆、李宇峰辑注：《辽代石刻文续编》，沈阳：辽宁人民出版社2010年版，第58页。（参见本书附录图版一一）

④ 向南、张国庆、李宇峰辑注：《辽代石刻文续编》，沈阳：辽宁人民出版社2010年版，第65页。

公之莅涿郡也，仁政俱行，宽猛兼济，戢彼干戈，用兴民利。况涿郡也，地迫敌封，境连疆场。盗贼公行，天疠时降。内奸外宄，出入难虞。雀角□□，□□猜堂。由是民心不一，诈伪万端，导行逋逃，聚散无常。豺狼满野，蛇虺盈郊，唾毒穿乡，隳残井邑，边人畏惧，斥候日警。夫妇男女，不遑启处，诚无周召之材，伊尹之德，斯郡难于臻与理乎？□□□□仁惠，示之以赏罚，以杀止杀，刑期不刑。上行乎□□□，未三载俄变，效褰□露贞之徒，去兽不殊，功□□□糜草布政优不刚礦百□□□……用咸不轨□□□□□□□……□□□节，大拥貔貅见斗，依时教之礼，让之以□□。远结欢盟，玉帛交通须为政，道路无壅，烽堠疆高眠□□□□……□□□□□不已，途作咏歌，不胜所□，共吁请□刊石纪颂。[1]

虽然《耶律琮神道碑》有残损，一些文字已磨泐不清，但亦可大致反映出辽朝地方巡检官员的职责所在。

三是巡检官员负责维持市场交易秩序，保障买卖公平合理。如辽圣宗统和二十三年（1005）的《王悦墓志》即记载王悦任“行宫市场巡检使，泊于守职，惊若循墙。捐贫奉富之俦，都然屏迹”[2]。这就是说，在巡检使王悦的察查治理之下，行宫市场强买强卖、欺行霸市的现象不见了。

辽朝不少制度承唐（包括五代）仿宋，因此，中原王朝政治文化对辽朝社会的影响不可低估。但是，辽朝诸制中也有自己独创者，是中原王朝所不具备的。本节所考论之警巡、军巡和巡检制度中的军巡和巡检，显然是辽人学习、借鉴晚唐五代及北宋制度的结果，而警巡则是辽人的首创，并为此后金人所承继。[3]有辽一代，警巡院、军巡院和巡检司各司其责，警巡使、军巡使及巡检使等各有职守，是三机构分布城乡、

---

① 向南、张国庆、李宇峰辑注：《辽代石刻文续编》，沈阳：辽宁人民出版社2010年版，第340页。

② 向南：《辽代石刻文编》，石家庄：河北教育出版社1995年版，第113页。

③ 据《金史·百官志》及同书《承裕传》等记载，金朝中都、上京、北京、东京、西京和南京均设置警巡院。警巡使为正六品，“掌平理狱讼，警察别部，总判院事”；警巡副使，从七品，“掌警巡之事”；警巡判官，正九品，“掌检稽失，签判院事”。（详见脱脱等《金史》卷五七《百官志三》，北京：中华书局1975年版，第1313页）

同生共存的主要原因。警巡院、军巡院和巡检司分管五京城区和边疆地区、内地州县、契丹部落及商贸市场等处的治安管理，警巡使、军巡使和巡检使等官员率兵于城乡各处巡逻御敌，缉盗安民，为保卫契丹辽国领土之安全，维护社会之稳定，起到了重要作用。南宋谈钥《嘉泰吴兴志》卷一〇记载，宋人曾称赞宋朝的巡检治安措施乃“万世良法”。这不无道理。但由于《辽史》记载严重缺漏讹误，出土辽代石刻文字资料又散乱不全，笔者对辽朝警巡、军巡和巡检制度的研究亦不全面，不少问题，诸如各机构的设置时间、发展变化、官员细况，等等，都有待于今后发现新的史料后再做详考。

第四章
辽代石刻所见辽朝社会习俗史事

第一节 辽朝世家大族联姻与政治生态

世家大族联姻是我国古代诸王朝政治婚姻的一种常态，契丹辽国亦不例外。因此，历朝历代世家大族间的联姻，亦成为史学研究的热点之一。既然把世家大族间的联姻定义为政治婚姻，那么其对王朝政治的影响亦不可小觑。尽管我国古代各王朝都不同程度地存在世家大族间的联姻现象，但受王朝内部诸种因素的制约与影响，不同王朝世家大族联姻的现象与程度，联姻者之间的关系与性状，特别是世家大族联姻背景下衍生的王朝政治生态，又是异彩纷呈，各具特色。辽是公元 10—12 世纪由北方草原游牧民族契丹人建立，以契丹贵族为主，联合汉、渤海、奚等上层组建的封建政权。有辽一代二百余年，同一民族世家大族之间以及不同民族世家大族之间的联姻异常频繁，或呈常态，已成规制；或较随意，各具缘由，彰显出不同于中原汉族王朝世家大族联姻之特色。此前，辽史学界对辽朝婚姻制度及世家大族间联姻等问题的研究，已有较多成果，[①] 但他们或是对某一民族中某些世家大族的婚姻制度进行研究，或对不同民族间某两个特定家族间的联姻通婚现象予以探讨，似乎少了些对辽朝上层社会世家大族联姻通婚状况的全面、系统之勾勒；或鲜见对世家大族联姻背景下衍生的王朝政治生

① 如向南、杨若薇《论契丹族的婚姻制度》,《历史研究》1980 年第 5 期; 孙进己《契丹的胞族外婚制》,《民族研究》1983 年第 1 期; 王民信《辽代皇室的婚姻研究》，《宋史研究集》第 17 辑，（台北）“国立”编译馆 1988 年 3 月; 田广林《论契丹社会的等级婚姻》，《内蒙古社会科学》1999 年第 5 期; 史风春《韩知古家族的婚姻与政治》，《黑龙江民族丛刊》2009 年第 6 期; 齐伟《辽代耿崇美家族的婚姻与政治》，《东北史地》2011 年第 5 期。

态的深入探讨。

一、耶律、萧两姓通婚：皇族与后族联合执政的利弊呈现

辽朝的契丹人分为耶律姓和萧姓两大部分，不论是贵族还是平民，均严格执行两姓互为嫁娶的婚姻制度，即耶律姓的男子必娶萧姓女子为妻，耶律姓的女子必嫁萧姓男子为夫。正如《辽史·后妃传》所云：“同姓可结交，异姓可结婚。”①

辽朝的皇帝为耶律姓，所以皇帝们所纳之皇后基本上都是萧姓女子。这样一来，便自然而然地形成了耶律姓皇族和萧姓后族。并且，为了维护这种传统的政治结构，辽朝的契丹统治者便用法律的形式来约束和保障耶律姓皇族和萧姓后族的通婚特权。如《契丹国志·族姓原始》即载：

> 番（契丹）法，王族（耶律姓皇族）惟与后族通婚，更不限以尊卑；其王族、后族二部落之家，若不奉北主之命，皆不得与诸部族之人通婚；或诸部族彼此相婚嫁，不拘此限。故北番惟耶律、萧氏二姓也。②

根据《辽史·后妃传》所记，辽朝九帝，除辽世宗耶律阮先纳汉族女子甄氏为皇后，不久便废黜，再纳萧撒葛只为后外，其余诸帝大都纳萧氏女子为皇后。同样，据《辽史·公主表》记载，有辽一代的耶律姓皇室公主下嫁的驸马都尉大多为萧姓后族男子（有个别嫁与奚、渤海及汉贵族男子者）。

除了文献记载的契丹耶律姓皇帝和萧姓皇后、耶律姓公主和萧姓驸马都尉世代互婚外，见诸出土辽代石刻文字资料的其他契丹权贵家庭，也都比较严格地执行耶律姓与萧姓之间的互婚制度。比如，耶律姓男子娶妻，首选便是萧姓女子。如辽道宗寿昌二年（1096）的《耶律弘世妻秦越国妃墓志》即载：

> 妃姓萧氏，世出兰陵。……清宁六祺，皇上以同气之爱，求宜家之媛，诏外戚良家女数十人，促赴行在所。时宗天皇太后阅视，妃首预选纳。嗣岁春，始封

---

① 脱脱等：《辽史》卷七一《后妃传》，北京：中华书局1974年版，第1198页。

② 叶隆礼撰，贾敬颜、林荣贵点校：《契丹国志》卷二三《族姓原始》，北京：中华书局2014年版，第247页。

秦国妃。[①]

所谓“外戚”，指的就是萧姓后族。出土辽代石刻文字资料中类似的例子还有很多。如辽兴宗重熙七年（1038）的《耶律元妻晋国夫人萧氏墓志》亦云：

夫人族姓萧氏，父讳（萧）谐里，赠魏王。母齐国太妃。……适故南面行营都统、燕京留守、于越、宋国王长子、故金紫崇禄大夫、检校太师、西北路右神武卫上将军耶律元。自结懿姻，益隆茂眷。[②]

天祚帝乾统八年（1108）的《耶律弘益妻萧氏墓志》亦载：

夫人萧氏，名弥勒女。……太和宫使耶律弘益，婚侣道契，嫁述之礼通，凤鸾翕尔以和鸣，丝萝崛龙而缔结。[③]

同样，耶律姓女子大多要嫁给萧姓男子为妻。如辽道宗大安十年（1094）的《耶律庆嗣墓志》即载，耶律庆嗣有妹三人：

长曰（耶律）兀欲娘子，适故大长公主孙萧普达；次曰（耶律）迪辇夫人，适故尚父、奚王萧福善男、右祗候郎君详稳（萧）忠信；次曰（耶律）乙信娘子，适故大长公主孙萧特末。

耶律庆嗣之女名耶律劬辇娘子，“适大国舅故兰陵郡王孙萧查剌”[④]。

有些出土辽代石刻文字资料还真实地记录了某些契丹家族几代人的两姓通婚，颇具代表性。如辽兴宗重熙十四年（1045）的《秦国太妃墓志》即记载了秦国太妃耶律氏家族数代人与萧氏两姓通婚之情况：

太祖圣元皇帝同母弟、守太师、兼中书令、赠许国王讳（耶律）亚思，夫人兰陵萧氏，曾王父母也。大内惕隐讳（耶律）旻隐，夫人兰陵萧氏，王父母也。赠中书令讳（耶律）陶宁，夫人兰陵萧氏，烈考妣也。

秦国太妃耶律氏亦嫁萧姓男子，夫名萧谐领。夫妇二人生有四女，亦均嫁耶律姓

① 向南、张国庆、李宇峰辑注：《辽代石刻文续编》，沈阳：辽宁人民出版社 2010 年版，第 229 页。

② 向南：《辽代石刻文编》，石家庄：河北教育出版社 1995 年版，第 211、212 页。

③ 同上，第 590 页。

④ 同上，第 457、458 页。

男子为妻：

> 长适故上京留守、兼侍中、漆水郡王耶律宁，封秦国夫人。……次适西南面都招讨使、同中书门下平章事耶律忠，封兰陵郡夫人。次适故林牙、兵部尚书耶律延宁，封晋国夫人。[①]

有辽一代，不论是契丹耶律姓男子，还是萧姓男子，他们丧偶再娶，新妻不仅与故妻同姓，不少还是姊妹关系。如辽道宗大安六年（1090）的《萧袍鲁墓志》即云：

> （萧袍鲁）夫人耶律氏，横帐故前节度使（耶律）曷芦不女，早亡。次娶耶律氏，北大王帐故静江军节度使（耶律）陈家奴女，以为继室，亦早亡。续娶次夫人妹，以侍巾栉[②]。

可见萧袍鲁的第二任、第三任妻子即是姊妹关系。

辽朝耶律姓皇族与萧姓后族的世代通婚之结果，便是通过血缘融汇的方式，在政治上使两姓糅合为一体，形成了长期而稳定的皇族与后族联合执政之局面。这在历史文献及出土辽代石刻文字资料中都均明确记载。如《辽史·卓行传》即云：“辽之共国任事，耶律、萧二族而已。”[③]

《辽史·外戚表》亦云：“辽史耶律、萧氏十居八九，宗室、外戚，势分力敌，相为唇齿，以翰邦家，是或一道。”[④]

辽圣宗太平九年（1029）的《萧仅墓志》中亦有“耶律世保承祧之业，箫（萧）氏家传内助之风”说法。[⑤]所谓“承祧”，指的就是辽朝皇位由耶律氏世代传承，而后族萧氏则肩负着助保皇权稳固之重任。辽道宗大康七年（1081）《圣宗仁德皇后哀册》的作者在评价仁德皇后时也说：“后德中助，帝功大成。”[⑥]天祚帝乾统元年（1101）《道

① 向南、张国庆、李宇峰辑注：《辽代石刻文续编》，沈阳：辽宁人民出版社 2010 年版，第 90、91 页。（参见本书附录图版一八）

② 向南：《辽代石刻文编》，石家庄：河北教育出版社 1995 年版，第 425 页。

③ 脱脱等：《辽史》卷一〇六《卓行传》，北京：中华书局 1974 年版，第 1467 页。

④ 脱脱等：《辽史》卷六七《外戚表》，北京：中华书局 1974 年版，第 1027 页。

⑤ 向南：《辽代石刻文编》，石家庄：河北教育出版社 1995 年版，第 191 页。

⑥ 同上，第 393 页。（参见本书附录图版一九）

宗宣懿皇后哀册》的作者亦言，宣懿皇后“赞助大化，启迪内职”[①]，等等，都是时人对萧氏后族辅助耶律氏皇族，二姓联合执政的颂美之辞。

当然，辽朝通过契丹耶律氏皇族与萧氏后族世代通婚而形成的联合执政也不都是值得称赞的。换言之，皇族与后族联合执政有利亦有弊：若后族成员合理辅政，皇族与后族结成强大的以血缘、亲情为纽带的执政联盟，则对巩固辽朝封建政权、推动社会发展十分有利；而一旦有后族成员强行干政，后果便是祸起萧墙，内斗升级，辽王朝便不可避免地走向衰亡。[②]

先说利的一面。也就是以皇（太）后为核心的后族合理辅政，便使皇权得以稳固，社会得以进步。这主要表现为以下两个方面：

一是后妃助帝征战，御敌平叛，开疆拓土，致使契丹辽国走向强盛。在这方面表现比较突出的有两位皇（太）后：一位是辽太祖耶律阿保机的妻子应天皇后述律平，在契丹建国前后，她跟随阿保机南征北战，平诸弟之乱，灭渤海国，固本拓疆，起到了重要作用。第二位是辽圣宗的母亲承天太后萧燕燕。北宋立国后不久，便多次出兵北伐，意欲收复后晋割让给契丹的燕云失地。圣宗年少即位，契丹军队南下御敌，承天太后便多次亲临前线，运筹帷幄，最终迫使北宋与之达成澶渊停战协议，化干戈为玉帛，为契丹辽国发展与强大，创造了良好的外部条件。诚如《契丹国志》所云：

> 统和年间，举国南征，（承天）后亲跨马行阵，与幼帝提兵初趣威虏军、顺安军，东趣保州。又与幼帝及统军顺国王挞览合势以攻定州，余众直抵深、祁以东。又从阳城淀缘胡卢河踰关，南抵瀛洲城下，兵势甚盛，后与幼帝亲鼓众急击，矢集城上如雨。复自瀛洲抵贝、冀、天雄，南宋惶遽，驾亲幸澶渊，然后为谋主，至遣王继忠通好，及所得岁币，亦后之谋也。[③]

元朝史官对辽朝后妃的军事才能评价颇高：

---

① 向南：《辽代石刻文编》，石家庄：河北教育出版社 1995 年版，第 517 页。

② 参见孙伟祥博士学位论文《后族与辽朝政治研究》，吉林大学 2015 年。

③ 叶隆礼撰，贾敬颜、林荣贵点校：《契丹国志》卷一三《后妃传·景宗萧皇后》，北京：中华书局 2014 年版，第 162 页。

辽以鞍马为家，后妃往往长于射御，军旅田猎，未尝不从。如应天之奋击室韦，承天之御戎澶渊，仁懿之亲破重元，古所未有，亦其俗也。[①]

当然，不仅仅是萧姓后妃，在有辽一代诸次对外御敌或平叛战争中，后族出身的诸多将帅也都立下了赫赫战功，著名的即有萧敌鲁、萧室鲁、萧阿古只、萧翰、萧思温、萧挞凛、萧孝穆，等等。

二是每当皇位暂缺或即位皇帝年少，或在位皇帝体弱多病，或皇帝离宫御驾亲征时，皇后或皇太后均要垂帘摄政或临朝执政，最终，或使皇权平稳交接，或使朝政机器正常运转。如辽太祖天显元年（926）七月，辽太祖耶律阿保机灭渤海国后，在班师途中猝死扶余城，当时皇太子耶律倍正留在新建立的东丹国主政，大元帅耶律德光正忙于带兵镇压渤海遗民的反辽叛乱。在此皇位暂时空缺的特殊情况下，述律平作为已故皇帝的妻子和皇后，毅然决然地担负起了临时主持朝政的重任。史载："太祖崩，后称制，摄军国事。"[②]

辽太宗耶律德光即位后，亦经常率军离开本土南征，每至此，朝政便由其母述律太后暂时代理。"太宗南入大梁，述律后专秉国事。"[③]

协助生病的丈夫处理朝政的是景宗皇后萧燕燕。萧燕燕本名萧绰，小字燕燕，是北府宰相萧思温的女儿，嫁与景宗耶律贤为贵妃，并很快被册封为皇后，即景宗睿智皇后。萧燕燕作为妻子和皇后，在替生病的丈夫——景宗皇帝处理朝政的过程中，表现出了一位女政治家的卓越才能和精明干练。史载，景宗"自幼得疾，沉疴连年"，即位后，"婴风疾，多不视朝"[④]。诸多政事，景宗只是"点头"，具体操作完全交给了睿智皇后：

燕燕皇后以女主临朝，国事一决于其手。大诛伐、大征讨，番汉诸臣集众共议，

---

① 脱脱等：《辽史》卷七一《后妃传·论》，北京：中华书局1974年版，第1207页。

② 脱脱等：《辽史》卷七一《后妃传》，北京：中华书局1974年版，第1200页。

③ 叶隆礼撰，贾敬颜、林荣贵点校：《契丹国志》卷一三《后妃传·太宗萧皇后》，北京：中华书局2014年版，第160页。

④ 叶隆礼撰，贾敬颜、林荣贵点校：《契丹国志》卷六《景宗皇帝》，北京：中华书局2014年版，第69、65页。

皇后裁决，报之知帝而已。[①]

《辽史·景宗纪》亦云：保宁八年（976）二月，景宗皇帝曾“谕史馆学士，书皇后言亦称‘朕’暨‘予’，著为定式”[②]。景宗死后，十二岁的耶律隆绪即位，是为辽圣宗。圣宗年幼，便理所当然地由其母承天太后（即景宗睿智皇后萧燕燕）临朝摄政。《辽史·圣宗纪》即载：辽景宗乾亨四年（982）九月，“皇后奉遗诏摄政，诏谕诸道”[③]。辽圣宗统和元年（983）七月，“皇太后听政”[④]。《契丹国志》亦云：辽圣宗统和二十七年（1009），承天太后“归政于帝，未逾月而崩。临朝二十七年”[⑤]。承天太后临朝称制时间久长，她用自己作为一代女政治家的聪明才智，为辽朝社会的全面发展与进步，做出了卓越贡献，深为当时与后世人所称颂。

再说弊的一面。也就是以皇（太）后为核心的后族强行干政，最终致皇权不稳，政争激烈，对辽朝社会的发展与进步产生了不利影响。这主要表现也有两个方面：

一是以己之见干涉皇位继承——以述律太后为例。

契丹族早期的原始汗位“世选制”对辽朝前期的皇位继承影响很大，这也为皇太后干预皇位继承人的选拟提供了先决条件。比如，太祖皇后述律平，即曾在“世选”遗风的影响下，干预过太宗、世宗两任皇帝的选立。辽太祖耶律阿保机在生前即已确立了长子耶律倍为皇太子。太祖死后，在述律太后的干预下，却另立了次子耶律德光为新君。《契丹国志》载：

太宗讳德光，太祖第二子也。其母述律氏。……太祖崩于夫余，后欲立之，至西楼，命帝与突欲（耶律倍）俱乘马立帐前，谓诸酋长曰：“二子吾皆爱之，莫知所立，汝曹择可立者执其辔。”酋长知其意，争执帝辔。后曰：“众之所欲，

---

① 叶隆礼撰，贾敬颜、林荣贵点校：《契丹国志》卷六《景宗皇帝》，北京：中华书局2014年版，第69页。

② 脱脱等：《辽史》卷八《景宗纪上》，北京：中华书局1974年版，第95页。

③ 脱脱等：《辽史》卷一〇《圣宗纪一》，北京：中华书局1974年版，第107页。

④ 同上，第111页。

⑤ 叶隆礼撰，贾敬颜、林荣贵点校：《契丹国志》卷一三《后妃传·景宗萧皇后》，北京：中华书局2014年版，第163页。

吾安敢违。”遂立为天皇王，称帝，即位。[①]

述律太后借用契丹之传统，改立了自己喜欢的次子为新君，并使之从表面看上去合理又合法。耶律德光即位后，原皇太子耶律倍遭受排挤和打压，最终含恨渡海，客死他乡。

后来，辽太宗耶律德光死于灭晋归国途中，众将领出于多种考虑，推选了随行的耶律倍之子、永康王耶律阮为新皇帝，即辽世宗。可是，身在上京的述律太后却想立自己的小儿子耶律李胡为皇帝。当她听说众将领已立耶律阮为新君，非常气愤，“遣李胡将兵击之”[②]。双方对垒于潢河两岸，一场内战即将爆发。最后，在大臣耶律屋质的调解下，述律太后与耶律阮达成了和解，这才化解了危机，避免了一场皇族内部的骨肉相残。

二是夫亡即残害异己，摄政则任人唯亲，不满就阴谋废立——以钦哀皇后为例。

圣宗钦哀皇后是兴宗皇帝的生母，“圣宗崩，令冯家奴等诬仁德皇后与萧浞卜、萧匹敌等谋乱，徙上京，害之。自立为皇太后，摄政”[③]。钦哀皇后家族与仁德皇后家族同为辽朝中期萧氏后族中的两大家族。圣宗驾崩，兴宗即位，身为皇帝母亲的钦哀太后为了自己家族的利益，便对后族的另一家族举起了屠刀，不仅残害了仁德皇后，而且还株连了仁德皇后的家人，包括仁德皇后的兄弟、北府宰相萧浞卜（又名萧绰布），仁德皇后的堂兄弟、国舅萧匹敌（又名萧绍宗）等多人被处死，家属被籍没。

钦哀太后在圣宗驾崩及兴宗即位后亦曾仿效其婆母承天太后的临朝听政模式，但她的所作所为，却无法同承天太后相媲美。《辽史·兴宗纪》载：“皇太后听政，帝（兴宗）不亲庶务，群臣表请，不从。”[④]

在钦哀太后听政的三年里，她任人唯亲，专权滥杀，影响极坏。《契丹国志》即云：

后残忍阴毒，居丧未及一年，先朝所行法度变更殆尽。……毛克和等四十人，

① 叶隆礼撰，贾敬颜、林荣贵点校：《契丹国志》卷二《太宗嗣圣皇帝上》，北京：中华书局2014年版，第13页。

② 脱脱等：《辽史》卷七二《宗室传》，北京：中华书局1974年版，第1213页。

③ 脱脱等：《辽史》卷七一《后妃传》，北京：中华书局1974年版，第1203页。

④ 脱脱等：《辽史》卷一八《兴宗纪一》，北京：中华书局1974年版，第213页。

> 后家奴隶，咸无劳绩，皆授防、团、节度使；至于出入宫掖，诋慢朝臣，卖官鬻爵，残害番汉。……淫虐肆行，刑政弛紊，南北面番汉公事率其弟兄掌握之。凡所呈奏，弟兄聚议，各个弄权，朝臣朋党，每事必知。[①]

钦哀太后不仅干政，而且对已经成年的儿子兴宗皇帝亦严加控制与监视，皇权之威严已丧失殆尽。兴宗皇帝曾无奈地哀叹："我贵为天子，而与囚同答状耶？"[②]

随着钦哀系萧氏后族势力的迅速上升，他们与耶律氏皇族的矛盾开始激化。于是，钦哀太后便有了要废黜兴宗而另立少子重元（宗元）为帝的谋议。《辽史·后妃传》即云：钦哀"后阴召诸弟议，欲立少子重元，重元以所谋白帝"[③]。毫无疑问，钦哀太后阴谋废立皇帝之事应该是得到了其家族成员的赞同的。但由于重元的告发，钦哀太后及其家族的阴谋才没有得逞。《辽史·萧孝先传》载：辽兴宗重熙"三年，太后与孝先谋废立事，帝知之，勒卫兵出宫，召孝先至，谕以废太后意。孝先震慑不能对。迁太后于庆州"[④]。钦哀太后干政的时间虽短，但后果很严重。《契丹国志》即云："太后临朝凡四年，兴宗方幽而废之，契丹已困矣。"[⑤]

世间的任何事情都会有利、弊两个方面。元代史官在对辽朝耶律氏皇族与萧氏后族联合执政的利、弊进行分析时即云：

> 辽之秉国钧，握兵柄，节制诸部帐，非宗室外戚不使，岂不以为帝王久长万世之计哉。及夫肆叛逆，致乱亡，皆是人也。有国家者，可不深戒矣乎！[⑥]

---

① 叶隆礼撰，贾敬颜、林荣贵点校：《契丹国志》卷一三《后妃传·圣宗萧皇后》，北京：中华书局2014年版，第163、164页。

② 叶隆礼撰，贾敬颜、林荣贵点校：《契丹国志》卷八《兴宗文成皇帝》，北京：中华书局2014年版，第86页。

③ 脱脱等：《辽史》卷七一《后妃传》，北京：中华书局1974年版，第1203页。

④ 脱脱等：《辽史》卷八七《萧孝先传》，北京：中华书局1974年版，第1333页。

⑤ 叶隆礼撰，贾敬颜、林荣贵点校：《契丹国志》卷一三《后妃传·圣宗萧皇后》，北京：中华书局2014年版，第164页。

⑥ 脱脱等：《辽史》卷一一四《逆臣传下》，北京：中华书局1974年版，第1517页。

二、汉族韩氏与契丹萧氏联姻：民族同化基础上的统治实力扩增

辽朝汉族韩姓世家大族有两个：一是安次（今河北廊坊）韩延徽家族，一是玉田（今河北玉田）韩知古家族。本节所论之“韩氏”专指后者。韩知古家族与辽之兴衰存亡相始终。韩知古本是契丹建国前被契丹军队俘掠北上的中原汉人，时仅六岁即为述律氏家奴。述律平嫁阿保机，韩知古作为陪嫁媵臣，来到了阿保机身边。因其“善谋有识量”，便得到阿保机的赏识与重用，最终官至中书令，成为太祖朝佐命功臣之一。韩知古之后，韩氏子孙世代为官，家族地位十分显赫，成为仅次于契丹耶律氏和萧氏的辽朝第三世家大族。诚如宋人路振《乘轺录》所云，辽“耶律、萧、韩三姓恣横”[①]。同时，该家族成员很早即被纳入辽朝统治核心范围之内，成为该统治集团的重要组成部分。如韩知古的儿子韩匡嗣，景宗朝官至南京留守、摄枢密使；韩匡嗣的儿子韩德让，圣宗朝官至两院枢密使、大丞相；韩氏第四代韩制心，官至四十万兵马都总管、南院大王；第五代韩涤鲁（契丹名耶律宗福），官至西北路招讨使、南府宰相；等等。直至辽末金初的韩企先，仍以进士身份仕佐两朝。

有辽一代，韩氏家族之所以地位显赫，家族成员世代为官从政，并深得最高统治者的青睐和信任，重要原因之一，就是韩氏家族从第一代韩知古开始，即与契丹萧氏联姻通婚，并使汉族韩氏家族成员逐渐契丹化。

汉族韩氏与契丹萧氏联姻通婚，韩氏家族男子多迎娶契丹萧氏女子为妻。如韩氏家族第一代韩知古即娶契丹萧氏女子为妻。据刘凤翥、乌拉熙春等人释读契丹文《耶律（韩）高十墓志铭》及《韩敌烈墓志铭》等得知，韩知古的契丹名为迪里姑鲁，契丹字为延你，他的妻子为契丹欧古妮萧氏，名欧妮·迈扎。[②]

从韩氏家族第二代韩匡嗣开始，出土的辽代石刻汉文墓志更清晰地记载了历代韩氏家族男子娶契丹萧氏女子为妻的实况。如韩匡嗣娶妻萧氏。辽圣宗统和三年（985）

---

① 赵永春编注：《奉使辽金行程录》，长春：吉林文史出版社 1995 年版，第 16 页。

② 参见唐彩兰、刘凤翥、康立君《契丹小字（韩敌烈墓志铭）考释》，《民族语文》2002 年第 6 期；乌拉熙春《韩知古家族世系考》，《立命馆文学》591 号，2005 年 10 月。

的《韩匡嗣墓志》即载：

> 公（韩匡嗣）娶兰陵萧氏，封陈国夫人。以柔顺睦诸姻，故诸姻称其德；以圣善训诸子，故诸子克其家。①

辽圣宗统和十一年（993）的《韩匡嗣妻秦国太夫人墓志》亦云：

> 唯兹萧氏，世称茂族。或为后，或为妃，或为夫人，皆出此一宗……时秦王（韩匡嗣）方在妙龄，绰有英概，历选华援（媛），爰□好逑。乃于积善之门，大协于飞之兆。②

韩氏家族第二代除韩匡嗣之外，其弟韩匡美的三个妻子亦均娶自契丹萧氏。

韩氏家族第三代、韩匡嗣之子韩德威的两任妻子均是契丹萧氏之女。辽圣宗统和十五年（997）的《韩德威墓志》即云："公（韩德威）前后夫人萧氏，出濯龙之胄，协鸣凤之兆。"③

另据考释契丹文《耶律（韩）高十墓志铭》后得知，韩匡嗣的其他几个儿子，如韩德源、韩德庆、韩德冲、韩德凝、韩德昌等亦均娶妻于契丹萧氏。此外，韩匡美之子韩瑜的两个妻子亦为契丹萧氏之女。辽圣宗统和九年（991）的《韩瑜墓志》云：韩瑜"始娶夫人萧氏，先亡……继室夫人萧氏，诚叹未亡，礼无再嫁"④。辽圣宗开泰六年（1017）的《韩相墓志》记载，韩匡胤之子韩琬之次妻亦为契丹萧氏女子。⑤

韩氏家族第四代、韩德威之子韩雱金（契丹名耶律遂正）的妻子为契丹萧氏女子。辽圣宗太平七年（1027）的《耶律遂正墓志》记载：韩雱金"娶兰陵王之女，后加薛国夫人"⑥。"兰陵"为中原萧姓郡望，辽朝契丹萧氏亦攀附之。韩德昌之子韩郭三（契丹名耶律遂忠）两妻均为契丹萧氏之女。据辽兴宗重熙六年的（1037）《耶律遂忠墓志》

---

① 向南、张国庆、李宇峰辑注：《辽代石刻文续编》，沈阳：辽宁人民出版社2010年版，第24页。（参见本书附录图版八）

② 同上，第30页。

③ 同上，第35页。

④ 向南：《辽代石刻文编》，石家庄：河北教育出版社1995年版，第95页。

⑤ 同上，第151页。

⑥ 向南、张国庆、李宇峰辑注：《辽代石刻文续编》，沈阳：辽宁人民出版社2010年版，第68页。

及契丹文《耶律（韩）高十墓志铭》记载，耶律遂忠先妻解里夫人萧氏，出身契丹后族国舅小翁帐；次妻贵哥别胥萧氏，出身契丹后族国舅帐。韩琬之子韩相，次妻亦为契丹萧氏之女。辽圣宗开泰六年（1017）的《韩相墓志》即载："府君……复娶兰陵萧氏，疾以奉药，死乃侍丧。"[①]

韩瑜之子韩椅，两任妻子均为契丹萧氏之女。辽兴宗重熙六年（1037）的《韩椅墓志》记载，韩椅"凡三娶"，"先夫人萧氏"，"继室萧氏"[②]。

韩氏家族第五代韩雱金（契丹名耶律遂正）长子耶律（韩）元佐，两任妻子均是契丹萧氏之女。辽道宗大康九年（1083）的《耶律元佐墓志》即载：

> 公先娶大丞相枢密使晋国王萧孝睦第二女，封陈国夫人，年五十有一而终。后娶北府宰相萧善宁女，封韩国夫人。[③]

韩雱金（契丹名耶律遂正）次子韩涤鲁（契丹名耶律宗福）亦娶契丹萧氏女为妻。辽道宗咸雍八年（1072）的《耶律宗福墓志》即载："别婿乃大国舅帐保安统军普你□□□女也。"[④]

"别婿"是辽代已婚女子契丹语封号的音译，此指宗福之妻。另据《耶律遂忠墓志》《耶律（韩）高十墓志铭》等记载，耶律（韩）遂忠之子冯家奴、挞不里、楚不古、高家奴、高十等人亦均娶契丹萧氏女子为妻。

韩氏家族第六代、耶律（韩）宗福之子耶律（韩）承训、耶律（韩）承规、耶律（韩）承道均娶契丹萧氏女子为妻。辽道宗咸雍八年（1072）的《耶律宗福墓志》即载：

> 所生四男：长曰承训，安国军节度使、检校太尉，妇曰兜哥，大国舅陈王之女，受封兰陵郡夫人；次曰乌斡，未冠而逝；次曰承规，礼宾副使、左散骑常侍，妇曰斡里本，亦国舅帐胡都姑太师之女；次曰承道，率府副率，妇曰蒙哥里，前

---

① 向南：《辽代石刻文编》，石家庄：河北教育出版社 1995 年版，第 151、152 页。

② 同上，第 206 页。

③ 向南、张国庆、李宇峰辑注：《辽代石刻文续编》，沈阳：辽宁人民出版社 2010 年版，第 177 页。

④ 同上，第 142 页。

国舅胡都浑相公之女。[①]

韩氏家族第七代、耶律(韩)承训三子均娶契丹萧氏女为妻。辽道宗咸雍八年(1072)的《耶律宗福墓志》即载：

长男承训，有子三人：长曰斡里钵，娶得大国舅帐摆太师之女吊里为妇。……次曰主里者，娶得大国舅帐达古只太尉之女道剌为妇。□□乌斡，娶得乌欲踵古里北府宰相之孙女阻古只为妇。[②]

耶律（韩）承规四子中有二人娶契丹萧氏女为妻。辽道宗大安七年（1091）的《萧乌卢本娘子墓志》记载：

次男乌鲁姑，侍得乌猥帐双古里宰相男撒八将军女乌特赖……小男浑不鲁，侍得大国舅帐乌骨你宰相男阿古衔内女安哥。[③]

萧乌卢本娘子为耶律（韩）承规夫人，又名萧斡里本。

韩氏家族女子大都嫁给契丹萧氏男子为妻。比如，韩氏家族第二代韩匡嗣有七女，其中有两女即嫁契丹萧姓男子。辽圣宗统和三年（985）的《韩匡嗣墓志》即云：墓主韩匡嗣之女“一适辽兴军节度使、太尉、同政事门下平章事萧猥恩。一适大国舅弟萧罕”[④]。第四代耶律(韩)遂正有三女，其中两女嫁契丹萧氏男子。辽圣宗太平七年(1027)的《耶律遂正墓志》记载：

生八女。长曰，适奚太师为夫人，先亡；次曰，适大国舅为妇也；次二女在室；次曰，适兰陵王第二子也。余皆早亡。[⑤]

韩椅生四女，其中有两女嫁契丹萧氏男子。辽兴宗重熙六年(1037)的《韩椅墓志》记载：

先夫人生二女，长早亡；次适左□军将军萧乞得。继室萧氏生三女，一适护

---

① 向南、张国庆、李宇峰辑注：《辽代石刻文续编》，沈阳：辽宁人民出版社2010年版，第142、143页。

② 同上，第143页。

③ 同上，第205页。（参见本书附录图版一五）

④ 同上，第24页。（参见本书附录图版八）

⑤ 同上，第69页。

卫将军萧朱（未）。[①]

另据《耶律遂忠墓志》等记载，墓主耶律（韩）遂忠有三女嫁契丹萧氏男子。辽道宗咸雍八年（1072）的《耶律宗福墓志》亦载，墓主韩氏家族第五代耶律（韩）宗福之长女嫁契丹大国舅萧姓男子为妻。韩氏家族第六代耶律（韩）承训之女都椀嫁契丹后族大国舅帐杨吴八为妻。耶律（韩）承规女乌特懒嫁契丹后族萧氏大国舅帐萧撒八里为妻。[②]

汉族韩氏与契丹萧氏的世代联姻，首先便导致汉族韩氏家族的契丹化以及契丹萧氏的汉化，亦即所谓的民族同化。有学者认为，汉族韩氏家族的契丹化与契丹人的汉化有所区别，前者属于民族同化的性质，后者“则是儒化的性质”。也就是说，契丹人汉化“不是血统的汉民族化，而是在意识形态方面接受汉文化，在统治方式上充分接受了中原政权相关制度的成果，在文化方面接受儒家文化”。[③]笔者以为，汉族韩氏与契丹萧氏的联姻是双向的，单从血统同化方面而言，双方是对等的，即通过双方几代人的联姻通婚，汉族韩氏家族已融入了越来越多的契丹人血统，契丹萧氏家族也同样融入越来越多的汉人血统。其他方面也大致相类。因而，辽文化是一种在同一地域内多元生态环境影响下民族认同后的“中和文化”[④]。

联姻通婚后的韩氏家族开始契丹化，除了从遗传学角度呈现的契丹血统渐浓外，还有以下几种表现[⑤]：

---

① 向南：《辽代石刻文编》，石家庄：河北教育出版社 1995 年版，第 206 页。

② 向南、张国庆、李宇峰辑注：《辽代石刻文续编》，沈阳：辽宁人民出版社 2010 年版，第 143 页。

③ 王玉亭：《从辽代韩知古家族墓志看韩氏家族契丹化问题》，《北方文物》2008 年第 1 期。

④ 在广袤无垠的契丹辽国大地上，草原游牧与田园农耕之生态共存，很多地方都是两种生态环境交汇互通。比如在辽上京地区，契丹人游牧的辽阔草原上亦存在着一片片由中原汉族移民开发的农耕“插花田”；在上京道北部草原地带也存在着戍边屯田者开垦的一块块农田。而在以农耕为主的南京道与西京道北部沿长城一带的浑河谷地，亦存在着契丹人开辟的“群牧”马场。所以，在这种复合的生态环境下，游牧文化与农耕文化的影响应是相互和等同的，不存在谁“化”了谁，或谁被谁所“化”的问题，最终只能是两种文化的“融会中和”，生成了一种新的文化，它既不是契丹文化，也不是汉文化，而是新鲜的“辽文化”。（参见拙文《略论辽代契丹和汉文化的“中和”及其原因》，《北方民族》1989 年第 2 期）

⑤ 参见于超学位论文《辽代玉田韩氏家族研究》，长春师范大学 2014 年。

一是姓和名的契丹化。韩氏家族被赐予皇族耶律姓始于第三代韩德让辅佐圣宗时期。《辽史》记载，韩德让在辽圣宗统和二十二年（1004）时“徙王晋，赐姓，出宫籍，隶横帐季父房后，乃改赐今名”[①]。以韩德让为代表的韩氏家族被赐姓耶律，出土辽代石刻文字资料亦有记载。如辽圣宗太平七年（1027）的《耶律遂正墓志》即云：韩匡嗣“第四子讳隆运，官至大丞相，以位极人臣，上赐国姓，兼连御署，故与天子同姓耶律”[②]。此后，韩匡嗣一系韩氏子孙很多都改姓耶律。见诸出土辽代石刻文字资料者，如韩匡嗣第七子本名韩德凝，后改名耶律隆祐；韩德威之子名耶律遂忠、耶律遂正、耶律遂宁、耶律遂恭；韩德昌之子名耶律遂忠（郭三）；耶律遂正之子名耶律元佐、耶律宗福；耶律遂忠（郭三）之子名耶律元佐（高十）；耶律宗福之子名耶律承训、耶律承规、耶律承道；耶律元佐（谢十）之子名耶律度剌。

韩氏家族被赐耶律姓的同时，其成员除有汉语名外，亦有契丹名或字。如辽圣宗统和二十九年（1011）的《耶律隆祐墓志》即云：“公讳隆祐，字道宁。”[③]

“道宁”即耶律隆祐（韩德凝）的契丹字。辽道宗咸雍八年（1072）的《耶律宗福墓志》还追溯了墓主父祖几代人的契丹名：

> 王讳宗福，氏出国姓，官载副书。时有史，家有谍，两皆明白，不烦备纪。高祖讳延你，仆射令公，夫人曰麽散。曾祖讳天你，秦王，夫人曰挐思。烈祖讳普你，招讨侍中，夫人曰拈母浑。其三祖母所出族望，皆王公之贵介，秦晋之逑匹也。烈考何你，惕隐相公，皇妣夫人曰北也，徒欲驸马大王之长女也。[④]

由此即知，韩知古及其夫人的契丹名分别为延你和麽散，韩匡嗣及其夫人的契丹名分别为天你和挐思，韩德威及其夫人的契丹名分别为普你和拈母浑，耶律（韩）遂

---

① 脱脱等：《辽史》卷八二《耶律隆运传》，北京：中华书局1974年版，第1290页。
② 向南、张国庆、李宇峰辑注：《辽代石刻文续编》，沈阳：辽宁人民出版社2010年版，第68页。（新近于辽宁北镇医巫闾山出土的《耶律隆运［韩德让］墓志》亦有相类记载）
③ 同上，第51页。（参见本书附录图版一〇）
④ 同上，第141页。

正及其夫人的契丹名分别为何你和北也。[①]

此外，有关学者据契丹小字《耶律（韩）高十墓志铭》亦曾考释、解读出韩德源、韩德彰、韩德让、韩德冲、韩德凝、韩德昌、韩德晟、耶律遂忠、耶律高十及其夫人、子女的契丹名字。[②]

二是身份地位的契丹化。韩氏家族因与契丹后族萧氏的世代联姻通婚，家族成员的政治地位不断提升，于是，到第三代韩德让辅政期间，除被赐耶律姓外，同时还得到了出宫籍脱离私奴身份、隶横帐季父房后变为皇族的特殊待遇。

上已述及，契丹建国前，述律平之兄欲稳随阿保机征掠中原蓟州，少年韩知古被俘掠至契丹，成为述律氏的家奴。述律平嫁阿保机，韩知古作为陪嫁媵臣，来到阿保机身边。后来，他虽因才能显露而得到辽太祖的重用，官至中书令，赐佐命功臣，但其隶宫籍的私奴身份并没有改变。至景宗朝，韩知古之子韩匡嗣官拜南京留守、西南面招讨使，封燕王，但他及其家族成员的身份仍一如从前。直至韩德让辅佐圣宗母子，功高盖世，才获得改变身份之良机。究其原因，除了韩德让的能力与功劳外，与韩氏家族同契丹后族萧氏世代联姻，主动靠近并融入契丹，民族融合程度渐次加深也有很大关系。

显示韩氏家族身份改变、地位提高的另一个显著标志是韩德让有了相当于皇帝及个别皇太后、皇太弟才有资格建的斡鲁朵（宫卫）——文忠王府。有辽一代二百余年，契丹皇帝、皇太后及皇太弟共建有十二个斡鲁朵，加上韩德让的文忠王府，共计十三个。可见，韩德让已经享受与契丹皇帝、个别皇太后及皇太弟相类的待遇，其身份、地位已非同一般。

此外，辽有头下州，是为契丹皇族、后族中有大军功者以被俘中原汉人等而建的

---

① 然笔者以为，统和二十二年（1004）韩氏被赐契丹耶律姓之前，韩氏族人不大可能有契丹名字，《辽史》中的《韩知古传》《韩匡嗣传》及《韩匡嗣墓志》等均未见他们的契丹名与字。《耶律宗福墓志》中出现的韩知古、韩匡嗣等人的契丹名字，应该是撰志刻石时根据他们的汉语名所作契丹语音译写或追加的契丹名汉译。

② 刘凤翥、青格勒：《辽代〈韩德昌墓志铭〉和〈耶律（韩）高十墓志铭〉考释》，《国学研究》第 15 卷，北京：北京大学出版社 2005 年版。

私人州城。《辽史·地理志》即云：

> 头下军州，皆诸王、外戚、大臣及诸部从征俘掠，或置生口，各团集建州县以居之。横帐诸王、国舅、公主许创立州城，自余不得建城郭。[①]

然而，韩氏家族成员中竟也有被特例准许建立“头下州”者，那就是韩匡嗣和他的私城全州[②]。此即表明，自韩匡嗣开始，韩氏家族的政治地位确已开始提升。

三是习用契丹文字，接受契丹婚俗。随着汉族韩氏与契丹萧氏不间断的联姻通婚，韩氏家族成员中说契丹语、懂契丹文者应不在少数，如韩氏家族第三代的佼佼者韩德让即是其中之一。《辽史·耶律隆运传》即载：韩德让“侍景宗，以谨饬闻，加东头承奉官，补枢密院通事”[③]。所谓“通事”即是翻译。辽朝的“通事”一般由通契丹语、懂契丹文的汉人担任。这就是说，早在景宗朝，刚刚入仕的年轻韩德让即已通晓契丹语言和文字。从韩氏家族第四代开始，大多数家族成员已改用契丹耶律姓，他们中通晓契丹文的肯定不少。考古资料证明，有些韩氏家族成员死后，已用汉文和契丹文两种文字分别书写墓志铭。

辽代契丹人的婚姻习俗很特殊，盛行不限尊卑辈分的婚配方式，其中比较典型的就是甥舅婚。随着汉族韩氏家族的契丹化程度加深，韩氏族人也接受了契丹人的这一婚俗。如韩氏家族第六代耶律承规（韩涤鲁）娶萧乌卢本（又名萧斡里本）为妻。萧乌卢本是耶律承规（韩涤鲁）的姐姐当哥夫人与萧胡都古太师所生之女，按辈分是耶律承规（韩涤鲁）的外甥女，因此二人即是典型的甥舅配。还有耶律承规（韩涤鲁）的儿子乌鲁姑，其妻萧乌特赖娘子是耶律承规（韩涤鲁）次女耶律（韩）乌独赖的女儿，二人结婚亦是甥舅配。[④]

四是尚武骑射，建立军功。韩氏家族也可以被定性为军功世家，历代韩氏入仕子弟，大多为高级武职，他们在御敌戍边、擒贼平叛等军事行动中，作战英勇，功勋卓著。

---

① 脱脱等：《辽史》卷二七《地理志一》，北京：中华书局 1974 年版，第 448 页。
② 脱脱等：《辽史》卷一三《圣宗纪四》，北京：中华书局 1974 年版，第 141 页。
③ 脱脱等：《辽史》卷八二《耶律隆运传》，北京：中华书局 1974 年版，第 1289 页。
④ 参见乌拉熙春《辽金史与契丹女真文》，东亚历史研究会 2004 年 6 月，第 117 页。

这与该家族世代与契丹萧氏通婚，迅速契丹化不无关系。契丹人尚武，善骑射，便从血缘基因及文化传承两个方面影响了韩氏族人。可以说，从韩氏家族第一代韩知古开始，韩氏族人便开始了尚武骑射、军功起家的过程，比如韩知古。辽太祖耶律阿保机为消除契丹南下中原作战的后顾之忧，曾亲率蕃汉诸将，东灭渤海国，韩知古亦随军参战。《辽史·韩知古传》即云：知古“与康默记将汉军征渤海有功，迁中书令”[①]。韩知古之子韩匡嗣，“善骑射”，景宗朝，以南京留守身份参与了辽国对北宋的作战，尽管战事偶有失误，但事后他仍被委以方面重任：“国家以天下方理，河西未平，资其定远之谋，委以专征之柄，授兼西南面招讨使。”[②]

韩匡嗣之子韩德威，仕景、圣两朝，官至西南面五押招讨大将军。韩德威经常统兵出征，智勇双全，战无不胜。辽圣宗统和十五年（997）的《韩德威墓志》言其：

陈借筯之谋，膺推毂之拜。员半千三阵，孰测深机；诸葛亮七擒，咸钦秘略。戢兵禁暴，拓土开疆。铸柱标名，乃立征蛮之绩；囊沙决胜，克彰破赵之功。[③]

韩德威在率军征讨叛离之党项，抗击北伐之赵宋等重大军事行动中，均取得了胜利：

于是，西河之部落咸宁，其家族称臣而内附也。土番之酋长请结其婚姻，事大以来庭也。[④]

再如韩德威之子耶律（韩）遂正，也是一员猛将，“一斗胆万人无敌，三尺剑四海知名”[⑤]。韩匡美之子韩瑜，仕穆、景、圣三朝，“生而魁伟，幼有端良。雅好大谋，卓闻奇节。趋庭就傅，学诗礼以检身；筮仕勤王，便骑射而成性”[⑥]。在与宋军争夺长城口的战斗中，他身先士卒，壮烈殉国。此外，韩氏家族成员中任武职者还有很多，如韩知古第五子韩匡美任南京统军使；韩匡嗣次子韩德庆任左监门卫将军，第七子韩德凝任西南面五押大将军；韩德威之孙韩涤鲁任西北路招讨使；韩德冲之子韩制心任

① 脱脱等：《辽史》卷七四《韩知古传》，北京：中华书局1974年版，第1233页。
② 向南、张国庆、李宇峰辑注：《辽代石刻文续编》，沈阳：辽宁人民出版社2010年版，第24页。
③ 同上，第35页。
④ 同上，第35页。
⑤ 同上，第68页。
⑥ 向南：《辽代石刻文编》，石家庄：河北教育出版社1995年版，第94页。

四十万兵马都总管；韩涤鲁之子韩燕五任南京步军都指挥使；等等。王玉亭先生在其《辽代韩德昌及其子嗣职官述略——兼论玉田韩第五代权势问题》一文中，还考证出韩匡嗣第九子韩德昌的后代中有多人出任不同级别的武职。这些均反映了韩氏家族在尚武、军功方面的契丹化表现。

辽朝玉田韩氏家族通过与契丹萧氏世代联姻通婚，加速了契丹化进程，并逐渐融入契丹，其家族成员中的政治及军事精英被契丹统治集团所接纳，成为该集团中的重要成员，结果是使契丹统治集团的实力大大增强。如果说韩知古由家奴身份的陪嫁媵臣一跃而成为太祖朝的佐命功臣，韩匡嗣出任南京留守、西南面招讨使，已为辽朝统治者所青睐和看重，在某些方面为辽朝统治者服务，做出了较大贡献的话，那么到了圣宗朝的韩德让（契丹名耶律隆运），已经成为担当辅政大任的股肱与栋梁。圣宗皇帝年少即位，年轻寡母萧绰摄政，宗室贵族觊觎皇位，契丹政坛波诡云谲。圣宗与太后母子果断重用韩德让，朝政危机才得解除。《辽史·耶律隆运传》即云："景宗疾大渐，（韩德让）与耶律斜轸受顾命，立梁王为帝，皇后为皇太后，称制，隆运总宿卫事，太后益宠任之。"韩德让得到重用后，便将自己视作契丹统治集团之一员，兢兢业业，殚心竭力，外御强敌，内肃朝纲，辽朝社会开始走向了新的发展阶段，封建化最终在圣宗朝得以完成。文武双全的韩德让功不可没，"太后喜曰：'进贤辅政，真大臣之职。'优加赐赉。"①

自统和十二年（994）始，韩德让任北府宰相，领枢密使，监修国史，被赐兴化功臣；此后，又拜大丞相，总南北二枢密院事，揽契丹辽国军政大权于一身，可谓位极人臣矣！

圣宗朝之后，还有韩氏家族成员陆续加入契丹统治集团，任两府宰相及其他重要官职者仍不在少数。如辽圣宗开泰六年（1017）的《韩相墓志》即云：韩氏家族"代生贤相，世出名王，建带河砺岳之功，居列鼎累茵之贵"②。辽兴宗重熙六年（1037）的《韩椅墓志》亦载：韩氏家族成员"谱系于国姓，其余戚属族人，拜使相者七，任

① 脱脱等：《辽史》卷八二《耶律隆运传》，北京：中华书局1974年版，第1290页。
② 向南：《辽代石刻文编》，石家庄：河北教育出版社1995年版，第151页。

宣猷者九，持节旄，绾符印，宿卫交戟，入侍纳陛者，实倍百人”[①]。由此可见一斑。

三、汉人世家大族间的联姻：汉官集团的族群性延续与稳固

辽朝汉人世家大族中最具代表性的，就是元以后盛传之韩、刘、马、赵四大家族。如王恽《秋涧先生大全集》卷七三《题辽太师赵思温族系后》即云：“辽氏开国二百载，跨有燕云，雄长夷夏。虽其创业之君规模宏远，守成之主善于继述，亦由一时谋臣猛将，与夫子孙蕃衍众多，克肖肯构，有以维持蕃翰而致然也……迄今燕之故老，谈勋阀富盛，照映前后者，必曰韩、刘、马、赵四大族焉。”

当代学者所言辽朝韩、刘、马、赵四大家族，一般是指韩知古（或韩延徽）家族，刘六符家族，马人望（或马德臣、马保忠、马直温）家族，赵思温（或赵德钧）家族。[②]钩沉文献史料及出土辽代石刻文字资料，有辽一代，汉人世家大族还远不止这四姓九大家族，应该还包括刘承嗣家族、耿崇美家族、王悦家族、张俭家族、杜防家族、姚景行家族、郑弘节家族、梁援家族、孟初家族、梁颖家族、康默记家族、室昉家族、邢抱朴家族、王泽家族、丁文逌家族，等等。

出土辽代石刻文字资料比较详细地记载了有辽一代汉人世家大族间的联姻通婚状况。比如韩知古家族，除了上述比较稳固地与契丹萧氏联姻外，同时也存在与其他汉人世家大族联姻现象。有辽一代，韩氏家族成员中不时有与其他汉人世家大族联姻通婚者。如韩匡嗣的女儿中即有一人嫁给了耿氏家族成员，即耿崇美的儿子耿绍纪。辽圣宗统和三年（985）的《韩匡嗣墓志》即云：墓主韩匡嗣“有女七人，一适昭义军节度使、太傅耿绍纪”[③]。辽圣宗开泰九年（1020）的《耿延毅墓志》亦有相类记载，并毫无掩饰地炫耀通过世家大族联姻而反映出的家族地位与自豪感：

> ……累赠太尉、左羽林统军讳绍纪，乃考也。燕京留守、尚父秦王季女，累

---

① 向南：《辽代石刻文编》，石家庄：河北教育出版社 1995 年版，第 204 页。

② 王善军：《世家大族与辽代社会》，北京：人民出版社 2008 年版，第 106 页。

③ 向南、张国庆、李宇峰辑注：《辽代石刻文续编》，沈阳：辽宁人民出版社 2010 年版，第 24 页。（参见本书附录图版八）

赠陈国太夫人耶律氏，乃妣也。大丞相、晋国王、赠太傅、谥文忠，乃伯舅也。齐天彰德皇后，乃姨兄妹也。[①]

耿延毅是耿绍纪之子，官至户部使。“燕京留守、尚父秦王”即韩匡嗣。该墓志之所以称韩匡嗣的女儿为“耶律氏”，是为此时韩匡嗣之子韩德让已被赐姓耶律之故。而官至“大丞相”的“伯舅”正是韩德让（契丹名耶律隆运）。圣宗“齐天彰德皇后”萧氏，为平州节度使萧隗因之女，其母为韩德让之姊妹，与耿延毅之母亦是同胞姊妹。

再如韩氏家族第六代韩相，前妻“彭城刘氏”[②]，虽不明具体出身，但依辽朝门第婚姻习俗，肯定也是豪族，不排除为刘六符或刘承嗣家族女子。再如韩氏家族第八代韩瑞，娶妻“清河张氏”，或即张俭家族女子。同时，韩瑞有“儿妇二，耿氏、王氏”[③]。其中“耿氏”可能是耿崇美家族女子。

出土辽代石刻文字资料反映，刘承嗣家族成员与其他汉人世家大族联姻亦常见。如刘承嗣之子刘宇杰的两任妻子均来自他姓大族。辽圣宗统和十八年（1000）的《刘宇杰墓志》即云：墓主刘宇杰“先夫人太原郡王氏，早逝。始亏偕老之征，终起同穴之叹。今夫人清河郡张氏，礼仪合度，柔顺宜家”[④]。王氏可能来自王悦或王师儒家族，张氏或出自张俭家族。刘宇杰六女中有二人嫁入他姓世家大族：“长适清河张氏，次二人早亡，次出家，次适天水赵氏。”[⑤]

赵思温家族与赵德钧家族均以天水为郡望，[⑥]所以刘宇杰之女可能是嫁入了赵思温家族，或是赵德钧家族，总之都应是汉人世家大族。

刘宇杰之子刘日泳娶妻亦选择官宦家族女子。如辽兴宗重熙十五年（1046）的《刘

---

① 向南：《辽代石刻文编》，石家庄：河北教育出版社 1995 年版，第 159 页。

② 开泰六年（1017）《韩相墓志》// 向南：《辽代石刻文编》，石家庄：河北教育出版社 1995 年版，第 151 页。

③ 大安八年（1092）《韩瑞墓志》// 向南：《辽代石刻文编》，石家庄：河北教育出版社 1995 年版，第 449 页。

④ 向南：《辽代石刻文编》，石家庄：河北教育出版社 1995 年版，第 107 页。

⑤ 同上。

⑥ 如应历八年（958）的《赵德钧妻种氏墓志》即称种氏为“天水赵公夫人”；清宁六年（1060）的《赵匡禹墓志》称赵匡禹（赵思温之孙）为“天水郡赵公”。（见向南《辽代石刻文编》，石家庄：河北教育出版社 1995 年版，第 21、299 页。）

日泳墓志》即载：墓主刘日泳“妻二人。先娶燕京故永兴宫□□使梁公之孟女……次娶故翰林使李公之仲女”。刘日泳的儿子们娶妻亦如此：“仲曰从举，娶故尚药奉御李公之长女。季曰从文，娶燕京故制衙提辖使梁公之孟女。……次曰湘……娶故兴中府节度使左威上将军韩公之仲女。次曰济，娶故尚药奉御庄公之六女。”① 总之，都是汉人官宦人家女子。

其他汉人世家大族亦与之相类，也都有家族男性成员迎娶他姓大族女子为妻，或有女子嫁给他姓大族男子为妻之现象。如耿氏家族中的耿延毅，两任妻子均是韩知古家族女子，且二人为姑侄关系。辽圣宗开泰九年（1020）的《耿延毅墓志》即云：

先娶陈国太夫人之弟、武定帅、赠侍中女，封漆水郡夫人，早卒。有一女，初笄未嫁。侍中元配梁国太夫人曰：“吾甥婿也，勿他娶！”遂以侄继之，袭封漆水郡夫人。大横帐、惕隐、漆水郡王乃父也。②

耿延毅前妻有墓志出土。辽圣宗统和三十年（1012）的《耿延毅妻耶律氏墓志》云：

夫人耶律氏，本姓韩……赐耶律氏，与国同姓焉……列考讳德冲，武定军节度使、检校太师、同政事门下平章事、赠侍中。③

韩德冲（崇）为韩匡嗣之子。据向南先生考证，耿延毅的次妻为韩制（直）心之女，韩德冲（崇）的孙女。耿延毅与次妻生有一子二女，子名知新，十五岁便不幸天折，但有墓志出土。辽圣宗太平七年（1027）的《耿知新墓志》也反映了耿氏家族与韩氏家族、韩氏家族与契丹萧氏的联姻实况：

齐天彰德皇后之姨兄，乃考也。封漆水郡夫人耶律氏，乃慈母也。大横帐、燕京留守、燕王、移镇南王、累增陈国王，乃外祖父。封陈国迤逦免夫人，乃外祖母也。左千牛卫小将军，乃孟舅也。崇德宫汉儿渤海都部署、银青崇禄大夫、检校司空，乃仲舅也。帅府将军，乃季舅也。④

---

① 向南：《辽代石刻文编》，石家庄：河北教育出版社 1995 年版，第 245 页。
② 同上，第 160 页。
③ 同上，第 142、143 页。
④ 同上，第 185 页。

齐天彰德皇后的母亲与耿延毅的母亲同为韩匡嗣之女，故言耿知新的父亲耿延毅为齐天彰德皇后之姨兄；漆水郡夫人耶律氏即韩制（直）心之女、耿知新的母亲；燕京留守、燕王即韩制（直）心为耿知新的外祖父；陈国迤逦免夫人萧氏是耿知新的外祖母。

又如王氏家族中的王悦，娶妻赵氏，是王氏家族与赵思温家族的联姻。辽圣宗统和二十三年（1005）的《王悦墓志》即云："公（指王悦）娶室天水郡赵氏，保静军节度使、太保匡尧之长女。"[①]赵匡尧为赵思温之孙。

张俭家族与郑弘节家族、王景运家族的联姻。张俭的长女嫁王景运为妻，次女嫁郑弘节为妻。辽兴宗重熙二十二年（1053）的《张俭墓志》载：墓主张俭有"女二人，长适故前进士、起居郎、知制诰、东京户部副使王景运。次适故前进士、翰林学士、给事中、知制诰郑弘节"[②]。而张俭的侄子张嗣复（张俨子）又娶郑弘节女儿为妻。天祚帝天庆三年（1113）的《马直温妻张馆墓志》即云：

父讳嗣复……母曰晋国夫人郑氏……乃唐末谏议大夫云叟之后，翰林学士、赠侍中（郑）弘节之女，左丞相、洛京留守、尚父、陈王张俭之外孙，故相国、赠中书令（郑）颛之姊。[③]

而郑弘节的长子郑颉又娶王景运之女为妻。辽道宗大安元年（1085）的《郑颉墓志》亦记述了张、郑、王三大汉人家族联姻之实况：

兄讳颉……翰林学士（郑）弘节之长子也。……母张氏，左丞相、守太师、中书令、尚父、陈王讳（张）俭，齐国夫人于氏之季女。……妹四人，长适同中书门下平章事兼侍中（张）嗣复。次出家。次适太子校书郎石钦讷。次适阁门祇候李供。嫂王氏，户部副使（王）景运之女。[④]

---

① 向南：《辽代石刻文编》，石家庄：河北教育出版社1995年版，第113页。
② 同上，第268页。
③ 同上，第634页。
④ 向南、张国庆、李宇峰辑注：《辽代石刻文续编》，沈阳：辽宁人民出版社2010年版，第179、180页。

韩延徽家族与杜防家族、王师儒家族的联姻。韩延徽家族第五代有名韩造者，[①] 其二女一嫁杜防家族成员杜悆，一嫁王师儒。杜悆为杜防之侄孙，仕道宗、天祚两朝，官至枢密院副使、翰林侍读学士等职。杜悆的次妻即韩造之女。天祚帝天庆十年（1120）的《杜悆墓志》即云：

> 公（杜悆）先娶故逸士孙克矩女，故启圣军节度使克构侄也。早承□封邑，遽叹逝川。后妻故守太子太师、同中书门下平章事、判三司使事、赠中书令韩造第三女。人或议曰："昌黎氏，数百年间为幽燕之大族矣。"诗云："食鱼必鲂。"古人所谓之，岂期特□明公以为之。果然洎丝萝一结，鸾凤长和，累封至昌黎郡夫人。[②]

王师儒亦仕道宗、天祚两朝，官至诸行宫都部署。王师儒的妻子是韩造的另一个女儿。天祚帝天庆四年（1114）的《王师儒墓志》即云："夫人故同中书门下平章事、判三司使事、兼赠中书令韩造之女，以公累封至丰国夫人。"[③]

可见，同朝为官的杜悆与王师儒已成连襟关系。

李继成家族与室昉家族、马德臣家族、韩延徽家族的联姻。李氏家族亦为辽朝燕云官宦世家。据辽兴宗重熙十三年（1044）的《李继成暨妻马氏墓志》记载：

> 大王父讳无裕，辽兴军掌书记。王父讳審藁，安次县令。烈考讳凝，卢龙军观察判官、左补阙。咸以遗爱在人，修德洁己。阴功萃于王室，余庆流于私门。公即观察补阙之嗣子，枢密使、守太保、政事令、尚父、文献王昉之外孙。夫人室氏所出。[④]

由此可知，李继成的父亲娶室昉之女为妻，形成了李、室两大家族的联姻。后来，李继成娶马德臣之女为妻，又形成了李、马两大家族的联姻；李继成的一个女儿、两个孙女均嫁韩延徽家族男子，又促成了李、韩两大家族的联姻。辽兴宗重熙十三年（1044）

---

① 咸雍五年（1069）《韩资道墓志》// 向南：《辽代石刻文编》，石家庄：河北教育出版社 1995 年版，第 334 页。

② 向南、张国庆、李宇峰辑注：《辽代石刻文续编》，沈阳：辽宁人民出版社 2010 年版，第 306 页。（参见本书附录图版五）

③ 向南：《辽代石刻文编》，石家庄：河北教育出版社 1995 年版，第 647 页。

④ 向南、张国庆、李宇峰辑注：《辽代石刻文续编》，沈阳：辽宁人民出版社 2010 年版，第 87 页。

的《李继成暨妻马氏墓志》即云：

> 夫人即宣政殿学士、同政事门下平章事马得臣之长女。……女一人，岐国夫人，适故尚书左仆射、中书门下平章事、兼侍中韩绍芳。……孙女二人，长适故南院宣徽、太子少傅韩绍升次男、礼宾副使（韩）遹。次适故仆射侍中韩绍芳次男（韩）遘。[①]

韩绍芳、韩绍升均为韩延徽之曾孙。

辽朝汉人世家大族又可称为汉人官宦世家大族，因为每一家族成员多是世代为官，绵延不绝。官宦人家讲究婚姻的门当户对，这应是辽朝汉人世家大族之间联姻通婚历二百余年而未间断的原因之一。出土辽代石刻文字资料中常见此类描述。如辽圣宗统和三十年（1012）的《耿延毅妻耶律氏墓志》中即见“王公贵胄，秦晋成姻”之字样。[②]这就是说，官宦世家之间有类于秦与晋之好，地位平等，门户相当，有联姻通婚的先决条件。另，辽道宗寿昌三年（1097）的《张公恕妻陈氏墓志铭》阐述了颍川陈氏族人的择偶观。颍川陈氏亦为辽朝汉人世家大族，如出仕兴、道两朝的陈颢，曾官至太子太保，封颍川郡开国公。张公恕妻子陈氏的父亲陈昭裕曾任北安州兴化县令。陈颢为陈氏之叔祖。《张公恕妻陈氏墓志铭》云：

> （陈氏）仅笄，叔祖宫保尝谓所亲曰：“是女也，有容德，宜于士族间选有闻人即称其俪。吾闻清河张文宗有子曰公恕，字仁先，嗜学，富文藻，矫矫有立，实凤毛也，可妻之。”由是，遂归于张氏。[③]

张氏家族也是世家大族，张公恕的父亲名张郁，字文宗，官至鸿胪少卿，他的两任妻子均来自天水赵氏家族，亦属门当户对的大族联姻。

辽朝汉人世家大族间缔结门第婚姻的一个重要目的，就是要使婚姻双方能够在政治上互为利用，巩固与增强各自的政治势力与地位，最终实现自己家族的绵延持久，长盛不衰。出土辽代石刻文字资料中常见有如此意愿的文字表述。如耿氏家族与韩氏家族联姻，耿延毅娶韩德冲之女为妻，辽圣宗统和三十年（1012）的《耿延毅妻耶律

---

① 向南、张国庆、李宇峰辑注：《辽代石刻文续编》，沈阳：辽宁人民出版社 2010 年版，第 88 页。
② 向南：《辽代石刻文编》，石家庄：河北教育出版社 1995 年版，第 144 页。
③ 齐伟、都惜青：《辽张公恕妻陈氏墓志考释》，《苏州文博论丛》总第 2 期，2011 年。

氏墓志》志文中即有“弥切附萝之势，勉从超乘之选。二姓合好，克符鸣凤之占；百两言归，允协乘龙之庆”[①]之语，即反映了汉人世家大族谋求联姻通婚，互为攀附，强强联合的意愿。的确，这种汉人世家大族间的不间断联姻，政治上的共同利益，强烈地支撑着一个个汉人世家大族或久盛不衰，或衰而不绝。韩延徽家族即是显例之一。天祚帝天庆十年（1120）的《杜悆墓志》作者在记载杜防家族的成员杜悆娶韩延徽家族成员韩造之女为妻、实现杜氏家族与韩氏家族联姻后，借时人之言即表白：“昌黎氏，数百年间为幽燕之大族矣！”[②]

有辽一代二百余年，如果我们以大约七十年左右之时间长度画线，将辽朝划分为前、中、后三期：前期大约为太祖、太宗、世宗、穆宗和景宗朝（907—982），中期大约为圣宗和兴宗朝（983—1054），后期大约为道宗和天祚帝朝（1055—1125）。梳理《辽史》“列传”和出土辽代石刻文字资料（辽人墓志铭）记载，笔者发现，在辽朝前期由某些汉人世家大族成员构成的汉官集团，到辽朝中期乃至后期，该集团的主要家族成员“姓氏构成”仍比较稳定；即便有变化，集团的多数家族成员也是至少活跃在两个时段（或早、中期，或中、晚期，均长达一个半世纪左右）。而汉人世家大族间世代互通婚姻，应该是造成这一后果的条件之一。

以见载于《辽史》“纪”“传”及出土辽代石刻文字资料，能大致确定其为官时间者为例，我们看看辽朝三大阶段汉官集团的家族成员构成情况（以中、高级官员为主）。

韩知古家族与韩氏汉官集团

辽朝前期韩氏汉官集团成员：韩知古，彰武军节度使、中书令；韩匡业（献），天成军节度使；韩匡嗣，西南面招讨使、晋昌军节度使；韩匡祐，临海军节度使；韩匡美，燕京统军使、天雄军节度使；韩匡胤，户部使、镇安军节度使；韩德冲，户部使、威胜军节度使；韩德源，始平军节度使。

辽朝中期韩氏汉官集团成员：韩德让，枢密使、兼侍中；韩德威，西南面招讨使；

① 向南：《辽代石刻文编》，石家庄：河北教育出版社1995年版，第143页。

② 向南、张国庆、李宇峰辑注：《辽代石刻文续编》，沈阳：辽宁人民出版社2010年版，第306页。

韩德冲，威胜军节度使、户部使；韩德凝，大同军节度使；韩瑜，内客省使；韩琬，辽兴军节度使；耶律（韩）遂正，辽兴军节度、惕隐；耶律（韩）遂忠，忠顺军节度使。

辽朝后期韩氏汉官集团成员：韩椅，宣徽南院使；耶律（韩）元佐（谢十），保大军节度使、惕隐、侍中；耶律（韩）宗福，南府宰相、崇德宫使、惕隐；耶律（韩）元祐，奉先军节度使；耶律（韩）高家奴，南院宣徽使；耶律（韩）高十，辽兴军节度使；耶律（韩）元佐，河西军节度使；耶律（韩）承训，安国军节度使；耶律（韩）承规，礼宾副使。

辽朝韩知古家族成员虽然契丹化程度较深，但其仍属汉官集团的重要组成部分，并贯穿于整个辽朝三大阶段，长盛不衰，而且韩知古第九世孙韩企先，韩企先之子韩铎，由辽入金，跨越两大王朝，分别官至尚书右丞相及顺天军节度使。

赵思温家族与赵氏汉官集团

辽朝前期赵氏汉官集团成员：赵思温，燕京留守、卢龙军节度使；赵延照，永清军节度使；赵延祚，燕京留守；赵延卿，大同军节度使；赵延威（宁），保静军节度使；赵延光，顺义军节度使；赵延玉，彰国军节度使。

辽朝中、后期赵氏汉官集团成员：赵匡禹，遂州观察使；赵为臣，西南面安抚副使；赵为果，天德军节度使；赵为干，沂州刺史；赵为航，保静军节度使；赵渍，宁昌军节度使；赵公谨，龙虎卫上将军；赵镕，镇国上将军；赵居常，骠骑将军。

韩延徽家族与韩氏汉官集团

辽朝前期韩氏汉官集团成员：韩延徽，南府宰相、尚书令；韩德枢，南院宣徽使、政事令；韩佚，始平军节度使；韩倬，宣徽北院使、镇安军节度使。

辽朝中、后期韩氏汉官集团成员：韩绍勋，东京户部使；韩绍芳，广德军节度使；韩绍升，崇义军节度使；韩绍文，太子太师、同中书门下平章事；韩逑，诸行宫都部署；韩造，诸宫制置使；韩资让，崇义军节度使；韩资道，六宅副使；韩资顺，崇义军节度使。

刘承嗣家族与刘氏汉官集团

辽朝前期刘氏汉官集团成员：刘守奇，平州刺史、横海军节度使；刘承嗣，兴州刺史、左骁卫将军；刘宇杰，彰武军节度副使；刘宇一，彰武军节度使；刘宇平，利州观察使；刘申正，内省使。

辽朝中、后期刘氏汉官集团成员：刘日泳，宿州刺史、中京绫锦使；刘善，庆州节度副使；刘亨，怀州节度使；刘爱，西京商税点检使；刘日用，涿州刺史；刘宏，宁昌军节度使（后仕金）。

耿崇美家族与耿氏汉官集团

辽朝前期耿氏汉官集团成员：耿崇美，武定军节度使；耿绍忠，上京副留守；耿绍纪，户部副使。

辽朝中、后期耿氏汉官集团成员：耿延毅，户部使。

王悦家族与王氏汉官集团

辽朝前、中期王氏汉官集团成员：王郁，龙化州节度使、明殿左相；王庭鹗，龙化州节度使；王庭阮，左千牛卫大将军；王裕，崇义军节度使；王悦，宁远军节度副使；王式，涿州刺史；王瓒，积庆宫汉儿副部署。

辽朝后期仕宦情况不明。

张俭家族与张氏汉官集团

前期仕宦情况不明。

辽朝中、后期张氏汉官集团成员：张俭，枢密使、左丞相；张嗣复，左仆射、兼侍中；张嶧，秦州团练使；张屺，给事中、知秘书监；张峤，忠顺军节度副使。

杜防家族与杜氏汉官集团

辽朝前期仕宦情况不明。

辽朝中、后期杜氏汉官集团成员：杜防，右丞相；杜公谔，翰林学士；杜公谓，南府宰相、知枢密院事；杜悆，参知政事。

郑弘节家族与郑氏汉官集团

辽朝前期仕宦情况不明。

辽朝中、后期郑氏汉官集团成员：郑从范，左散骑常侍；郑弘节，翰林学士、临潢少尹；郑颉，知永兴彰愍宫提辖司事；郑虞，尚书；郑颛，昭文馆直学士、宰相；

郑硕，右拾遗、史馆修撰。

梁援家族与梁氏汉官集团

辽朝前期梁氏汉官集团成员：梁文规，吏部尚书、防御使；梁廷嗣，宁远军节度使。

辽朝中期仕宦情况不明。

辽朝后期梁氏汉官成员：梁援，知枢密院事、监修国史。

刘六符家族与刘氏汉官集团

辽朝前期刘氏汉官集团成员：刘景，户部使、南京副留守；刘慎行，北府宰相、监修国史。

辽朝中、后期刘氏汉官集团成员：刘二玄，上京留守；刘三嘏，驸马都尉；刘四端，驸马都尉、枢密直学士；刘五常，三司使、武定军节度使；刘六符，三司使、长宁军节度使；刘霄，中京留守；刘彦宗，知枢密院事（后仕金）。[①]

由上，辽朝汉人世家大族中，韩知古家族成员、赵思温家族成员、韩延徽家族成员、刘承嗣家族成员、耿崇美家族成员、梁援家族成员等仕宦为官，均贯穿于整个辽代；王悦家族成员、张俭家族成员、杜防家族成员、郑弘节家族成员、刘六符家族成员等仕宦为官，或在辽朝前、中期，或在辽朝中、后期。所以，有辽一代的汉官集团即由这些汉人世家大族成员构成，相对比较稳定。王善军教授是研究辽朝世家大族的专家，他认为，传统的人治社会，婚姻是家族间在政治上结成利益集团的主要手段之一。辽朝世家大族的婚姻对象较为固定，门第观念强烈。世家大族之间互为婚姻，从而形成婚姻政治集团，这对其家族地位的维持具有重用作用。[②]

的确，辽朝汉人世家大族间的相互联姻，即形成了以韩、刘、马、赵四姓九大家族为骨干，联合其他姓氏家族，世代相传、比较稳固的汉族官僚集团，为辽朝契丹统治者制定的“因俗而治”国策能够一以贯之的顺利执行，创造了合适的政治环境。

---

① 以上参见脱脱等《辽史》“列传”（北京：中华书局 1974 年版），向南《辽代石刻文编》（石家庄：河北教育出版社 1995 年版），向南、张国庆、李宇峰辑注《辽代石刻文续编》（沈阳：辽宁人民出版社 2010 年版）及王恽《秋涧集》卷四八《卢龙赵氏家传》（《四部丛刊本》）等。

② 王善军：《世家大族与辽代社会》，北京：人民出版社 2008 年版，第 299 页。

四、余论

辽朝世家大族之间的联姻，除上述几种模式之外，还有一种亦需阐述，那就是契丹皇族耶律氏、后族萧氏与韩知古家族之外的其他汉族世家大族，以及与渤海世家大族、奚人世家大族间的联姻通婚。比如，辽朝契丹皇帝有纳汉人、渤海人世家大族女子为后妃的情况。辽世宗耶律阮有两任皇后，第一任皇后甄氏，就是后唐宫人出身。[①] 辽圣宗耶律隆绪的嫔妃中有出身汉族世家大族者多人。《辽史·圣宗纪》即云：辽圣宗开泰二年（1013）正月，圣宗诏令，"以马氏为丽仪，耿氏淑仪，尚寝白氏昭仪，尚服李氏顺仪，尚功艾氏芳仪，尚仪孙氏和仪"。[②] 其中"耿氏淑仪"即出身耿崇美家族，是耿崇美的孙女。耿氏父名耿绍忠，母耶律氏，"北王之息女也"。耿氏与圣宗生有皇子一人，名耶律宗愿，官至泰宁军节度使、临潢尹事等。耿氏在圣宗死后出家为尼，死后被追赠"寂善大师，赐紫"，有墓志铭出土。[③] 由淑仪耿氏之母为耶律姓"北王之息女"可知，汉人耿崇美家族与契丹皇族耶律氏早有通婚关系（此耶律氏应非出自赐姓耶律的韩氏家族）。另据《辽史·公主表》记载，辽景宗耶律贤的嫔妃中有出身渤海世家大族者，姓氏不详；辽圣宗耶律隆绪的嫔妃中也有出身渤海世家大族者，姓大氏。而景宗、圣宗所生之公主、郡主等，又有多人下嫁汉人、渤海人以及奚人世家大族子弟。如辽景宗耶律贤第四女淑哥，母渤海妃，嫁汉人卢俊；辽圣宗耶律隆绪第八女长寿，母渤海大氏，嫁渤海人大力秋；圣宗第九女八哥，母汉人白氏，嫁汉人刘三嘏；圣宗第十女十哥，母汉人白氏，嫁奚人萧高九；圣宗第十一女擘失，母汉人白氏，嫁汉人刘四端；[④] 等等。

总而言之，辽朝上层社会不同民族、不同家族、不同姓氏间通过这种千丝万缕的血缘姻亲关系，结成了政治同盟或利益集团，相互帮援，互为利用，颇具特色的辽朝

① 脱脱等：《辽史》卷七一《后妃传》，北京：中华书局 1974 年版，第 1201 页。

② 脱脱等：《辽史》卷一五《圣宗纪六》，北京：中华书局 1974 年版，第 172 页。

③ 清宁九年（1063）《圣宗淑仪赠寂善大师墓志》// 向南、张国庆、李宇峰辑注：《辽代石刻文续编》，沈阳：辽宁人民出版社 2010 年版，第 119、120 页。（参见本书附录图版二〇）

④ 脱脱等：《辽史》卷六五《公主表》，北京：中华书局 1974 年版，第 1002~1006 页。

政治生态环境渐次形成，为辽朝政权的稳固和社会发展，奠定了基础，创造了条件。

然而，前已言之，事情往往是有一利必有一弊。世家大族联姻对辽朝政治的不利影响也是显而易见的。田广林先生即曾指出，辽朝几大家族把持政权机要，排斥了其他有识之士进入政权核心，难免使统治集团处于孤立状态；实行高门集团内婚制，避免不了会加剧最高统治阶层内部的权力之争；世家大族间通过联姻通婚，结成了比较稳固的官僚统治集团，此后，其家族子弟不必积极进取（契丹贵族子弟大多通过世选制，汉官子弟大多通过荫补制——笔者注），即可坐致使相公卿，从而使辽朝统治集团成员素质渐次退化，肯定会影响官僚机构正常职能的有效发挥。[①] 笔者赞同田先生的观点。缘此，元代史家所言之“辽史耶律、萧氏十居八九，宗室、外戚，势分力敌，相为唇齿，以翰邦家，是或一道。然以是而兴，亦以是而亡”[②]，应该是有一定根据和道理的。

第二节　辽朝的赐婚现象

建立辽国的北方草原游牧民族契丹人的婚姻习俗比较独特。譬如皇族耶律氏与后族萧氏两姓互娶互嫁的婚姻制度。有辽一代，耶律姓九帝，除辽世宗两后之一的甄氏为汉人之外，其他诸帝的皇后，大多出自萧姓后族；而耶律姓公主，除少数特例之外，基本上都嫁给了萧姓男子。又譬如男女之间不限尊卑的婚配形式，即夫兄弟婚与长辈收继婚、妻姊妹婚及不论辈分的表亲联姻，等等，均与中原汉人婚俗大相迥异。除此之外，笔者检索出土辽代石刻文字资料，发现辽人婚姻中还有一种现象，即契丹皇帝或皇太后向臣下赐婚。辽朝契丹人特异之婚俗，此前包括笔者在内，已有多人研究过。[③] 但属于政治婚姻中的赐婚现象至今还未引起学者的关注。

---

① 田广林：《论契丹社会的等级婚姻》，《内蒙古社会科学》1999年第5期。

② 脱脱等：《辽史》卷六七《外戚表》，北京：中华书局1974年版，第1027页。

③ 向南、杨若薇：《论契丹族的婚姻制度》，《历史研究》1980年第5期；程妮娜：《契丹婚制婚俗探讨》，《社会科学战线》1992年第1期；岛田正郎著，何天明译：《辽代契丹人的婚姻》，《蒙古学信息》2004年第3期；武玉环：《论契丹族的婚俗与婚制》，《西南学院大学国际文化论集（16—2）》，西南学院大学学术研究所2002年2月。

一、出土石刻文字资料中所见赐婚之例证

辽朝契丹皇帝或皇太后向臣下赐婚，被赐之对象，既有契丹皇室贵族男子，也有汉人世家大族子弟。作为辽朝政治婚姻之一种，大多数被赐婚者应该是欣然接受，并对帝后感恩戴德；只有极少数人找借口不奉诏，最后则是鳏老终身。

例证一：太宗朝的高唐英

高唐英是圣宗朝永兴宫汉儿都部署高嵩的父亲，官至御史大夫，太宗朝被太宗皇帝赐婚，女方为契丹北大王帐女子耶律氏。辽圣宗统和十八年（1000）的《高嵩墓志》即云：

> 父讳唐英，落落神情，堂堂容貌。器惟美玉，口有雌黄。当结发以事君，最从微而至著。会嗣圣皇帝将开有晋，欲取三唐。知明敏以过人，委喉舌而禀命。乃特颁严诏，升为国通事，只在御前祗候转译。才更是岁，属混车书，就加国内汉儿都钤辖使。累受特进、检校太尉、兼御史大夫、上柱国，进封渤海县开国公，食邑八百户，列三公之位，冠五等之封。奉上惟勤，乂民有术。嗣圣皇帝察其所以，念彼忧劳，遂以北大王帐族姓女妻之，则夫人耶律氏之谓也。①

“嗣圣皇帝”，即辽太宗耶律德光。

例证二：景宗朝的梁廷嗣

梁廷嗣为道宗朝名臣、赵国公梁援的曾祖父，官至宁远军节度使，景宗朝被皇帝赐婚，女方为辽景宗做皇嗣时的养母孟氏。天祚帝乾统元年（1101）的《梁援墓志》即云：

> 公讳援，字辅臣，其先著籍于定州。四代祖讳文规，字德仁，官至吏部尚书，以太子太保致仕，寓居于燕台。天显中，我太宗孝武皇帝平一天下，既获谒见，一命授幽州军都指挥，宠锡殊厚。历天授穆宗朝，累功迁防御使。有二子，次曰廷嗣，宰范阳县。景宗登极，有龙潜之旧，诏养母夫人孟氏为之妻，并以大水泺之侧地四十里契丹人凡七户皆赐之。特授贵德州节度副使。尝以天授穆宗所赐衣带宝玉器币以进，价直钜万。及奏对称旨，拜宁远军节度使，恩赉甚厚。奏乞医巫闾山之近

---

① 向南、张国庆、李宇峰辑注：《辽代石刻文续编》，沈阳：辽宁人民出版社 2010 年版，第 37 页。

地永为别业，上嘉其内徙，命即赐之。……廷嗣有三子，季曰延敬，即王父也。内供奉班祗候，雅有德望，娶荆王女耶律氏。生子曰仲方，官至宥州刺史，公之考也。母郑氏，累赠齐国太夫人。[①]

“王父”，即祖父。

例证三：圣宗朝的韩椅

韩椅出身于契丹化了的汉人世家大族玉田韩氏，曾任宣徽南院使、归义军节度使等，圣宗朝被承天太后赐婚，女方为知檀州军州事张崇一之女。辽兴宗重熙六年（1037）的《韩椅墓志》即云：“今夫人张氏，左监门卫大将军、知檀州军州事崇一之女，承天皇太后赐也。”[②]

例证四：圣宗朝的耶律宗政

耶律宗政出身契丹皇族，为皇太弟耶律隆庆之子、辽圣宗耶律隆绪之侄，曾任武定军节度使、枢密使等，封魏国王，圣宗朝被皇帝赐婚，女方是他父亲耶律隆庆的嫔妃、自己的庶母、秦晋国妃萧氏。耶律宗政应该是厌恶“妻后母”，找借口不奉诏，赐婚未成。辽道宗清宁八年（1062）的《耶律宗政墓志》即云：

先是，圣宗皇帝藩戚间，逼王娶妃。王性介特，辞以违卜，不即奉诏。自是不复请婚，以至无子。[③]

例证五：约圣宗朝的刘二玄

刘二玄出身于幽燕汉人世家大族刘氏家族，其父刘慎行官至北府宰相。刘二玄为刘慎行次子，官“终上京留守”[④]，约于圣宗朝被皇帝赐婚，女方为耶律宗政未娶的秦晋国妃萧氏。辽道宗咸雍五年（1069）的《秦晋国妃墓志》即云：

故资忠弘孝神谋霸略兴国功臣、兵马大元帅、燕京留守、守尚书令、兼政事令、秦晋国王、赠孝贞皇太弟讳隆庆，即妃先出适之所天也。故资忠佐理保义翊

---

① 向南：《辽代石刻文编》，石家庄：河北教育出版社 1995 年版，第 519、520 页。

② 同上，第 207 页。

③ 同上，第 308 页。

④ 脱脱等：《辽史》卷八六《刘六符传》，北京：中华书局 1974 年版，第 1323 页。

圣同德功臣、开府仪同三司、守太傅、兼中书令、判武定军节度使、魏国王讳宗政，即妃奉诏所归之佳偶也。故忠亮竭节功臣、宣力佐国功臣、守太尉、兼中书令、鲁国公、赠太保、谥忠正刘二玄，即后有诏亲奉左右者也。[①]

秦晋国妃被赐婚给耶律宗政未果，才被再赐婚给刘二玄的，因而《秦晋国妃墓志》所云“故资忠佐理保义翊圣同德功臣、开府仪同三司、守太傅、兼中书令、判武定军节度使、魏国王讳宗政，即妃奉诏所归之佳偶也”与史实不符，当为撰志者的掩饰及讳美之辞。

二、被赐婚者应具备之条件

辽朝契丹皇帝或皇太后向臣下赐婚，原因虽各不相同，但通过分析、归纳，可大致了解被赐婚者应具备的基本条件：一是要有较显赫的家族背景，二是要有突出的政绩或军功。

比较显赫的家族背景应是被契丹皇帝或皇太后赐婚的前提条件。

契丹耶律姓皇族和萧姓后族是契丹辽国最高统治集团的核心，因而契丹耶律姓皇族和萧姓后族的显赫程度自不必说。而那些从辽初即开始辅佐历朝契丹皇帝的汉族、渤海族、奚族等世家大族，其子孙在辽世代为官，所以这些世家大族也是构成辽朝中央和地方各级政权的支柱与栋梁。换言之，辽朝显赫的耶律姓皇族、萧姓后族以及汉族、渤海族、奚族等世家大族子弟是辽朝政治婚姻——帝、后赐婚的首选对象。

以韩椅、刘二玄家族为例。

韩椅出身于辽朝契丹化了的汉人玉田韩氏家族，高贵而显赫。韩氏族人自太祖时期的韩知古始，经景宗朝的韩匡嗣、圣宗朝的韩德让（耶律隆运）、韩瑜等，多在中央或地方任职，不少人职高权重，辅佐历朝契丹皇帝，政绩与军功均十分突出。辽兴宗重熙六年（1037）的《韩椅墓志》对其显赫的家族背景及父祖先人的业绩等有过追述。如韩椅的曾祖韩知古：

---

① 向南：《辽代石刻文编》，石家庄：河北教育出版社 1995 年版，第 340、341 页。

我圣元皇帝凤翔松漠，虎视蓟丘。获桑野之媵臣，建柳城之冢社。威宣十乘，化被一隅。推忠契运宣力功臣、彰武军节度使、东南路处置使、开府仪同三司、守尚书左仆射、兼中书令讳知古，曾祖父也。魏之毕万，早称必复；鲁之僖伯，终谓有后；绍兴蕃衍，向用崇高。

祖父韩匡美：

协谋守正翊卫忠勇功臣、燕京统军使、天雄军节度使、开府仪同三司、赠守太师、兼政事令、行魏州大都督府长史、上柱国、业王讳匡美，祖父也。抱船骥之宏用，膺带砺之宗盟。高揭将坛，始縻王爵。

伯祖韩匡嗣：

西南路招讨、晋昌军节度使、行京兆尹、尚父、秦王讳匡嗣，伯祖父也。树鳌足之英标，传马眉之茂庆。列五鲭之鼎，峨七蝉之冕。

“从世父”韩德让（耶律隆运）：

大丞相、守太傅、晋国王、谥文忠，讳德让，赐名隆运，联其御讳也。赐姓耶律氏，属籍于宗室。特加殊礼，丕显大勋。与夫剑履上殿，几杖入朝者不侔矣，从世父也。

父亲韩瑜：

烈考讳瑜，内客省使、检校太傅、赠太尉。出征冀部，适次遂城。躬犯干戈，亲冒矢石。会前茅之崩沮，乘右校之退衄。奋不顾身，卒于用命。

总而言之，契丹化了的玉田韩氏家族，“谱系于国姓，其余戚属族人，拜使相者七，任宣猷者九，持节旄，绾符印，宿卫交戟，入侍纳陛者，实倍百人”。[①] 韩橁出身于如此显赫的世家大族，被承天皇太后赐婚应是必然的。

刘二玄出身幽燕汉人世家大族刘氏家族。据《辽史·刘景传》记载，刘氏先人于唐朝后期至五代之际即涉足官场。如刘景“四世祖怦，即朱滔之甥，唐右仆射、卢龙军节度使”。入辽后，刘氏族人便积极效忠于辽廷。刘景父亲刘守敬，官至“南京副留守”。刘景入仕之初，“燕王赵延寿辟为幽都府文学。应历初，迁右拾遗、知制诰，为翰林学士。……景宗即位，

① 向南：《辽代石刻文编》，石家庄：河北教育出版社 1995 年版，第 203、204 页。

以景忠实，擢礼部侍郎，迁尚书、宣政殿学士。……顷之，为南京副留守。时留守韩匡嗣因扈从北上，景与其子德让共理京事。俄召为户部使，历武定、开远二军节度使”[①]。刘景之子刘慎行，“由膳部员外郎累迁至北府宰相、监修国史。时上多即宴饮行诛赏，慎行谏曰：‘以喜怒加威福，恐未当。’帝悟，谕政府‘自今宴饮有刑赏事，翌日禀行。’为都统，伐高丽，以失军期下吏，议贵乃免”[②]。刘慎行官至北府宰相，刘氏家族已经跻身于辽朝汉人世家贵族阶层。刘二玄是刘慎行的次子。有这样显赫的家族背景，他被皇帝赐婚也是正常的（刘二玄的两个弟弟刘三嘏、刘四端俱尚公主，“为驸马都尉”）。

当事人突出的为官政之绩或杀敌之军功，则是被契丹皇帝或皇太后赐婚的必要条件。

辽朝契丹人入仕，靠的是世选和恩荫；汉人入仕，主要靠科举，当然也有走恩荫之路的。虽然契丹贵族人士和汉人世家子弟能够依靠显赫的家族背景“恩荫”入仕，但入仕之后能否一路迁升，最终功成名就，那就要靠自己了。只有经过不懈的努力和奋斗，或取得了政绩，或荣获了军功，才能得到最高统治者的赏识，不仅加官进爵，而且得到契丹皇帝或皇太后赐婚的机遇也会大大增加。

仍以韩椅为例。圣宗、兴宗朝的韩椅，尽管在仕宦生涯中曾经遭遇过一些波折，但他对契丹皇帝的忠心始终没有改变，他所取得的政绩与军功，都是可歌可泣、可圈可点的。他的一生，既是一个时常奉旨出使邻邦的职业外交家，也是在征伐及平乱战场上不断取得军功的称职将领，因而他得到承天皇太后的赐婚是必然的。

先看韩椅的出使外交之政绩。辽兴宗重熙六年（1037）的《韩椅墓志》记载了墓主韩椅一生出使西夏、北宋、沙州敦煌、高丽等地的不凡业绩。

出使西夏，册封李继迁为西夏国王，是在韩椅入仕后不久：

> 初授西头供奉官，迁御院通进。朔方分阃，河右称藩。九重曲降于玺书，一介载驰于册命。以公（韩椅）持节封李继迁为夏国王。洎星辕解鞅，驲鞚迴镳；

① 脱脱等：《辽史》卷八六《刘景传》，北京：中华书局1974年版，第1322页。

② 脱脱等：《辽史》卷八六《刘六符传》，北京：中华书局1974年版，第1323页。

入秦乾元，颇愿兑悦。

丁艰起复后出使北宋贺正，时间是在辽宋澶渊结盟后不久：

统和二十三年，运契戢櫜，时丁归放。募义广开于栗陆，含灵雅唱于葛天。赵宋氏致币结欢，歃牲修睦。将叶皇华之咏，简求专对之才。以公充贺正之副，达于汴都，三百万之宠锡也。

出使沙州敦煌，册封曹恭顺为敦煌王：

明年奉使沙州，册主帅曹恭顺为敦煌王。路岐万里，砂碛百程，地乏长河，野无丰草。过可敦之界，深入达妬。□囊告空，糗粮不继。诏赐食羊三百口，援兵百人，都护行李，直度大荒。指日望星，栉风沐雨。邮亭杳绝，萧条但听于鵽鸣；关塞莫分，坱漭宁知于狼望。旧疹忽作，以马为舆。适及岩泉，立傅王命。在腹之瘣，倏然破坠。公亦仆地，至夕乃苏，其疾顿愈。议者谓公忠劳所感，神之佑也。……孝宣皇帝敦谕久之，宠睠踰厚。赐白金二百两、毳布八十段、帛百匹。

出使高丽，贺高丽王生辰：

太平五年，鸡种贡材，鸭流通栈。师停下濑，兵罢渡辽。皇穹鞠育于大弓，列王赍陈于楛矢。乃命使高丽国，贺王询之诞辰也。

再使北宋，贺刘太后生辰“长宁节”，时间是在辽兴宗重熙二年（1033）：

未遑受代，复南使于宋，亦三百万之赐也。张旌即次，飞盖出疆。依然郊劳之仪，宛若馆谷之数。荐盟君好，绰布宾荣。使迴，迁宣徽北院使。[①]

再说韩椅征战之军功。《韩椅墓志》记载了韩椅征伐高丽、平定渤海遗民叛乱及辽沈地区剿匪获得军功之情况。辽圣宗统和二十八年（1010）五月，高丽西京留守康肇杀死国王王诵，擅立王诵从兄王询为国王，惹怒了高丽的宗主国契丹辽，辽圣宗下诏，出兵东征高丽，韩椅以骁骑部署之职随军出征：

旋以辰下弑君，秽驹作梗。万乘恭行于讨击，六师毕集于征伐。考诗书而谋帅，无右郄縠；委车骑而命将，率先窦宪。即授公左第一骁骑部署。军还，加左监门

① 向南：《辽代石刻文编》，石家庄：河北教育出版社1995年版，第204~206页。

卫大将军，知归化州军州事。

如果不是在此次征伐中立有军功，战后的韩椅不可能被加官升职。

辽圣宗太平九年（1029）八月，渤海遗民、辽东京舍利军详稳大延琳发动叛乱，辽圣宗诏命南京留守萧孝穆率军平叛，韩椅随军参战：

逆贼大延琳，窃据襄平，盗屯肃慎。鲸鲵横海，怒张吞小之喉；蛇豕凭江，暴启食中之吻。将以举泰山而压卵，登高屋以建瓴。本初围守于伯珪，文懿格张于仲达。假公押领控鹤、义勇、护圣、虎冀四军，充攻城副部署。贼平，就拜永清军节度，贝博冀等州观察处置。管押义勇军，住泊于辽东。诏赐银盆百两、细衣一副。

尽管战后韩椅迁升之职务是遥领虚衔，但仍属契丹皇帝对有军功者的褒奖范畴。

辽朝中后期，辽沈大地匪患比较严重，率军驻守沈州的韩椅，接着又进行了一次较大规模的剿匪行动，平灭了这里多年的匪患，确保了一方平安：

虎夷劾逆，鹤野罹灾；俘劫井闾，剽掠烽戍。来如蚊蚋，肆毒噬人；去若虺蜴，蓄奸伏莽。公乃指画方略，奋发雄图。截玄菟之要冲，贯紫蒙之扼束。筑垒一十七所，宿兵捍城，贼不西寇，公之力也。①

又如耶律宗政，一生为官地方，亦颇多政绩。辽道宗清宁八年（1062）的《耶律宗政墓志》即载：

太平元年冬，会行册礼，进阶特进。夏六月，判武定军节度、奉圣、归化、儒、可汗等州观察、处置、巡检、屯田、劝农等使。自是凡数岁间，连典巨镇，所至称治。

即便是在他婉拒圣宗赐婚之后，耶律宗政于兴宗、道宗执政时期，依然奋发有为，政绩十分突出：

（清宁）五年，再判辽兴军节度、平、滦、营等州观察处置等使。王（耶律宗政）至于是镇，则吏畏如神明，民爱如父母。军政戒之而后备，农事劝之而后修。周稔之间，其化大洽。②

① 向南：《辽代石刻文编》，石家庄：河北教育出版社 1995 年版，第 205、206 页。

② 同上，第 306、307 页。

再如太宗朝的高唐英，精通汉语和契丹语，辽太宗耶律德光率军南征中原，命他在驾前充任翻译。他“知明敏以过人，委喉舌而禀命”。因其业绩突出，战后他“升为国通事，只在御前祇候转译”，成了辽太宗身边的专职翻译。此后，更是他官爵的接连迁升——“列三公之位，冠五等之封”。也正是因为高唐英“奉上惟勤，乂民有术”[①]，因而才有太宗皇帝予以的赐婚之奖励。

当然，辽朝契丹皇帝或皇太后向臣下赐婚的条件还有其他，譬如被赐婚者与皇帝或皇太后的特殊关系等。如景宗朝的梁廷嗣，之所以被景宗皇帝赐婚，就是因为景宗耶律贤为皇储时，梁廷嗣在他身边服侍过，即所谓“龙潜之旧”[②]是也。

三、余论

辽朝契丹皇帝或皇太后向臣下赐婚，属于政治婚姻之一种，每一桩赐婚的背后，都蕴含着君臣之间的统治与服从、恩惠与效忠的微妙关系。当然，从最高统治者的统治目的出发，还不仅仅是这种赐婚与政治相关，其他形式的婚姻，也大都在是否有利于其统治方面不同程度地与政治发生了关系，这便是辽朝各种婚姻法律制度相继出台的主要原因。譬如，契丹辽国的统治核心是耶律姓皇族和萧姓后族，国家政权被牢牢地掌握在这两大家族手中，所谓“辽之共国任事，耶律、萧二族而已”[③]；“辽之禀国钧，握兵柄，节制诸部帐，非宗室外戚不使”[④]是也。因而，辽朝的最高统治者很早便制定并颁布过一系列关于契丹耶律、萧两姓婚姻的规章制度。比如，他们严禁契丹贵族与其他民族或下层平民通婚：

> 王族惟与后族通婚，更不限以尊卑；其王族、后族二部落之家，若不奉帝命，

---

① 统和十八年（1000）《高嵩墓志》//向南、张国庆、李宇峰辑注：《辽代石刻文续编》，沈阳：辽宁人民出版社 2010 年版，第 37 页。

② 乾统元年（1101）《梁援墓志》//向南：《辽代石刻文编》，石家庄：河北教育出版社 1995 年版，第 520 页。

③ 脱脱等：《辽史》卷一〇六《卓行传》，北京：中华书局 1974 年版，第 1467 页。

④ 脱脱等：《辽史》卷一一四《逆臣传下》，北京：中华书局 1974 年版，第 1517 页。

皆不得与诸部之人通婚。[①]

辽圣宗时更是规定，契丹“横帐三房不得与卑小帐族为婚；凡嫁娶，必奏而后行”[②]。

当然，为了贯彻执行“因俗而治”之国策，笼络契丹辽地的汉人为其统治服务，辽太宗耶律德光于会同三年（940）十二月，亦曾诏令“契丹人授汉官者从汉仪，听与汉人婚姻”[③]。同时，为了稳定边疆民族地区的政局，使边疆各民族尽心尽力地为契丹辽国耕牧戍边，辽太宗还于会同四年（941）正月诏令：“乙室、品卑、突轨三部鳏寡不能自存者，官为之配。”[④]

可见，所有与婚姻相关的法律规章，都同辽朝的政治或统治有关。

辽朝契丹人有卜婚之习俗，出土辽代石刻文字资料中多有记载。如辽兴宗重熙二十年（1051）的《平原公主墓志》中即见“应以好逑，卜为显媾”[⑤]之字样；天祚帝乾统七年（1107）的《梁国太妃墓志》亦载：

> 妃弱婉嫕有德色。既长，兴庙卜其偶，乃嫁皇舅讳留引兰陵郡王之子知微，后历官北府宰相，封宋国王。[⑥]

契丹人这种古老的卜婚习俗，在耶律宗政那里便成了他抵制圣宗皇帝赐婚、抗拒辽朝政治婚姻的唯一理由，但代价也是相当沉重的——不能再请婚，致其终生未娶而无子嗣。

第三节　辽朝人名反映的文化特征

《说文》释“名”：“自命也，从口从夕。夕者冥也，冥不相见，故以口自名。”

---

① 叶隆礼撰，贾敬颜、林荣贵点校：《契丹国志》卷二三《族姓原始》，北京：中华书局2014年版，第247页。

② 脱脱等：《辽史》卷一六《圣宗纪七》，北京：中华书局1974年版，第186页。

③ 脱脱等：《辽史》卷四《太宗纪下》，北京：中华书局1974年版，第49页。

④ 同上，第49页。

⑤ 拓本。

⑥ 向南、张国庆、李宇峰辑注：《辽代石刻文续编》，沈阳：辽宁人民出版社2010年版，第257页。

这就是说，名字是一个人的符号标记，以示区别于他者。古今中外，无论男女老少、贵贱高低，人人都有属于自己的名字。公元10—12世纪，由北方草原游牧民族契丹人建立的辽王朝，其境内的各族人等亦均有名。史实证明，人之名字，可以从某一侧面反映一个时代、一个地区某一族群或某个国家的社会文化特征。

一、以“奴”为名：中原贱名习俗之沿承

辽朝男子，上自帝王官贵，下至平民百姓，既有契丹人，也包括汉人，大都喜欢以“奴”字为名。比如辽朝的中兴之主辽圣宗耶律隆绪，“小字文殊奴”①。又如辽景宗之子、圣宗之弟、秦晋国王耶律隆庆，“番名菩萨奴”②。而《辽史・皇子表》却记：“隆庆，字燕稳，小字普贤奴。”③

但不管是“菩萨奴”还是“普贤奴”，耶律隆庆都是以“奴”为字的。此外，皇太弟耶律隆庆有子名“谢家奴”，有孙名“王家奴”“罗汉奴”④。

出土辽代石刻文字资料，更为普遍地反映了辽朝契丹人以“奴”字为名者。比如圣宗朝东京中台省左平章事耶律元宁：“有子三人，孟曰天王奴，……季曰宝奴。”⑤

辽朝东丹国左相耶律羽之有子亦名耶律元宁。此耶律元宁曾在圣宗朝官至三镇口巡检使，他有六子，其中四人以“奴”字为名：“长曰崇庆奴，次曰观音奴、慈氏奴、释加奴。”⑥

道宗朝契丹初鲁得部族节度使萧孝恭有三个儿子，其中两个以“奴”字为名：“长

---

① 脱脱等：《辽史》卷一〇《圣宗纪一》，北京：中华书局1974年版，第107页。

② 叶隆礼撰，贾敬颜、林荣贵点校：《契丹国志》卷一四《诸王传・孝文皇太弟》，北京：中华书局2014年版，第173页。

③ 脱脱等：《辽史》卷六四《皇子表》，北京：中华书局1974年版，第986页。

④ 脱脱等：《辽史》卷六六《皇族表》，北京：中华书局1974年版，第1022、1023页。

⑤ 统和二十六年（1008）《耶律元宁墓志》//向南、张国庆、李宇峰辑注：《辽代石刻文续编》，沈阳：辽宁人民出版社2010年版，第44页。

⑥ 开泰四年（1015）《耶律元宁墓志》//向南、张国庆、李宇峰辑注：《辽代石刻文续编》，沈阳：辽宁人民出版社2010年版，第58页。（参见本书附录图版一一）

曰消灾奴，次曰杨奴。”[①]

有辽一代，不仅是契丹人好以“奴”字为名，不少汉族人亦有此俗。如圣宗朝殿中侍御史宋公（因志石残损，只知其姓，不知其名），有七子，“或得龙驹之号，或称凤雏之奇，各负令名，盖锺馀庆”。其中最小的儿子即名“□庆奴”[②]。天祚朝东头供奉官王士方有三个侄子，其中一人名“兴寿奴”，一人名“亨寿奴”。王士方有三个孙子，最小的一个名“丰寿奴”[③]。天祚朝归化州（今河北宣化）平民张世古有四个孙子，其中两个亦以“奴”字为名：“仲曰通玄奴，季曰金光奴。”[④]

“奴”在古时是人的一种身份，为奴者地位低下卑贱。按说，“奴”字不应是人们取名的选择对象。但恰恰相反，就在辽之前的魏晋南北朝及隋唐时期，不论民族，不分地域，上自帝王，下至平民，曾一度风行过以“奴”字取“贱名”（或曰“恶名”）的习俗。如《晋书·石苞传》记载，西晋石苞之子石崇，生于青州，“小名齐奴”。《宋书·武帝纪》记载，南朝宋武帝刘裕“小名寄奴”。《陈书·后主纪》记载，南朝陈后主陈叔宝“小字黄奴”。

金蓬勃先生通过检索诸史文献，发现这一时期以“奴”字为小名的名人还有很多。如冉闵，小字“棘奴”；周谟，小字“阿奴”；陶侃之子陶范，小字“胡奴”；王导之子王劭，小名“大奴”；谢安之弟谢石，小字“石奴”；潘岳，小字“檀奴”；杨忠，小名“奴奴”；任忠，小字“蛮奴”；卢思道，小字“释奴”；李林甫，小字“哥奴”；李白之子小字“明月奴”；白居易之弟小字“金刚奴”；等等。[⑤]

辽朝的习俗文化等有颇多沿承自中原汉地，以“奴”字为贱名即是其中之一例。

---

① 大康七年（1081）《萧孝恭墓志》//向南、张国庆、李宇峰辑注：《辽代石刻文续编》，沈阳：辽宁人民出版社 2010 年版，第 170 页。

② 开泰四年（1015）《宋公妻张氏墓志》//向南、张国庆、李宇峰辑注：《辽代石刻文续编》，沈阳：辽宁人民出版社 2010 年版，第 56 页。

③ 乾统二年（1102）《王士方墓志》//向南、张国庆、李宇峰辑注：《辽代石刻文续编》，沈阳：辽宁人民出版社 2010 年版，第 244 页。

④ 天庆七年（1117）《张世古墓志》//向南、张国庆、李宇峰辑注：《辽代石刻文续编》，沈阳：辽宁人民出版社 2010 年版，第 294 页。

⑤ 金蓬勃：《通鉴胡注勘误一则——兼论以“奴”为名》，《新西部》2015 年第 6 期。

古往今来，人们之所以乐意给自己的孩子取贱名，其中是承载着父母对子女最为朴实和美好愿望的。在自然界，物之贱者，生命力可能更强，存世或许更长久。也就是说，为人父母者，特别是在医疗条件颇差的古代，人们都希望自己的孩子名贱而身强，能健康、安顺地长大成人。辽人亦不例外。

检索出土辽代石刻文字资料及传世文献，笔者发现辽人除了用“奴”字为孩子取贱名外，还有更为粗野鄙俗者，如“驴粪”“狗”“猪”等，其义当与“奴”字类同。譬如辽圣宗有一子，即名“狗儿”[①]。圣宗之弟耶律隆庆有一子，取名“驴粪”，爵封辽西郡王。[②]另据天祚帝乾统九年（1109）的《李从善幢记》记载，“大辽国燕京良乡县刘李村”李从善有二子，“长男驴粪，次男廿一猪”[③]。

二、以地名及封号为名：取名中的纪念意义

检索出土辽代石刻文字资料，笔者发现有的辽朝官员喜欢用自己为官之地的军州地名给子女取名。如道宗朝知大理正孟有孚，“男三人，长曰观风，次曰韶阳，幼曰辽兴”[④]。孟有孚三个儿子中，有两人的名字与其为官所在地地名有关。我们先回顾一下孟有孚的仕宦经历：

> 公（孟有孚）幼敏悟，力学不倦，茕茕自立，绝异于常人。年二十七登科。其在公敢行，有不可夺之气。曾知泰州乐康县，甚有佳政，朝廷亦闻之。及受代，为辰渌盐院使。会车驾路出于金山，问其政于民，乃超赴行在所。行未及至，授同知泰州军州事，从彼人之欲也。未几，特旨改韶阳军节度副使。上方急用之，当涂无有力者推挽，改知卢龙县、锦州节度副使，至磨勘、监临、解由，凡五任。上（辽道宗）复记其能，用为大理正。[⑤]

从孟有孚的仕宦履历可知，他曾做过韶阳军节度副使。韶阳军，是辽上京道长春

---

① 脱脱等：《辽史》卷六四《皇子表》，北京：中华书局1974年版，第990页。
② 脱脱等：《辽史》卷六六《皇族表》，北京：中华书局1974年版，第1023页。
③ 向南、张国庆、李宇峰辑注：《辽代石刻文续编》，沈阳：辽宁人民出版社2010年版，第263页。
④ 寿昌二年（1096）《孟有孚墓志》// 向南：《辽代石刻文编》，石家庄：河北教育出版社1995年版，第471页。
⑤ 同上，第470、471页。

州的军州名。《辽史·地理志》云：

长春州，韶阳军，下，节度。本鸭子河春猎之地。兴宗重熙八年置。隶延庆宫，兵事隶东北统军司。统县一：长春县。①

长春州鸭子河一带是辽朝后期契丹皇帝春捺钵行在之所，地理位置十分重要。辽道宗“特旨”诏命孟有孚出任长春州韶阳军节度副使，应是知他具备较强的行政及管理能力。长春州韶阳军的节度使副，概负责契丹皇帝春捺钵活动时的一些事务性工作，因而职责十分重要。推测孟有孚的次子应该出生在他被诏命韶阳军节度副使之时，所以他为儿子取名“韶阳”，以示不忘契丹皇帝对自己的重视和信任，纪念意义十分明显。后因“当途无有力者推挽”，孟有孚改任卢龙知县。卢龙为辽代南京道平州之附郭县。《辽史·地理志》载：

平州，辽兴军，上，节度。商为孤竹国，春秋山戎国。秦为辽西、右北平二郡地，汉因之。汉末，公孙度据有，传子康、孙渊，入魏。隋开皇中改平州，大业初复为郡。唐武德初改州，天宝元年仍北平郡。后唐复为平州。太祖天赞二年取之，以定州俘户错置其地。②

有辽一代，平州与长春州、兴中府等相类，是地位仅次于五京各府的大州之一。孟有孚虽不是州官，但任职平州附郭卢龙县，亦认为是道宗皇帝对自己的看重，因而便以平州军名“辽兴”为自己的三子取名，目的也是为了纪念自己的这段仕宦经历。

辽朝也有些人的名字取自他们父祖的封号，其纪念意义亦不言自明。如道宗朝重臣、知枢密院事梁援的两个孙子，其名字即与梁援的封号有关。据天祚帝乾统七年（1107）的《梁援妻张氏墓志》记载：

长男庆先生二子三女。……其二子，大曰韩国，小曰赵国，生时皆依祖父所带国公以训小字。③

有关梁援的封号，天祚帝乾统元年（1101）的《梁援墓志》有载：

① 脱脱等：《辽史》卷三七《地理志一》，北京：中华书局 1974 年版，第 445 页。
② 脱脱等：《辽史》卷四〇《地理志四》，北京：中华书局 1974 年版，第 500 页。
③ 向南：《辽代石刻文编》，石家庄：河北教育出版社 1995 年版，第 567 页。

（寿昌）六年夏，召至阙，拜枢密副使，加号同德功臣、修国史、韩国公、签中书省事。冬十月一日，正授兼中书侍郎、同中书门下平章事、监修国史、知枢密院事，加开府仪同三司，进封赵国公，食邑一万户。[①]

《梁援墓志》还记“孙男曰韩国奴”。此“韩国奴”应即《梁援妻张氏墓志》记载的梁庆先长子“韩国”（《梁援妻张氏墓志》盖少刻一“奴”字）。依此推断，梁庆先的幼子小名或为“赵国奴”。《梁援墓志》之所以没有刻记“赵国奴”，可能是因为梁援去世时（寿昌七年，即乾统元年，1101），梁庆先的次子“赵国奴”还没有出生。

三、以佛教名词为名：佛教文化影响之扩大

辽人好以各种佛教名词为子女取名，这种现象在契丹人和汉人中均有发生。

契丹人以佛教名词为名者，如辽圣宗的“仁德皇后萧氏，小字菩萨哥”[②]。辽道宗“宣懿皇后萧氏，小字观音”[③]。辽兴宗重熙十四年（1045）的《秦国太妃墓志》记载，墓主秦国太妃耶律氏有“孙女十三人”，其中最小的两个分别取名“观音女”和“普贤女”[④]。辽道宗大安十年（1094）的《耶律智先墓志》记载，果州防御使（遥领衔）耶律智先有一子，名“佛顶”；有一妹（或姊）丈，名“定光奴”[⑤]。天祚帝乾统八年（1108）的《耶律弘益妻萧氏墓志》记载，墓主太和宫副使耶律弘益妻萧氏，“名弥勒女”[⑥]。天祚帝天庆四年（1114）的《耶律习涅墓志》记载，墓主兴复军节度副使耶律习涅的曾祖父“小字观音”[⑦]。

汉人中亦有以佛教名词为人名者。如道宗朝人李文贞，“有孙十二人……其八曰

---

① 向南：《辽代石刻文编》，石家庄：河北教育出版社 1995 年版，第 522 页。

② 脱脱等：《辽史》卷七一《后妃传》，北京：中华书局 1974 年版，第 1202 页。

③ 同上，第 1205 页。

④ 向南、张国庆、李宇峰辑注：《辽代石刻文续编》，沈阳：辽宁人民出版社 2010 年版，第 92 页。（参见本书附录图版一八）

⑤ 同上，第 223 页。

⑥ 向南：《辽代石刻文编》，石家庄：河北教育出版社 1995 年版，第 590 页。

⑦ 向南、张国庆、李宇峰辑注：《辽代石刻文续编》，沈阳：辽宁人民出版社 2010 年版，第 282 页。

法花奴……其九曰花严奴……（其十一）曰普贤奴”[①]。辽道宗寿昌五年（1099）的《尚暐墓志》记载，墓主知大定府少尹尚暐的孙辈、重孙辈中有多人以佛教名词为名：“公有孙五人，长曰龙树，次曰马鸣。”“孙女一人，文殊。重孙一人，演论。”[②]“龙树”“马鸣”“文殊”及“演论”等均为佛教名词。

辽朝佛教盛行，佛教教义中的普世伦理精神对家庭、对个人的影响潜移默化，多种多样。信佛者念佛诵经，斋食善行，佛教内容深入人心，烙印十分深刻。他们以佛教名词为子女取名，人名中出现的宗教色彩，就是佛教文化影响所致。譬如，辽道宗宣懿皇后之所以取名“观音”，就是因为其父母和家人认为她的身形相貌及言谈举止极像佛教传说中的“观音”。辽人王鼎《焚椒录》即云：宣懿皇后“姿容端丽，为萧氏称首，皆以观音目之，因之小字观音”。再如，辽朝中后期的不少佛教信徒，为彰显自己对佛教的笃信，使佛教经典长传而不灭，便合家出资，积极参与辽国政府组织的南京道涿州范阳县白带山云居寺镌刻石经活动。他们认为，出资参与镌刻石经，便是为弘扬佛法而践行的尽孝积善、灭罪祛灾之活动。检索云居寺石经的《造经题记》，笔者发现，有资助镌刻石经的佛教信徒，即为自己的子女取名“积善”和“积行”。如辽兴宗重熙九年（1040）的《造经题记》即云：

> 燕京北军都坊住人、故秦晋国王府前行、摄涿州录事参军王寿等，合家施材，镌此经字。同施李肃，妻贺氏。为报三宝国恩，及为亡过父母，冤家债主，法界有情，同生兜率内院，远证无上菩提。长男菊，新妇王氏。妻崔氏，长男积善，次男积行。重熙九年四月十一日记。[③]

四、以儒学名词为名：汉儒文化影响之深远

至辽朝中后期，辽人以与儒学内容相关的字词为名者已较普遍，他们中既有汉人，

---

① 大康三年（1077）《李文贞墓志》// 向南、张国庆、李宇峰辑注：《辽代石刻文续编》，沈阳：辽宁人民出版社 2010 年版，第 163 页。

② 向南：《辽代石刻文编》，石家庄：河北教育出版社 1995 年版，第 499 页。

③ 同上，第 723 页。

亦有契丹人。如辽道宗咸雍九年（1073）的《萧德恭墓志》记载，遥领寿州忠正军节度留后、契丹人萧德恭兄弟五人，分别以“温”“良”“恭”“俭”“让”为名：

长兄静江军节度使讳德温……次兄兴宗朝驸马都尉、知大国舅、龙虎军上将军讳德良……长弟彰愍宫使讳德俭……次弟睿孝皇帝驸马都尉、兴圣宫使、左金吾卫上将军讳德让。[①]

辽道宗大康三年（1077）的《李文贞墓志》记载，墓主李文贞有子侄十五人，其中多人以与儒学内容相关的字词为名，如“崇孝”“崇舜”“崇仁”“崇政”“崇俭”“崇慈”“崇让”“崇禧”“崇佑”等。[②]

辽道宗大安十年（1094）的《耶律智先墓志》记载，遥领果州防御使、契丹人耶律智先兄弟五人，分别以“仁”“义”“礼”“智”“信”为名：

公讳智先，字乐水，姓耶律氏。……别胥生男五人：曰仁先、曰义先、曰礼先、曰信先[③]。

辽道宗寿昌元年（1095）的《永清公主墓志》记载，墓主永清公主耶律氏“有弟五人”，亦分别以“仁”“义”“礼”“智”“信”为名：

长曰弘仁，清宁四禩间，承皇上眷祐，特授左威卫上将军；弟弘义，自幼除太宁军节度使；弟弘礼，气度渊沉，回旋谦雅，举措骨气……自条年授邓州观察使；弟弘智，贵州观察使；弟弘信，左监门卫大将军。[④]

辽人之取名，无论是缘于《论语》的“温”“良”“恭”“俭”“让”，还是直接用儒家“五常”的“仁”“义”“礼”“智”“信”，以及其他与儒学内容相关的字词，均表明原本盛行于中原地区的儒家文化，至辽朝中后期，已经在北方契丹辽地生根发芽，开花结果。儒家文化迅速传播，影响颇大。不仅是辽地汉人，在契丹人中，特别是社会上层的一些契丹贵族，他们接受儒家文化颇具代表性。如上文提到的契丹

① 向南、张国庆、李宇峰辑注：《辽代石刻文续编》，沈阳：辽宁人民出版社2010年版，第153页。
② 同上，第163页。
③ 同上，第222页。
④ 同上，第227页。

人耶律智先，其次兄、兴宗朝殿前都点检耶律义先等人对儒家文化中的“孝”“义”等内涵的理解就比较透彻。《辽史·耶律义先传》即云：

义先常戒其族人曰：“国中三父房，皆帝之昆弟，不孝不义尤为不可。”其接下无贵贱贤否，皆与均礼。其妻晋国长公主之女，每遇中表亲，非礼服不见，故内外多化之。①

当然，契丹辽地的汉人，特别是一些汉族世家大族，他们世代生活在很早就盛行儒家文化的幽云地区，儒学学养深厚，因而他们对名字中的儒化内涵理解得更为深刻。如天祚朝的汉官杜悆。天祚帝天庆十年（1120）的《杜悆墓志》作者郑□□，对杜悆所取与儒学内容相关的名、字之内涵，即给予了一番合理之诠释：

公姓杜氏，讳悆，字忠恕。盖悆者，悦心也。悦以先民之忘其劳，悦以犯难民忘其死，莅官从政，莫若悦乎？忠者，尽心也，中庸之道谓之中，反经合道，莫若中乎？恕者，如心也。己所不欲，勿施于人，忖己度物，莫若恕乎？公之名字，义联三心，俱为盛美□□□□□□，古之君子无以加焉。②

由此可见一斑。

五、汉语名与契丹语名的互用：民族文化之交融

建立辽国的契丹人属于北方草原游牧民族。有辽一代，契丹辽地的契丹人既接受来自中原的汉文化，同时也固守着本民族的草原游牧文化，表现在取名方面，就是契丹贵族人士大都既有自己的汉语名和字，也有契丹语名（或小名）和字（或小字）。如辽道宗咸雍七年（1071）的《萧阓墓志》记载：“公讳阓，字蒲打里，姓萧氏。”萧阓在道宗朝官至监察御史，“阓”字为其汉语名，“蒲打里”为其契丹语字（重熙十五年的《秦晋国大长公主墓志》记为“蒲打”）。萧阓“有弟二人：长曰阐，次曰闾”③。

① 脱脱等：《辽史》卷九〇《耶律义先传》，北京：中华书局1974年版，第1357页。

② 向南、张国庆、李宇峰辑注：《辽代石刻文续编》，沈阳：辽宁人民出版社2010年版，第304页。（参见本书附录图版五）

③ 同上，第135、136页。

可见，萧阘弟兄三人的汉语名均为“门”字框，与汉人取名方式完全相同。检索《辽史》“本纪”“列传”及诸“表”，契丹人类似萧阘兄弟的取名方式俯拾皆是。如“太宗孝武惠文皇帝，讳德光，字德谨，小字尧骨”①。其中“德光”“德谨”分别为辽太宗的汉语名、字，“尧骨”则为其契丹语小字。再如“兴宗神圣孝章皇帝，讳宗真，字夷不堇，小字只骨”②。“宗真”是辽兴宗的汉语名，“夷不堇”“只骨”分别是他的契丹语字和小字。兴宗朝北院枢密使“萧孝忠，字撒板，小字图古斯”③。“孝忠”是他的汉语名，“撒板”“图古斯”分别为其契丹语字和小字。

同样，长期濡染契丹草原游牧文化的辽地汉人，他们中有些人的名字也开始契丹化，特别是契丹化程度较深的玉田韩氏家族（韩知古—韩匡嗣家族），自圣宗朝韩德让被赐契丹国姓“耶律”之后，韩氏家族的子孙，就既有汉语名，也有契丹语字或小字。以辽道宗咸雍八年（1072）的《耶律宗福墓志》为例。韩氏族人到了辽朝后期的道宗朝，不仅在世者早已改姓“耶律”，大都有了契丹语名字，而且还为其先祖“追命”契丹语名。

墓主耶律（韩）宗福，“宗福”为其汉语名，《辽史·德威传》及同书《涤鲁传》记载，耶律宗福的契丹语名为“涤鲁”。耶律（韩）宗福的子孙中，大都亦有契丹语名，如其次子即名“乌斡”。其他如“斡里钵”“铺素里”“也鲁鞣里”“都椀”“特末”“卢保古”“乌鲁姑”“浑不鲁”“挞北”“乌特懒”“阿思里”“特旦波”等，均为耶律宗福的孙子（女）或重孙子（女）的契丹语名。④

当然，除了玉田韩氏，辽朝后期也有其他一些汉人为子女取契丹语名者，如辽道宗大安三年（1087）的《茹雄文墓志》即载，墓主茹雄文有三个儿子，最小的儿子即名“挞不也”⑤，这显然也是契丹语名字。

多年前，笔者曾撰文指出，辽文化是一种融会契丹文化、汉文化及其他契丹辽地诸

---

① 脱脱等：《辽史》卷三《太宗记上》，北京：中华书局 1974 年版，第 27 页。
② 脱脱等：《辽史》卷一八《兴宗纪一》，北京：中华书局 1974 年版，第 211 页。
③ 脱脱等：《辽史》卷八一《萧孝忠传》，北京：中华书局 1974 年版，第 1285 页。
④ 向南、张国庆、李宇峰辑注：《辽代石刻文续编》，沈阳：辽宁人民出版社 2010 年版，第 141、143 页。
⑤ 同上，第 184 页。

民族文化于一体的"中和文化"，因为在有辽一代二百余年间，契丹辽地的民族关系，既有契丹民族统治阶层与其他民族之间的征服与被征服、统治与被统治的关系，也有契丹族、汉族及其他民族之间相互学习、相互交流的友好和睦关系，随着这两种关系的不断发展和演进，民族间的文化交流与融合也在不断地扩展与深入。上述契丹人既有契丹语名也有汉语名，汉人既有汉语名也有契丹语名，就是这种民族文化相互交融的实证之一。《辽史》记载，辽太宗耶律德光的契丹语小字"尧骨"，在《旧五代史·外国列传》中被记为"耀屈之"，二者应为契丹语同名的不同音译："德光本名耀屈之，后慕中华文字，遂改焉。"①

实际上，耶律德光受汉文化影响，取汉语名"德光"后，仍然将原来的契丹语名"尧骨"（耀屈之）变为小字保留着。同理，汉族韩氏家族男女均取契丹语名，亦是契丹辽地汉人与契丹人密切接触，对契丹文化耳濡目染，受其深刻影响所致。

六、皇帝赐名及与皇子联名：政治文化之映现

辽是以契丹贵族为核心，联合汉、奚、渤海等民族上层建立的封建政权，契丹皇帝为巩固自己的集权统治，便大力笼络、恩惠其他民族上层官员为己所用，其手段之一，便是向他们赐国姓（耶律）以及赐名、与皇子联名等。

辽朝契丹皇帝向汉臣赐姓现象比较常见。如汉人四大家族之一的玉田韩氏，从圣宗朝权臣韩德让开始，便被赐国姓"耶律"，此后子孙世代相承。再如道宗朝的张孝杰、李仲禧、王观、杨兴工等，都曾被赐国姓"耶律"。

契丹皇帝向臣下赐名，除了部分赐予契丹人，如圣宗朝的萧孝友："太平元年，以大册，加左武卫大将军、检校太保，赐名孝友。"②

又如道宗朝的耶律挞鲁：寿昌三年（1097）"三月辛酉，燕国王延禧生子。癸亥，赐名挞鲁"③。

大多数还是赐给了汉族大臣。如圣宗朝权臣韩德让，除了被赐姓"耶律"外，还

---

① 薛居正等：《旧五代史》卷一三七《外国列传一·契丹》，北京：中华书局 1976 年版，第 1832 页。
② 脱脱等：《辽史》卷八七《萧孝友传》，北京：中华书局 1974 年版，第 1334 页。
③ 脱脱等：《辽史》卷二六《道宗纪六》，北京：中华书局 1974 年版，第 309 页。

先后被赐名“德昌”和“隆运”，与圣宗皇帝耶律隆绪“联名”①：

耶律隆运，本姓韩，名德让，西南面招讨使匡嗣之子也。统和十九年，赐名德昌；二十二年，赐姓耶律；二十八年，复赐名隆运。②

还有道宗朝的张孝杰：

大康元年，赐国姓。……乙辛荐孝杰忠于社稷，帝谓孝杰可比狄仁杰，赐名仁杰，乃许放海东青鹘。③

另据辽道宗咸雍八年（1072）的《耶律宗福墓志》记载，墓主耶律宗福是被赐国姓的玉田韩氏子孙，道宗朝曾官至南府宰相，封韩王，他的名字“宗福”亦为圣宗皇帝所赐，且与当朝皇子联名，以示宠幸。墓志云：

时统和中，特蒙圣宗皇帝升于子息之曹，令与兴宗皇帝参于昆弟之列。贵处宸禁，荣连御名，宠也；特诏主掌叔父思母相公之籍产，恩也。④

圣宗皇帝诸皇子、皇侄之汉语名，前一个字均为“宗”，如“宗真”（辽兴宗）、“宗元”（出土辽代石刻文字资料中均记为“宗元”，《辽史》写作“重元”应不正确）、“宗简”“宗愿”“宗伟”“宗范”“宗政”（有墓志出土）“宗亮”，等等，契丹化汉人耶律（韩）宗福与他们联名。

辽代立国二百余年，受各种因素的影响，人名所反映的文化现象，繁富而多元。笔者以上所举，仅是辽朝人名文化研究之冰山一角。由于传世辽代文献史料奇缺，出土辽代石刻文字资料又大多零散杂乱，因此，要想深入研究辽朝人名，厘清人名与文化之间的各种复杂关系，仍需于此有兴趣的同道朋友共同努力，不断发掘新的史料，再出新的研究成果。

① 近年出土的辽道宗寿昌二年（1096）《耶律弘礼墓志》所载“隆运，联景宗御讳”应不正确。
② 脱脱等：《辽史》卷八二《耶律隆运传》，北京：中华书局 1974 年版，第 1289 页。
③ 脱脱等：《辽史》卷一一〇《奸臣上·张孝杰传》，北京：中华书局 1974 年版，第 1486、1487 页。
④ 向南、张国庆、李宇峰辑注：《辽代石刻文续编》，沈阳：辽宁人民出版社 2010 年版，第 141 页。

第五章
辽代石刻所见辽朝历史地理史事

第一节　辽朝城市的坊与城市管理

辽承唐制，城市设坊，以方便对城居者的有效管理。宋人路振曾于宋真宗大中祥符元年（辽圣宗统和二十六年，1008）以知制诰身份充任“贺契丹国主生辰使”，出使契丹辽国。路振使辽，途经南京（又称“燕京”，唐代称幽州，今北京市），对南京城设坊状况有所见闻。他在其使辽语录《乘轺录》中即言：

幽州幅员二十五里……城中凡二十六坊，坊有门楼，大署其额，有罽宾、肃慎、卢龙等坊，并唐时旧坊名也。居民棋布，巷端直，列肆者百室。[①]

关于辽朝城市设坊问题，由于传世文献记载不多，因而研究者亦寥寥。[②]

一、城之坊

关于辽朝城之坊，笔者根据出土辽代石刻文字资料及文献史料记载，在前人研究的基础上，列表如下：

---

① 赵永春编注：《奉使辽金行程录》，长春：吉林文史出版社 1995 年版，第 15 页。

② 专题研究辽朝城市之坊者，仅见鲁晓帆《试析辽南京城二十六坊》（首都博物馆编：《北京历史与文化论文集》，北京：北京出版社 2007 年版）一文。此外，王玲《北京通史·辽代卷》（北京：北京燕山出版社 1990 年版）等亦有所论及。

辽朝城坊表

城市名称	坊名	史料出处	唐、辽、金之沿革[①]
南京	隗台坊	辽穆宗应历八年（958）《赵德钧妻种氏墓志》	唐幽州为招贤里（坊），金中都为金台坊
南京	卢龙坊	辽景宗保宁十年（978）《李内贞墓志》；路振《乘轺录》	据《唐故棣州司马姚（子昂）府君墓志铭》及《元一统志》等，唐、金均有卢龙坊
南京	肃慎坊	辽景宗乾亨四年（982）《许从赟暨妻康氏墓志》；路振《乘轺录》	据《唐幽州大都督府录事参军蓟州刺史陆（日岘）府君妻王氏墓志铭》，唐已有肃慎坊
南京	通阛坊	辽圣宗统和七年（989）《李熙墓志》	据《唐故幽州节度衙前讨击副使太中大夫试殿中监温（令绶）府君合祔墓志》，唐已有通阛坊
南京	辽西坊	辽圣宗开泰九年（1020）《澄赞上人塔记》	据《唐姚季仙墓志》等，唐已有辽西坊
南京	显忠坊	辽圣宗太平五年（1025）《契丹藏·妙法莲华经》“题记”	据《元一统志》，金亦有显忠坊
南京	军都坊	辽兴宗重熙九年（1040）《大般若波罗蜜多经》“题记”	据《唐故幽州随使节度押衙正议大夫检校国子祭酒兼侍御史上柱国太原王（晟）府君夫人清河张氏合祔墓志铭》，唐已有军都坊
南京	时和坊	辽兴宗重熙十三年（1044）《李继成暨妻马氏墓志》	据《[唐]南阳郡清河张氏夫人墓志铭》，唐已有时和里（坊）；据《元一统志》，金亦有时和坊
南京	永平坊	辽兴宗重熙十四年（1045）《王泽妻李氏墓志》（参见本书附录图版一三）	据《元一统志》，金亦有永平坊
南京	单罗坊	辽道宗清宁三年（1057）《丁求谨墓志》（参见本书附录图版九）	
南京	宣化坊	辽道宗咸雍元年（1065）《弥勒邑特建起院碑》（附《卖地券》）	
南京	北罗坊	辽道宗咸雍五年（1069）《韩资道墓志》	
南京	棠阴坊	辽道宗寿昌末《燕京大昊天寺传菩萨戒妙行大师遗行碑铭》	据《元一统志》，金亦有棠阴坊

① 参见鲁晓帆《试析辽南京城二十六坊》//首都博物馆编：《北京历史与文化论文集》，北京：北京出版社2007年版，第51~73页。

续表

城市名称	坊名	史料出处	唐、辽、金之沿革
南京	齐礼坊	天祚帝天庆四年（1114）《王师儒墓志》	据《元一统志》，金亦有齐礼坊
南京	衣锦坊	天祚帝天庆十年（1120）《杜悆墓志》（参见本书附录图版五）	
南京	市骏坊	《房山石经题记汇编》题记“佛说守护大千国土经”；王珪《奉使契丹诗·市骏坊》原注	
南京	罽宾坊	路振《乘轺录》	
南京	玉田坊	《房山石经题记汇编》	据《唐故幽州节度衙前兵马使检校太子宾客兼监察御史济阴董（庆长）府君夫人太原郡君王氏墓志铭》及《元一统志》，唐、金均有玉田坊
南京	归厚坊	《房山石经题记汇编》	据《元一统志》，金亦有归厚坊
南京	甘泉坊	《元一统志》“灵泉禅院”	据《元一统志》，金亦有甘泉坊
南京	仙露坊	《元一统志》	据《元一统志》，推断唐、辽、金均有仙露坊
南京	敬客坊	《唐故衙前散将游击将军守翊府中郎将和（元烈）公墓志铭》；《房山石经题记汇编》（金）；《元一统志》	据《唐故衙前散将游击将军守翊府中郎将和（元烈）公墓志铭》《房山石经题记汇编》（金）及《元一统志》，推断唐、辽、金均有敬客坊
南京	铜马坊	《唐故中山郡郎氏夫人墓志铭》；《元一统志》	据《唐故中山郡郎氏夫人墓志铭》及《元一统志》，推断唐、辽、金均有铜马坊
南京	蓟北坊	《唐濮阳卞氏墓志》；房山云居寺藏《大般若波罗蜜多经》“题记”	据《唐濮阳卞氏墓志》及房山云居寺藏《大般若波罗蜜多经》“题记”，推断唐、辽均有蓟北坊
南京	开阳坊	《唐故彭城夫人刘氏墓志铭》；《元一统志》等	据《唐故彭城夫人刘氏墓志铭》及《元一统志》等，推断唐、辽、金均有开阳坊
南京	蓟宁坊	《有唐故处士纪（宽）公墓志铭》；《元一统志》；《房山石经题记汇编》	据《有唐故处士纪（宽）公墓志铭》《元一统志》及《房山石经题记汇编》，推断唐、辽、金均有蓟宁坊
南京	奉先坊	《元一统志》；《析津志》	据《元一统志》及《析津志》，推断辽、金均有奉先坊

续表

城市名称	坊名	史料出处	唐、辽、金之沿革
南京	来远坊	《唐故卢龙征马使游击将军守左武卫大将军赐紫金鱼袋曹（朝宪）府君故夫人原陶氏墓志铭》；《元一统志》	据《唐故卢龙征马使游击将军守左武卫大将军赐紫金鱼袋曹（朝宪）府君故夫人原陶氏墓志铭》及《元一统志》，推断唐、辽、金均有来远坊
南京	杏坛坊	王珪《奉使契丹诗·杏坛坊》	
中京	贵德坊	辽圣宗开泰九年（1020）《耿延毅墓志》；辽圣宗太平八年（1028）《李知顺墓志》	
云州（后升为西京）	丰稔坊	辽景宗乾亨四年（982）《许从赟暨妻康氏墓志》	

依据出土辽代石刻文字资料以及宋人使辽语录、诗词等文献确切记载，辽南京城有坊二十个，中京城有坊一个，云州（后升为西京）城有坊一个。鲁晓帆先生依据出土唐朝石刻文字及金元文献记载，推断出辽南京城还有仙露、敬客、铜马、蓟北、开阳、蓟宁、奉先、来远八坊。笔者以为，鲁晓帆先生的“推断”结论应该是可信的。

辽南京城的历史沿革是：唐朝幽州→辽朝南京（燕京）→金朝中都。宋人路振了解到的情况是南京城二十六坊，“并唐时旧坊名也”。上表所列有石刻文字资料及文献史料明确记载的南京二十坊，大多形成于唐，中经辽而沿承到金。鲁先生推断出的八坊，大多也是形成于唐，至金仍然存在，只是缺乏中间环节（在辽）的记载（或有记载的石刻文字资料及文献史料尚未被发现）。而依照辽南京城之坊大多是唐、辽、金三朝沿承相继，鲁先生推断出的这八坊在辽朝应该是存在的。此外，在北宋王珪的使辽诗作中，除了上表所见的市骏坊外，还有杏坛坊，也是作为他的“使辽诗”诗名出现的。[①] 如此算来，辽南京城的坊已达二十九个，远不止路振所记之数。笔者以为，随着辽代南京地区（今北京市）辽墓考古工作的不断深入，不排除还会有新的坊名在出土辽代石刻文字资料

① 赵永春编注：《奉使辽金行程录》，长春：吉林文史出版社 1995 年版，第 41 页。

中出现。

辽朝中后期的都城——中京城是辽人仿中原城市建造的，所以中京城内也有坊。遗憾的是，目前只在出土辽代石刻文字资料中见到一坊——贵德坊。可以肯定地说，辽中京城绝不会只有贵德一坊。但中京城还有哪些坊？笔者亦期待在这一地区新的出土辽代石刻文字资料中被发现。

辽西京的前身为云州，始建于唐玄宗开元十八年（730，《旧唐书·地理志》记为开元二十年）。[①]当下出土辽代石刻文字资料中所见辽云州（后升为西京）城所设之坊，亦仅丰稔坊一坊。一城之内不可能仅设一坊。辽西京（云州）城内到底还有哪些坊？笔者亦期待新的出土辽代石刻文字资料或文献史料的发现（其他未见设坊城市类同）。

研究隋唐史的学者，依据出土石刻文字资料及历史文献记载，认为隋唐时期城市的坊也可称为"里"。[②]这就是说，里作为最基层的行政组织，不仅存在于州县乡下，也出现在城市中，如上表所列的唐代幽州即有时和里。鲁晓帆先生认为，此时和里即为时和坊，因为到了辽朝，南京城有时和坊，金中都也有时和坊，三者应是有沿承关系的。但也有同名的坊和里在同一朝代同一城存在的，如唐朝幽州城既有通阛坊（《唐故幽州节度衙前讨击副使太中大夫试殿中监温（令绶）府君合祔墓志》），也有通阛里（《唐故幽州节度押衙摄檀州刺史充威武军营田团练等使银青光禄大夫检校国子祭酒兼御史大夫上柱国南阳乐（邦穗）公墓志》）。学界也有不同观点，认为里不能代替坊，坊数是不能用里来凑的。此种现象在辽朝的城市中比较少见，笔者目前仅见一例，那就是辽南京城中既有肃慎坊，也有肃慎里。如辽景宗乾亨四年（982）的《许从赟暨妻康氏墓志》即载：墓主许从赟"以应历八年九月六日，薨于燕京肃慎坊之私第，享年五十七"[③]。而天祚帝乾统四年（1104）的《范阳丰山章庆禅院实录》却载：

---

① 脱脱等：《辽史》卷四一《地理志五》，北京：中华书局1974年版，第505页。
② 详见周晓薇、王其祎《片石千秋：隋代墓志铭与隋代历史文化》，北京：科学出版社2014年版。
③ 向南、张国庆、李宇峰辑注：《辽代石刻文续编》，沈阳：辽宁人民出版社2010年版，第19页。

西南趣柳溪，至玄心，则下寺也。又道出甘泉村南，并坟庄，涉泥沟河水，东南奔西冯别野，则碾庄也。又东北走驿路，抵良乡，如京师，入南肃慎里东高氏所营讲宇，则下院也。[①]

辽南京城中的肃慎坊与肃慎里到底是何关系，由于相关史料稀缺，相类事例不见，笔者也不好妄下结论，只能存疑待考了。

辽朝城市之坊的布局与形制，出土辽代石刻文字资料中不见记载。《辽史·地理志》对辽朝南京城坊的记载仅见一句：

南京析津府……又曰燕京。城方三十六里，崇三丈，衡广一丈五尺，敌楼、战橹具。……坊市、廨舍、寺观，盖不胜书。[②]

而于其他四京及诸州城之坊只字未提。好在使辽宋人在其使辽语录中有简要记述，使我们对辽南京与中京城之坊的设置稍有了解。比如，通过前引路振《乘轺录》对南京城之坊的记载，已知南京城诸坊已不仅仅是居民区的一般划分，其布局、建筑及管理都比较规范：每一坊的四周都有围墙环绕，坊与坊之间均有小巷连接，坊的出口处应有坊门与街路相通；坊门之上有楼，门楼正中悬挂写有坊名的匾额；坊门一般是白天开放，夜晚关闭。[③]路振《乘轺录》对辽中京城中坊之设置也有一段描述：

外城高丈余步，东西有廊，幅员三十里。……自朱夏门入，街道阔百余步，东西有廊舍，约三百间，居民列廛肆庑下。街东西各三坊，坊门相对，虏以卒守坊门，持梃击民，不令出观。徐视坊门，坊中阒地，民之观者无多。又于坊聚车橐驼，盖欲夸汉使以浩穰。[④]

由“虏以卒守坊门，持梃击民，不令出观”可知，辽中京城相关部门对“坊”居之民的管理还是很严格的。此外，宋人王曾使辽语录《王沂公行程录》亦记载，辽南

① 向南：《辽代石刻文编》，石家庄：河北教育出版社1995年版，第544、545页。
② 脱脱等：《辽史》卷四〇《地理志四》，北京：中华书局1974年版，第493、494页。
③ 王玲：《北京通史·辽代卷》，北京：燕山出版社1990年版，第69页。
④ 赵永春编注：《奉使辽金行程录》，长春：吉林文史出版社1995年版，第17页。

京（燕京）“城中坊门皆有楼”；中京城“多坊门”[①]。由此亦知，辽朝城市中坊的建制于各城之间应该没有太大差别。

二、城市之管理

辽国政府是如何管理城市坊居民众的？辽朝的城市管理方式有哪些？传世历史文献及出土辽代石刻文字资料中均记载不多。韩光辉先生著《宋辽金元建制城市研究》，对宋、辽、金、元四朝的城市管理，做了比较全面的研究。韩先生将四朝城市之管理区分为四种类型：厢制管理类型（宋），警巡院管理类型（辽、金、元），录事司管理类型（金、元），司候司管理类型（金）。[②]从韩先生的研究中我们看到，辽朝的城市管理似乎仅有警（军）巡院管理方式而不见其他。笔者钩沉文献史料及出土辽代石刻文字资料后发现，辽朝的城市管理除了有警（军）巡院管理系统外，也应存在其他管理方式。

警巡院管理

警巡院是辽朝所设五京城市治安及民政管理机构。《辽史·百官志》“南面京官”条记载，辽朝五京均置有警巡院：

> 五京警巡院职名总目：某京警巡使。某京警巡副使。上京警巡院。东京警巡院。中京警巡院。南京警巡院。西京警巡院。[③]

警巡使是辽朝警巡院行使城市管理职能的主管官员。《辽史·马人望传》记载，马人望曾在道宗朝后期出任南京警巡使[④]。检索出土辽代石刻文字资料，笔者发现还有几人曾在辽朝中后期出任五京警巡使，如西京警巡使张绩，[⑤]东京警巡使张可及，[⑥]等等。

---

① 赵永春编注：《奉使辽金行程录》，长春：吉林文史出版社 1995 年版，第 28、29 页。
② 韩光辉：《宋辽金元建制城市研究》，北京：北京大学出版社 2011 年版。
③ 脱脱等：《辽史》卷四八《百官志四》，北京：中华书局 1974 年版，第 805、806 页。
④ 脱脱等：《辽史》卷一〇五《能吏·马人望传》，北京：中华书局 1974 年版，第 1462 页。
⑤ 向南：《辽代石刻文编》，石家庄：河北教育出版社 1995 年版，第 314 页。
⑥ 向南：《辽代石刻文编》，石家庄：河北教育出版社 1995 年版，第 424 页。

作为辽朝五京城市治安及民政管理机构的警巡院，其主要职能为巡查缉盗、执法鞫讼、济众安民及户口检括与户籍管理等。

军巡院管理

辽承唐制，于五京城市设军巡院，它亦为城市管理机构之一。《辽史·百官志》“南面京官”条云：“东京军巡院。地理志，东京有归化营军千余人，籍河朔亡命于此，置军巡院。”①

辽代石刻文字反映，除东京外的其他京城，也有军巡院置设。如圣宗时期在上京城亦设军巡院，常遵化曾出任上京军巡使。辽圣宗统和二十六年（1008）的《常遵化墓志》即载：

> 至（统和）十九年，授（常遵化）上京军巡使、京内巡检使。顿得盗贼併（屏）迹，豪户洗心。巷陌宽而舞手行，辰夜静而启门卧。②

辽朝五京警巡院管理的是城区民户户籍，而军巡院应主要管理城市外来入籍之军户。

厢制管理

厢制源于唐末五代，起因是唐末战乱破坏了都城之坊，割据的军阀为独裁之需要，调用禁军管理城市，禁军在都城以厢为单位驻防。有史料证明，最迟至后唐，厢已被用作城市社区管理的基本单元，即“军（警）巡院—厢”的管理系统。到了北宋，都城汴京首先设厢，厢下有坊，设厢巡检和军巡捕等军职，差军人进行城市分区管理，“厢坊制的建立便利了城市户口版籍的更造”。③辽朝城市管理系统有无厢制，韩光辉先生书中没有论及。其实，辽制承唐仿宋，辽朝城市管理系统中的厢制与分区管理，尽管文献史料及出土辽代石刻文字资料中鲜见记载，但还是有一丝踪迹可寻的。笔者钩沉文献史料及出土辽代石刻文字资料发现，辽朝汉军也有分厢驻防的。如《辽史·百官志》“南面军官·诸指挥使司职名总目”中即见“归圣军左厢兵马都指挥使司”和“归

① 脱脱等：《辽史》卷四八《百官志四》，北京：中华书局 1974 年版，第 808 页。
② 向南：《辽代石刻文编》，石家庄：河北教育出版社 1995 年版，第 128 页。
③ 韩光辉：《宋辽金元建制城市研究》，北京：北京大学出版社 2011 年版，第 13 页。

圣军右厢兵马都指挥使司”等。[①]辽兴宗重熙八年（1039）的《赵为干墓志》亦载，墓主赵为干曾任“燕京控鹤右厢都指挥使”[②]。另据辽道宗清宁六年（1060）的《赵匡禹墓志》记载，赵为干的哥哥赵为佐，曾任神武左厢都指挥使[③]。并且，辽朝有的城市居民也是分厢而居的，这亦应是仿五代的“军（警）巡院—厢”的管理模式。如天祚帝乾统七年（1107）的《董承德妻郭氏墓志》中即见“大辽西京警巡院右厢住人，久居系通百姓董承德”[④]字样，这表明西京警巡院确有管理城区厢内常住居民户籍的职能。此外，天祚帝天庆三年（1113）的《惠州李祜墓幢记》中亦见“大辽惠州西城东厢，业农陇西李祜”[⑤]等字样。惠州属中京道，为辽的刺史州。可见，辽不仅京城设厢置坊，一般的州城也有分厢管理者。

唐末五代至辽，军、警巡院机构除了具有京城徼巡缉盗、理讼问案的职能外，亦有“领诸厢坊、抚治齐民”的作用。[⑥]也就是说，军巡院和警巡院还负责城市各厢常住人口的日常管理。北宋城市之厢自身设有管理“厢务”的厢巡检、军巡捕及文职诸厢吏等，辽朝城市的厢有无相类职官，现有出土辽代石刻文字资料中无一字记载，只得存疑待考。

录事司管理

录事司是金朝于诸府节镇城市始设的与都市警巡院职能相类、独立于诸府节镇行政系统之外的城市管理机构，元朝沿置。在追溯录事司机构的起源时，韩光辉先生认为，《辽史·百官志》中的“某州录事参军事”、《辽史·世宗纪》中的“州县录事参军事”及《辽史·地理志》中的“辽州录事”等文字，均表明辽承唐制，在节镇州下属行政系统中出现了录事职官，但还不能确指辽在节镇州治城市中设置了录事司机构。[⑦]的确

① 脱脱等：《辽史》卷四八《百官志四》，北京：中华书局1974年版，第825页。
② 向南：《辽代石刻文编》，石家庄：河北教育出版社1995年版，第219页。
③ 同上，第300页。
④ 同上，第573页。
⑤ 同上，第638页。
⑥ 韩光辉：《宋辽金元建制城市研究》，北京：北京大学出版社2011年版，第38页。
⑦ 同上，第70页。

是这样，毕竟《辽史》中并没有出现明确的“录事司”机构字样，韩先生的谨言是值得称赞的。

笔者钩沉出土辽代石刻文字资料，发现了两例辽朝录事司机构名称：

一是辽圣宗开泰二年（1013）的《净光舍利塔经幢记》在记载建经幢邑人时有“录事司押司官郝保升，通引官刘裔，坊市赵延祚”[①]等字样。此经幢记中不仅有“录事司”机构名称，并且见“押司”“通引官”及“坊市”等官吏称号。此外，该经幢记中还多处出现“顺州”字样，并且幢石出土地点正是在北京顺义（辽顺州旧址所在地）。因而，我们可以断定，该录事司应与辽南京析津府所属顺州有关。

二是辽兴宗重熙十二年（1043）的《朝阳北塔今聊记石匣内题记》中见修塔功德主之一“前录事司本司高永端”[②]。

录事司在以上出土辽代石刻文字资料中的出现，是否表明辽朝城市管理中已有录事司管理系统，因没有其他史料作佐证，目前还无法下定论，也只能存疑待考了。

分衙式管理

辽朝城市除了警巡院及军巡院的分厢管理之外，其近畿是否存在分衙式管理？据向南先生考证，唐朝幽州节度使管下，应分为北衙、南衙和内衙等军事兼民政辖区。幽州入辽，改称南京（燕京），南京城内的汉军仍分南、北两衙。路振《乘轺录》即云：“幽州（南京）……城中汉兵凡八营，有南北两衙兵。”[③]

缘此，笔者推断，辽朝南京都城近畿某些特殊区域应该存在分衙式管理模式。如，辽穆宗应历五年（955）的《北郑院邑人起建陀罗尼幢记》中即见建幢邑人“北衙栗园庄官王思晓，妻都氏。北衙栗园庄官许行福，妻张氏，男重霸”[④]字样。该幢石出土于北京房山西南北郑村一座辽塔内。可见，至少在辽穆宗应历年间，辽南京近畿有官营

---

① 向南、张国庆、李宇峰辑注：《辽代石刻文续编》，沈阳：辽宁人民出版社 2010 年版，第 54 页。
② 同上，第 79 页。
③ 赵永春编注：《奉使辽金行程录》，长春：吉林文史出版社 1995 年版，第 15、16 页。
④ 向南：《辽代石刻文编》，石家庄：河北教育出版社 1995 年版，第 12 页。（参见本书附录图版二一）

栗园，[①] 栗园所在的官庄即归幽都府卢龙军节度所属之北衙管理。

城市僧尼“分街”式管理

辽朝城市管理体系中还有一项不得不提，那就是对城区中以寺院为核心的“佛教社区”的分街管理模式。至辽朝中后期，五京已建成，辽国政府为管理五京城市僧尼事务，因仿损益唐宋僧尼管理制度，创制了一套行之有效的城市僧尼分街管理模式。

唐朝后期，于两京所在地设置隶属于两街功德使的左、右街僧录，作为管理全国僧尼事务的中央僧官。[②] 到了北宋，则以隶属于鸿胪寺的两京左、右街僧录为中央僧官[③]。

辽朝亦于京城设置左、右街僧录，但与唐宋不同的是，在左、右街僧录之前，均加“管内”二字，表明辽朝的某京左、右街僧录已非管理全国僧尼事务的中央僧官，而是变成了某京城市的地方僧职。

比如辽南京（燕京）有管内左、右街僧录。辽道宗清宁九年（1063）的《纯慧大师塔幢记》即载：纯慧大师非浊于辽兴宗重熙年间（1032—1055）被“授燕京管内左街僧录”[④]。天祚帝天庆九年（1119）的《天王寺建舍利塔记》中亦见“大辽燕京天王寺建舍利塔”邑人“提点永泰寺、左街僧录、通慧圆照大师、赐紫沙门善定”[⑤]。

辽于上京亦设管内左、右街僧录。如，20 世纪 80 年代初在内蒙古巴林左旗林东镇出土的《上京经幢残文》中即见“师翁，上京右街僧录、演法大师、赐紫沙门处衍”[⑥]字样。等等。

在唐朝，所谓“左街”与“右街”，是指以皇都长安城的南北中轴线——朱雀大

---

① 脱脱等《辽史》卷四八《百官志四》“南面京官”中即见“南京栗园司”，职官有“典南京栗园”。（北京：中华书局 1974 年版，第 810 页）

② 张弓：《汉唐佛寺文化史》（上），北京：中国社会科学出版社 1997 年版，第 359 页。

③ 游彪：《论宋代中央和地方僧官体系及其特征》，《河北大学学报》1994 年第 4 期。

④ 向南：《辽代石刻文编》，石家庄：河北教育出版社 1995 年版，第 317 页。

⑤ 向南、张国庆、李宇峰辑注：《辽代石刻文续编》，沈阳：辽宁人民出版社 2010 年版，第 301 页。（参见本书附录图版二二）

⑥ 向南：《辽代石刻文编》，石家庄：河北教育出版社 1995 年版，第 714 页。

街为分界，东城为“左街”，西城为“右街”[①]。后来的辽、宋均仿唐制，京城佛寺亦以城市的南北中轴线划界，座落在左、右街上（即东、西两城区内）。文献史料及出土辽代石刻文字资料均显示，辽五京城内的佛寺均如此分布，左街僧录分管东城所有佛寺的僧尼佛教事务，右街僧录分管西城所有佛寺的僧尼佛教事务。

辽朝城市分厢设坊，置军、警巡院等机构进行管理，是我国古代城市发展和管理体制逐步完善过程中的重要环节，历史意义十分重大。但遗憾的是，缘于辽代传世文献稀缺，记载辽朝城市厢坊状况及管理方式的文字鲜见，严重制约并影响了人们对这一问题的研究。尽管笔者仔细钩沉、认真检索相关辽代石刻文字资料及宋人使辽语录等，对辽朝城市分厢设坊及城市管理等作如上之考述，力图复原一些史事真相，但还是因为各种主观、客观因素，缺漏和讹误肯定是存在的。冀望今后能有新的辽代石刻文字资料或文献史料被发现，以便于此问题再做补充与修正。

第二节　辽朝的里与村

辽朝诸制，既有草创自立者，也有承仿于唐宋者。其承仿者中即有州县乡下地方基层组织里与村的置设，尤其是在汉人比较集中、靠近中原的长城以南燕云地区，里与村的设置更为普遍。

所谓基层组织，应有两层含义：一是行使基层行政职能的组织单位（设职役者），二是单纯的民居聚落地缘单位（不设职役者）。关于辽朝的里与村，笔者曾撰文有所论及。后来，王欣欣博士发表《辽代燕云地区的乡村组织及其性质探析》[②]一文，对笔者的一些观点提出质疑。辽朝地方基层组织里、村于《辽史》等传世文献中鲜见记载。缘此，笔者于此节拟对王博士的质疑及其与辽朝里与村相关的一些问题，再行探讨。

---

① 龚国强：《隋唐长安城佛寺研究》，北京：文物出版社 2006 年版，第 92 页。

② 王欣欣：《辽朝燕云地区的乡村组织及其性质探析》，《黑龙江民族丛刊》2013 年第 3 期。

一、出土辽代石刻文字资料中所见的里与村

历史文献记载，唐朝乡下基层行政组织里和村的设置比较规范，尽管前期与后期有些变化[①]。《旧唐书·职官》所记应该是唐前期的状况：

百户为里，五里为乡，两京及州县之郭内，分为坊，郊外为村。里及坊、村皆有正，以司督察。四家为邻，五邻为保。保有长，以相禁约。[②]

钩沉出土辽代石刻文字资料，笔者发现，在辽朝五京各州县，特别是长城以南的燕云地区，里和村的设置也比较普遍，出土辽代石刻文字资料中多见其名称。但遗憾的是，辽朝的里和村是如何设置的，出土辽代石刻文字资料中并没有记载。

出土辽代石刻文字资料中的辽朝里与村，详见下表：

出土辽代石刻文字资料中的里与村[③]

京道	府州	县	乡	里或村	今地	史料出处
南京道	（幽都府）	蓟北县	使相乡	勋贤里	北京永定门外	应历八年（958）《赵德钧妻种氏墓志》
南京道	（幽都府）蓟州	渔阳县		高村	约在北京平谷境域	应历十七年（967）《王仲福墓志》（参见本书附录图版二三）
南京道	平州	卢龙县		破卢里	约在河北卢龙境域	保宁元年（969）《张建立墓志》
南京道	（幽都府）		燕下乡	海王村	北京琉璃厂	保宁十年（978）《李内贞墓志》

---

① 张国刚：《唐代乡村基层组织及其演变》，《北京大学学报》2009 年第 5 期。

② 刘昫等：《旧唐书》卷四三《职官二》，北京：中华书局 1975 年版，第 1825 页。

③ 本表中的出土辽代石刻文字资料出处：向南《辽代石刻文编》，石家庄：河北教育出版社 1995 年版；向南、张国庆、李宇峰辑注《辽代石刻文续编》，沈阳：辽宁人民出版社 2010 年版；李俊义等《〈辽萧德顺墓志铭〉考释》，《中国国家博物馆馆刊》2016 年第 1 期；杨卫东《辽代梁颖墓志铭考释》，《文史》2011 年第 1 期；孙勐《北京密云大唐庄出土辽代墓志考释》，《中国国家博物馆馆刊》2016 年第 2 期；孙勐等《北京出土辽代李熙墓志考释》，《北方文物》2016 年第 1 期；抄本《李公墓志铭》。

续表

京道	府州	县	乡	里或村	今地	史料出处
（重熙十三年后为西京道）	（云州大同军，重熙十三年后改为大同府）	云中县		宝权里	山西大同西南郊新添村	乾亨四年（982）《许从赟暨妻康氏墓志》
南京道	（幽都府）	幽都县	房仙乡	鲁郭里	北京八宝山	统和十五年（997）《韩佚墓志》（参见本书附录图版二四）
南京道	（幽都府）	幽都县	衣锦乡	石槽村仁化里	北京丰台区永定路	统和七年（988）《李熙墓志》
（统和二十五年后为中京道）	霸州	归化县	积善乡	余庆里	辽宁朝阳县西大营子乡西山村	统和十八年（1000）《刘宇杰墓志》
南京道	（幽都府）	幽都县	房仙乡	鲁郭里	北京八宝山	统和二十九年（1011）《韩佚妻王氏墓志》
中京道	（大定府）	大定县	南和乡	□□里	约在内蒙古赤峰宁城境域	开泰四年（1015）《宋公妻张氏墓志》
南京道	（平州）	安喜县	砂沟乡	福昌里	河北迁安上卢村	开泰六年（1017）《韩相墓志》
南京道	幽都府（《辽史·圣宗纪》：开泰元年改为“析津府”）	幽都县（《辽史·圣宗纪》：开泰元年改为“宛平县”）	礼贤乡	北彭里	约在北京大兴境域	太平四年（1024）《张琪墓志》（参见本书附录图版二五）
中京道	白川□（州）		中水乡	山阳里	约在辽宁北票境域	太平六年（1026）《李公墓志》
中京道	（大定府）榆州		南和乡	余庆里	辽宁凌源北孙杖子	太平六年（1026）《宋匡世墓志》
南京道	（幽都府）（《辽史·圣宗纪》记载：开泰元年改为“析津府”）	幽都县（《辽史·圣宗纪》：开泰元年改为“宛平县”）	礼贤乡	胡村里	北京西城桦皮厂	重熙五年（1036）《张嗣甫墓志》（参见本书附录图版二六）

续表

京道	府州	县	乡	里或村	今地	史料出处
南京道	（幽都府）	幽都县（李继成去世及灵柩权厝均在统和二十三年，故而志石记载其权厝地点时仍称“幽都县”）	广老乡	真宰里	约在北京境域	重熙十三年（1044）《李继成暨妻马氏墓志》
东京道	沈州			丰稔村	约在沈阳市皇姑区西北部	重熙十三年（1044）《沈阳无垢净光舍利塔石函记》
南京道	（析津府）	宛平县	太平乡	万合里	北京丰台区丰台镇桥南	重熙十四年（1045）《王泽妻李氏墓志》（参见本书附录图版一三）
上京道	丰州（头下州）			括嵩里	内蒙古赤峰翁牛特旗乌丹镇	重熙十四年（1045）《萧德顺墓志》
南京道	析津府	宛平县	仁寿乡	陈王里	北京西城新街口豁口西	重熙二十二年（1053）《张俭墓志》
南京道	（析津府涿州）	范阳县	翔鸾乡	卢村	约在河北涿州境域	清宁三年（1057）《王守璘石幢记》
南京道	析津府	宛平县	礼贤乡	北彭里	北京西城百万庄	清宁三年（1057）《丁求谨墓志》（参见本书附录图版九）
南京道	（析津府）	玉和县		安窠村	约在北京西玉泉山一带	咸雍四年（1068）《阳台山清水院藏经记》
南京道	（析津府）	宛平县	房仙乡	鲁郭里	北京八宝山	咸雍五年（1069）《韩资道墓志》
南京道	析津府	宛平县	仁寿乡	南刘里	北京阜成门外	咸雍五年（1069）《董匡信及妻王氏墓志》（参见本书附录图版六）
南京道	（析津府易州）	涞水县	遒亭乡	累子村	约在河北涞水境域	咸雍七年（1071）《李晟为父母造幢记》
南京道	（析津府）	宛平县	西北乡	砚村	约在北京海淀境域	咸雍七年（1071）《康文成墓志》
中京道	（兴中府）		龙岫乡	狼河里	辽宁朝阳孙家湾乡代家店村	咸雍七年（1071）《弘农杨公墓志》
中京道	大定府	劝农县	宽政乡	韩家里	内蒙古赤峰宁城埋王沟	咸雍八年（1072）《萧阐墓志》

续表

京道	府州	县	乡	里或村	今地	史料出处
南京道	（析津府）涿州	新城县	衣锦乡	曲堤里	约在河北新城境域	咸雍八年（1072）《特建葬舍利幢记》
南京道	（析津府）易州	涞水县	遒亭乡	水东村	约在河北涞水西北	咸雍九年（1073）《水东村傅逐秀等造香幢记》
南京道	（析津府）	潞县	郑公乡	杨□□里	北京通州天桥湾	大安元年（1085）《郑颉墓志》
南京道	（析津府）	宛平县	（仁寿乡）	南刘里	北京阜成门外	大安三年（1087）《董庠妻张氏墓志》
南京道	（析津府涿州）	固安县		固城村	约在河北固安西南	大安五年（1089）《固安县固城村谢家庄石桥记》
南京道	析津府	安次县	长寿乡	祠垡里	河北安次西南寺垡村	大安五年（1089）《安次县祠垡里寺院内起建堂殿并内藏碑记》
南京道	（析津府）涿州	范阳县	加禄乡	西沙里	河北涿州东城坊镇西沙沟村	大安五年（1089）《梁颖墓志》
南京道	析津府涿州	范阳县	任和乡	永乐里	河北涿州东北永乐村	大安六年（1090）《靳信等邑众造塔记》
南京道	（析津府易州）	□（涞）水县		龙泉里	约在河北涞水东北	大安七年（1091）《为本师建塔记》
南京道	（析津府）易州	涞水县	遒亭乡	木井村	河北涞水西北木井村	大安八年（1092）《木井村邑人造香幢记》
南京道	（析津府）易州	涞水县		水东村	约在河北涞水西北	大安九年（1093）《郑因为师兄志贞造塔记》
南京道	（析津府易州）	涞水县		龙泉村	约在河北涞水东北	寿昌四年（1098）《志莹坟塔记》
南京道	（析津府易州）	涞水县		水（东）村里	约在河北涞水西北	寿昌五年（1099）《云居寺志省石塔记》
南京道	（析津府）白檀郡（即檀州）			仁风里 仁智里	约在北京密云境域	道宗朝《张晋卿墓志》
南京道	（析津府）	良乡县	尚太乡	刘李村	约在北京良乡南	乾统五年（1105）《白怀友为亡考妣造陀罗尼经幢记》
南京道	（析津府）	虎县（原昌平县）	龙门乡	兴寿里	约在北京昌平境域	乾统五年（1105）《造长明灯幢记》
南京道	（易州）	涞水县		西祖里	约在河北涞水境域	乾统六年（1106）《为法遍造真言幢记》

续表

京道	府州	县	乡	里或村	今地	史料出处
南京道	（析津府）	安次县	长寿乡	王马里	约在河北安次境域	乾统七年（1107）《宝胜寺僧玄照坟塔记》
南京道	（析津府）	析津县		庞村	约在北京境域	乾统七年（1107）《普济寺严慧大德塔记铭》
南京道	高阳军（易州）	涞水县		水东里	约在河北涞水西北	乾统八年（1108）《为先师志延造陀罗尼经幢记》
南京道	（析津府）涿州	新城县		渠村	约在河北新城境域	乾统八年（1108）《僧奉航塔记》
南京道	（析津府）涿州	固安县	归仁乡	中由里	河北固安城西中由村	乾统八年（1108）《刘庆为出家男智广特建幢塔记》
南京道	（析津府）	良乡县		刘李村	约在北京房山境域	乾统九年（1109）《李从善幢记》
南京道	（析津府）	良乡县	金山乡	乐深村	约在北京良乡境域	乾统十年（1110）《房山天开塔舍利石函记》
西京道	朔州	鄯阳县		司马里	约在山西朔州境域	乾统十年（1110）《高为裘墓志》
南京道	（析津府）涿州	□□县		高黎村	约在河北涿州西	天庆元年（1111）《高孝思为亡父母造塔幢记》
南京道	（析津府）	宛平县	仁寿乡	陈王里	北京阜成门外百万庄	天庆元年（1111）《丁洪墓志》
南京道	（析津府）	宛平县	仁寿乡	陈王里	北京阜成门外百万庄	天庆三年（1113）《丁文逌墓志》（参见本书附录图版三）
南京道	（析津府）涿州	固安县	归仁乡	南阳里	约在河北固安境域	天庆三年（1113）《张世卿为先妣建幢记》
南京道	析津府	宛平县	房仙乡	池水里	北京复兴门外公主坟	天庆四年（1114）《王师儒墓志》
南京道	（析津府）	昌平县	仁和乡	东道里	约在北京昌平境域	天庆四年（1114）《史洵直墓志》（参见本书附录图版四）
南京道	（析津府）易州	涞水县		娄村	约在河北涞水境域	天庆五年（1115）《石经寺上人志瑕坟塔记》
南京道	（析津府）涿州	范阳县	西北乡	独树村	约在河北涿州境域	天庆五年（1115）《大安山莲花峪延福寺观音堂记碑》

续表

京道	府州	县	乡	里或村	今地	史料出处
南京道	（析津府）	永清县		永□里	约在河北永清境域	天庆六年（1116）《忏悔正慧大师遗行记》
南京道	（析津府）	良乡县	房仙乡	重乂里	北京房山阎村镇	天庆七年（1117）《孟初墓志》（参见本书附录图版二）
西京道	（大同府）	云中县		三井里	约在山西大同境域	天庆九年（1119）《刘承嗣墓志》
南京道	析津府	析津县		李雍村	约在北京境域	天庆九年（1119）《沙门积进遗行塔幢记》
南京道	析津府	析津县		东李□村	约在北京境域	天庆九年（1119）《经幢记》
南京道	（析津府）	安次县		崇福里	约在河北安次东南	天庆十年（1120）《崇昱大师坟塔记》
南京道	析津府	宛平县	元辅乡	鲁郭里	北京石景山鲁谷西	天庆十年（1120）《杜悆墓志》（参见本书附录图版五）
南京道	（析津府）涿州	固安县	归仁乡	中由里	河北固安城西中由村	天庆十年（1120）《郭仁孝为父母建顶幢记》
南京道	析木（析津府）	宛平县	西北乡	南樊里	北京海淀二里沟	保大元年（1121）《鲜于氏墓志》
南京道	（析津府涿州）	固安县		黑垡里	约在河北固安境域	保大元年（1121）《造经题记》
南京道	（析津府）	永清县		解口里	约在河北永清境域	保大元年（1121）《造经题记》
南京道	（析津府）	安次县		耿村	约在河北安次境域	保大元年（1121）《造经题记》
南京道	（析津府）	永清县		韩村	约在河北永清境域	保大元年（1121）《造经题记》
南京道	燕山府	宛平县	房仙乡	万合里	约在北京境域	保大四年（1124）《王安裔墓志》
南京道	（析津府）涿州	新城县	衣锦乡	曲堤里	河北新城北曲堤村	《赵文建幢记》
南京道	（析津府）	良乡县		十渡村	约在北京良乡境域	《造经题记》
南京道	（析津府）蓟州	渔阳县		白翎村	约在天津蓟县境域	《当寺则都和尚塔记》
南京道	（析津府）	安次县		北徐里	约在北京境域	《佛说般若波罗密（蜜）□心幢记》

说明：

（1）上表“府州”栏括号内的“府”“州”，出土辽代石刻文字资料中没有记载，为笔者依据《辽史·地理志》相关记载补入。

（2）《辽史》卷一五《圣宗纪六》记载：辽圣宗开泰元年（1012）十一月“改幽都府为析津府，蓟北县为析津县，幽都县为宛平县”。同书卷四〇《地理志四》亦有相类记载。但辽圣宗太平四年（1024）的《张琪墓志》及辽兴宗重熙五年（1036）的《张嗣甫墓志》在记载他们的葬地时仍称“幽都府”“幽都县”，而不称“析津府”“宛平县”。是否《辽史》所记“幽都府”“幽都县”改称“析津府”“宛平县”时间有误，不在辽圣宗开泰元年（1012）？存疑待考。

出土辽代石刻文字资料中所见辽朝里、村名称较为丰富，尤其是南京道所在的燕云地区，可补《辽史》等传世文献漏载之缺。除上表所列者外，出土辽代石刻文字资料中还有一些仅见里、村的前缀名称，未标是里还是村者。如，天祚帝天庆四年（1114）的《沙门积祥等为先师造经幢记》中即见：“师讳清睿，世为永清县宣礼乡王惠人，俗姓贾氏。”[①]“王惠”应为宣礼乡下里或村之名，但不详是里名还是村名。类似的例子还有天祚帝天庆六年（1116）的《王孝言为亡父母建塔记》所云：“大辽燕京涿州范阳县西北乡南郑人也，王孝言奉为亡过父母特建尊胜陀罗尼塔一座。”[②]“南郑”应为西北乡下里或村之名，但亦不详到底是里名还是村名。

二、辽朝里、村行政组织设置的无序性

笔者十几年前曾经撰文指出，辽朝燕云地区州县下乡里组织在地域分布上，呈现出京（辽南京）郊近畿之地设置规范齐整，而在远离京城的其他州县则比较随意、欠规整的特色，依据是这一地区出土的辽代石刻文字资料显示，京城近郊出现的乡里结构常见，而远离京城的州县下则乡村结构出现较多。笔者在文中重点论述的是辽朝基层社会的“乡里”组织结构，而村作为与里同级的基层行政组织，并没有讨论，只是将其作为与庄、寨等同的自然聚落有所提及。本节将辽朝的村作为乡下与里同级的基层行政组织一起研讨，那么呈现在我们面前的就是，在辽五京近畿乃至偏远州县，乡

① 向南：《辽代石刻文编》，石家庄：河北教育出版社1995年版，第643页。

② 同上，第660页。

里结构与乡村结构同时存在，但这两种组织的设置却是杂乱无章的。具言之，京城近畿，既有乡里结构存在，也有乡村结构出现；偏远州县，既有乡村结构出现，也有乡里结构存在，只不过是京城近畿乡里结构相对多些，乡村结构相对少些，而在远离京城的州县，乡里结构与乡村结构则是同时并存，数量相差无几。这就是说，作为辽朝乡下基层行政组织的里与村，无论是在京城近畿，还是在偏远州县，均有设置，基本上呈现的是一种无序状态，即不是于某处的有或无，而仅仅是多与少的差别。

王欣欣博士曾以辽南京地区为例撰文认为，“近畿多为里，村位于远郊地带”，并援引几条出土辽代石刻文字资料，概括出村、里排列方式的两条“规律”：一是“记载墓主人的葬地时，通常是乡里的形式”；二是“表述生活之地时，通常用乡村的形式”。①

笔者以为，王欣欣博士所论并不完全准确，似有以偏概全之嫌，原因是有些出土辽代石刻文字资料她可能没见到。

先说前者，“近畿多为里，村位于远郊地带”。通览笔者上表所列内容就会发现：京城近畿里多，但也存在不少村；偏远州县，则里与村并存。

再说后者，“记载墓主人的葬地时，通常是乡里的形式”。其实，出土辽代石刻文字资料中，“记载墓主人的葬地时”，还确有不少是“乡→村”表述形式。如辽穆宗应历十七年（967）的《王仲福墓志》即记载，墓主王仲福去世权厝三十三年后，“迁祔于蓟州北渔阳县界高村管”②。辽景宗保宁十年（978）的《李内贞墓志》记载，墓主李内贞“葬于京东燕下乡海王村”③。辽道宗清宁三年（1057）的《王守璘石幢记》记载，王守璘死后，“与先夫人李氏合葬于范阳县翔鸾乡卢村之西北原”④。辽道宗咸雍七年（1071）的《康文成墓志》记载，墓主康文成死后火化，“迁神柩来于先祖坟茔，

① 王欣欣：《辽朝燕云地区的乡村组织及其性质探析》，《黑龙江民族丛刊》2013 年第 3 期。

② 向南、张国庆、李宇峰辑注：《辽代石刻文续编》，沈阳：辽宁人民出版社 2010 年版，第 8 页。（参见本书附录图版二三）

③ 向南：《辽代石刻文编》，石家庄：河北教育出版社 1995 年版，第 54 页。

④ 同上，第 280 页。

至燕京宛平县矾村名西北乡”[①]。天祚帝乾统五年（1105）的《白怀友为亡考造陀罗尼经幢记》记载，白怀友母亲孟氏死后，“葬于良乡县尚太乡刘李村东原先茔之庚位”[②]。等等。

同样，出土辽代石刻文字资料中，表述生活之地时，也绝不乏“乡→里”式之表述。如辽景宗保宁元年（969）的《张建立墓志》即记载，墓主张建立为“平州卢龙县破卢里人也”[③]。辽道宗咸雍八年（1072）的《特建舍利幢记》记载：“故我涿州新城县衣锦乡曲堤里邑众中书省大程官刘公讳清。”[④]

辽道宗大安五年（1089）的《安次县祠垡里寺院内起建堂殿并内藏碑记》记载：

> 刘惟极、宋守行、刘惟升、李知新等，户贯燕京析津府安次县长寿乡西南隅一小墅也，名曰祠垡里。[⑤]

辽道宗大安六年（1090）的《靳信等邑众造塔记》记载：“燕京析津府涿州范阳县任和乡永乐里螺钹邑众。”[⑥]

天祚帝乾统五年（1105）的《造长明灯幢记》记载：“大辽国幽燕之北，虎县之东，龙门乡兴寿里邑众杨守金等。”[⑦]

天祚帝乾统七年（1107）的《宝胜寺僧玄照坟塔记》记载：“师讳玄照，本长寿乡王马里人也，俗姓出陇西李氏。”[⑧]

天祚帝乾统八年（1108）的《刘庆为出家男智广特建幢塔记》记载：“大辽国燕京涿州固安县归仁乡中由里刘庆出家男智广造身塔记。”[⑨]

天祚帝天庆三年（1113）的《张世卿为先妣建幢记》记载：

---

① 向南、张国庆、李宇峰辑注：《辽代石刻文续编》，沈阳：辽宁人民出版社2010年版，第138页。
② 向南：《辽代石刻文编》，石家庄：河北教育出版社1995年版，第550页。
③ 同上，第42页。
④ 同上，第350页。
⑤ 同上，第418页。
⑥ 同上，第427页。
⑦ 同上，第553页。
⑧ 同上，第561页。
⑨ 同上，第596页。

大辽国燕京涿州固安县归仁乡南阳里张世卿，奉为先妣特建佛顶尊胜陀罗尼幢。[①]

由以上援引出土辽代石刻文字资料可知，辽国政府在什么地方、于什么状况下设里，在什么地方、于什么情形中设村，似乎并无规律可循，至少是在目前现有出土辽代石刻文字资料记载的语境下。换言之，辽人死后入葬之坟茔所在地有的称“里”，有的则称“村”；同样，其生前籍贯或出生地有的称“里”，有的则称“村”。

三、村的另一面：自然聚落性质之呈现

村作为辽朝州县乡下最基层的、与里同级并存的行政组织是毫无疑问的。然而，在很多时候，村依然与庄、寨等一样，具有乡村自然聚落之性质，这无论是在出土辽代石刻文字资料中的村落名称记载方面，还是从《辽史》等传世历史文献的相关文本叙述习惯上，都有不同程度的反映。笔者曾撰文提到，辽朝长城以南的燕云地区州县以下的基层分乡、里两级，其中乡由若干个里组成，是县之下的一级政府机构；里则属于最基层的居民组织。而含于乡里之中的，则是一个个大小不等的自然村落，有的称村，也有的称庄、寨、社等。它们相当于汉代的聚落，是构成乡里组织的基础。笔者提到的村，即指不属于基层行政组织的自然聚落，面积大小不一，人口或多或少。如果我们将村仅仅视为与里同级的乡下基层行政组织的话，那么出土辽代石刻文字资料中出现的某些村、里名称，就难以释通其意了。

比如，辽兴宗重熙五年（1036）的《张嗣甫墓志》即记载，兴宗朝重臣张俭之子张嗣甫不幸夭折，“以重熙五年九月二十八日，葬于燕京幽都县礼贤乡胡村里”[②]。如果我们不把“胡村”认定为自然聚落，就无法解释“胡村里”这一行政组织名称。因而，唯一的正确理解就是：作为当地乡下基层行政组织的里，设在了自然聚落胡村中，故称“胡村里”。其实，作为自然聚落的胡村早在唐代即已存在。据《唐故大理评事檀

① 向南：《辽代石刻文编》，石家庄：河北教育出版社1995年版，第642页。
② 同上，第202页。（参见本书附录图版二六）

州司马赠□□□莱阳郑公夫人扶风郡太君马氏墓志铭》记载："乾宁元年四月二十八日附葬于幽都县胡村之原。"此即表明，先有唐朝幽都县自然聚落胡村，后有辽朝幽都县基层行政组织胡村里。

又如辽圣宗统和七年（989）的《李熙墓志》记载：墓主李熙死后，"葬于幽都县衣锦乡石槽村仁化里"[①]。这也说明李熙之墓是位于石槽村的仁化里。换言之，该地的基层行政组织仁化里是设在了自然聚落石槽村中。它与胡村里表述形式不同的原因，应该是自然聚落石槽村为居民户数众多的大村落，村中所设或许不止仁化里一个行政组织。

再如辽道宗大安七年（1091）的《为本师建塔记》："本师和尚，俗姓成，讳□□法然□□□水县龙泉里人也。"[②]

"□水县"应即涞水县。而辽道宗寿昌四年（1098）的《志莹坟塔记》在记载志莹的籍贯时却称其为"涞水县龙泉村人也"[③]。龙泉里又称"龙泉村"，亦表明作为基层行政组织的里是设在了自然聚落村中，或称"龙泉里"，或称"龙泉村"。

类似的例证还有不少。比如水东村与水东里、水东村里的关系。辽道宗咸雍九年（1073）的《水东村傅逐秀等造香幢记》中见载"燕京易州涞水县遒亭乡水东村邑众傅逐秀等"[④]。辽道宗大安九年（1093）的《郑因为师兄志贞造塔记》中见载"我升天师兄讳志贞……易州涞水水东里人"[⑤]。辽道宗寿昌五年（1099）的《云居寺志省石塔记》中见载"我先师和尚志省，户贯涞水县水□村里"[⑥]。向南先生认为，"水□""疑是水东"。笔者以为，《水东村傅逐秀等造香幢记》中的"水东村"不是基层行政组织名称，而是自然聚落名称；《郑因为师兄志贞造塔记》中的"水东里"是基层组织"水东村里"的略称，正如刻石者将"涞水县"简称"涞水"一样。这就是说，当地的

① 孙勐等：《北京出土辽代李熙墓志考释》，《北方文物》2016 年第 1 期。
② 向南：《辽代石刻文编》，石家庄：河北教育出版社 1995 年版，第 432 页。
③ 同上，第 485 页。
④ 同上，第 364 页。
⑤ 同上，第 455 页。
⑥ 同上，第 491 页。

基层行政组织里设在了自然聚落水东村，故而其全称为“水东村里”，而有时又简称“水东里”。

王欣欣博士提出，笔者文中援引辽道宗大安五年（1089）《固安县固城村谢家庄石桥记》，想说明“固城村即为里之所在，是以村代里，村里合一；谢家庄则是固城村（里）所辖的一个自然聚落”是错误的。王博士对上引拙文中分号前一句的指正是对的。固城村应是遒亭乡下一个与里性质相同的基层行政组织，并非里之所在，也不是“村里合一”。而上引拙文中分号后一句并没有错，应是王博士对《固安县固城村谢家庄石桥记》文本理解有误。王博士在《辽朝燕云地区的乡村组织及其性质探析》中说：

> 细究该石刻资料中的记载，“固安坤隅一舍内有谢家庄”，即固安县的西南角有一村落名曰谢家庄，其中，“舍”释义为居住之地，即引申为居民居住组织，当是对固城村的简称，而谢家庄则是谢姓族人持有的田庄。

王博士将“固安坤隅一舍内有谢家庄”中的“舍”字理解为“居住之地”，进而指其为“固城村的简称”，是错误的。笔者以为，“固安坤隅一舍内有谢家庄”中的“舍”，应指古时的长度单位，即“一舍”为三十里（古里）；其正确的解释是：在固安县城西南约“一舍”里距的地方有一自然聚落，名为“谢家庄”。[①]

其实，该石刻之原件也恰好位于今河北省固安县城西南约二十里的塔上村，与石刻文字所言方位、距离大致吻合（古里与今里有差别）。该石刻将“谢家庄”列在“固城村”之后，表明“谢家庄”应该是当地基层行政组织“固城村”所辖的自然聚落之一。

辽朝的村既有基层行政组织功能，又有自然聚落性质，这应该是对唐、宋村制的某种承仿与变革。唐初承前朝制度，村仅仅为聚落区，是由不同数量的同姓或异姓宗

---

① 有关“舍”在辽朝指里距，在出土石刻文中并不鲜见，如统和五年（987）《祐唐寺创建讲堂碑》中即见“于古堞之外，西北一舍，有盘山者，乃箕尾之巨镇也”；乾统三年（1103）《金山演教院千人邑记》中见“涞水县西北，一舍之外，有巨镇名曰金山”；乾统四年（1104）《范阳丰山章庆禅院实录》中见“郡城西北两舍之外，峰峦相属，绵亘百有余里，有山崷崒，俗曰太湖”。（见向南《辽代石刻文编》，石家庄：河北教育出版社1995年版，第89、533、544页）

族组成，里才是按户数划分的行政区，所谓一村数里或一里数村是也。到了唐太宗贞观十五年（641）之后，废除乡长与乡佐，设里正掌管一乡事务，设村正掌管一村事务，由此，村才被正式纳入唐朝的国家行政组织体系。[①]到了北宋，熙宁改制之前为“乡村体系”，即“乡里合一”，村是乡下最基本的地域单位和行政编制单位，而熙宁之后则实行乡村都保之制，里与村已是殊名同类，都是乡下的自然聚落名号。[②]缘此，承唐仿宋的辽朝之村则两种功能兼备，显得有些杂乱与无序。进而究之，除了可能存在的对唐宋制度的承仿不到位之外，记载乡村状况的辽朝文献史料奇缺，应是今人对其难以窥清原貌的主要原因。

辽朝的村具有自然聚落性质，从《辽史》记事的文本叙述习惯上，也有不同程度的反映。人们一般习惯指称自然地名为某些事件的发生地。《辽史》虽为元代史家编撰，但其史料来源应主要是辽人所撰“国史”之残存，因而，《辽史》记事的文本叙述，应该在一定程度上反映了辽人的叙事习惯。《辽史》记述辽朝某个事件发生的地点时，大多称“某某村”，而非“某某里”，也就是说，辽人习惯将作为自然聚落名称的村指称为事件的发生地。检索《辽史》，只有几处笼统的“乡里”名词出现，而具体的“某某里”竟然一处都不见，而作为自然聚落的村却出现多处，且均为某些历史事件的具体发生地。如北宋名将杨继业被俘的朔州狼牙村。《辽史·圣宗纪》记载：

> 宋将杨继业初以骁勇自负，号杨无敌，北据云、朔数州。至是，引兵南出朔州三十里，至狼牙村，恶其名，不进；左右固请，乃行。遇斜轸，伏四起，中流矢，堕马被擒。[③]

又如辽圣宗祭祀风伯的儒州白马村。《辽史》卷一二《圣宗纪三》记载：辽圣宗统和七年（989）四月“己卯，驻跸儒州龙泉”。五月“辛巳，祭风伯于儒州白马村”。[④]

再如设置香河县的武清孙村。《辽史·地理志》云：

---

① 谷更有：《唐代的村与村正》，《中国社会历史评论》2005年第2期。

② 马新：《试论宋代的乡村建制》，《文史哲》2012年第5期。

③ 脱脱等：《辽史》卷一一《圣宗纪二》，北京：中华书局1974年版，第123、124页。

④ 脱脱等：《辽史》卷一二《圣宗纪三》，北京：中华书局1974年版，第135页。

香河县。本武清孙村。辽于新仓置榷盐院，居民聚集，因分武清、三河、潞三县户置。[①]

四、村、里地名之类型及其沿革

辽朝的村、里地名是由“村”或“里”加名词前缀组成。比如，木井村是由“村”与名词前缀“木井”组成，永乐里是由“里”与名词前缀“永乐”组成。梳理出土辽代石刻文字资料发现，构成辽朝村、里地名的名词前缀可谓五花八门，丰富多彩，如果划分其类型，大致有以下几种：

其一，嘉美类村、里地名

崇尚仁德，追求善美，是辽人乃至辽之前朝人为村、里命名的标准之一。因而，见诸出土辽代石刻文字资料中的此类地名比较常见，如勋贤里、余庆里、福昌里、万合里、永乐里、兴寿里、崇福里、仁风里、仁智里、仁化里、丰稔村，等等。

其二，景物类村、里地名

辽朝村、里地名中有许多是以当地特有的自然景物，譬如“山”“河”“水井”“树木”等做前缀的，比如瓦井村、砂混里、龙泉里、曲堤里、木井村、池水里、三井里、十渡村、狼河里、独树村，等等。

其三，姓氏类村、里地名

以居民姓氏为村、里命名也是辽朝村、里地名的一大特色，此姓氏应该是最先定居此地的村民之姓氏，比如鲁郭里、胡村里、陈王里、卢村、刘李村、王马里、庞村、司马里、李雍村、耿村、韩村、高村、韩家里，等等。

其四，方位类村、里地名

辽朝的村、里地名中有用方位名称为前缀者，也很有特色，比如山阳里、北彭里、水东村里、西祖里、南阳里、东道里、南樊里、北徐里、西沙里，等等。

---

① 脱脱等：《辽史》卷四〇《地理志四》，北京：中华书局 1974 年版，第 495 页。

以上所列四类辽朝村、里地名，有些形成于辽，另一些应该是沿承于前朝。[①]在历史发展和时代变迁过程中，随着大自然的沧海桑田之演化，有些村、里组织或聚落可能出现迁移或消亡，若此，附着其上的地名符号也会发生改变或消失，但仍有相当一部分被保留下来，并传承沿革至近代乃至今天。如，辽道宗清宁三年（1057）的《王守璘石幢记》记载，王守璘的埋葬地在“范阳县翔鸾乡卢村之西北原”[②]。此“卢村”即传承至现代。据民国《涿县志》记载，该县“有北卢村，南卢村，在城东北二十七里”。或许因村庄人口户数的增加，该村已经析分为北、南两村。

辽道宗咸雍七年（1071）的《李晟为父母造幢记》记载，李晟为“涞水县遒亭乡累子村”人。[③]辽朝的累子村亦传承至近代。据清光绪《涞水县志》记载：“乡社（城）西曰遒亭。村庄，西路有东累子，西累子。”

可见，不仅累子村传承至近代并一分为二，遒亭乡也一同被传承下来。

辽道宗咸雍八年（1072）的《特建葬舍利幢记》记载，建幢邑人刘公为“涿州新城县衣锦乡曲堤里”人。[④]辽朝的衣锦乡传承至现代已改称为“衣锦村”，曲堤里变成了“曲堤村”。据民国《新城县志》记载：“曲堤村，北距城二十八里。衣锦村，北距城十二里。”

辽道宗咸雍九年（1073）的《水东村傅逐秀等造香幢记》记载，建幢邑人傅逐秀为“燕京易州涞水县遒亭乡水东村”人。[⑤]另据辽道宗大安九年（1093）的《郑因为师兄志贞造塔记》及辽道宗寿昌五年（1099）的《云居寺志省石塔记》记载，水东村又称“水东里”“水东村里”。辽朝“水东村”亦传承至近代。据清光绪《涞水县志》记载：“村

① 比如重熙五年（1036）《张嗣甫墓志》中所见燕京幽都县礼贤乡“胡村里”，应该源自唐朝幽州幽都县的胡村。《唐故大理评事檀州司马赠□□□莱阳郑公夫人扶风郡太君马氏墓志铭》中即见“乾宁元年四月二十八日附葬于幽都县胡村之原”。“乾宁”是唐昭宗年号，乾宁元年为公元894年。见诸唐代石刻的幽州村落，如潞县的庞村、良乡县的北郑村、独树村以及昌平县的兴寿里等，在辽代石刻文字资料中记载的燕京近畿的村、里名称中亦见之。

② 向南：《辽代石刻文编》，石家庄：河北教育出版社1995年版，第280页。

③ 同上，第347页。

④ 同上，第350页。

⑤ 同上，第364页。

庄，北路有水东村。”

辽道宗大安五年（1089）的《安次县祠垡里寺院内起建堂殿并内藏碑》记载，建造佛教堂殿的邑众刘惟极等“户贯燕京析津府安次县长寿乡西南隅一小墅也，名曰祠垡里”[①]。辽朝的地名“祠垡”传承至现代变成了“寺垡”。据民国《安次县志》记载：“寺垡，在旧州镇西南，距城五十里。”

辽道宗大安六年（1090）的《靳信等邑众造塔记》记载，建塔的螺钹邑众来自于“燕京析津府涿州范阳县仁和乡永乐里”[②]。辽朝的“永乐里”传承至现代变成了“永乐村”。据民国《涿县志》记载：“永乐村，东北距城十里。”

辽道宗大安七年（1091）的《为本师建塔记》云：“本师和尚，俗姓成……□水县龙泉里人也。”[③]辽朝的地名“龙泉”也传承到了近代。据清光绪《涞水县志》记载：“龙泉社，在城北三十里。”“村庄，北路有东龙泉、西龙泉。”可见，传承下来的“龙泉”也已经变成了东、西两村。

辽道宗大安八年（1092）的《木井村邑人造香幢记》记载，造香幢的邑众来自“燕京易州涞水县遒亭乡木井村”[④]。辽朝的地名“木井”也传承到了近代。据清光绪《涞水县志》记载：“乡社，城西曰遒亭。木井社在城西北二十六里。”[⑤]

类似的辽朝村、里地名传承至近现代的例子在出土辽代石刻文字资料中还有很多，不赘举。总之，无论作为辽朝乡下基层行政组织的村、里，还是作为自然聚落单位的村，附着其上的名称是没有本质差别的，都是一种地名符号。钩沉有限的出土辽代石刻文字资料，探讨辽朝村、里诸问题，对深入辽朝乡村社会史研究，将有所裨益。

---

① 向南：《辽代石刻文编》，石家庄：河北教育出版社 1995 年版，第 418 页。

② 同上，第 427 页。

③ 同上，第 432 页。

④ 同上，第 446 页。

⑤ 以上古今地名等参见向南《辽代石刻文编》，石家庄：河北教育出版社 1995 年版，第 281、348、351、364、455、419、427、432、447 页“注”。

第三节　辽朝的边铺

所谓“边铺”，是我国古代某些王朝于边境线上设置的军事设施，属于边塞军事系统中的基层单位，类似近代国家的边防哨所。“边铺”为泛称，是相对置于内地的诸铺而言。

湖北大学的程喜霖先生是研究汉唐烽堠堡铺的专家，他在《唐代烽铺建制新证——新出烽铺文书研究之二》一文中指出，唐代的铺有多种，如更铺、坐铺、递铺、暗铺、巡铺、外铺、马铺、烽铺等，都是有专门含义的狭义之“铺”，与军事治安紧密相关。①

笔者以为，程先生所举之诸铺，建于边境线上的，即可称之为“边铺”。与辽南北对峙的北宋，在其西北与西夏接壤的缘边地区修筑了大量堡寨，驻军防御西夏；②而在北部靠近契丹辽国的边防要地，建有诸多寨铺与巡铺，置弓箭手等巡边料敌。③

辽制承唐仿宋，边境线上亦有各类边铺置设，但遗憾的是，由于相关文献史料稀缺之缘故，至今未见有人对辽朝的边铺问题有所论及。

一、边铺之置设

现有史料所见辽朝的边铺主要有两种——口铺与烽铺。④

① 程喜霖：《唐代烽铺建制新证——新出烽铺文书研究之二》，《西域研究》2006 年第 3 期。

② 北宋在西北地区修筑堡寨，可参见欧阳修《欧阳文忠公文集》卷一一四、李焘《续资治通鉴长编》卷一二六 ~ 卷一三九、脱脱等《宋史》卷三一四《范仲淹传》、徐松辑《宋会要辑稿》“兵二七之二六”等。当代学者对此亦多有研究，如江天健《北宋陕西路沿边堡寨》，《北宋对西夏边防研究论集》，台北：华世出版社 1993 年版；吕卓民《简论北宋在西北近边地区修筑城寨的历史作用》，《西北大学学报》1998 年第 3 期；程龙《论北宋西北堡寨的军事功能》，《中国史研究》2004 年第 1 期。

③ 北宋在河北边地修建边铺，可参见李焘《续资治通鉴长编》卷一二三 ~ 卷二七一，曾公亮、丁度《武经总要・前集》卷一六上等。关于北宋北部边铺的专题研究，主要有郭东旭、王轶英《北宋河北沿边的寨铺建设述略》// 姜锡东、李华瑞主编：《宋史研究论丛》第八辑，石家庄：河北大学出版社 2007 年版。

④ 口铺与烽铺应没有职能上的多大差别，只是设置地点不同而已——设于隘口处的称“口铺”，设于烽堆旁的称“烽铺”。另，脱脱等《辽史》之《兵卫志》与《营卫志》中还见辽国军队行军宿营所设之弓子铺以及契丹皇帝四时捺钵驻跸行营四周所设之营铺。此二者均不在本节考论之范畴，不赘述。

先说口铺。

口铺是设置在边境隘口处的铺。隘口也称关隘，所以此类边铺亦可被称为“关铺”。关隘是内地通往边疆或域外交通要道上的重要节点，也是历朝历代驻军重点镇守之处，因而口铺的军事地位可想而知。有文献记载，唐朝已在重点防范周边民族的各隘口置设口铺。如防范塞外契丹、奚的古北口铺。北宋王曾《王沂公行程录》即云：

> 过朝鲤河，亦名七度河，九十里至古北口。两旁峻崖，中有路，仅容车轨；口北有铺，彀弓连绳，本范阳防扼奚、契丹之所，最为隘束。[①]

在契丹辽国漫长的边境线上，亦分布着很多重要隘口。比如辽宋边界上的长城口（在今河北徐水西北），即是两国战争期间的一处战略要地。据辽圣宗统和九年（991）的《韩瑜墓志》记载：统和五年（987），圣宗皇帝“北率天兵，南行国讨，仍观敌寇，据彼长城，筑垒犹坚，横戈甚众”。涿州刺史韩瑜随圣宗皇帝参与此次对宋作战，“攻长城口，俄为流矢中首”。[②]

又如辽西京道靠近辽宋边界的飞狐口（在今河北涞源），战略位置亦十分重要，曾是辽朝南面边防军事机构“飞狐招安使司”（又名“西南面招安使司”）的所在地。[③]《大清一统志》即云：“飞狐口，在广昌县北，其地两崖峭立，一线微通，迤逦蜿蜒百有余里。”

再如西京道临近辽宋边界的三镇山口，也是辽国西南边境的战略要地之一，为“云、应、朔三镇巡检司”机构所在地。圣宗朝的耶律元宁、耶律延宁兄弟曾先后被任命为三镇山口巡检使和都巡检使。[④]

大凡边境有口之处即需设铺。北宋立国后，曾在宋辽接壤的河北沿边各处修建了

---

① 赵永春编注：《奉使辽金行程录》，长春：吉林文史出版社 1995 年版，第 29 页。

② 向南：《辽代石刻文编》，石家庄：河北教育出版社 1995 年版，第 94 页。

③ 开泰九年（1020）《耿延毅墓志》云：“西南面招安使，旧以飞狐为理所，其副居灵丘。”（向南：《辽代石刻文编》，石家庄：河北教育出版社 1995 年版，第 160 页）

④ 向南、张国庆、李宇峰辑注：《辽代石刻文续编》，沈阳：辽宁人民出版社 2010 年版，第 58、65 页。

许多口铺。[①]辽沿仿唐宋边防制度，亦于边境隘口处置设口铺。比如在南部辽宋边境己方一侧亦建大量口铺。宋人李焘《续资治通鉴长编》中即有多处记载辽宋边境辽国一侧筑有口铺。如宋神宗熙宁五年（辽道宗咸雍八年，1072）闰七月，因雄州牒报辽国巡马越界河（拒马河）内扰，宰相王安石与神宗皇帝就将其“编拦袭逐出界”的不同看法有一段对话，即涉及界河之北辽国一侧的口铺南移问题：

王安石曰：“何须编拦袭逐。”上曰：“既罢却弓手，彼又过来，若不编拦袭逐，彼将移口铺向里也。”安石曰：“彼若欲内侮，即非特移口铺而已。若未欲内侮，即虽不编拦袭逐，何故更移口铺向里。若待彼移口铺向里，乃可与公牒往来理会。昨罢乡巡弓手，安抚司止令权罢。臣愚以为既欲以柔静待之，即宜分明示以不争。假令便移口铺，不与争，亦未妨大略。”[②]

但很快，北宋朝廷又接到知太原府刘庠的奏报：“探报北界欲用兵力，移口铺于拒马河南十五里安置。”[③]

辽国不断于两国边界处南移口铺，引起了北宋君臣的惶恐。北宋枢密院官员便提议在边界己方一侧添置口铺，以防辽国巡马越界侵扰。

辽道宗咸雍末、大康初（1074—1076），辽与北宋曾就两国河东边界（辽西京道朔州与北宋交界一段）纠纷，多次进行过遣使交涉。李焘《续资治通鉴长编》详细记载了此次划界交涉之过程，其中亦涉及辽宋两国于此段边界两侧设置的口铺：

枢密院言：“本朝边臣见用照证长连城六蕃岭为界，公牒六十道，多是北界（辽）声说关口把铺等处，捉贼或交踪并在长连城六蕃岭地内。”[④]

---

① 据曾公亮、丁度《武经总要·前集》卷一六上记载，北宋在北平军建鱼台口铺等二十四铺，在保州建子口铺等六铺，在广信军建谢坊口铺等十五铺，在安肃军建间板口铺等二十四铺，在瀛洲建柳林铺等十二铺，在顺安军建王柳口铺等七铺，在乾宁军建龙窝庄铺，总计八十九铺。另据脱脱等《宋史》卷二七三《何继筠传附子承矩传》记载宋初在河北沿边建“铺”一百二十五个。

② 李焘：《续资治通鉴长编》卷二三六 // 陶晋生、王民信编：《李焘续资治通鉴长编宋辽关系史料辑录》第二册，台北：“中央研究院”历史语言研究所 1974 年刊行，第 629 页。

③ 同上，第 635 页。

④ 李焘：《续资治通鉴长编》卷二六二 // 陶晋生、王民信编：《李焘续资治通鉴长编宋辽关系史料辑录》第二册，台北：“中央研究院”历史语言研究所 1974 年刊行，第 689 页。

辽宋边界长连城、六蕃岭一带有两国修筑的口铺，还见于与此次划界事件有关的北宋谈判代表、假翰林侍读学士沈括所撰之《入国别录》：

臣评（北宋假四方馆使李评）言："昨来北朝（辽）国书并白札子内理会事目，如瓦窑坞李福蛮水峪义儿马铺及三小铺西陉一带等处，南朝（北宋）虽有文字照验分白，但以交验贼踪或捉送逃走军人，各依长连城六蕃岭关子口铺，并是两朝为界去处。"①

颖（辽国划界谈判官员梁颖）又云："天池子既是南朝地土，自来口铺在甚处？因甚直至苏铃辖时方始移铺子向北下安置？"②

辽国东北地区边境线上亦有口铺（关铺）设置。如辽中后期的兴宗朝，为备边之需要，经枢密副使耶律仁先奏议，辽国政府同意在东京道与高丽交界的保州和定州（今鸭绿江口东岸朝鲜新义州附近）边境关隘处设置关铺（口铺）。辽道宗咸雍八年（1072）的《耶律仁先墓志》即载：

时朝廷以高丽、女直等五国入寇闻，上曰："仁先可往"。命驰驿安定之。因奏保、定二州联于北鄙，宜置关铺，以为守备。有诏报，自是五国绝不敢窥扰。上嘉之，赐予甚厚。③

连同在来远城一带设置的太子营、柳白营等八处驻军堡寨，④辽国政府在鸭绿江下游沿江一带建构了一道严密的抵御高丽扰边的军事防线。

辽国东北境外的生女真，"精于骑射，前后屡与契丹为边患，契丹亦设防备"。⑤辽国政府防备生女真寇边的措施之一，即是沿东京道东北部与生女真接壤的各要道隘口处设置寨堡铺哨。据《辽史·兵卫志》记载："东京沿女直界至鸭绿江：军堡凡

① 赵永春编注：《奉使辽金行程录》，长春：吉林文史出版社1995年版，第97页。
② 同上，第104、105页。
③ 向南：《辽代石刻文编》，石家庄：河北教育出版社1995年版，第352、353页。
④ 脱脱等：《辽史》卷三六《兵卫志下·边境戍兵》，北京：中华书局1974年版，第434页。
⑤ 叶隆礼撰，贾敬颜、林荣贵点校：《契丹国志》卷二二《四至邻国地里远近》，北京：中华书局2014年版，第237页。

七十，各守军二十人，计正兵一千四百。”①

军堡又称“堡寨”“堡砦”，是辽国政府在缘边山险之地设置的兵营，每一军堡驻扎一定数量的军人，担负辖区范围内的戍边御敌任务。军堡之下亦设有一些口铺类哨卡，具体负责侦候边境之敌情。

辽国北部边境线上亦有口铺置设。如辽圣宗太平元年（1021）的《耶律霞兹墓志》即云：

公（耶律霞兹）兵机将军，风苑（范）过人。弓挽六钧，箭穿百步。内外谈德，远近知名。乾亨元年，奉诏赴阙，侍服护驾……乃于奉宣，向北押达边口铺。②

达边口铺的具体位置不详，但肯定是在辽国的北部边境线上。耶律霞兹应是押领驻达边口铺军马的武官。当然，由于辽国北部和西北部的边境线多处于广袤草原和荒漠戈壁间，人烟稀少，因此，在辽中期的圣宗朝，便选择在靠近边境比较重要的防御点，建设了一些规模稍大的边防城，③驻军戍边并屯田，重点防范乌古、敌烈及阻卜（鞑靼）等部族的反叛侵扰。《辽史·地理志》即载：“辽国西北界防边城，因屯戍而立，务据形胜，不资丁赋。”④同书《耶律昭传》亦言，辽国北疆屯田戍边者的身份属亦兵亦民：“西北诸部，每当农时，一夫为侦候，一夫治公田。”⑤

但在靠近边防城的边境线上是否建有供侦候者专用的边铺，诸文献史料不见记载。笔者对比辽朝北边屯戍者与唐代西北边地铺兵的主要职责，推测辽朝北部及西北部各边防城附近应有边铺存在。程喜霖先生依据吐鲁番出土文书《唐开元十年伊吾军上支度营田使留后牒为烽铺营田不济》及《唐开元某年伊吾军典王元琮牒为申报当军诸烽

---

① 脱脱等：《辽史》卷三六《兵卫志下·边境戍兵》，北京：中华书局1974年版，第434页。

② 向南、张国庆、李宇峰辑注：《辽代石刻文续编》，沈阳：辽宁人民出版社2010年版，第60页。

③ 辽朝北疆边防城建设的背景与时间，可参考脱脱等《辽史》卷八五《萧挞凛传》及《辽史》卷一四《圣宗纪五》等。脱脱等《辽史》卷三七《地理志一·边防城》所记北疆边防城有九座：静州、镇州、维州、防州、河董城、静边城、皮被河城、招州、塔懒主城。但米文平、冯永谦先生据历史文献并结合考古调查资料，认为辽朝北疆的边防城远不止这九座（米文平、冯永谦：《辽代边防城考》//中国辽金史学会编：《辽金史论集》第五辑，北京：文津出版社1991年版）。

④ 脱脱等：《辽史》卷三七《地理志一·边防城》，北京：中华书局1974年版，第450页。

⑤ 脱脱等：《辽史》卷一〇四《耶律昭传》，北京：中华书局1974年版，第1454页。

铺斸田亩数事》等认为，唐代西北烽铺军人除了履行“警固”（警备防御）职责外，还要负责“斸田”[①]，即烽卒铺兵要在烽铺附近进行屯垦耕种，以解决戍边者的军粮问题。这一点，上引《辽史·耶律昭传》所载辽朝北疆边地的屯戍者既要侦候又要屯田与之已颇为相似。这就是说，辽朝北部及西北部边地屯戍者之身份、职责与唐朝西北边地之烽卒铺兵类同。辽制多承唐，因而，笔者推测辽北疆戍边者亦应有其侦候时的专用场所——与达边口铺相类的诸边铺设施。

再说烽铺。

在契丹辽国南部与北宋接壤的漫长边境线辽方一侧，除了于关隘崖口处设置的口铺外，辽人还设置了大量烽铺。烽铺是指设置在烽堆旁的铺。唐朝时曾在西北地区的边境线上设置大量烽铺。程喜霖先生认为，唐代烽铺的含义有两种：一是泛指军防中烽与铺两个基层军事单位；二是单指烽或烽铺之铺。[②] 其建制，《唐六典》卷五《兵部职方郎中员外郎》即云：“凡烽堠所置，大率相去三十里。若有山冈隔绝，需逐便安置，得相望见，不必要限三十里。其逼边境者，筑城以置之。”

这就是说，唐代所谓“烽铺”，就是在边境线上每隔三十里置一烽，即烽火台，有烽兵（烽子）专职守候，发现敌情后，烽兵负责燃放烽火以报警（白昼放烟，黑夜举火）；烽旁置一铺，有铺兵（铺人）把守，见烽烟（火）升（燃）起，便飞马传牒，向附近州县及驻军详细报告敌情。

宋人李焘《续资治通鉴长编》及沈括《入国别录》在记述辽宋划界交涉过程时，亦曾言及两国边境线上有烽堆与烽铺。辽道宗大康、咸雍之际，辽宋两国因边界纷争，辽国所筑之烽堆和烽铺常有被宋方拆毁者。如《入国别录》即载：

> 臣括又云：“譬如民家，去别人地内居住一世两世，若执出契书，亦须夺却，住坐半年，岂足为凭。南朝只是守执北朝文字，乃是实据，当时纵不发遣，自是北人不合侵越，后来又拆却铺，立却十八个烽堆、七个铺子，岂是不经发遣。”

---

① 程喜霖：《唐代烽铺建制新证——新出烽铺文书研究之二》，《西域研究》2006 年第 3 期。
② 同上。

臣括又云："如鸿和尔大山、天池子不惟有向来所陈逐次照据，兼萧扈、吴湛国信来时，有北朝圣旨为今来已指立烽台标杆，开掘壕堑，兴功建立铺寨，即且依旧北朝百姓也。且教依旧，各更不侵占，岂不分白。"[①]

《续资治通鉴长编》亦云：

长连城六蕃岭，治平二年，契丹尝于此置铺矣。边人以其见侵，毁之，后不复来。至是许其即旧址置铺[②]。

辽宋划界交涉结束后，两国边界既定，辽国开始重新修筑沿边兵寨烽铺。《辽史·萧韩家（奴）传》载：辽道宗大康"三年，经画西南边天池旧堑，立堡砦，正疆界，刻石而还"[③]。

堡砦（寨）为边地屯兵之所，其下即有侦候者专用的烽铺或口铺置设。

辽国东北部与生女真接壤的边境线上也有烽铺设置。《辽史·圣宗纪》载：

（太平六年）二月己酉，以迷离己同知枢密院，黄翩为兵马都部署，达骨只副之，赫石为都监，引军城混同江、疎木河之间。黄龙府请建堡障三、烽台十，诏以农隙筑之。[④]

依唐制及南部辽宋边境辽国烽铺之设置实况，既然混同江、疎木河沿线筑有烽台，其旁亦必有烽铺之设。20世纪80年代，考古工作者在踏查辽金遗址过程中，在吉林省永吉县第二松花江流域山间峡谷地带即发现不少辽时所建堡寨、烽燧遗址，比如旺起乡漂尔堡寨、五里河镇桃子沟烽燧、两家子乡柳条沟东山烽燧、黄榆乡西山湾烽燧、金家乡西南屯烽燧等。此即辽人在与生女真接壤的边界处修建的烽台铺所之一部分。其中，桃子沟烽燧位于五里河镇西桃子沟屯北侧一座孤山山顶上。山虽不高，但比较陡峭，山顶被人工削平，面积约八十平方米，环山冠有人工挖掘的壕沟。遗址上发现

① 赵永春编注：《奉使辽金行程录》，长春：吉林文史出版社1995年版，第99、100页。

② 李焘：《续资治通鉴长编》卷二六二//陶晋生、王民信编：《李焘续资治通鉴长编宋辽关系史料辑录》第二册，台北："中央研究院"历史语言研究所1974年刊行，第689页。

③ 脱脱等：《辽史》卷九二《萧韩家（奴）传》，北京：中华书局1974年版，第1370页。

④ 脱脱等：《辽史》卷一七《圣宗纪八》，北京：中华书局1974年版，第199页。

了少量灰褐色陶片[①]。其他几处烽燧亦均建在山顶上，具有明显的军用性质。金家乡西南屯烽燧与黄榆乡西山湾烽燧相距约十一公里，两烽燧遥遥相对，与唐辽北宋时期烽燧、铺所的布局要求基本相符。此外，在永吉县北舒兰境内的第二松花江右岸，考古工作者也发现了辽人为防御生女真寇边而修建的堡寨与烽台、界壕遗址。此次踏查发现的堡寨遗址有三处：位于吉舒镇郊高台村南五台山上的堡寨，位于溪河乡唐尔屯南小城子山上的堡寨，位于法特乡黄鱼圈村西珠山上的堡寨。发现的烽台遗址有两处：一为敖花烽台，一为敖花东山头烽台。其中敖花东山头烽台位于敖花东山山顶，人工用山皮土叠筑而成，遗址平面呈圆形，直径约五米，现高约一点五米。此次踏查，考古工作者在舒兰第二松花江右岸溪河乡还发现一条长约十二公里、呈东南—西北走向的辽与生女真分界之界壕遗址，而上述各堡寨、烽台遗址的分布与走向又同此界壕基本一致。有学者认为，此界壕即 11 世纪下半叶，辽国为防御界外生女真侵扰，在第二松花江北修筑的一道边壕，[②]《辽史》虽漏记，但在辽末金初宋人许亢宗所著《宣和乙巳奉使金国行程录》中却有明确记载：

> 第三十五程，自漫七离孛堇寨一百里至和里间寨。离漫七离行六十里即古乌舍寨，寨枕混同江湄，其源来自广漠之北，远不可究……第三十六程，自和里间寨九十里至句孤孛堇寨。自和里间寨东行五里，即有溃堰断堑，自北而南，莫知远近，界隔甚明，乃契丹昔与女真两国古界也。界八十里，直至涞流河。[③]

混同江即今第二松花江，涞流河即今拉林河。这说明辽朝中后期在混同江与涞流河之间所筑防御生女真的界壕、堡寨及烽铺等军事设施在金朝初年还残存着。当然，在这一带考古踏查发现的烽台及堡寨遗址，也证明了上引《辽史·圣宗纪》太平六年（1026）所记“黄龙府请建堡障三、烽台十”的史事确实存在。

辽朝的边铺是否亦如唐代每隔三十里为一处，因没有任何文献史料可为佐证，故不好妄猜。李焘《续资治通鉴长编》曾提及辽宋有争议边界辽方“侵筑边铺”之

---

① 唐音：《吉林省永吉县辽金遗址述略》，《北方文物》1992 年第 2 期。
② 景爱、董学增：《吉林舒兰县古界壕、烽台与城堡》，《考古》1987 年第 2 期。
③ 赵永春编注：《奉使辽金行程录》，长春：吉林文史出版社 1995 年版，第 154 页。

数目：

北人（辽）窥伺边疆，为日久已，始则圣佛谷，次则冷泉村，以致牧羊峰，瓦窑坞共侵筑二十九铺。

治平二年，侵筑十五铺，度山势立界。①

虽然这两段争议边界的长度不详，但我们能够推测辽筑铺形制应与唐代相类，即在边境线上每隔一段距离立一烽一铺，比邻之烽、铺能够相望，以适烽卒铺兵侦候敌情没死角、无遗漏之需要。

另据《宋史》记载，北宋前期（辽宋交战期间）沿界河所置的铺与铺之间距比唐代要短得多。《宋史·何继筠附子承矩传》即云：

承矩上言曰："缘边战棹司自淘河至泥姑海口，屈曲九百余里，此天险也。太宗置砦二十六，铺百二十五，廷臣十一人，戍卒三千余，部舟百艘，往来巡警，以屏奸诈，则缓急之备，大为要害。今听公私贸市，则人马交度，深非便宜，且砦、铺皆为虚设矣。"②

泥姑海口为辽宋界河拒马河（白沟河）的东部入海口，淘河在其西部，两者相距九百余里。沿界河九百余里辽宋边境线北宋一侧分布着一百二十五处边铺，则两铺之间距平均不足八里。另据《武经总要》记载，北宋河北沿边一些地区的口铺间距更近，在方圆几十里的地面上建有十几座口铺，平均间距仅二三里，③远远低于唐代的三十里。由此推测，界河另一侧的辽国边铺之间距或与宋大致相仿。

至于辽边铺的军卒配置，因相关文献史料没有记载，亦不得而知。程喜霖先生据《吐鲁番出土文书》所载的新出唐代"烽铺文书"考证，唐代西北地区的烽铺每铺平均有铺兵二至三人，马（或驼）二至三匹（头）。④杜建录先生据西夏文法典《天盛年

① 李焘：《续资治通鉴长编》卷二六〇//陶晋生、王民信编：《李焘续资治通鉴长编宋辽关系史料辑录》第二册，台北："中央研究院"历史语言研究所1974年刊行，第678、679页。

② 脱脱等：《宋史》卷二七三《何继筠附子承矩传》，北京：中华书局1977年版，第9329页。

③ 郭东旭、王轶英：《北宋河北沿边的寨铺建设述略》//姜锡东、李华瑞主编：《宋史研究论丛》第八辑，石家庄：河北大学出版社2007年版。

④ 程喜霖：《唐代烽铺建制新证——新出烽铺文书研究之二》，《西域研究》2006年第3期。

改旧定新律令》“边防哨卡”条记载考定，西夏边境每个哨卡（相当于辽朝的边铺）设哨长一人，哨卒若干名。[1] 而北宋河北沿边不少口铺的兵丁人数都在十人左右。如《宋会要辑稿》“兵廿七之廿五”载宋仁宗明道二年（1033）诏曰：“保州山口置把截铺，每铺兵级十一人充巡子，月一易之，仍令长城口西巡检都大提举管勾。”

若比照唐、北宋及西夏，辽朝边铺每铺的军卒人数，大约在十人左右。

二、边铺之作用

作为边防基础设施与前沿基层军事单位，边铺在辽人的边防活动中发挥了重要作用，具体体现在铺兵职责的充分、有效发挥上。

首先，铺兵负责侦候边境敌情，传牒报警，为辽军有效阻击入侵之敌做前期准备。辽承唐制，边铺军卒的主要职责就是于铺所侦候，或亲见烽堆燃起报警烟火，或目睹敌寇越境侵扰，在敌情明了的情况下，速拟牒文，驰送相关衙司。

前已述及，辽边境线上的烽与铺均属边防基层军事单位，其直接的主管部门是该地区的诸司军事机构。边铺军卒发现重大敌情，首先要牒报该司主帅。如开泰九年（1020）的《耿延毅墓志》即载：

> 统和十五年，国家方问罪赵宋氏，乃改授（耿延毅为）西南面招安使……公以并、代、中山之界，寔曰寇庭，莫不威信卒夫，谨严烽堠，夙夜不惰。周历四霜，乃至贼虐之师无敢北顾。[2]

这里所说的“谨严烽堠，夙夜不惰”及“贼虐之师，无敢北顾”，即指在西南面招安使耿延毅的指挥下，辽军有效抵御并痛击了北犯之敌。其中，烽铺兵卒的侦候牒报应起了关键作用。

其次，铺兵配合巡边军人于边铺附近缉捕盗贼，阻截非法出入境者（与唐代烽人、

---

① 杜建录：《西夏边防制度初探》，《固原师专学报》1993 年第 1 期。
② 向南：《辽代石刻文编》，石家庄：河北教育出版社 1995 年版，第 160 页。

铺卒之“捉生问事”相类）。有辽一代，为确保国土安全，朝廷任命专职边地巡检，率巡马[①]等到边境线上，在铺兵的配合下，武装巡逻，追逃缉叛，并依法进行处理。比如，早在辽朝前期与五代诸政权南北对峙时，已有巡边军人缉捕企图越境南逃者之案例。《辽史·李澣传》载：穆宗应历初年，晋亡归辽的中原人李澣（在辽已官至工部侍郎）在其兄李涛（仕后周为翰林学士）的密召下，“易服夜出，欲遁归汴。至涿，为徼巡者所得，送之南京，下吏”[②]。又如圣宗朝的萧敌烈，“开泰初，率兵巡西边。时夷离堇部下闸撒狘扑里、失室、勃葛率部民遁，敌烈追擒之，令复业”[③]。兴宗朝的耶律侯哂，“为西南巡边官，以廉洁称……重熙十一年，党项部人多叛入西夏，侯哂受诏，巡西边沿河要地，多建城堡以镇之”[④]。等等。一般来说，巡马等对越境者的缉捕行动，亦多在铺兵侦候确定敌情并及时牒报的情况下进行。

据史料记载，在辽宋边境线上，辽之铺兵经常配合巡马捉贼，并在边铺附近将被捉者移交给宋方。李焘《续资治通鉴长编》载：

> 枢密院言：“本朝边臣见用照证长连城六蕃岭为界，公牒六十道，多是北界（辽）声说关口把铺等处，捉贼或交纵并在长连城六蕃岭之北。”[⑤]

辽道宗清宁九年（宋仁宗嘉祐八年，1063）十月，顺义军牒称，辽方铺兵配合巡

---

① 辽朝边境之巡马，应是经专门训练的特种巡逻骑兵，类似唐代的游奕。《通典》卷一五二《兵门五》“守拒法附”即云：“游奕，于军中选骁果，谙山川泉井者充之，常与烽铺、上（土）河计会交牌，日夕逻候于亭障之外，捉生问事。”日本学者菊池英夫将游奕指为铺兵，并言唐代凡边地城镇有兵防守之所均置设捉铺、外铺、烽铺等，属外探游奕部队。（菊池英夫：《关于唐代边防机关守捉、城、镇的成立过程》// 九州大学东洋史研究室编：《东洋史学》第 27 缉，1964 年 12 月）程喜霖先生则认为，游奕是唐朝军队的一个兵种，以侦察警戒、巡逻边塞、捉生问事（缉捕游寇奸细）为务，选骁勇善战、熟悉地形的士兵充任，相当于特种兵。（程喜霖：《唐代烽铺建制新证——新出烽铺文书研究之二》，《西域研究》2006 年第 3 期）笔者赞同程先生的观点。辽于南部辽宋边境线上曾布设大量巡马，是为应对北宋的乡巡弓手（详见李焘《续资治通鉴长编》相关记载）。由“巡马”之名称推断，其主管部门应是边地各巡检司。除南部辽宋边境有巡马外，辽于其他地区的边境线上亦应有相关之巡逻骑兵布设。

② 脱脱等：《辽史》卷一〇三《文学上·李澣传》，北京：中华书局 1974 年版，第 1450 页。

③ 脱脱等：《辽史》卷八八《萧敌烈传》，北京：中华书局 1974 年版，第 1339、1340 页。

④ 脱脱等：《辽史》卷九二《耶律侯哂传》，北京：中华书局 1974 年版，第 1368 页。

⑤ 李焘：《续资治通鉴长编》卷二六二 // 陶晋生、王民信编：《李焘续资治通鉴长编宋辽关系史料辑录》第二册，台北：“中央研究院”历史语言研究所 1974 年刊行，第 689 页。

马等“捉到劫夺南界代州崞县赤泥胶主户白友，牛贼人事”。[①]沈括《入国别录》亦言，辽宋两国遣送移交被捉越境者就是在口铺附近：“交验贼踪或捉送逃走军人，各依长连城六蕃岭关子口铺。”[②]

特别是在辽宋边境东段数百里界河沿线，常有两国各色人等，因种种缘由，非法越境。[③]每至此，辽朝的巡马即在铺兵配合下，将其捉捕后视不同情节而依法处理。[④]

复次，铺兵侦候，巡马徼边，二者合力，共同形成对境外之敌的有力威慑，提高了边境地区的安全系数。如果边境线上没有边铺分布，没有铺兵日夜值守侦候，那么境外之敌若想寇边，即会如入无人之境，容易得很。史载，重熙九年（1049）“十一月甲子，女直侵边。发黄龙府铁骊军拒之”。[⑤]黄龙府即今吉林农安。铁骊部分布在黄龙府东北。辽国政府即便是集结、调动距入侵者最近的黄龙府铁骊军，也不可能及时将其阻击在边界之外，所以才有后来耶律仁先主张在东京道辽与高丽、女真边境线上“置关铺，以为守备”，以及“沿边添置亭堡”的奏请。[⑥]

辽于边境线上置关铺，设铺兵，不仅能发挥侦候敌情、及时牒报的作用，因边铺附近还同时筑有堡寨，驻扎着巡马等特种骑兵，关键时刻二者互相配合，即可及时阻击并拖住入侵之敌，给大部队集结与增援争得宝贵时间。如《契丹国志》所云之辽东京道与生女真边界“南北二千余里，沿边创筑城堡，搬运粮米，差拨兵甲，屯守”[⑦]即指此。还有，辽宋交战期间，辽方曾不时派遣巡马，在铺兵的侦候牒报配合下，用武

---

① 李焘：《续资治通鉴长编》卷二六二//陶晋生、王民信编：《李焘续资治通鉴长编宋辽关系史料辑录》第二册，台北：“中央研究院”历史语言研究所1974年刊行，第689页。

② 赵永春编注：《奉使辽金行程录》，长春：吉林文史出版社1995年版，第97页。

③ 张宏利：《辽宋对界河越界行为的处置》，《东北史地》2014年第3期。

④ “澶渊之盟”订立之前，辽宋处于敌对交战状态，辽国政府对捕获的越境宋人处罚较重。如《辽史·圣宗纪》即云：统和四年（986）十一月“丙戌，遣谋鲁姑、萧继远沿边巡徼。以所获宋卒射鬼箭”。（脱脱等：《辽史》卷一一《圣宗纪二》，北京：中华书局1974年版，第125页）辽宋停战之后，辽国政府对捕获的非法越境宋人处罚变轻，多数遣送回国，由宋方处理。

⑤ 脱脱等：《辽史》卷一八《兴宗纪一》，北京：中华书局1974年版，第222页。

⑥ 咸雍八年（1072）《耶律仁先墓志》，向南《辽代石刻文编》，石家庄：河北教育出版社1995年版，第353页。

⑦ 叶隆礼撰，贾敬颜、林荣贵点校：《契丹国志》卷二二《四至邻国地里远近》，北京：中华书局2014年版，第237页。

装巡逻的方式，威慑并干扰两国边境北宋一侧的筑城行为，成效亦非常显著。《辽史·高勋传》即载：穆宗朝后期，“宋欲城益津，勋上书请假巡徼以扰之，帝然其奏，宋遂不果城”[①]。

三、边铺之管理部门

唐代烽燧、驿铺等统归朝廷兵部管理，但属不同分司；在地方皆归兵曹司兵参军具体领导。另据《宋史》卷一六三《职官三·兵部》记载，北宋递铺的中央主管部门是兵部驾部郎中，而其边铺的管理部门却是沿边安抚使司。[②]历史文献与出土辽代石刻文字资料均不见辽朝边铺的主管部门记载。笔者检索、分析相关文献史料及出土辽代石刻文字，推测其应归属于北、南面边防诸司军事机构直接管理。

具而言之，辽代南面辽宋边境上的烽、铺应归属西南面招安使司（辽宋停战后改称“西南面安抚使司”）管理。辽朝的西南面招安使司，据开泰九年（1020）的《耿延毅墓志》记载，在统和十五年（997）之前，正使“以飞狐为理所，其副据灵丘”[③]，故它又称“飞狐招安使司”。飞狐即今河北涞源，灵丘即今山西灵丘，两地均属辽西京道，距辽宋边境不远。据康鹏先生考证，辽朝中后期的西南面安抚使司，正使改治易州，副使治所则已迁至飞狐。[④]易州即今河北易县。辽易州属南京道，亦靠近辽宋边境。

笔者之所以认为辽南京道和西京道与北宋接壤边境上的边铺应归属西南面招安（安抚）使司管理，依据是出土辽代石刻文字资料记载出任辽西南面招安（安抚）使职责

---

① 脱脱等：《辽史》卷八五《高勋传》，北京：中华书局 1974 年版，第 1317 页。

② 比如，北宋河北安抚使司即负责边铺之置设。李焘《续资治通鉴长编》即云：仁宗宝元二年（1039）四月，“河北缘边安抚司请于缘界河百万涡寨下至海口泥姑寨空隙处，增置巡铺。从之”。神宗熙宁十年（1077）四月，定州路都监何泽言，“缘边山口铺无捍御之备，近闻敌入沧州小南河寨杀伤老幼，剽夺器甲，乞应缘边堡寨委安抚司增筑”。神宗诏批：“令诸路安抚司相度施行。”可证。（详见：李焘《续资治通鉴长编》卷一二三 // 陶晋生、王民信编：《李焘续资治通鉴长编宋辽关系史料辑录》第一册、第三册，台北：“中央研究院”历史语言研究所 1974 年刊行，第 390、730、731 页）

③ 向南：《辽代石刻文编》，石家庄：河北教育出版社 1995 年版，第 160 页。

④ 康鹏：《辽代西南面安抚使司研究》// 中国社会科学院历史所隋唐宋辽金元史研究室编：《隋唐辽宋金元史论丛》第一辑，北京：紫禁城出版社 2011 年版。

之文字。如景、圣之际的王悦曾任“飞狐招安副使。衔兹纶命，镇彼塞垣；不起烽烟，屡更星岁”①。圣宗朝的耿延毅于统和十五年（997）被任命为西南面招安使，在任期间，“谨严烽堠，夙夜不惰”②。很显然，不论是“不起烽烟”，还是“谨严烽堠”，身为西南面招安使司主要官员的王悦和耿延毅，其部分职责或与管理烽燧边铺相关。此外，辽国南部边境守烽铺军卒之职责是侦候境外宋方的军事动向，亦与西南面安抚使司的职能有吻合之处。李焘《续资治通鉴长编》中有多处关于辽国西南面安抚使司关注北宋境内军事活动并及时与之交涉的记述。如辽道宗大康九年（宋神宗元丰六年，1083）六月，北宋在靠近宋辽边境的某处设立教场，习练军伍。就此事，辽国西南面安抚使司很快便移牒宋方问询，并要求北宋有关方面立即毁废教场，“责问生事官吏，重加诫断”③。前已述及，辽西南面安抚使司治所并未在边境线上（是在离边境尚有一段距离的易州），其之所以能很快了解宋方于边地设立教场之事，应该就是其所辖边铺军卒缜密侦候并及时牒报的结果。

辽朝中后期，西北及北部地区边境线上的边铺似由设在边防城镇州的西北路招讨司进行管理。史载，道宗咸雍年间，耶律仁先被任命为西北路招讨使。在任期间，“仁先严斥候，扼敌冲，怀柔服从，庶事整饬……北边遂安”④。所谓“严斥候，扼敌冲”，也可理解为西北边地最高军事指挥官耶律仁先亲自部署并指挥边境铺所兵卒和要路寨堡驻军坚守岗位，严密侦视敌情，随时击退入侵之敌，致北疆边防安全得到了保障。

在辽朝东部及东北部地区，其边地铺堡似由东京统军司和东北路统军司等负责管理。东京统军司应统管东部鸭绿江下游辽与高丽边境线上的边铺。据《辽史·地理志》记载，圣宗统和二十八年（1010），辽国在鸭绿江下游出海口两岸设置的保州等军镇，

---

① 向南：《辽代石刻文编》，石家庄：河北教育出版社 1995 年版，第 113 页。

② 同上，第 160 页。

③ 李焘：《续资治通鉴长编》卷三三五 // 陶晋生、王民信编：《李焘续资治通鉴长编宋辽关系史料辑录》第三册，台北：“中央研究院”历史语言研究所 1974 年刊行，第 769 页。

④ 脱脱等：《辽史》卷九六《耶律仁先传》，北京：中华书局 1974 年版，第 1397 页。

即由东京统军司管理。[①]因而，笔者推测保州附近的边铺亦应隶属于东京统军司。东北路统军司应负责东北部辽与生女真边境线上边铺的管理。天庆元年（1111），时任辽东北路统军使的萧兀纳曾向天祚皇帝疏奏："臣治与女直接境，观其所为，其志非小。"[②]

东北路统军司治所在长春州（今吉林前郭他虎城），统军使萧兀纳对境外生女真军情的了解，应即来自边铺军卒的侦候牒报。天庆四年（1114），已怀反辽"异志"的界外生女真完颜部，在其首领完颜阿骨打的率领下，在边境地区修建城堡，厉兵秣马，做出兵攻辽的准备。女真人的反辽军事行动，亦被辽边铺军卒侦知并及时牒报东北路统军司。据《金史·太祖纪》记载：

> 辽统军司闻之，使节度使捏哥来问状，曰："汝等有异志乎？修战具，饬守备，将以谁御？"太祖答之曰："设险自守，又何问哉。"辽复遣阿息保来诘之。太祖谓之曰："我小国也，事大国不敢废礼。大国德泽不施，而逋逃是主，以此字小，能无望乎？若以阿疏与我，请事朝贡。苟不获已，岂能束手受制也。"阿息保还，辽人始为备，命统军萧挞不野调诸军于宁江州。[③]

此外，辽朝边铺除归属诸边地招安使司（安抚使司）、招讨使司以及统军司管理外，从上述所见烽卒铺兵与边地巡马及巡检官员的近密关系看，结合北宋口铺管理之实际，[④]不排除辽边铺亦归边地巡检司管理的双重管理模式。

还有，在辽国西南地区与西夏接壤的边境线上，亦应有边铺设置，其管理机构应是设于西京道丰州（今内蒙古呼和浩特）的西南面（路）招讨司。据《宋史·夏国传》记载，李元昊称帝建国，便在西夏周边驻军布防，"自河北至午腊蒻山（又名乌拉山

---

① 脱脱等：《辽史》卷三八《地理志二》，北京：中华书局1974年版，第459页。
② 脱脱等：《辽史》卷九八《萧兀纳传》，北京：中华书局1974年版，第1414页。
③ 脱脱等：《金史》卷二《太祖纪》，北京：中华书局1975年版，第23页。
④ 徐松辑《宋会要辑稿》的《兵二七之二五》中即见北宋"保州山口置把截铺……仍令长城口西巡检都大提举管勾"（北京：中华书局1957年版）。

或牟那山，属阴山山脉，为辽夏之界山）七万人，以备契丹”[1]，并且在边境线上己方一侧建有大量边防哨卡，那么在边境线辽方一侧肯定亦建有相应的边防设施。只是笔者目前尚未检索到相关史料，故无法在本节展开研讨。

① 脱脱等：《宋史》卷四八五《外国传一·夏国传上》，北京：中华书局1977年版，第13994、13995页。

第六章
辽代石刻所见辽人墓志诸问题

第一节　史学视域下的辽人墓志之用典

古时文人为逝者撰写墓志铭追迹叙事喜好搬弄典故。究其原因，南朝人刘勰在《文心雕龙·事类》中曾言："事类者，盖文章之外，据事以类义，援古以证今者也。"[①]

魏宏利先生进一步解释说：

> 在刘勰看来，用典的原则在于"据事以类义"，即用典必须选取与自己论述的观点或记述的事例相同或相类的古人、古事。而用典的目的在于"援古证今"，即援引这些相同或相类的古人、古事来证明和加强自己陈述的观点或论述的事实。[②]

笔者检索出土辽人墓志石刻，发现辽朝文人撰写墓志铭类文字，在记述墓主家世源流、道德品质、军功政绩、死亡丧葬诸事时，亦好援用各类典故，以赞颂墓主之德行功绩，彰显逝者之不朽人生。辽人墓志用典亦是沿袭前朝"以古为尚"之风习，本无可厚非，但当我们将其置于史学视域之下，仔细分析志文作者援用的每一典故之内容及其所对应的与墓主相关的诸类之事迹时，总会发现一些不贴切或不甚真实之处，虚实之间，往往便模糊了逝者形象。当下，辽史学者搜集、整理辽人墓志石刻文字，目的是想利用这些第一手资料，补传世文献之缺漏，正古书记载之错讹，探历史谜团之未知。因而，对于辽人墓志用典所对应的墓主相关事迹之真伪，亟需我们做认真细

① 范文澜：《〈文心雕龙〉注》，北京：人民文学出版社1958年版，第614页。

② 魏宏利：《北朝碑志文研究》，北京：中国社会科学出版社2016年版，第190页。

致的甄辨与分析，因为只有去伪存真，出土辽代石刻文字资料才是珍贵和可用的。

一、以古为尚：辽人墓志好用典

魏宏利先生以北朝碑志为例，认为墓志文中之所以有大量的典故出现，“意在颂扬先人之品德功业”，是“典故运用中‘以古为尚’的心理与子孙盛称门第、稽古以自重的意愿正相吻合”[①]的必然结果。古人撰写墓志“以古为尚”的心理传承是一以贯之的，辽人亦不例外。检索辽人墓志文中的典故事例，主要反映在以下几种叙事内容中：

其一，为凸显墓主家世门第之高尚而用典

辽人墓志文之起始，多交代墓主的姓氏、祖源、郡望、先人世系及其功绩等，此中用典最多，是欲以典故事例映衬墓主家世门第之高尚与非凡。

譬如在叙说墓主姓氏、祖源时用典。辽人墓志叙写墓主姓氏、祖源，无论前后有无家族血缘之传承，只要姓氏相同，大都援用典故，攀附于古时同姓之名人。如辽景宗乾亨三年（981）的《张正嵩墓志》即载：

> 清河府君，瑞鸠传裔，灵剑得学，宰晋相韩，兴蜀霸汉。德源自远，良派爰多。善不泯于春秋，事亦丰于典策。[②]

墓志作者、守宁王府记室参军赵衡将先秦、汉、三国及晋的四位张姓名人都列为了墓主张正嵩的先祖。“宰晋”者指张华，西晋武帝朝任中书令，惠帝即位后，任开府仪同三司、侍中等职，曾被皇后贾南风委以朝政。“相韩”者为张平，战国时期韩国相国，辅佐过韩釐王和韩桓（悼）惠王。“兴蜀”者为张飞，三国时期蜀汉名将，与诸葛亮、赵云进军西川，分定郡县。“霸汉”者是张良，秦末汉初高祖刘邦的杰出谋臣，与韩信、萧何并称为“汉初三杰”。

介绍墓主郡望时用典。辽人撰写墓志，在交待墓主郡望时亦好用典。如辽兴宗重熙十四年（1045）的《秦国太妃墓志》即云：

---

① 魏宏利：《北朝碑志文研究》，北京：中国社会科学出版社 2016 年版，第 190 页。

② 向南：《辽代石刻文编》，石家庄：河北教育出版社 1995 年版，第 68 页。

大昴之北，地戴斗极，天祚有德，实兴我国，国姓曰耶律氏，我故秦国太妃出焉。宗望肇开，大郡疏于漆水；仙源濬发，洪流贯于绛河。[①]

墓志作者、修国史杨佶借用典故，言契丹辽之耶律氏的郡望为漆水。漆水是传说中轩辕黄帝的发祥地（亦有人指为辽庆州附近之黑水）。绛河，即银河，又称“天河”“天汉”。

又如辽道宗咸雍七年（1071）的《萧阘墓志》亦载：

公讳阘，字蒲打里，姓萧氏，兰陵人也。其先本宋支子，食菜（采）于萧，因以为氏。尔后子孙蕃衍，不一其族。周王建社，独开乐叔之封；高祖论功，复善酂侯之略。迨乎汉侍中彪，始居兰陵，则为兰陵人也。枝分叶布，源深派长。简策具详，志文可略。[②]

墓志作者、前奏名进士赵群援用典故，叙说辽朝契丹萧氏郡望为兰陵，与西汉萧何及其幼孙萧彪同宗。乐叔，战国末期燕国名将乐毅之孙，刘邦路过赵地，封其于乐乡，号华成君。酂侯，汉高祖刘邦加封给建国功臣萧何的诸侯名号。

追溯墓主先人功绩时用典。辽人墓志文中于追溯墓主先人军功或政绩时亦常用典。如辽圣宗统和三年（985）的《韩匡嗣墓志》作者、兼知制诰马德臣在记述墓主之父韩知古的官衔及军功时即援引了邓禹和诸葛亮的故事：

烈考讳知古，彰武军节度使、太师、中书令，会九五龙飞之主，当经纶草昧之时。征伐四方，邓禹赞开基之略；参谋万务，葛亮成佐命之功。直气陵云，精诚介石。居然廊庙之器，真为社稷之臣。事载朝经，美谈人口。[③]

邓禹，东汉初年著名军事家，辅佐刘秀建立东汉政权，功勋卓著，为云台二十八将之一。葛亮，即诸葛亮，三国时期蜀国丞相，杰出的政治家和军事家，助刘备谋划联孙抗曹，最终成三国鼎足之势。

---

① 向南、张国庆、李宇峰辑注：《辽代石刻文续编》，沈阳：辽宁人民出版社 2010 年版，第 90 页。（参见本书附录图版一八）

② 同上，第 135 页。

③ 同上，第 23 页。（参见本书附录图版八）

其二，为赞美墓主道德品行而用典

赞美墓主道德和品行的高尚，是辽人墓志的一贯写法，也是辽朝文人沿承前朝墓志撰写义例的一个主要侧面。为彰显墓主道德品行如何美好与高尚，每每于此，撰志者便不惜笔墨，引经据典，大肆渲染一番。

譬如在赞美男性墓主仁德忠孝、寡欲清廉时用典。辽兴宗重熙二十二年（1053）的《张俭墓志》作者杨佶在赞美墓主张俭谨言慎行、清心寡欲之德行时即用典：

> 王端方正色，精洁小心。上谷惟修，功允治而勿坏；狱市为寄，歌宁一而不挠。伯禹成功而不代，公绰寡欲而则优。朝议均劳，帝命惟允。①

伯禹，即夏禹，又称“大禹”。舜禅位，禹曾辞避舜子商均于阳城。公绰，即孟公绰，鲁国大夫，以廉净寡欲而著称。

在赞美女性墓主德言容功、贞洁贤惠等方面用典。天祚帝保大元年（1121）的《鲜于氏墓志》作者、“燕南逸士”马子升在赞美墓主鲜于氏德行的铭文中即用典：“始为处女兮，有曹娥之风兮；终为人母兮，有孟家之教兮。”②

曹娥，东汉时期著名孝女，为寻父尸，投江而死。孟家之教，指孟子母亲断杼教子的故事。

赞美女性墓主性情温柔、容颜俊俏也是辽人墓志用典的一个侧面。如辽圣宗太平二年（1022）的《韩绍娣墓志》即云：

> 公先娶二妻，先曰李氏，后曰吴氏，并以三从式修，四德洞闲。温怀班女之诫，丽蕴潘妃之质。③

班女，指班婕妤，西汉著名貌美之才女。潘妃，小字玉儿，南朝萧齐东昏侯的妃子，妖艳有姿色。

在辽朝贵族女子墓志以及后妃哀册中，作者在赞美她们的德行时，多援用上古或先秦时期有德帝王的后妃以德辅政之典故。如辽道宗大康二年（1076）的《兴宗仁懿

---

① 向南：《辽代石刻文编》，石家庄：河北教育出版社 1995 年版，第 267 页。

② 同上，第 684 页。

③ 向南、张国庆、李宇峰辑注：《辽代石刻文续编》，沈阳：辽宁人民出版社 2010 年版，第 63 页。

皇后哀册》作者耶律（张）孝杰在赞美仁懿皇后的品德时即用典：

大行皇太后轩芒育粹，婺角钟妍。神光烛市，翕赫卿霱，袭幄而翩䠥。增沙叶祯，偃月标异。玉衣早契于嘉兆，金屋遂居于正位。遵易爻在馈之戒，守国风卷耳之志。睦九族以诚著，训六宫而教被。虽虞嫔妫汭之淑，夏娶涂山之懿。商亳炽于有娀，周镐隆于太姒。如将接轨以俦较，未可联衡而拟议。矧以慈懿纯裕，肃雍粹洋，聪明淑慎，贞静矜庄。①

妫汭，即妫水隈曲之处，此借指舜的配偶娥皇与女英。涂山之懿，指大禹妻涂山女之美德。有娀，即有娀氏，名简狄，帝喾次妃，传说吞玄鸟之卵而生契。

其三，为称颂墓主天赋才能及政绩军功而用典

辽人墓志（包括墓幢）之主人中有天赋者，生而不凡，异于常人，才华早露，幼即聪慧，墓志文的作者每每大加赞赏，其中不乏援用典故赞美者。如辽道宗咸雍八年（1072）的《耶律宗福墓主》作者、上京留守推官乐椿即用典，援引萧何、东方朔故事，喻墓主耶律宗福应星相生而不凡：

夫天地间气是生贤人，国家具福乃获良弼。故萧何之钟大昴，方朔之应岁星，灼灼然，煌煌然，其始来也，昭著于天文。②

大昴，星宿名，西方白虎七宿的第四宿，相传西汉萧何即应昴星而生。方朔，指西汉时期著名文学家东方朔，据说亦为岁星之化身。《耶律宗福墓志》又言，宗福幼年即志向远大，与众不同。此处墓志作者再次引经据典，用玉兔和石麟予以比拟之：

惟王生而魁伟，性以聪颖。才幼而有成人之器，未童而有济世之量。玉兔岂凡尘所混，奋迹月中；石麟非浊世可縻，踊身天上。时统和中，特蒙圣宗皇帝升于子息之曹，令与兴宗皇帝参于昆弟之列。③

玉兔，神话传说中在月宫中捣药者，故又称“月兔”。石麟，指有文采的幼儿。

① 向南：《辽代石刻文编》，石家庄：河北教育出版社 1995 年版，第 375、376 页。
② 向南、张国庆、李宇峰辑注：《辽代石刻文续编》，沈阳：辽宁人民出版社 2010 年版，第 141 页。
③ 同上。

辽朝文官的才能与政绩，往往是墓志作者援典赞颂的重点之一。如辽兴宗重熙十三年（1044）的《李继成暨妻马氏墓志》作者、墓主之孙李舜卿在赞颂祖父的文才与政绩时即用典：

统和五载，霈渥槐宸，策名芸阁。始十六岁起家，特授将仕郎、守崇文馆校书郎。鹏衢将远，鸣渐有初。十九守秘书省著作佐郎。职在修文，汉帝任先于班固；地居华省，晋君选在于李充。[①]

班固，东汉时期著名史学家，撰有纪传体断代史名著《汉书》。李充，东晋时期著名文论及目录学家，著有《翰林论》《晋元帝四部书目》等。

契丹辽国以武立国，征战沙场、屡获军功的将帅是颇受世人尊崇的。因而，在辽人墓志铭中，作者亦常常援用典故赞颂墓主的武略与军功。如辽兴宗重熙六年（1037）的《韩椅墓志》作者、充史馆修撰李万在赞颂墓主韩椅的军功战绩时即不忘用典：

旋以辰下弑君，秽驹作梗。万乘恭行于讨击，六师毕集于征伐。考诗书而谋帅，无右郄縠；委车骑而命将，率先窦宪。即授公左第一骁骑部署。军还，加左监门卫大将军，知归化州军州事。[②]

郄縠，春秋时期晋国著名儒将，曾指挥并取得晋、楚城濮之战大捷。窦宪，东汉时期外戚、名将，曾率军大败北匈奴于稽洛山，歼敌万余，登燕然山，刻石纪功。

实际上，辽朝一些官员既能文亦能武。辽人墓志中常见作者援用典故，对墓主的文采与武功等同赞颂。如辽道宗大安三年（1087）的《耶律弘世墓志》作者、充史馆修撰赵孝严于志文中即援用典故，对墓主耶律弘世的文武才能大肆称赞了一番：

尝选名儒以伴学，更择端士以训德。通京氏之易传，善申公之诗义。若衡阳授经而一览便讽，如河南读书而十行俱下。其聪慧也既如彼。而复蔚有气干，便习彀驭。引弦则贴梅命中，拔槊则应手能去。小曹彰之格猛兽，陋萧续之贯双獐。其勇艺也又若此。至于通金仙之妙教，究玉偈之灵编，率素任贞，为善最乐。恒

① 向南、张国庆、李宇峰辑注：《辽代石刻文续编》，沈阳：辽宁人民出版社 2010 年版，第 87 页。
② 向南：《辽代石刻文编》，石家庄：河北教育出版社 1995 年版，第 205 页。

以劳谦接士，未或傲贵凌人。袁粲推豫章之弘雅，谢安叹会稽之清谈，况于王则不足尚也。而又善音律，闲词令，练丝篁之逸响，工图画之奇迹，皆倜傥以不常，每慎靖而自晦。[①]

京氏之易传，指西汉京房所撰之《京氏易传》，为中古术数之学专论。申公，即申培，西汉初期著名经学家，今文诗“鲁诗学”的开创者。曹彰，曹操之子，自幼善射，臂力过人，敢徒手与猛兽格斗。萧续，梁武帝萧衍之子，年少即英勇非凡，臂力超人，射猎能百发百中。

其四，为隐喻墓主患病、死亡及为逝者伤悼、丧葬而用典

人生在世，无论何等辉煌灿烂，终有谢幕之时。辽景宗保宁二年（970）的《耿崇美墓志》中即有“道殊黄老，宁逃过隙之悲；术昧神仙，讵免成川之叹”[②]的句子。辽人墓志显示，墓主自患疾医治，到病重身亡；从亲朋悲伤哀悼，到家属治丧礼葬，其过程，其情境，其心态，于墓志文中无处不见作者援用典故的隐喻性表述。

譬如记墓主患疾及医治过程时用典。辽兴宗重熙六年（1037）的《韩椅墓志》作者即援用典故，隐喻墓主韩椅在重熙五年（1036）已经病重，或不久于人世：

重熙五年，在燕京也。备清跸之来临，徯翠华之降辛。葺修宫掖，仰期饮镐；崇饰祠寺，企望问峒。举扬百司，支遣万针。勤恤夙夜，犯凌寒暑。遇疾潜惊于坏寝，求医不遂于针肓。稷嗣观书，善分科斗；郭文在疾，难辨金雌。[③]

稷嗣，指秦汉之际的名士叔孙通，博学多闻，曾辨识出夏侯婴所掘石椁上的蝌蚪文中有“佳城”（墓地）字样。郭文，晋朝名士，遇大疫而病殆，曾叹曰：“命在天，不在药也！夭寿长短，时也！”金雌，诗名，传为郭文所作。

以典故隐喻人之亡故。如辽道宗清宁六年（1060）的《赵匡禹墓志》作者、墓主赵匡禹的重孙、守秘书省校书郎赵濬在述说墓主亡故时即援用相关典故隐喻之：

公乃覃信惠，去烦苛，劝农桑，缮庐舍。考未三载，治洽一同。名既显于优弘，

① 向南、张国庆、李宇峰辑注：《辽代石刻文续编》，沈阳：辽宁人民出版社 2010 年版，第 192 页。
② 同上，第 13 页。
③ 向南：《辽代石刻文编》，石家庄：河北教育出版社 1995 年版，第 206 页。

身忽惩于调裕。泰山颓坏，宣尼曳杖而告凶；洹水悲歌，声伯泣琼而言梦。[1]

宣尼，指孔子。孔子疾重，叹曰：“泰山其颓乎？梁木其坏乎？哲人其萎乎？”声伯，春秋时期鲁文公之孙，自梦涉洹水，吞他人给之“琼瑰”（珠宝），梦醒，以为不吉。至狸脤，占卜，知为凶兆，当晚就去世了。

对逝者哀伤而用典。辽人墓志中此类用典最多者，就是援引孔子感叹逝水之悲的故事。如辽穆宗应历八年（958）的《赵德钧妻种氏墓志》作者、知制诰刘京在记述墓主种氏之子早逝、表达哀伤情感时即用此典：

次曰延希，左监门卫将军、司徒，早卒。苗而不秀，徒兴子云之悲；逝者如斯，共结宣尼之叹。[2]

子云，即终军，西汉时期著名的政治家与外交家，少好学，十八岁被选为博士弟子，曾先后出使匈奴、南越等，后被南越相吕嘉杀害，年仅二十余岁，时人称之为“终童”。宣尼，指孔子。《论语·子罕》云：“子在川上曰：‘逝者如斯夫，不舍昼夜！’”

辽人死后入葬，有比较繁缛的礼仪程序，墓志中多有一定文字记载。[3]墓志作者在记述墓主丧事过程中，往往也好引经据典。比如在记述铭石刻碑时用典。辽兴宗重熙二十二年（1053）的《王泽墓志》作者、墓主王泽之子、知制诰王纲在志文最后为其父盖棺论定时即援用典故，申明他为亡父撰写志文的原因：

於戏！父公之德行，父公之文学，父公之政事，父公之识度，咸臻其妙，人畴最伦。临事而至直至平，行已而无玷无咎。诚为长者，其实吉人。才逾耳顺之年，遽达身退之道。宜膺福善，奚谓歼良。子产云亡，遗爱动宣尼之泣；陈寔既殁，高行见蔡邕之铭。今诸孤等方在哀迷，思求论撰。谓纲曰：“若以编修行状，请托词人。况摭□□难周，虑加浮而取议。汝虽居丧，制不合文言。乃庭训久亲，家猷备悉。宜恭志于盛烈，俾垂信于大年。可谓孝乎？寔为□矣！”纲难遵礼让，

① 向南：《辽代石刻文编》，石家庄：河北教育出版社 1995 年版，第 300 页。
② 同上，第 22 页。
③ 张国庆：《石刻资料中的辽代丧葬习俗分析》，《民俗研究》2009 年第 1 期。

少抒哀情。搦笔挥涕，强写岵瞻之思；攻珉镂德，庶过陵易之期。[①]

子产，春秋时期著名政治家、思想家。子产病重去世，孔子闻讯而泣，赞其为“古之遗爱也”。陈寔，东汉时期名士、官员。陈寔出身寒微，先任都亭佐，后转督邮，再迁西门亭长，最终辟大将军府。中平四年（187）八月，陈寔卒于家，蔡邕为其撰写碑铭。

比如在记述葬礼上演奏哀乐时用典。辽圣宗太平七年（1027）的《耶律遂正墓志》作者在记述墓主耶律遂正葬礼过程中，即援用典故，喻之葬礼上有哀乐演奏：

所痛者，二亲俱丧，七子含酸。肆荼毒之灾，叠钟家祸；报劬劳之德，□同天高。周勃笳箫，临风凄怆；田横薤露，入夜哀吟。以当年十月二十八日备礼葬于上京西北□屈劣山，祔焉，礼也。[②]

周勃，西汉开国名将，后官至宰相。周勃出身贫苦，年轻时曾以编织养蚕的器具为生，亦做过为丧家吹奏哀乐的吹鼓手。笳箫，用于吹奏的一种乐器。田横，秦末起义军首领。刘邦统一天下后，田横不肯附汉称臣，率五百门客逃往海岛。刘邦派人招抚，田横乘船赴洛，在偃师首阳山自杀成仁。薤露，挽歌之一种，据说此歌出自田横的门客，汉武帝时，宫廷乐师李延年将其拆分为二，即薤露与蒿里，前者送王公贵族，后者送士大夫及平民百姓。

比如在记述筑墓入葬时用典。辽圣宗统和三年（985）的《韩德昌墓志》作者在述说墓主韩德昌诸兄弟为其入葬封坟时即用典：

以乾亨五年正月廿四日遇疾，终于天德县之私第，春秋廿有九。……诸兄辽州太尉、枢密、侍中、招讨太师、户部太尉，九凤腾芳，八龙擅价。鸰原结欷，同衔终鲜之悲；马鬣增封，式奉窀穸之礼。以统和三年十月十九日，洎先尚父秦王同时卜葬于上京西北渠劣山之阳先王茔之右，以先夫人萧氏祔焉，礼也。[③]

鸰，即鹡鸰，水鸟名。《诗经·小雅·常棣》：“脊令在原，兄弟急难。”郑玄笺：“水鸟，而今在原，失其常处，飞则鸣，求其类，天性也。犹兄弟之于急难。”

---

① 向南：《辽代石刻文编》，石家庄：河北教育出版社 1995 年版，第 262 页。

② 向南、张国庆、李宇峰辑注：《辽代石刻文续编》，沈阳：辽宁人民出版社 2010 年版，第 69 页。

③ 同上，第 28 页。

马鬣，为坟墓封土的一种形状。窀穸，专指埋葬或墓穴。

比如在记述服丧丁忧时而用典。按辽朝礼制规定，官员父母去世，要去职丁忧服丧三年。因而，辽人墓志文中亦常见墓主在世时为父母或墓主死后其子为他（她）丁忧服丧的记载，其中即有墓志作者援用典故，借指辽朝确有此制。如辽圣宗统和十五年（997）的《韩德威墓志》作者、守政事舍人郑从范在记述墓主韩德威的父亲韩匡嗣去世后，韩德威为亡父丁忧服丧及被朝廷夺情起复过程时用典：

（统和）四年，丁秦王之忧，礼极无容，悲深永诀。绝曾子之浆，泣高柴之血。皇家以得人为急，公议以从权为当。节哀顺变，特示夺情，移孝资忠，俾令摄事。授起复云麾将军，依前充职。[①]

曾子，即曾参，春秋时期著名思想家、孔子弟子。曾父病故，曾参泪如涌泉，水浆不入口者七日。高柴，字子羔，春秋时期人，孔子弟子。《礼记·檀弓上》记载：高柴执亲之丧，“泣血三年，未尝见齿”。

二、虚饰溢美：典故事例映衬下的墓主之模糊形象

虚饰、溢美及为尊者讳等现象在墓志文中的存在，一直是古往今来史学及墓志研究者对墓志石刻文字诟病和批评的口实。譬如《洛阳伽蓝记》卷二《城东》借隐士赵逸之语即云：

生时中庸之人耳，及其死也，碑文墓志，莫不穷天地之大德，尽生民之能事。为君共尧舜连横，为臣与伊皋等迹。牧民之官，浮虎慕其清尘；执法之吏，埋轮谢其梗直。所谓生为盗跖，死为夷齐，妄言伤正，华辞损实。[②]

出现这种现象的主要原因，与人们凿碑撰志是为追求“昭德纪功”的目的有莫大之关系。[③]亦正如蔡邕于《铭论》中所言：

物不朽者，莫不朽于金石，故碑在宗庙两阶之间。近世以来，咸铭之于碑，

① 向南、张国庆、李宇峰辑注：《辽代石刻文续编》，沈阳：辽宁人民出版社2010年版，第35页。
② 杨勇：《〈洛阳伽蓝记〉校笺》，北京：中华书局2006年版，第83页。
③ 魏宏利：《北朝碑志文研究》，北京：中国社会科学出版社2016年版，第246页。

德非此族，不在铭典。[①]

辽道宗清宁九年（1063）的《张绩墓志》亦云：

伏闻《梁选》所序，志谓纪其年代；《释名》所载，铭者述其功美。盖士君子生而有行实，身后不可以弗显；死而有寿数，葬前不可以弗纪。又曰："君子耻当年而功不立，疾没世而名不称。"则志名之义，可得而详焉。[②]

笔者检索出土辽人之墓志，发现好多志文内容确实不同程度存在着上述古人言及之现象，特别是典故内容及其所映衬的墓主之事迹，虚虚实实，真真假假，由此，便程度不同地模糊了墓主之形象，也为当下史学工作者运用出土辽代石刻文字资料研究辽朝历史，造成了不小的麻烦。

经笔者分析、归纳，辽人墓志中的用典及其所对应的墓主记事存在如下虚饰不实、假托冒领以及溢美隐讳之处：

其一，墓主家族郡望之假托

郡望亦称"地望"，"郡"表行政区划，"望"指名门望族。具言之，所谓郡望，即历史时期某一地域范围内的名门大族，世居某郡，为当地人所仰望、为同姓所攀附者，如魏晋隋唐时期的范阳卢氏、清河崔氏与张氏、荥阳郑氏、太原王氏、彭城刘氏、弘农杨氏、陇西李氏、吴兴姚氏、高阳许氏，等等。检索出土辽人墓志，大多在志文开始处亦交代墓主之郡望。辽人墓志显示，不仅汉人墓志的志主有"郡望"，耶律姓和萧姓契丹人也多标有郡望。辽朝耶律姓和萧姓契丹人是北方古老游牧民族东胡系鲜卑族之后裔，起源并世代游牧、生活在广袤的塞外大草原上，与中原地区从事农耕的汉人之郡望应该不搭边。但在出土的契丹人墓志中，大多耶律姓的志主郡望被记为漆水，萧姓志主的郡望被记为兰陵，即所谓"宗望肇开，大郡疏于漆水；仙源濬发，洪流贯于绛河"[③]，以及"周王建社，

① 严可均辑：《全后汉文》卷七四，北京：商务印书馆1999年版，第751页。

② 向南：《辽代石刻文编》，石家庄：河北教育出版社1995年版，第313页。

③ 重熙十四年（1045）《秦国太妃墓志》//向南、张国庆、李宇峰辑注：《辽代石刻文续编》，沈阳：辽宁人民出版社2010年版，第90页。（参见本书附录图版一八）

独开乐叔之封；高祖论功，复善鄼侯之略”[①]。笔者以为，这显然是借用典故所做的郡望之攀附或假托。辽代耶律姓契丹人是皇族，萧姓契丹人为后族，耶律姓契丹人假托的郡望与轩辕黄帝的发源地漆水相关联，萧姓契丹人攀附的郡望与西汉名臣萧何及其后人宗族所出之兰陵有瓜葛。实际上，将契丹耶律氏的郡望假托在渭水的支流漆水即周族发祥之地，是为了把自己附会为黄帝的后裔；将契丹萧氏的郡望攀附在萧何及其后人的宗族所在地兰陵，亦是为了世代垄断北府宰相的世选之权，以便“家传内助之风”，像西汉的萧何、萧彪那样，辅佐“世保承祧之业”[②]的契丹耶律姓皇帝。有学者亦言：

> 契丹本是春秋战国时期东胡的后裔，系东北地区的土著民族，其先祖与炎黄部落有继承关系的说法，恐怕只能是当时修史者出于某种政治目的的附会。[③]

有辽一代，契丹人假托或攀附中原华夏帝王及汉人名臣郡望之现象，是有一个发展和演变过程的，并非初始即如此。笔者以为，这是契丹人接受中原王朝正统文化，思想意识逐渐趋于汉化（民族认同）的必然结果。检索出土辽代石刻文字资料及《辽史》文献史料，笔者发现，辽朝契丹人假托、攀附他族郡望大约是在世宗朝之后。譬如《辽史》人物列传中，最早被封漆水郡王的是世宗朝的耶律颓昱，时间是在天禄三年（949）六月；[④]封兰陵郡王的是圣宗朝的萧挞凛，时间是在统和十四年（996）十二月[⑤]。而《辽代石刻文编》及《辽代石刻文续编》中收录的契丹人碑志所见最早被封漆水郡开国伯、公的是辽景宗保宁十一年（979）的《耶律琮神道碑》的主人耶律琮，时间是在景宗保宁五年（973）至十一年（979）间。[⑥]耶律琮之后已见之辽朝契丹人墓志铭（汉文），大都或是于志文之首墓主结衔及志文介绍墓主任职封爵中即见“漆水”或“兰陵”之字样，

① 咸雍七年（1071）《萧闛墓志》// 向南、张国庆、李宇峰辑注：《辽代石刻文续编》，沈阳：辽宁人民出版社 2010 年版，第 135 页。

② 太平九年（1029）《萧仅墓志》// 向南：《辽代石刻文编》，石家庄：河北教育出版社 1995 年版，第 191 页。

③ 都兴智：《辽代契丹人姓氏及其相关问题考探》，《社会科学辑刊》2000 年第 5 期。

④ 脱脱等：《辽史》卷五《世宗纪》，北京：中华书局 1974 年版，第 65 页。

⑤ 脱脱等：《辽史》卷一三《圣宗纪四》，北京：中华书局 1974 年版，第 148 页。

⑥ 向南、张国庆、李宇峰辑注:《辽代石刻文续编》，沈阳: 辽宁人民出版社 2010 年版，第 338~340 页。

或是在志文正文开始追溯墓主郡望时，不是记为“漆水”，就是写作“兰陵”。而在世宗朝之前刻于辽太宗会同五年（942）的《耶律羽之墓志》，上述之内容却没有出现，相反，在该墓志正文追溯墓主耶律羽之祖源时，墓志作者、“蓟门邢明远”即尊重契丹发展之真实历史：

> 公讳羽之，姓耶律氏，其先宗分佶首，派出石槐，历汉、魏、隋、唐已来，世为君长。[①]

佶首，即奇首可汗，为文献记载中的契丹人始祖。[②] 石槐，即《后汉书·乌桓鲜卑列传》中的檀石槐，是东汉桓帝时期鲜卑人的首领。此墓志文明确告诉我们，契丹人耶律羽之的先人源出东胡系的鲜卑，并非中原地区的漆水。由此亦证元代史家《辽史·后妃传序》中所言“太祖慕汉高皇帝，故耶律兼称刘氏；以乙室、拔里比萧相国，遂为萧氏”[③]，于对象（耶律阿保机）及时间（太祖朝）均有误。

当然，辽人墓志中郡望的虚假不实，还可能与墓主姓氏的因故改变有关。上已述及，魏晋隋唐以来名门望族的姓氏与郡望是紧密关联的，因而，某人姓氏因故而改，其郡望亦会随着新的姓氏而有所变更，这样的郡望当然不可能是真实的。如辽圣宗太平二年（1022）的《韩绍娣墓志》记载，墓主韩绍娣的姓氏由“王”而改“韩”后，其郡望也由“琅耶（琅邪）”变成了“昌黎”：

> 公本姓王氏，讳绍娣，字仁保，檀州琅耶人也。其先出自王子比干，当纣末之子孙避难于河东，以王者之乃命氏焉。高曾祖三世，早坠洪勋，无能备说。昔遭离乱，今致漂流。星散燕南，蓬飞蓟北。因偶妻于韩氏，遂依托于刘公。古琅耶今昌黎，虽上下之郡名各异，奈五音之姓利攸同。[④]

笔者以为应该这样说：尽管据《五音地理新书》所记“王”“韩”均为商音，于五行均属金，但二姓的郡望是不同的！

---

① 向南、张国庆、李宇峰辑注：《辽代石刻文续编》，沈阳：辽宁人民出版社2010年版，第3页。

② 如脱脱等《辽史》之《太祖纪》《太宗纪》《圣宗纪》及《地理志》《营卫志》《国语解》中均见“奇首”或“奇首可汗”等字样。

③ 脱脱等：《辽史》卷七一《后妃传序》，北京：中华书局1974年版，第1198页。

④ 向南、张国庆、李宇峰辑注：《辽代石刻文续编》，沈阳：辽宁人民出版社2010年版，第63页。

其二，墓主祖先之冒领

检索辽人墓志资料笔者发现，疑似有些志主的亲人会伙同墓志作者，为荣耀所谓家世门庭之需要，采用造假手段，引经据典，冒领历史名人为祖先。如辽圣宗统和二十六年（1008）的《常遵化墓志》作者在追溯墓主常遵化之先人时，即莫名其妙地援用一个典故，颇有为墓主冒领祖先之嫌疑：

公讳遵化，字世昌，常山郡人也。祥夫夏禹方兴，秦婴不道，遇龙而本先得氏，斩蛇而始后称尊。然可子孙递生，讫由不泯。①

遇龙，指《左转·昭公二十九年》所记刘累养龙得封的故事。斩蛇，为《史记·高祖本纪》所载刘邦斩蛇起事的故事。刘、常本为两姓，虽然追溯先源，均有其中某支出自姬姓的些许由头，但志文作者用此典故，将墓主常遵化的祖先追认至禹夏时的刘累及秦汉之际的刘邦，未免太过牵强（或此中有其他化用，为笔者不详，待方家匡正）。

说到冒领祖先，当然亦与郡望大有关系。若郡望是为假托，祖先即一定属于冒领。话题再回到辽代的耶律姓和萧姓契丹人身上。世宗朝之后的契丹人墓志，耶律氏郡望假托漆水，萧氏郡望攀附兰陵，所以他们与郡望有关的祖先自然也是冒领无疑。更有甚者，有的耶律姓契丹人竟然冒领中原陈姓名人为祖先。如辽圣宗统和二十七年（1009）的《萧氏夫人墓志》作者在追溯墓主丈夫耶律污斡里（耶律太保）的先世时，即冒领舜的后人胡公满（陈胡公）及西汉、曹魏时期的陈平和陈群为祖先：

公讳污斡里，其先出自虞舜。昔周武王封舜之后胡公满于陈，以备三恪。春秋之末，国并于楚，子孙因封而命氏。群怀戚容，即魏朝见美；平出奇计，乃汉史流芳。所为勋茂前贤，庆延后裔，纷纶绪，可行而知。②

胡公满，即陈胡公，舜帝之后。《史记·陈杞世家》记载：周武王灭商，将长女太姬嫁给胡公满，封于陈地，建立陈国。陈胡公即为陈国的第一任国君。群，指陈群，

---

① 向南：《辽代石刻文编》，石家庄：河北教育出版社 1995 年版，第 127 页。

② 向南、张国庆、李宇峰辑注：《辽代石刻文续编》，沈阳：辽宁人民出版社 2010 年版，第 48 页。（说明：《辽代石刻文续编》中此段文字录入时有错字及标点错误，引文已改）

三国时期曹魏著名政治家，九品中正制和《魏律》的主要创建者。平，指陈平，西汉王朝的开国功臣之一。若非当年撰写志文者犯有常识性史事错误，《萧氏夫人墓志》的作者及墓主家人都难逃为耶律污斡里（耶律太保）故意冒领祖先之干系（或如有人指污斡里本为汉人陈姓；或另有他典，笔者寡闻，期方家指正）。

其三，墓主功过、善恶之美讳

由于墓志的特殊功能之缘故，辽人墓志作者在叙说墓主道德品行及军功政绩时用典，往往多溢美夸大，典故事例内容与墓主之真实事迹无法完全对接，或有相悖者。笔者拟以韩匡嗣及钦哀皇后为例，具体阐释之。

例一：韩匡嗣的“功过”

辽圣宗统和三年（985）的《韩匡嗣墓志》作者为宣政殿学士、通议大夫、尚书兵部侍郎、兼知制诰、上柱国马德臣。马氏在为韩匡嗣撰写墓志、记述其功德政绩时，不惜笔墨，多次用典，溢美之辞，跃然石上：

> 公则中令之第三子也，讳匡嗣，风神杰出，襟抱豁如。善骑射而敦诗书，尊德义而重然诺。马良志异，人谓最于五常；王允时来，自当致于千里……
>
> 孝成皇帝（辽景宗）缵绍宗祧，振拔淹滞，一见其表，便锡徽章。授始平军节度使、特进、太尉，封昌黎郡开国公，寻加推诚奉上宣力功臣。灵鹤飞来，暂留华表；仙槎上去，须泛明河。俄授上京留守、同政事门下平章事、临潢尹。方进莅官，先绳豪右；袁安为政，止务公平……
>
> 国家以天下方理，河西未平，资其定远之谋，委以专征之柄，授兼西南面招讨使。羊荆州之安边，吴人敬慕；马伏波之殄寇，蛮徼平宁。①

如果我们对比一下《辽史》“纪”“传”中对韩匡嗣能力、功绩的记载，就知道墓志典故映衬下的墓主形象有多么的虚幻不实。韩匡嗣，《辽史》有传，其传云：

> 初，景宗在藩邸，善匡嗣。即位，拜上京留守。顷之，王燕，改南京留守。

---

① 向南、张国庆、李宇峰辑注：《辽代石刻文续编》，沈阳：辽宁人民出版社2010年版，第23、24页。（参见本书附录图版八）

保宁末，以留守摄枢密使。时耶律虎古使宋还，言宋人必取河东，合先事以为备。匡嗣诋之曰："宁有是！"已而宋人果取太原，乘胜逼燕。匡嗣与南府宰相沙、惕隐休哥侵宋，军于满城，方阵，宋人请降。匡嗣欲纳之，休哥曰："彼军气甚锐，疑诱我也。可整顿士卒以御。"匡嗣不听。俄而宋军鼓噪薄我，众蹙践，尘起涨天。匡嗣仓卒谕诸将，无当其锋。众既奔，遇伏兵扼要路，匡嗣弃旗鼓遁，其众走易州山，独休哥收所弃兵械，全军还。帝怒匡嗣，数之曰："尔违众谋，深入敌境，尔罪一也；号令不肃，行伍不整，尔罪二也；弃我师旅，挺身鼠窜，尔罪三也；侦候失机，守御弗备，尔罪四也；捐弃旗鼓，损威辱国，尔罪五也。"促令诛之。皇后引诸内戚徐为开解，上重违其请。良久，威稍霁，乃杖而免之。①

相类之记载，还见于《辽史·耶律虎古传》：

（保宁）十年，（虎古）使宋还，以宋取河东之意闻于上。燕王韩匡嗣曰："何以知之？"虎古曰："诸僭号之国，宋皆併收，惟河东未下。今宋讲武习战，意必在汉。"匡嗣力沮，乃止。明年，宋果伐汉。帝以虎古能料事，器之，乃曰："吾与匡嗣虑不及此。"②

《辽史·耶律休哥传》云：

是年冬，上命韩匡嗣、耶律沙伐宋，以报围城之役。休哥率本部兵从匡嗣等战于满城。翌日将复战，宋人请降，匡嗣信之。休哥曰："彼众整而锐，必不肯屈，乃诱我耳。宜严兵以待。"匡嗣不听。休哥引兵凭高而视，须臾南兵大至，鼓噪疾驰。匡嗣仓卒不知所为，士卒弃旗鼓而走，遂败绩。③

《辽史·景宗纪》记载：

（保宁十一年）九月己卯，燕王韩匡嗣为都统，南府宰相耶律沙为监军，惕隐休哥、南院大王斜轸、权奚王抹只等各率所部兵南伐；仍命大同军节度使善补领山西兵分道以进。冬十月乙丑，韩匡嗣与宋兵战于满城，败绩。辛未，太保矧

---

① 脱脱等：《辽史》卷七四《韩匡嗣传》，北京：中华书局1974年版，第1234页。
② 脱脱等：《辽史》卷八二《耶律虎古传》，北京：中华书局1974年版，第1295页。
③ 脱脱等：《辽史》卷八三《耶律休哥传》，北京：中华书局1974年版，第1299、1300页。

思与宋兵战于火山，败之。乙亥，诏数韩匡嗣五罪，赦之。十一月戊寅，宴赏休哥及有功将校。……十二月乙卯，燕王韩匡嗣遥授晋昌军节度使，降封秦王。[①]

总而言之，两相对照，韩匡嗣的实际心智谋略、战术水平、指挥能力，等等，绝不像墓志典故事例所比拟的那样，他既不如马良为五常之最、如王允具千里之谋，也没有羊祜、马援那样御敌安边的军政才能，马德臣所撰志文之用典，纯属过度溢美，因而才造成了韩匡嗣功绩的虚假不实。《辽史》尽管记事多有疏漏，但“传”“纪”所记一致，终不会有大误。

例二：钦哀皇后的“是非”

辽道宗清宁四年（1058）的《圣宗钦哀皇后哀册》作者在赞颂钦哀皇后的美德时亦用典：

周室德业，文母居先。汉朝仪范，马后称贤。致延祚于七百载，克流芳于二百年。伊彼往矣，其谁继焉。大行太皇太后，博厚成仪，中和毓德。婉淑慈仁，聪明正直。嫔嫱卑下，示之以谦抑；子孙众多，勖之以温克。对袆褕之纤靡，辄不更衣；处宫室之深严，尝无逾阈。若天之清，若地之贞，若江海之量，若日月之明。于孝宣有妇顺之容，所以承爱敬；于孝章有王业之训，所以享推称。乃即前宫之大号，乃膺太上之徽名。[②]

孝宣，辽圣宗耶律隆绪之谥号；孝章，辽兴宗耶律宗真之谥号。前者为钦哀皇后的丈夫，后者为钦哀皇后的儿子。钦哀皇后哀册之用典，将她比作后妃的典范周武王的妻子文母（太姒）和汉明帝的皇后马氏。其实，辽兴宗重熙十四年（1045）的《秦国太妃墓志》作者、修国史杨佶在称赞秦国太妃之女章圣皇太后（即圣宗钦哀皇后）的德行时即已用过相类之典故：

章圣皇太后，即妃第二女也。象符离索，体被坤贞。道协尧英，趣妫庭而厘降；

① 脱脱等：《辽史》卷九《景宗纪下》，北京：中华书局 1974 年版，第 102 页。
② 向南：《辽代石刻文编》，石家庄：河北教育出版社 1995 年版，第 282、283 页。（参见本书附录图版二七）

德侔周姒，续京室以思齐。[①]

尧英，即女英，传说中尧的次女，聪慧贤德，曾与姐姐娥皇一同嫁与舜为妻。娥皇与女英后来帮助丈夫夺得王位，娥皇被封为后，女英被封为妃。周姒，即周文王的妻子太姒。

但文献记载中的圣宗钦哀皇后萧氏却有着另外一副面孔。我们还是看一看《辽史》“纪”“传”及《契丹国志》等是如何记载的。譬如《辽史·后妃传》即载：

圣宗钦哀皇后萧氏，小字耨斤，淳钦皇后弟阿古只五世孙。黝面，狠视。母尝梦金柱擎天，诸子欲上不能；后后至，与仆从皆升，异之。久之，入宫。尝拂承天太后榻，获金鸡，吞之，肤色光泽胜常。太后惊异曰：“是必有奇子！”已而生兴宗。仁德皇后无子，取而养之如己出。（钦哀）后以兴宗待仁德皇后谨，不悦。圣宗崩，令冯家奴等诬仁德皇后与萧浞卜、萧匹敌等谋乱，徙上京，害之。自立为皇太后，摄政，以生辰为应圣节。重熙元年，尊为仁慈圣善钦孝广德安靖贞纯宽厚崇觉仪天皇太后。三年，后阴召诸弟议，欲立少子重元，重元以所谋白帝。帝收太后符玺，迁于庆州七括宫。六年秋，帝悔之，亲驭奉迎，侍养益孝谨。后常不怿。帝崩，殊无戚容。见崇圣皇后悲泣如礼，谓曰：“汝年尚幼，何哀痛如是！”清宁初，尊为太皇太后。崩，谥曰钦哀皇后。后初摄政，追封曾祖为兰陵郡王，父为齐国王，诸弟皆王之，虽汉五侯无以过。[②]

又如《辽史·兴宗纪》亦载：

（太平）十一年夏六月己卯，圣宗崩，即皇帝位于柩前。壬午，尊母元妃萧氏为皇太后。

……辛丑，皇太后赐附马萧鉏不里、萧匹敌死，围场都太师女直著骨里、右祗候郎君详稳萧延留等七人皆弃市，籍其家，迁齐天皇后于上京。

……十二月癸丑，至自庆陵。皇太后听政，帝不亲庶务，群臣表请，不从。

---

① 向南、张国庆、李宇峰辑注：《辽代石刻文续编》，沈阳：辽宁人民出版社 2010 年版，第 90 页。（参见本书附录图版一八）

② 脱脱等：《辽史》卷七一《后妃传》，北京：中华书局 1974 年版，第 1203、1204 页。

……是春（重熙元年），皇太后诬齐天皇后以罪，遣人即上京行弑。（齐天）后请具浴以就死，许之，有顷，后崩。[①]

再如《辽史·耶律重元传》亦云：

太平三年，（重元）封秦国王。圣宗崩，钦哀皇后称制，密谋立重元。重元以所谋白于上。[②]

《契丹国志·兴宗文成皇帝》亦载：

帝即位，尊所生母顺圣元妃曰法天皇后，嫡母为齐天皇后。……圣宗遗命以齐天为皇太后，顺圣为太妃。元妃匿之，自为皇太后，令人诬告齐天谋叛，载以小车，囚之上京。帝曰："齐天皇后与先帝四十年夫妻，先帝遗诏立为太后，今既不立，何忍杀之？"法天后复问于诸兄弟，皆执奏曰："若存之，必为后患。"帝曰："齐天皇后无子，又年老，若存之宫中，有何患乎？"法天后竟不从其言，缢杀之，杀其左右百余人，以庶人礼葬于祖州北白马山。法天后专治其国，多杀功臣……帝以上尊酒银带赐乐工，太后怒，鞭乐工孟五哥。帝知内品高庆郎告太后，使左右杀高庆郎。太后愈怒，下吏杂治，语连于帝。帝曰："我贵为天子，而与囚同答状耶？"郁郁不乐。[③]

另，《契丹国志·后妃传·圣宗萧皇后》亦有相类记载，不赘引。由此可见，圣宗钦哀皇后（又称"法天皇后"）萧氏在圣、兴两朝交替之际的母德形象及其真实之表现，绝非如哀册用典描绘的那样高大与完美。

此外，辽人墓志用典，对于墓主及其家庭曾经发生过的不光彩之事亦多有隐讳，因而，致使某些史事不明也是惯常见之。我们先以韩匡嗣为例。韩匡嗣在辽穆宗应历年间任太祖庙详稳，后因李胡之子宋王耶律喜隐"谋叛，辞引匡嗣"[④]。韩匡嗣受到牵连，虽然穆宗皇帝对他未予深究，但这毕竟是不光彩的事，对于颇受太祖和太宗皇

① 脱脱等：《辽史》卷一八《兴宗纪一》，北京：中华书局1974年版，第211~214页。

② 脱脱等：《辽史》卷一一二《逆臣上·耶律重元传》，北京：中华书局1974年版，第1502页。

③ 叶隆礼撰，贾敬颜、林荣贵点校：《契丹国志》卷八《兴宗文成皇帝》，北京：中华书局2014年版，第85、86页。

④ 脱脱等：《辽史》卷七四《韩匡嗣传》，北京：中华书局1974年版，第1234页。

帝宠信、新兴崛起的辽地汉人世家大族韩氏家族重要成员遭受的不利影响乃至打击，可想而知。既然是件不光彩的事，那么主旨意在为墓主及其家族歌功颂德的墓志铭文，就不可能对此直笔而书，隐讳示之是必然的。如辽圣宗统和三年（985）的《韩匡嗣墓志》作者在处理此事时亦用典，并且是颇花费了一番心思的：

虽道无适莫，而运有穷通。三年不鸣，久栖于散地；七日来复，果验于连山。属孝成皇帝缵绍宗祧，振拔淹滞，一见其表，便锡徽章。[①]

三年不鸣，典出《韩非子·喻老》：

楚庄王莅政三年，无令发，无政为也。右司马御座，而与王隐曰："有鸟止南方之阜，三年不翅，不飞不鸣，嘿然无声，此为何名？"王曰："三年不翅，将以长羽翼；不飞不鸣，将以观民则。虽无飞，飞必冲天；虽无鸣，鸣必惊人。"

用此典便是暗指韩匡嗣受耶律喜隐谋叛事件影响，不再受到皇帝的重用而被闲置起来。

七日来复，典出《周易·复卦》："反复其道，七日来复。"复卦有六爻，第一爻为阳，其他五爻为阴，以示阴气剥尽阳气复生，故称"来复"。

连山，又称"连山易"，《周礼》载太卜掌三易之法，一曰连山易，二曰归藏，三曰周易。连山易以艮卦始，如山之连绵，故名。

可见，韩匡嗣因受耶律喜隐事件之牵连，"久栖于散地"近十年，直至景宗皇帝即位后，才被重新重用。

又如韩椅。韩椅亦出身辽朝汉人世家大族——韩知古家族，其祖父为韩知古之另一子韩匡美，其父为圣宗朝与宋军交战、以身殉国的著名将领韩瑜。韩椅，《辽史》无传，但有墓志出土。志文比较详细地记载了韩椅一生的军功政绩，特别是他多次出使邻国的外交活动。但就在韩椅的出使生涯中，却曾有过一次被"罚使绝域"的经历。《辽史·刑法志》云："流刑量罪轻重，置之边城部族之地，远则投诸境外，又远则罚使绝域。"[②]

---

① 向南、张国庆、李宇峰辑注：《辽代石刻文续编》，沈阳：辽宁人民出版社 2010 年版，第 23 页。（参见本书附录图版八）

② 脱脱等：《辽史》卷六一《刑法志上》，北京：中华书局 1974 年版，第 936 页。

《辽史·圣宗纪》又载：开泰九年（1020）十月，“郎君老使沙州还，诏释宿累。国家旧使远国，多用犯徒罪而有才略者，使还，即除其罪”[①]。辽兴宗重熙六年（1037）的《韩椅墓志》比较详细地记载了韩椅被“罚使绝域”的苦难经历：

明年奉使沙州，册主帅曹恭顺为敦煌王。路歧万里，砂碛百程，地乏长河，野无丰草。过可敦之界，深入达妒。□囊告空，糗粮不继。诏赐食羊三百口，援兵百人，都护行李，直度大荒。指日望星，栉风沐雨。邮亭杳绝，萧条但听于鵽鸣；关塞莫分，坱漭宁知于狼望。旧疹忽作，以马为舆。适及岩泉，立傅王命。在腹之瘣，倏然破堕，公亦仆地，至夕乃苏，其疾顿愈。议者谓公忠劳所感，神之祐也。东归之次，践历扰攘，童仆宵征，曾无致寇，骖騑夙驾，殊不畏危。轶绝漠之阻修，越穷方之辽敻。肃将土贡，入奉宸严。[②]

韩椅奉命出使西域沙州，即属于“罚使绝域”。但韩椅到底因何犯罪或犯有何罪？因墓志文着意要为墓主隐讳之故，并没有说明。但墓志文的作者还是通过用典，委婉地告诉人们，韩椅当时确实犯事了：

夫物忌大盛，先哲炯诫；事久则变，前代良箴。忽生衅缫于私门，欻被累囚于制狱。虞书文命，宁杀不辜；孔记冶长，信知昨罪。遂以笞刑断之，仍不削夺在身官告，念勋旧也。[③]

“虞书文命，宁杀不辜”，典出《尚书·大禹谟》：“宥过无大，刑故无小，罪疑惟轻，功疑惟重。与其杀不辜，宁失不经。好生之德，洽于民心。”

冶长，即公冶长，春秋时期孔子弟子。皇侃《论语义疏》上说，公冶长能听懂鸟语，并曾因此而获罪。

三、去伪存真：用典辽人墓志史料之甄辨

缘于碑志文字均不同程度存在虚饰溢美、夸大不实等现象，古人很早就有“禁碑”

① 脱脱等：《辽史》卷一六《圣宗纪七》，北京：中华书局 1974 年版，第 188 页。
② 向南：《辽代石刻文编》，石家庄：河北教育出版社 1995 年版，第 205 页。
③ 同上。

之说。如南朝刘宋著名史学家裴松之《请禁私碑表》即云：

勒铭寡取信之实，刊石成虚伪之常，真假相蒙，殆使合美者不贵。不加禁裁，其敝无已。①

笔者以为，古代墓志铭类石刻文字与墓主事迹存在一定程度的不符之瑕疵即为客观之事实，也确是在所难免，但人们不应该因此而走向极端，对墓志石刻文字的史料价值等全盘否定。北宋学者欧阳修曾言：

其为毁誉难信盖如此，故余于碑志，惟取其世次、官、寿、乡里为正，至于功过善恶，未尝为据者以此也。②

可见，欧阳修也承认墓志文中记录的墓主先人世次、任官职衔、年龄寿数及乡里地名等内容大多还是真实可信的。

笔者以为，即便是最容易因虚饰溢美而出假的墓主道德品行和军功政绩等方面，如果阅读者凭藉一双火眼金睛，经过细致甄别与认真辨析，一番去伪存真之后，还是可以利用为研究历史的第一手资料的。辽人墓志亦如此。

笔者认为甄辨志文及用典内容真伪之方式有二：

一是通过对墓志撰写背景，特别是对志文撰写者身份、志文文本依据的具体分析，再结合对有所怀疑的用典志文具体内容的研判，甄辨其文字是否有假；二是通过用典志文与传世文献的比对分析，或以两方乃至多方家族人员墓志文字的相互比勘，甄辨其所记内容是否真实。

先说第一种方法。墓志铭的作者易为墓主事迹造假（或出错）之背景大致有三：

一是作者是为墓主的亲人花钱请托，墓主亲人为溢美和夸大墓主的德能功绩，容易指使志文作者按自己的要求去书写，若此，典故映衬下的墓主事迹虚假不实则在所难免。诚如《封氏闻见记·碑碣》所言：

近代碑稍众，有力之家，多辇金帛以祈作者之谀，虽人子罔极之心，顺情虚饰，

① 严可均辑：《全宋文》，北京：商务印书馆1999年版，第153页。

② 欧阳棐：《集古录目》（行素草堂金石丛书本），光绪十四年（1888）汇印本。

遂成风俗。[①]

若遇到这样的墓志石刻，即需严加甄辨了。如前引辽圣宗统和二十六年（1008）的《常遵化墓志》，未标撰写志文作者的姓名，但我们从志文的最后两句，就能够知晓该墓志作者应该是墓主常遵化的亲属花钱请托的：

公先烈不坠，后嗣可观。生世六十有五年，干事四十有三载。厥中盛迹，不可殚论。宽猛相须，动静不失。今既瑞星南陨，逝水东（倾）。金章不显于清朝，白骨永埋于厚土。幸承相请，难禁鄙词。违阻能人，强为铭曰……[②]

二是某些志文作者虽为墓主生前亲朋好友，但其对墓主几十年的生涯及事迹不可能全部了解，所以在撰写志文的过程中，难免于某处有叙述失误或挂一漏万。譬如天祚帝乾统七年（1107）的《梁援妻张氏墓志》作者为乾文阁直学士杨丘文。杨丘文与梁援的长子梁庆先同为道宗寿昌六年（1100）及第进士：

丘文自与令胄庆先同登仙馆，以道义为挚友，每谈议间，常闻赵国夫人（梁援妻张氏）淑美之事，笔录无际令则。义弟庆先涕泗并交，嘱为志文。所知德业，聊记述于墓石。[③]

由此可见，杨丘文所撰张氏志文内容，仅仅是根据墓主之子与自己平日闲谈时所作的记录，所以不可能全面与详尽。

三是帝王、皇后的哀册或高官显贵的墓志均为作者奉敕或奉命而为，由于为墓主歌功颂德或为尊者讳等缘故，志（册）文内容及援用典故出现夸大不实或虚饰假托等现象也是不可避免的。如上引辽道宗清宁四年（1058）的《圣宗钦哀皇后哀册》，虽未标注作者姓名，但通过哀册文字可以知道是墓主的嫡孙、道宗皇帝耶律弘基诏命辞臣按其旨意而作：

孝孙嗣皇帝臣弘基，义感祖先，情深胄胤。忆恋风猷，追思恩信。命相辅以为文，

① 封演：《封氏闻见记》卷六《碑碣》，台北：商务印书馆 1986 年景印文渊阁四库全书本，第 862 册，第 445 页。

② 向南：《辽代石刻文编》，石家庄：河北教育出版社 1995 年版，第 128 页。

③ 同上，第 568 页。

期音徽之大振。[①]

嫡孙皇帝欲为祖母太后的事迹溢美或隐讳，撰写哀册的辞臣焉敢不从？因而才出现了钦哀皇后哀册文字与《辽史》《契丹国志》等文献记载内容大相径庭的现象。

总之，我们通过以上对志文作者的身份和撰写目的等方面的分析，再结合墓志相关文字及用典内容的考察，即可大致了解其是否真实可靠；若有不实，其中的虚假成分到底有多大？这样，方可在研究辽史诸问题援引出土辽代石刻文字资料时严加注意，免得以假充真，以讹传讹，贻笑大方，贻误后人！

再说第二种方法。辽代墓志铭（包括哀册）的志（册）主有些是帝王后妃及高官显贵，这些人在《辽史》等传世文献中多有“纪”“传”或其他方面的文字记载。如果我们怀疑某人墓志（哀册）与用典相对应的内容有假，完全可以将被怀疑的文字与相关文献记载相比对，经过分析、研判，然后得出相应的结论。譬如上文所举韩匡嗣和钦哀皇后即是显例。此外，对疑似有错的墓志志文还可以做家族成员两方或多方墓志文字及用典内容的相互比勘，这样，亦能发现其中存在的问题。例如出土于同一家族墓地的辽景宗乾亨三年（981）的《王裕墓志》和辽圣宗统和三年（985）的《王瓒墓志》，这父子二人的墓志志文均存在一些错误。如果我们在参考其他文献的基础上，通过对两志的比勘校核，即可了解其所错之内容及致错之原因。[②]

第二节　辽人墓志文中的家族认知

古人的家族认知或家族观念，源于他们对自己祖先的尊崇和敬仰以及对后辈子嗣的关注和寄望，先人的功德是家族发展壮大的根基，后辈的功绩是家族绵延不绝的保障。葛兆光先生曾经说过，对祖先的重视和对子嗣的关注，是传统中国一个非常重要的观念，

---

① 向南：《辽代石刻文编》，石家庄：河北教育出版社 1995 年版，第 282 页。

② 关于《王裕墓志》和《王瓒墓志》的错误内容及比勘校正等，前辈学者向南先生已经做过，笔者不再赘述。详见向南先生《辽代石刻文编》中《王裕墓志》《王瓒墓志》的注释部分。

甚至成为中国思想在价值判断上的一个来源。①

魏宏利先生是研究北朝碑志文的专家，他认为北朝社会所处的中古时期正是门阀士族的全盛时代，因而对家族观念的强调和重视不遗余力。他说：

碑志作为一种对先人事迹、功德进行记述和赞颂的文体，主要是在北朝士族包括汉族士族和汉化的鲜卑士族中流行，所以北朝碑志对当时北方士族的家族观念有着集中的反映。②

辽是由契丹贵族建立，契丹、汉、渤海、奚、女真等多民族构成的封建国家，意识形态和政权体制等方面与鲜卑人建立的北魏有颇多相似之处。笔者检索出土辽代墓志石刻文字发现，辽朝的汉、契丹等世家大族人士对自己家族的认知，于已故族人的墓志文中多有反映。所谓家族认知，是指辽朝世家大族成员关注本家族形成、发展和壮大的历史背景与延续过程，以及掌控如何维护、巩固本家族长盛不衰的方式与方法等。目下，辽史学界对辽人家族认知的研究尚属空白，笔者不才，拟钩沉出土辽代石刻文字资料，就此稍作论述，以求教于方家。

一、追根溯源：择定同姓名人为先祖

追溯本家族的来源，对辽朝某姓世家大族成员的家族认知非常重要。因而，塑造几位“高大上”的先祖，在已故族人的墓志文本撰写中就颇显必要。检索辽人墓志文字，笔者发现，在叙写墓主姓氏与祖源时，无论逝者与其有无家族血缘关系，只要姓氏相同，大都援用典故，选择几位古时名人为先祖。如辽景宗乾亨三年（981）的《张正嵩墓志》即载：

清河府君，瑞鸠传裔，灵剑得学，宰晋相韩，兴蜀霸汉。德源自远，良派爰多。善不泯于春秋，事亦丰于典策。③

或为受意于墓主张正嵩家人之故，墓志作者赵衡在志文中将先秦至西晋的几位张

① 葛兆光：《中国思想史》第1卷，上海复旦大学出版社2001年版，第24页。
② 魏宏利：《北朝碑志文研究》，中国社会科学出版社2016年版，第40页。
③ 向南：《辽代石刻文编》，石家庄：河北教育出版社1995年版，第68页。

姓名人列为了张正嵩张氏家族的先祖。如西晋武帝朝的中书令张华（“宰晋”），战国时期韩国相国张平（“相韩”），三国时期蜀汉名将张飞（“兴蜀”），汉初高祖刘邦的杰出谋臣张良（“霸汉”）。由此可见，张正嵩张氏家族认领春秋至西晋数百年间的四位张姓名人为先祖，目的就是想证明张氏家族祖上的辉煌与荣耀。

又如辽景宗乾亨三年（981）的《王裕墓志》亦载：

公讳裕，字伏贞，本素有殷之苗裔，姬周授命封微子为王，遂因以命氏焉。霸陵启汉图，羲（羲）献匡晋祚。流庆长远，洪风寔□；盛烈遗风，灿然可述。[①]

同理，许是墓主王裕的家人授意志文作者、滦州军事判官董某，将两汉至东晋时期的四位王姓名人指定为王裕王氏家族的先祖。霸，指王霸，东汉初期著名将领（云台二十八将之一），曾跟随光武帝刘秀南征北战，击灭王寻、王邑二部，征讨匈奴、乌桓联军，为东汉王朝的建立和巩固立下了汗马功劳。陵，指王陵，西汉初著名大臣，曾辅佐汉高祖刘邦建立西汉政权，相国曹参去世后，升任右丞相，与陈平等一同执掌朝政。羲，指王羲之，东晋著名书法家、官员，曾任秘书郎、宁远将军、江州刺史等职，后又迁会稽内史，领右将军。献，指王献之，王羲之之子，东晋著名大臣、外戚，书法家，曾得宰相谢安赏识，历任州主簿、秘书郎、司徒左长史及吴兴太守等职，后迁中书令，因其女曾为晋安帝皇后，死后获赠侍中、特进、光禄大夫、太宰等誉衔。王裕墓志文列出上述几位王姓名人为先祖，也是想以此证明王裕王氏家族的名望和地位绝非等闲。

再如辽道宗清宁六年（1060）的《赵匡禹墓志》亦云：

公讳匡禹，字致君，其先天水人也。轩辕之后，伯益分宗。中衍肇列于诸侯，造父始封于赵邑。本仁祖义，积德累功。宣子假寐于晋朝，充国论兵于汉代。天之福善，时不乏贤。噫！皇朝以来，人杰相踵者，我天水公之世家谓焉。[②]

墓志文的作者、墓主赵匡禹的重孙、守秘书省校书郎赵濬在追溯赵氏家族源起时，

① 向南：《辽代石刻文编》，石家庄：河北教育出版社 1995 年版，第 62 页。
② 同上，第 299 页。

也择定先秦至汉晋的几位与赵姓有关的名人为先祖。首先是赵姓的始祖、虞夏时期的伯益。据传，舜执政时，因伯益协助禹治水有功，被赐“嬴”姓。后舜禅位于禹，伯益被禹命为执政官。启建夏，用伯益为卿士。伯益的后代有廉氏、黄氏、徐氏和赵氏等，故其被视为赵姓之始祖。赵濬选择的家族第二位先祖为商朝的中衍。中衍，嬴姓，是伯益长子大廉的玄孙，商朝贵族，曾为商王太戊的御手。太戊之后，中衍的后裔屡建功勋，积极辅佐商王，逐渐成为商朝著名诸侯之一。赵濬选择的家族第三位先祖为周穆王时期的造父。造父为伯益的十四世孙，初为“嬴”姓，周穆王时为驾车大夫，后被穆王封于赵城（今山西洪洞），遂以“赵”为姓氏。赵濬选择的家族第四位先祖赵宣子即春秋时期晋国的赵盾，嬴姓，赵氏，杰出的政治家。晋文公死后，赵宣子权倾朝野，赵氏一族独大。赵濬选择的家族第五位先祖赵充国有勇有谋，为西汉时期名将之一，熟悉匈奴等北方民族的生活习性。汉武帝时，赵充国随贰师将军李广利出击匈奴，率百余壮士成功突围，被拜为中郎，后历任车骑将军长史、大将军都尉、中郎将、水衡都尉、后将军等职。墓主赵匡禹的后人在其墓志文中不厌其烦地罗列赵氏家族之“先祖”，其目的，仍不外乎以此来显示赵氏家族起家之不凡，兴盛有缘故，时人绝不可以小觑之。

二、自矜门第：假托前贤居处为郡望

所谓郡望，亦称“地望”，即历史时期某一地域范围内的名门大族及达官显贵世居某地，为时人所仰望，为同姓所攀附者，著名者如魏晋至隋唐时段的范阳卢氏、清河崔氏与张氏、荥阳郑氏、太原王氏、彭城刘氏、弘农杨氏、陇西李氏、昌黎韩氏，等等。换言之，郡望就是一个家族的祖籍或发源地。有辽一代，无论汉族还是契丹族，好多世家大族的成员，为炫耀自家门第的高贵并期望进一步抬升，便在已故族人的墓志文中，不惜做假，对本家族的所谓郡望进行粉饰和改造。如辽景宗乾亨三年（981）的《刘继文墓志》作者、文章大德、赐紫沙门文秀，盖于墓主家人的授意下，编造了刘继文刘氏家族的郡望：

公讳继文，字敏素，本太原人也。出自彭城、河南等二十五望，并自陶唐之后，相次分派，帝代绝多。[①]

刘继文是五代后汉高祖刘知远的后裔。北汉亡国，刘继文入辽，官至知昭德军节度事等。但据《新五代史·汉高祖本纪》等文献记载，刘知远—刘继文一系刘氏家族为北方沙陀族人，后移居太原。《刘继文墓志》言之“出自彭城、河南等二十五望”，则完全属于攀附和假托，目的就是想通过改换“郡望”来抬升沙陀刘氏家族的门第。

韩知古韩氏家族和韩延徽韩氏家族是辽朝著名的两大汉族世家。为提升或抬高自家家族之门第，没有任何地缘与血缘关系的辽朝韩氏两大家族，都在已故族人墓志文中自称本家族郡望为“昌黎”。因为昌黎（今辽宁朝阳）是历史上韩氏的郡望之一，如唐代著名官员和文学家韩愈即自说“郡望昌黎”，人称“韩昌黎”或“昌黎先生”。根据《辽史》记载，韩知古为“蓟州玉田人”，韩延徽为“幽州安次人”。但二韩在辽的后人于已故族人的墓志文中均争言“昌黎”为自家之郡望。如辽圣宗统和十五年（997）的《韩佚墓志》“志序”介绍墓主韩佚的结衔即为“昌黎县开国男”。志文称：“公讳佚，字乐善，其先昌黎人也。昔自起家，世居于蓟。”[②]

韩佚为韩延徽的孙子，圣宗朝官至始平军节度使。

又如辽兴宗重熙六年（1037）的《韩椅墓志》的“志序”在介绍韩椅结衔时亦见“昌黎郡开国侯”等字样。志文云：

公讳椅，字正声，其先曲沃桓叔之苗胄。建功于冀，食采于韩。惟彼元昆，以邑命氏。若乃划分三晋，森峙六雄。烬余方绝于祖龙，基构特新于天汉。成既赐胙，卜宅颍川；信亦分茅，筑都代土。其后徙居昌黎，因为其郡人，则著姓之籍，不其盛欤！[③]

韩椅是韩知古的重孙，兴宗朝官至宣徽南院使。

辽朝世家大族假托郡望现象不仅仅表现在汉人墓志文中，前已述及，在契丹皇族耶律氏家族和后族萧氏家族已故族人的墓志文中也大量存在，这反映了受汉文化影响

① 向南：《辽代石刻文编》，石家庄：河北教育出版社 1995 年版，第 71 页。
② 同上，第 100 页。
③ 同上，第 203 页。

的契丹人在辽朝中前期也开始认识到以郡望提升家族门第的重要性和必要性，因为这已不仅影响到家族门第的高与低，而是涉及契丹人建立的辽王朝的“正统性”问题。在不少契丹人的墓志文中，耶律氏家族的郡望均被假托在漆水，萧氏家族的郡望被附会在兰陵。如辽兴宗重熙十四年（1045）的《秦国太妃墓志》即载：

大昴之北，地戴斗极，天祚有德，实兴我国，国姓曰耶律氏，我故秦国太妃出焉。宗望肇开，大郡疏于漆水；仙源濬发，洪流贯于绛河。①

墓志文作者、修国史杨佶可能是在秦国太妃家人的授意下，即言契丹耶律氏家族的郡望为传说中轩辕黄帝的发祥地漆水。

又如辽道宗咸雍七年（1071）的《萧闛墓志》亦载：

公讳闛，字蒲打里，姓萧氏，兰陵人也。其先本宋支子，食菜（采）于萧，因以为氏。尔后子孙蕃衍，不一其族。周王建社，独开乐叔之封；高祖论功，复善鄼侯之略。迨乎汉侍中彪，始居兰陵，则为兰陵人也。枝分叶布，源深派长。简策具详，志文可略。②

墓志文作者、前奏名进士赵群或在萧闛家人的授意下，于志文中书写契丹萧氏家族的郡望为兰陵。

三、壮大规模：张显世家大族之联姻

魏宏利先生在《北朝碑志文研究》一书中，曾就中古时期婚、宦在维系士族社会地位不致衰落的重要作用时，提到“士族社会从建立到彻底消亡前后绵延了数百年，而维系其社会地位不致衰落的关键主要依赖于两个方面的因素：一是家族之间通过婚姻裙带关系的彼此提携与利用；二是家族成员政治地位的获得和巩固”；“概括而言，即‘婚’‘宦’二字。‘婚’维持了士族门第的纯粹性，使其成为一个相对稳定和独立的精英集团，而‘宦’则使其政治、经济地位获得现实的政治保障。两者之间的相

① 向南、张国庆、李宇峰辑注：《辽代石刻文续编》，沈阳：辽宁人民出版社 2010 年版，第 90 页。（参见本书附录图版一八）

② 同上，第 135 页。

互作用，遂使士族阶级长期在社会生活的各个方面发挥着重要的影响。如果说郡望所出是辨识士族门第的重要标识，那么‘婚’‘宦’则是维持士族门第的物质基础”[①]。

笔者非常赞同魏先生的观点。张显于辽人墓志铭中的诸多辽朝世家大族之间联姻结亲之文字，同样反映了家族成员们的相近心态：通过世家大族联姻后裙带关系的建立，彼此间可相互提携和支持利用，藉此达到壮大家族规模、巩固家族的社会政治与经济地位的目的。

出土辽人墓志文中记载的辽朝世家大族间的联姻，主要有三个层面：

一是契丹耶律姓家族与萧姓家族间的互婚。如耶律姓家族男子娶妻，多是萧姓家族女子。辽兴宗重熙七年（1038）的《耶律元妻晋国夫人萧氏墓志》即载：

> 夫人族姓萧氏，父讳谐里，赠魏王。母齐国太妃。……适故南面行营都统、燕京留守、于越、宋国王长子、故金紫崇禄大夫、检校太师、西北路右神武卫上将军耶律元。自结懿姻，益隆茂眷。[②]

耶律姓家族的女子大多要嫁给萧姓家族男子。如辽道宗大安十年（1094）的《耶律庆嗣墓志》即载，耶律庆嗣有妹三人：

> 长曰（耶律）兀欲娘子，适故大长公主孙萧普达；次曰（耶律）迪辇夫人，适故尚父、奚王萧福善男、右祗候郎君详稳（萧）忠信；次曰（耶律）乙信娘子，适故大长公主孙萧特末[③]。

二是契丹人与汉族世家大族间的通婚。譬如汉人韩知古韩氏家族与契丹萧氏家族间的联姻在出土辽人墓志文中即有颇多记载。有辽一代，汉族韩氏家族之所以地位显赫，原因之一，就是该家族从韩知古开始，即与契丹萧氏家族联姻通婚，汉族韩氏与契丹萧氏联姻，韩氏家族男子多迎娶契丹萧氏女子为妻。如韩知古之子韩匡嗣即娶妻萧氏。据辽圣宗统和三年（985）的《韩匡嗣墓志》记载：

> 公（韩匡嗣）娶兰陵萧氏，封陈国夫人。以柔顺睦诸姻，故诸姻称其德；以

① 魏宏利：《北朝碑志文研究》，北京：中国社会科学出版社 2016 年版，第 45、46 页。
② 向南：《辽代石刻文编》，石家庄：河北教育出版社，1995 年，第 211、212 页。
③ 向南：《辽代石刻文编》，石家庄：河北教育出版社，1995 年，第 457、458 页。

圣善训诸子，故诸子克其家。[①]

同理，韩氏家族女子中亦有不少嫁给契丹萧氏男子为妻。如辽兴宗重熙六年（1037）的《韩椅墓志》即载：

先夫人生二女，长早亡；次适左□军将军萧乞得。继室萧氏生三女，一适护卫将军萧朱（未）。[②]

三是汉人诸姓世家大族间的联姻。出土辽代墓志石刻比较详细地记载了有辽一代汉族世家大族间的联姻状况。譬如韩延徽—韩造韩氏家族与杜防杜氏家族、王师儒王氏家族的联姻。韩造是辽初名臣韩延徽的后裔，官至诸宫制置使。[③]韩造有二女，一女嫁杜防家族成员杜悆，一女嫁王氏家族成员王师儒。杜悆为辽朝名臣杜防之侄孙，仕道宗、天祚两朝，官至枢密院副使、翰林侍读学士等。杜悆的次妻即韩造之女。天祚帝天庆十年（1120）的《杜悆墓志》即云：

公先娶故逸士孙克矩女，故启圣军节度使克构侄也。早承□封邑，遽叹逝川。后妻故守太子太师、同中书门下平章事、判三司使事、赠中书令韩造第三女。[④]

王师儒为官道宗、天祚两朝，他的妻子是韩造的另一个女儿。天祚帝天庆四年（1114）的《王师儒墓志》即云：

夫人故同中书门下平章事、判三司使事、兼赠中书令韩造之女，以公累封至丰国夫人。[⑤]

韩氏、杜氏、王氏三大汉族世家联姻结亲，家族之间相互提携、图存共荣已是必然。

笔者在第四章第一节中曾提到，辽朝契丹耶律姓家族与萧姓家族世代通婚的结

---

① 向南、张国庆、李宇峰辑注：《辽代石刻文续编》，沈阳：辽宁人民出版社 2010 年版，第 24 页。（参见本书附录图版八）

② 向南：《辽代石刻文编》，石家庄：河北教育出版社 1995 年年版，第 206 页。

③ 详见辽道宗咸雍五年（1069）《韩资道墓志》// 向南：《辽代石刻文编》，石家庄：河北教育出版社 1995 年版，第 334 页。

④ 向南、张国庆、李宇峰辑注：《辽代石刻文续编》，沈阳：辽宁人民出版社 2010 年版，第 306 页。（参见本书附录三图版五）

⑤ 向南：《辽代石刻文编》，石家庄：河北教育出版社 1995 年版，第 647 页。

果，便是通过血缘融汇的方式，在政治上使两姓糅合为一体，形成了长期而稳定的皇族与后族联合执政之局面；汉人韩知古韩氏家族通过与契丹萧氏家族的联姻，则加速了韩氏家族的契丹化进程，并使之逐渐融入契丹统治集团，致使辽朝统治实力大大增强；而诸姓汉族世家大族间缔结门第婚姻的重要目的，则是使婚姻双方能够在政治上互为利用，巩固与增强各自的政治势力与地位，最终实现自己家族的绵延持久，长盛不衰。有辽一代，这种汉族世家大族间不间断的联姻通婚，政治上的利益均沾，强烈地支撑着不少汉人官宦世家或久盛不衰，或衰而未绝，并由辽入金，延续二三百年。

四、光耀门楣：看重父兄仕宦之履历

仕宦，做官也。仕宦履历，指的就是某人为官任职的经历。出土辽人墓志文中常见作者不厌其烦地罗列、陈述墓主本人及其父祖、兄弟及子侄们的仕宦履历，墓志作者和墓主家人的主要目的，亦是想通过宣扬家族成员的官贵身份、仕宦资历以及他们的军功政绩等来光耀家族之门楣，昭显家族历史上及现实中的荣耀与不凡。譬如辽圣宗统和三年（985）的《韩匡嗣墓志》即比较全面地记述了韩匡嗣自其祖父韩融、父亲韩知古、韩匡嗣本人、韩匡嗣的兄弟、韩匡嗣的儿子等韩氏家族四世二十几位族人的仕宦履历。

首先是追述韩匡嗣前辈们的仕宦履历：

> 王父讳融，任蓟州司马。或林泉长往，或簪黼暂维。不辱其身，共得伯夷之道；必有余庆，意符尼父之言。烈考讳知古，彰武军节度使、太师、中书令，会九五龙飞之主，当经纶草昧之时。征伐四方，邓禹赞开基之略；参谋万务，葛亮成佐命之功。直气陵云，精诚介石。居然廊庙之器，真为社稷之臣。事载朝经，美谈人口。

接着，志文便详细罗列了墓主韩匡嗣本人的任职经历与各种“政绩”：

> 嗣圣皇帝以勋旧之胤，有干济之材，乃议褒升，周循资级，特授右骁卫将军。在公既彰于勤瘁，进秩宜处于深严。改授二仪殿将军，此官之置，自公始也。……

属孝成皇帝缵绍宗祧，振拔淹滞，一见其表，便锡徽章。授始平军节度使、特进、太尉、封昌黎郡开国公，寻加推诚奉上宣力功臣。……俄授上京留守、同政事门下平章事、临潢尹。方进莅官，先绳豪右；袁安为政，止务公平。就加开府仪同三司、政事令。雄燕之地，皇朝所都。宗九服而表则诸侯，屯万旅而控制南夏。非威武不可以统率，非仁惠不可以保厘。授南面行营都统、燕京留守、卢龙军节度使、幽都尹，封燕王，加匡运协赞功臣。下车之后，致理唯新。狱讼无冤，载阐坐棠之化；英髦效用，重高市骏之风。加食邑五千户，赏功也。东井分野，西汉山河，将启真封，允归元辅，授晋昌军节度使，加尚父、京兆尹，进封秦王。国家以天下方理，河西未平，资其定远之谋，委以专征之柄，授兼西南面招讨使。羊荆州之安边，吴人敬慕；马伏波之殄寇，蛮徼平宁。

然后是讲述韩匡嗣二兄、八弟的仕宦履历：

公有兄二人：彰国军衙内都将匡图；天成军节度使、司徒匡业。有弟八人：临海军节度使、太傅匡祐；燕京统军使、天雄军节度使、太师、政事令、邺王匡美；户部使、镇安军节度使、太保匡胤；镇安军节度使、司徒匡赞；殿中侍御史匡文；东头供奉官匡道；彰武军中军使图育氏；熊军将军唐兀都。……金昆玉季，琼树瑶林，资忠咸继于父风，不幸俱先于朝露。

最后是介绍韩匡嗣九个儿子的为官情况：

有子九人：长曰德源，始平军节度使、太尉；次曰德庆，左监门卫将军、司徒，早亡；次曰德彰，毡毯使、左散骑常侍，早亡；次曰德让，枢密使、太师、兼侍中；次曰德威，西南面招讨使兼五押、彰武军节度使、太师；次曰德冲，户部使、威胜军节度使、太尉；次曰德颙，右神武大将军、太尉；次曰德晟，未仕而终；次曰德昌，任卢龙军节院使。……浮桑十枝，擢秀而高低捧日；洪河九派，激浊而远近朝宗。阅世者，不泯令名。肯构者，多膺大用。[①]

① 向南、张国庆、李宇峰辑注：《辽代石刻文续编》，沈阳：辽宁人民出版社 2010 年版，第 23、24 页。（参见本书附录图版八）

我们看到，该志文在罗列墓主韩匡嗣及其父祖弟兄及子嗣们的仕宦履历的同时，还大量援引历史名人典故，不惜通过夸大其词来颂扬族人的功德与功绩，其目的就是想通过光耀韩氏之门楣来提升并巩固韩氏家族的政治地位。

韩氏家族到圣宗朝韩德让官至大丞相、两院枢密使、赐姓“耶律”、赐名“隆运”之时，地位与荣耀已经达到了顶峰。此后，韩氏族人于墓志文中仍是一以贯之地炫耀族人“不凡”的仕宦履历。如刻于辽兴宗重熙六年（1037）的《韩椅墓志》，即着重对墓主韩椅的曾祖父韩知古、祖父韩匡美、“伯祖父”韩匡嗣、“从世父”（叔伯父）韩德让（耶律隆运）、父亲韩瑜、“再从兄”（叔伯兄）韩（耶律）直心等人的仕宦经历及军功政绩等予以大肆渲染。其志文云：

> 我圣元皇帝凤翔松漠，虎视蓟丘。获桑野之媵臣，建柳城之冢社。威宣十乘，化被一隅。推忠契运宣力功臣、彰武军节度使、东南路处置使、开府仪同三司、守尚书左仆射、兼中书令讳知古，曾祖父也。魏之毕万，早称必复；鲁之僖伯，终谓有后。绍兴藩衍，向用崇高。协谋守正翊卫忠勇功臣、燕京统军使、天雄军节度使、开府仪同三司、赠守太师、兼政事令、行魏州大都督府长史、上柱国、邺王讳匡美，祖父也。抱船骥之宏用，膺带砺之宗盟。高揭将坛，始縻王爵。先娶秦国太夫人，生二男一女。长子列考。次子瑀，左监门卫将军，早亡。女适刘宋州侍中男而殂。又以寿昌恭顺昭简皇帝失爱之嫔妻之，封邺王妃，即圣元神睿贞列皇后之犹女也。生二男一女。男幼亡。女适张侍中孙、左监门卫大将军、知檀州刺史崇一，今夫人之父也。后娶魏国夫人邺妃之侄，皆出于萧氏矣。西南路招讨、晋昌军节度使、行京兆尹、尚父、秦王讳匡嗣，伯祖父也。树鳌足之英标，传马眉之茂庆。列五鲭之鼎，峨七蝉之冕。生我大丞相、守太傅、晋国王、谥文忠、讳德让，赐名隆运，联其御讳也，赐姓耶律氏，属籍于宗室。特加殊礼，丕显大勋。与夫剑履上殿，几杖入朝者不侔矣，从世父也。四十万兵马都总管、兼侍中、南大王、赠政事令、陈王讳遂贞，赐名直心。真柱石之雄，享钧轴之重。为周方邵，作舜皇夔，再从兄也。谱系于国姓，其余戚属族人，拜使相者七，任宣猷者九，持节旄、绾符印，宿卫交戟、入侍纳陛者，实倍百人，此不具书，略也。列考讳瑜，内客省使、

检校太傅、赠太尉。[①]

以下，志文又罗列了墓主韩椅一生的仕宦履历和军功政绩等，不赘引。总而言之，《韩椅墓志》之所以不厌其烦地罗列并叙述父祖先人和其本人的仕宦履历、军功政绩等，目的就是想借此进一步强化和巩固韩氏家族已有的政治与社会地位，绵延长久，永世不衰。

有辽一代，除了著名的韩知古韩氏家族于已故族人墓志文中大量罗列家族成员仕宦履历外，其他姓氏世家大族已故族人的墓志文中也不乏类似记载。如辽兴宗重熙十三年（1044）的《李继成暨妻马氏墓志》即详细记述了墓主李继成从曾祖到孙子六代人的仕宦履历：

大王父讳无裕，辽兴军掌书记。王父讳審薿，安次县令。烈考讳凝，卢龙军观察判官、左补阙。……公即观察补阙之嗣子，枢密使、守太保、政事令、尚父、文献王（室）昉之外孙。夫人室氏所出。……统和五载，霈渥槐宸，策名芸阁。始十六岁起家，特授将仕郎、守崇文馆校书郎。……十九守秘书省著作佐郎。……二十一奏授朝议郎、守秘书省著作郎，监都盐院。……二十四加尚书膳部员外郎，赐绯鱼袋，爰擢翰林，出宰畿邑。二十六依前尚书膳部员外郎、幽都府潞县令。……二十七宣徽判官、尚书司门员外郎。……三十三水部郎中，守幽都府蓟北令。……子二人：长曰宅相，先公而逝。次曰位，银青崇禄大夫、检校司徒、行卫尉少卿、前知大定少尹事、兼侍御史、护军、陇西县开国子、食邑五百户、永丰库都监。……孙男四人：长曰长卿，乡贡进士。屡践词场，即酬壮志。次曰舜卿，登仕郎、守秘书省校书郎、武骑尉。次曰晋卿，乡贡进士。次曰钵哥。[②]

又如天祚帝天庆十年（1120）的《杜悆墓志》亦详细记载了杜悆从高祖、祖父（包括叔祖）、父亲（包括叔父）、墓主杜悆本人及兄弟、子侄等五代人的仕宦履历：

高祖讳惟一，赠侍中。祖讳随，给事中。叔祖讳渐，崇禄卿。叔祖讳防，右

① 向南：《辽代石刻文编》，石家庄：河北教育出版社 1995 年版，第 203、204 页。

② 向南、张国庆、李宇峰辑注：《辽代石刻文续编》，沈阳：辽宁人民出版社 2010 年版，第 87、88 页。

丞相、太子太师、兼中书令、尚父、韩王。父讳公谔，翰林学士致仕，赠太子少保。从叔公谓，礼部尚书、兼门下侍郎平章事、监修国史、知枢密院事、赠中书令。……（杜悆）咸雍十年二十岁，一举上□。大康四年，授檀州军事判官。……七年，□宣充枢密院令史。九年，加太子洗马。大安二年，迁殿中省殿中丞。……四年夏，枢密院厅房主事阙官，上以公有勤干之声，不次而任，授尚书工部郎中。六年，迁户房主事，加尚书左司郎中。七年，改授枢密兵刑房承旨，加少府少监。……会故枢密副使王言敷男冲任吏房承旨，季叔当国，时议曰抵法。上闻之，诏以从卑改授，乃降起居郎、榆州刺史。八年，季叔薨，其年冬诏为堂后官，复其旧秩。九年夏，奉命充南宋生日国信副使。……寿昌元年，考满，改大理少卿。……二年，改授秘书少监。况国书不烦，在典章颇急，仍兼大理少卿。三年六月，擢为枢密副都承旨，加太常少卿。……五年冬，落起复，加少府监。六年夏，迁枢密都承旨，加卫尉卿。乾统元年夏，就加昭文馆直学士，隶中书省枢密院十七年。……二年十一月，加左谏议大夫，改签诸行宫都部司事。……三年十一月，超授保静军节度使。控辔一旬，下车三日，凤书遄至，虎帐俄移，授户部使，改彰武军节度使。……五年冬，召为枢密直学士。六年，会上徽号，覃左散骑常侍，签枢密院事，加上柱国。……十年，超授枢密院副使，加户部尚书，特赐忠亮二字功臣。……天庆元年六月，超授参知政事、签枢密院事，迁太子少傅，加赐佐理功臣。……明年正月，奉诏权知贡举。……三年，□授特进、守左仆射，知辽兴军节度使事。……七年十二月，屡抗表章，恳意求退，皇上不得已而从之，加太子太傅，归于燕京衣锦坊之旧第。……兄第三人，孟曰愈，左班殿直，早逝；仲幼夭。……男一，叔彦，贡物库副使、阁门祗候。……侄一，叔长，棣州刺史，前随驾内库丝绵库使。[①]

不仅仅是辽朝汉人世家大族于已故族人墓志文中对族人的仕宦履历罗列多多，契丹耶律氏和萧氏家族已故族人的墓志文中亦同见相类之记载，说明受汉文化影响的契

① 向南、张国庆、李宇峰辑注:《辽代石刻文续编》，沈阳: 辽宁人民出版社 2010 年版，第 304~306 页。（参见本书附录图版五）

丹人也开始重视族人仕宦履历与家族荣誉之间的逻辑关系。如辽太宗会同五年（942）的《耶律羽之墓志》即记载了墓主耶律羽之及其曾祖、祖父、父亲及其兄弟等耶律氏家族四代人的仕宦履历：

公讳羽之，姓耶律氏。……曾祖讳勤德迭列，夷离堇、北大王，九领节钺，十全功勋。祖讳曷鲁匣麦，夷离堇，两奉王猷，控制藩屏。列考讳沤思涅列，夷离堇、金云大王，剑履承家，旌麾显世。……公即金云大王弟四息也。长兄曷鲁，于越、北大王。次兄污里蓥，前北大王、东丹国大内相。季兄涅烈神子，舍利。弟护之、术宝，舍利，并早亡。……比及大圣大明升天皇帝收伏渤海，革号东丹，册皇太子为人皇王，乃授公中台右平章事，虽居四辅之末班，独承一人之顾命。寻授钺专讨，克致大功，旋加太尉，招抚边城。比至班师倒载，又加太傅、判盐铁，封东平郡开国公，食邑一千户。天显二年丁亥岁，迁升左相，及总统百揆，庶绩咸熙。……天显十三年戊戌岁，嗣圣皇帝受大晋之册礼也，即表公通敏博达启运功臣，加特进阶，上柱国，食邑二千五百户。身为冢宰，手执国钧。[①]

又如辽兴宗重熙十四年（1045）的《秦国太妃墓志》亦记载了墓主秦国太妃耶律氏的丈夫萧谐领（汉语名萧和）以及他们的儿子、孙子等萧氏家族三代人的仕宦（包括死后追赠）经历：

晋国王讳谐领，兰陵人也，乃中闱之所天，实外祖之冠族，早伤歼夺，适议追崇，太平辛酉岁，累赠至侍中、兼中书令。……子五人，长曰孝穆，枢密使、守太师、兼中书令、齐国王、赠大丞相；次孝先，燕京留守、守太师、兼中书令、晋王；次孝诚，大国舅、兼侍中、兰陵郡王、赠忠简王；次孝惠，枢密使、守太保、兼中书令、楚王、赠楚国王。……孙十二人，长曰纱里，左奉宸。次知足，泰宁军节度使、同中书门下平章事、同知枢密院事、驸马都尉。次无曲，宣徽使、左金吾上将军、驸马都尉。次只剌，未仕。次术者，左祗候郎君将军。次实六，未仕。次胡都姑，延庆宫都部署、天平军节度使、驸马都尉。次除钵，次刘四哥，次迪烈，

① 向南、张国庆、李宇峰辑注：《辽代石刻文续编》，沈阳：辽宁人民出版社2010年版，第3、4页。

皆未仕。次阿素，右监门上将军。次周奴，左千牛卫将军。皆清言伟度，懿行纯诚。如圭如璋，既大成于礼器；为梁为栋，将肯构于明堂。[①]

综上，无论是诸姓汉人世家还是契丹耶律氏、萧氏家族，于已故族人墓志文中所呈现的对家族成员仕宦履历的高度关注，便真实地反映了辽朝世家大族成员以光耀家族门楣、壮大家族规模为目的的家族认知的另一个重要侧面。

五、烝尝有接：关注无后族人之承嗣

烝尝，最初是指古人秋、冬两季之祭祀。郑玄笺《诗经·小雅·楚茨》"絜尔牛羊，以往烝尝"句有"冬祭曰烝，秋祭曰尝"之说。董仲舒《春秋繁露》亦云："祭之散名，春曰祠，夏曰礿，秋曰尝，冬曰烝。"

后来，烝尝便泛指了各种祭祀，当然也包括家族的祭祖活动。如蔡邕《文范先生陈仲弓铭》中的"立庙旧邑，四时烝尝，欢哀承祀，其如祖祢"之言即指此。

我们知道，古人祭祖的主要目的之一，就是想祈祷祖先的神灵降福祉于子孙后代，以保障家族的兴旺及族人的平安。家族亦可称"宗族"，一般是指父系的单系亲属集团，以成年男性为中心，称"宗子"或"族长"。按照父子相承的继嗣原则，上溯下延，便为宗族之主线。族下有家，因此，宗族也是家庭的联合体。

由于宗族是单系结构，其世系又是按男性排列，因此，每个家族中的女性就成了男性的附庸，其结果便是，主持家庭（或家族）祭祖活动，只有成年男性才有资格。如此一来，若某一家庭没有了男性子嗣，即属无后，祭祀祖先的活动也就有了大的问题。由于无后家庭的继嗣事涉烝尝并最终可能影响宗族的兴衰或存亡，因此，有辽一代各民族世家大族的成员们均对无后家庭的继嗣问题格外重视，在出土的辽人墓志铭中，常见对牵涉烝尝的无后家庭继嗣之事予以关注之文字。

譬如，墓志文的作者常在记述继嗣事件之前，对无后墓主人生之不幸抒发一番唏

---

① 向南、张国庆、李宇峰辑注:《辽代石刻文续编》，沈阳：辽宁人民出版社 2010 年版，第 90~92 页。（参见本书附录图版一八）

嘘与慨叹。圣宗朝皇太弟耶律隆庆之子、辽圣宗耶律隆绪之侄、魏国王耶律宗政因反对圣宗皇帝逼迫他纳娶父妃（庶母、秦晋国妃）为妻，终生未婚，以致没有留下子嗣。辽道宗清宁八年（1062）的《耶律宗政墓志》作者、翰林学士王寔在志文中便慨叹道：

> 先是，圣宗皇帝藩戚间，逼王娶妃。王性介特，辞以违卜，不即奉诏。自是不复请婚，以至无子。呜呼！虽有周公之德，而无伯禽之嗣，惜哉！①

道宗朝的萧阐，于咸雍七年（1071）不幸病逝，年仅二十八岁。辽道宗咸雍八年（1072）的《萧阐墓志》作者董庠在志文中也对萧阐生前没有留下子嗣深感痛心：

> ……克尽情诚，俄萦疾疢。其年闰七月二十五日，不幸终于寓泊之所，春秋二十有八。眷戚悲悼，宾从陨伤。所痛者，无令嫡可继其家；所苦者，有孀妻空泣其血。风急兮彩云易散，阳升兮凝露顿晞。方期道之将行，奄叹苗而不秀！②

道宗朝的西北路招讨使萧兴言亦无子嗣，虽然曾以亲侄为养子，但可能没有履行继嗣的相关礼仪程序，故而该养子应该不算嗣子。缘此，辽道宗大安三年（1087）的《萧兴言墓志》作者赵临在追述墓主萧兴言与侄子（养子）萧夤底石的亲密关系（“以身遮之”“与嫡无异”）之后，依然慨叹墓主人生有缺憾（“仙芝匪种，灵椿寡根”“天不与嗣”）。志文云：

> 大安三年六月十九日，（萧兴言）疾而薨，春秋五十有六。三室，一女，无子，一侄。……侄曰寅底石，为公养子，威武颇冠，年十七，从公出征，料敌之下，外以矢击公，公未克视，夤底石乃以身遮之。孝闻于上，遂授左承制。公所保惜，与嫡无异。噫！公之无子，何也？盖仙芝匪种，灵椿寡根，故天不与嗣而续焉，悲夫！③

当然，辽人墓志文中出现更多的，则是墓志铭的作者对虽然无后但已经继嗣的墓

---

① 向南：《辽代石刻文编》，石家庄：河北教育出版社 1995 年版，第 308 页。
② 向南、张国庆、李宇峰辑注：《辽代石刻文续编》，沈阳：辽宁人民出版社 2010 年版，第 147 页。
③ 同上，第 189 页。（参见本书附录图版一）

主及其家庭给予的高度关注。如圣宗朝的始平军节度使韩佚，是韩延徽韩氏家族的重要成员之一，韩延徽之孙，韩德邻之子。据辽圣宗统和十五年（997）的《韩佚墓志》记载，韩佚在世时没有亲生儿子，只有一女荣哥，“幼亡”。《韩佚墓志》的作者、卢龙节度判官裴玄感在赞颂墓主韩佚良好品性、慨叹其人生缺憾时，亦就韩佚已有继嗣而以隐喻记述道：

公美风仪，宽度量。备临难事，每竭纯诚。虽富贵以逼身，好悠闲而自保。居常酣饮养性，奔兢忘机。乡党服其仁，宗族称其孝。噫！门传带砺，不谓不荣。身秉节旄，不谓不达。然而不臻上寿者，非所知也。虽无儿袭爵，谓天于伯道无知。而有弟兴宗，胜鲁之臧孙有后。[①]

“而有弟兴宗，胜鲁之臧孙有后”，便已透露出韩佚有过继之嗣，是他弟弟的儿子，也就是他的某个侄子。果然，同出于一墓的辽圣宗统和二十九年（1011）的《韩佚妻王氏墓志》（残志）即记载了韩佚小弟韩伟之子名绍英，应是过继给韩佚为嗣，并在韩佚死后，曾主持继父的丧葬和祭祀活动：

……谓太保公曰：无后之事何以继之。太保公審而言□：吾□□□□□□□□□子，用兄子叔高以继之。……犹子继其后。斯□史籍之故事，可□□士之通规。今檀州史君□吾□，□□□□□□绍英，是吾之犹子耶……继伯父之嗣，且从旧典也。……尔后，太保公先□□□□□□□□□夫人□，嗣子绍英，寝苫庐以居其丧，陈笾豆以设其祭。……嗣子绍英，独怀纯孝，虑泯□□，知刊勒……[②]

犹子，即侄子也。

又如圣宗朝的中京内省使李知顺，亦因无子，最终由朝廷指派一位继嗣者，使得李家后继有人，“烝尝不亏”。辽圣宗太平八年（1028）的《李知顺墓志》即云：

列土分茅，非不荣也；扬旌仗钺，非不贵也。国家虑以公祭祀有亏，烝尝不接。遂遣一男希言，秉从父训，疑是天然，真同遗体，果验承家。娶赵氏为妻，有孙二人，

---

① 向南：《辽代石刻文编》，石家庄：河北教育出版社1995年版，第101页。（参见本书附录图版二四）

② 同上，第139、140页。

长曰张五，次曰十一。并以凤毛垂锦，英物摽奇；双珠迭曜，二□腾芳。[①]

与之相类，兴宗朝检校太师、西北路右神武卫上将军耶律元和妻子晋国夫人萧氏生前也没有留下子嗣，兴宗皇帝考虑到耶律元一系此后祭祖已出现了问题，便诏命由耶律元的弟弟耶律忠之子为其继嗣，以补其缺，完善其事。辽兴宗重熙七年（1038）的《耶律元妻晋国夫人萧氏墓志》即载：

国家念先太师夙负忠勤，素无胤嗣。虑缺烝尝之礼，特行锡赉之恩。所有晋国夫人一帐户籍，付弟前启圣军节度使、金紫崇禄大夫、检校司徒耶律忠主之。[②]

再如圣宗朝的韩德颙（耶律隆祐），据辽圣宗统和二十九年（1011）的《耶律隆祐墓志》记载：德颙曾有子二人，“长曰遂赟，右千牛卫将军，勾陈就列，宁欠父风。次曰遂成，衙内都指挥使，启戟从戎，岂无公器”，俱“先公而亡”[③]。

辽代石刻文研究大家向南先生认为，韩德颙的长子韩遂赟（耶律遂赟）即是《辽史·韩德凝传》中的“郭三”，并且“传”中记载有孙二人，“高家奴，终南院宣徽使；高十，终辽兴军节度使”[④]，而《耶律隆祐墓志》却不见记载。

蒋金玲教授则认为，“郭三”不是韩遂赟，更不是韩德颙之子，而是韩德昌之子。《耶律隆祐墓志》之所以不记韩德颙的孙辈，是因为其二子遂赟、遂成均夭亡，没有留下子嗣，最终是韩遂正的次子韩宗福（耶律宗福）过继给叔祖韩德颙为嗣，依据就是辽道宗咸雍八年（1072）的《耶律宗福墓志》中的一段记载：

时统和中，特蒙圣宗皇帝升于子息之曹，令与兴宗皇帝参于昆弟之列。贵处宸禁，荣连御名，宠也。特诏主掌叔父思母相公之籍产，恩也。[⑤]

另据契丹文研究大家刘凤翥先生考证，“思母”就是韩德颙的契丹名字。[⑥] 由此可

---

① 向南：《辽代石刻文编》，石家庄：河北教育出版社 1995 年版，第 188 页。
② 同上，第 212 页。
③ 向南、张国庆、李宇峰辑注：《辽代石刻文续编》，沈阳：辽宁人民出版社 2010 年版，第 52 页。（参见本书附录图版一〇）
④ 脱脱等：《辽史》卷七四《韩德凝传》，北京：中华书局 1974 年版，第 1235 页。
⑤ 向南、张国庆、李宇峰辑注：《辽代石刻文续编》，沈阳：辽宁人民出版社 2010 年版，第 141 页。
⑥ 刘凤翥、唐彩兰、青格勒编著：《辽上京地区出土的辽代碑刻汇辑》，北京：社会科学文献出版社 2009 年版，第 405 页。

知，在圣宗朝，韩宗福受诏命承祧了叔祖（《耶律宗福墓志》中的“叔父”当是“叔祖”之误）韩德颙一系，成了叔祖韩德颙的嗣孙。[①]

类似的辽人无后继嗣之现象在出土辽人墓志文中还有不少记载，诸如天祚帝乾统二年（1102）的《王士方墓志》，以及天祚帝乾统七年（1107）的《梁国太妃墓志》等均见之，不赘引。

概而言之，辽人关注并重视无后家庭之继嗣，并且还得到了朝廷最高执政者的大力支持，表明辽朝世家大族继嗣、兴宗与祭祖等问题也是时人关注家族认知的一项重要内容。

六、死后重聚：笃行亡者灵柩归祖茔

如果说郡望或是辽朝世家大族成员生前集聚群居之现实胜地，或是攀附前贤居处为缥缈虚无之精神寄托，那么祖茔则是他们期望死后灵魂重聚的场所。缘此，受同姓同宗族人集聚共居认知思维的支配，尽管世家大族的成员们为官仕宦之场所终生变幻不定，但无论他们生前身居何处，亡故之后，哪怕是千里万里，他们的儿女或戚属亦务必扶护其灵柩回归故里，将其遗骨葬入祖茔，以实现家族成员死后“灵魂重聚”的终极目的。

辽朝世家大族成员生前因仕宦而星散天涯，难以团聚，别离之苦，思念之痛，于辽人墓志文中常见相关之描述。如天祚帝天庆三年（1113）的《马直温妻张馆墓志》作者张峤，即在墓志文中述说了辽朝后期燕京张氏（张琪—张俭—张嗣复—张峤）家族成员张峤及其兄弟姐妹们因婚姻、仕宦等缘故，分处天南地北，难以相聚，以及由此而带来的亲人之间无尽的酸楚和苦痛：

> 峤生也不辰，九岁而母逝，十六而父薨。姊妹弟兄六人，婚姻仕宦，振翼飞散，迨今四十余年，期间或川陌阻修，音书断绝。每烟花融丽，星月清妍，未尝不送

① 详见蒋金玲《辽代韩知古家族世系证补》//孙建华主编：《辽金史论集》（第十一辑），呼和浩特：内蒙古大学出版社 2009 年版，第 72 页。

目天涯，涕泪交洒。而相会聚者，其不满十数。[①]

张馆是墓志文作者张峤的姐姐，早年嫁入燕京马氏家族，为天祚帝朝静江军节度使、知顺州军州事马直温的妻子，死后，其灵柩必葬入马氏祖茔，因而，任职于外地的张峤不可能千里迢迢去燕京马氏祖茔参加姐姐的葬礼。为此，张峤在志文的末尾便哀叹道：

呜呼！天哉！霜鸿断序而分飞，棠华雕辉而失彩。姊去泉之下，弟在天之涯。……所恨阻远千里，吊送不及。殓而不得抚其棺，瘗而不得绕其坟。生死永诀，独抱无穷之悲。[②]

在这里，笔者并非单纯或刻意渲染辽朝世家大族成员生离死别之情愫，而是为了证明辽人墓志文中记载的那么多仕宦于外地的官员死后均被其子女、亲属扶棺抬柩，千里迢迢运归故里祔葬祖茔的史事真相。他们生不能聚，死要归葬，千川汇海，叶落归根，既昭显了同宗家族的强大凝聚力，也反映了族人对血缘根脉的无限认可。

检索出土辽人墓志石刻，其中对仕宦于家乡之外的官员死后灵柩归葬祖茔的记载非常多。如入辽后的刘仁恭后裔刘承嗣—刘宇杰一系刘氏家族的祖茔在霸州西原（今辽宁朝阳西大营子）附近。据辽景宗保宁二年（970）的《刘承嗣墓志》记载，墓主左骁卫将军、检校太保、银冶都监刘承嗣因病于燕京去世，其家人便扶其灵柩至霸州西原附近与其夫人杨氏合葬。志文云：

未兼将相之名，忽□膏肓之疾。踪横邦计，不在位之何陈；盛大家声，终降年之莫振。应历十七年十月二十日薨于燕京私第，享年五十有九。朝市惊怛，男女慌迷。亲族隔于关山，匍匐迎于棺柩。至保宁二年岁次庚午十月己巳朔七日乙亥，于霸州西原十五里杨氏夫人合葬焉，礼也。[③]

刘承嗣入葬后，霸州西原附近便成了在辽刘氏家族成员的祖茔所在地及刘氏族人死后灵魂的重聚之所。如刘承嗣的儿子、易州商税都监刘宇杰去世后，其灵柩也千里迢迢归葬于霸州祖茔。辽圣宗统和十八年（1000）的《刘宇杰墓志》即载：

---

① 向南：《辽代石刻文编》，石家庄：河北教育出版社1995年版，第635页。
② 同上，第635、636页。
③ 同上，第48页。

> 赴九天之入觐，属二竖以为灾。渐格弥留，遽悲奄忽。无何，统和十八年五月十六日薨于奉圣州温汤之右，享年五十有二。旅榇（榇）旋离于行阙，灵辒即返于故丘。至其年十月二十七日归葬于霸州归化县积善乡余庆里，附先太保之坟，礼也。①

“先太保之坟”，即指刘承嗣的坟墓。辽兴宗重熙十五年（1046），刘宇杰之子、宿（肃）州刺史刘日泳死后，亦归葬兴中府（霸州）父、祖之茔地。辽兴宗重熙十五年（1046）的《刘日泳墓志》记载：

> 公以直道虽行，壮图未展。愿求民瘼，以报君恩。然乃位至藩离（篱），禄隔节钺。操杰谁并，执贽孰同。每在于乡闾也，出则宝带珍裘，金鞍骏马；入则雕梁峻宇，青琐丹楹。以重熙拾伍年柒月拾壹日，薨于兴中府南和州私宅。至当年拾月拾贰日，葬于府西南坟岳之际，附先茔，礼也。②

先茔，即祖茔，指刘承嗣、刘宇杰坟墓所在之刘氏家族墓地。

辽朝最具典型的世家大族成员死后灵柩归葬之祖茔，是韩匡嗣及其子孙们死后入（归）葬的上京西北渠劣山之韩氏家族墓地（在今内蒙古赤峰市巴林左旗白音勿拉苏木白音罕山）。近年来，从韩氏家族墓地出土的韩匡嗣子孙墓志文中，大都标注为“祔葬先茔”，这反映了韩氏族人期望死后“灵魂重聚”、韩氏家族长盛不衰的认知心态。辽圣宗统和三年（985）的《韩匡嗣墓志》记载了西南面招讨使韩匡嗣的死亡和入葬情况：

> 乾亨五年，孝成皇帝登遐，公思凤翼之早依，痛龙髯之遽谢。因怀永叹，旋遘沉疴，以当年十二月八日薨于神山之行帐，享年六十六。以统和三年十月九日卜葬于渠劣山之阳，礼也。③

我们知道，韩氏家族入辽第一人是韩匡嗣的父亲韩知古，按说，韩氏家族成员中

---

① 向南：《辽代石刻文编》，石家庄：河北教育出版社 1995 年版，第 107 页。
② 同上，第 244 页。
③ 向南、张国庆、李宇峰辑注：《辽代石刻文续编》，沈阳：辽宁人民出版社 2010 年版，第 24 页。（参见本书附录图版八）

在契丹辽地的祖茔入葬者首位应该是韩知古。但至今人们还没有发现韩知古的坟墓及墓志铭。如果韩知古也葬在渠劣山韩氏家族墓地，那么按惯例，韩匡嗣墓志文中即不应漏载“祔葬先茔”之字样，否则，即表明韩知古死后没有葬在渠劣山，渠劣山成为在辽韩氏族人的茔地，应该始于韩匡嗣。韩匡嗣之后，他的子孙大都葬于此地，他们的墓志文中的确都有“祔葬先茔”等字样。如辽圣宗统和十五年（997）的《韩德威墓志》记载了韩匡嗣第五子、西南面五押招讨大将军韩德威死后祔葬祖茔的过程：

公勉抑孝心，仰遵朝旨也。服阕，增其食邑，至是，方麟台画像，马史书勋。奈不享于长年，俄遽伤于行暮。悲夫！疾为二竖，徒访良医；梦奠两楹，难逃冥数。以丙申岁孟冬既望之翌日，薨于天德部内之公署，春秋五十五。宸衷轸悼，为之辍朝。遣奠设祭以吊唁之，命使督葬以安厝之。丁酉岁孟夏十有五日，迁神柩于上京之西北渠劣山，附大茔，启故岐国夫人之玄堂同穴焉，礼也。[①]

大茔，即指韩德威之父韩匡嗣的坟茔。辽圣宗统和二十九年（1011）的《耶律隆祐墓志》亦记载了韩匡嗣第七子、大同军节度使韩德颙（耶律隆祐）死后归葬祖茔之事：

宋文之琥珀无征，晋后之膏肓有验。咳珠唾玉，休方拱极之星；智浪心源，永异朝宗之水。洪覆不堲，冥数难渝。以庚戌岁季冬壬戌日，薨于云州之官舍，享年六十有四。皇帝以手足兴怀，柱石挂念，遽闻捐馆，寻示辍朝，命星使以临丧，赐天书而恤寡。一门官吏，交增倚柱之悲；六县生灵，正起涉川之叹。唯惊罢市，无路返魂。以明年秋仲月十有七日，葬于上京西北渠劣山，从先茔焉，礼也。[②]

辽圣宗太平七年（1027）的《耶律遂正墓志》记载了韩德威之子、辽兴军节度使韩遂正（耶律遂正）死后归葬祖茔之具体情况：

陶侃八都，虚征梦卜；晋公二竖，已据膏肓。因染沈疴，来夺永寿，以太平七载三月二十四日薨于辽兴军廨宇焉，享年五十有三。国人闻之，咸云罢市；天

① 向南、张国庆、李宇峰辑注：《辽代石刻文续编》，沈阳：辽宁人民出版社2010年版，第35页。
② 同上，第52页。（参见本书附录图版一〇）

子闻之，谓曰辍朝。薛国夫人，结发为姻，如宾起敬。当夜台忽奄，而昼哭无休。益叹未亡，旋谋归葬。因服勿药，已止半涂。夫人每听诵佛经，颇悟于教理，行果归依法宝，求离于地水火风。虽穷生死之恨，已卜窀穸之事。又曰：生则异室，死则同穴，存则与子偕老，没则携手同归。方从灵辒，渐加美疢。以当年七月二十一日薨于行次，享年五十有一。生四子：长曰元佐，敦睦宫使；次曰宗福，崇德宫使；次曰元亨，将军；次曰，早亡。咸毁脊过礼，孝思出伦。绝曾子之浆，泣高柴之血。……所痛者，二亲俱丧，七子含酸。肆荼毒之灾，叠钟家祸；报劬劳之德，□同天高。周勃笳箫，临风凄怆；田横薤露，入夜哀吟。以当年十月二十八日备礼葬于上京西北屈劣山，祔焉，礼也。[①]

辽道宗咸雍八年（1072）的《耶律宗福墓志》记载了韩遂正之子、凤翔军节度使韩宗福（耶律宗福）死后归葬祖茔的史事：

于咸雍纪祼之七载，行帐至于瓜埚之右，俄婴痼疾，虽药勿喜。是岁十月十八日午时，善若眠寝而薨于臬潭之私第，享年七十有四。一族哀咷，合境悲恋。国戚□□，闻之出啼。上以伊衡折而难理，魏鉴遗而莫寻。轸悼愷叹者移时，辍朝减膳者有日。因遣上京副留守谢卿云充敕祭葬使，赙赠仪礼，倍逾常数。定于八年四月十二日乙时葬于安山之阳，黑山之阴，渠列山之中央，附上祖秦王之茔而全归焉，礼也。[②]

秦王，即韩宗福的曾祖父韩匡嗣。

认为人死灵魂不灭，是古人的一种迷信观念，本不足为道，但综观有辽一代，各族世家子弟因循古风，笃行族人逝后灵柩归葬祖茔，期望亡者“灵魂重聚”，则昭显了辽朝同姓同宗家族成员合族共居的凝聚心态，是辽人家族认知的另一个重要侧面。换言之，他们认为即便祖孙、父子、兄弟在世时因仕宦、婚姻等缘故而星散各处，那么死后亦务使他们的灵魂重新聚在一起，以实现家族成员的终极团圆之梦想，这“灵

① 向南、张国庆、李宇峰辑注：《辽代石刻文续编》，沈阳：辽宁人民出版社2010年版，第69页。
② 同上，第142页。

魂重聚”之所，便是家族的祖茔之地。辽太宗会同五年（942）的《耶律羽之墓志》中“爰遵古制，祔葬旧墟”[1]，辽道宗咸雍七年（1071）的《萧阓墓志》中“贞魂懿魄亿万斯年兮，依祖祢之茔”[2]，均指此。辽朝诸姓世家大族的祖茔，由于已故族人的不断葬入，年代久了，茔地规模会增大，不同辈分者的坟墓，大都会按传统的昭穆古制而有序排列，俨然成了一个“数世同居”的“地下大家族”。辽道宗寿昌五年（1099）的《刘祜墓志》中几句铭文，便为刘氏的“地下家族”做了形象诠释：

> 生克有裕，殁亦有归。宛其西山，金原逶迤。公宅庨间，有麓有泒。前公考妣，后公昆弟。既殁与同，岂左之异。蔼蔼诸子，既众孔似。长必尔友，幼必尔悌。允迪先风，以永厥祀。毋阅于家，以□公累。[3]

辽人墓志文反映的辽朝世家大族的家族认知，除了上述六个方面的内容之外，还有一点也很重要，那就是对囊括于家族文化之中的家族门风（简称“家风”）的关注与重视。良好家风的形成，是凝聚同宗族人、壮大族群规模的必要条件。笔者曾根据出土辽代石刻文字资料撰成《石刻文字所见辽人家风家教与传承》一文[4]，提出，辽人的家风主要有尊儒、崇佛以及崇文、尚武、求富等几个方面；家风的形成和子孙传承靠的是家教；家教的主体是母亲，其次是父亲，特殊情况下则由其他亲属充任；家风教育的内容主要有两个方面：一是教导家族成员如何修身养性，注重品德的培养；二是教授他们生存与生活的各种才艺技能。笔者认为，辽人的家风具有传承性，不同内容和特色的家风，通过父母等亲人的言传身教，子孙们会代代传承。辽人各有特色的良好家风，对家族的绵延不绝和发展壮大，也会起到十分有效的保障和推进作用。

---

① 向南、张国庆、李宇峰辑注：《辽代石刻文续编》，沈阳：辽宁人民出版社 2010 年版，第 4 页。

② 同上，第 136 页。

③ 同上，第 237 页。

④ 张国庆：《石刻文字所见辽人家风家教与传承》，《地域文化研究》2022 年第 1 期。

第三节　辽《秦德昌墓志》记事发覆

辽道宗大康四年（1078）镌刻的《秦德昌墓志》，1990年6月出土于辽宁省朝阳市建平县三家子乡五十家子村东南波大沟一座辽墓中。据其志文记载，志主秦德昌病逝于辽道宗咸雍十年（1074），“享寿七十八”。古人年龄均以虚岁计，以此前推，秦德昌当出生于辽圣宗统和十五年（997）。该志文记载秦德昌的职官结衔为“彰德军节度、湘沣泾渭等州观察处置等使”。彰德军为北宋相州军号，而湘、沣、泾、渭等州也不在契丹辽国境内（辽有一头下州渭州，属上京道，非秦德昌结衔所涉之州），可知这些官职应为秦德昌的遥领虚衔。秦德昌的一生主要活动在辽朝中后期的圣宗、兴宗和道宗三朝。圣宗朝后期至兴宗朝，秦德昌一直任职于朝廷，时间较长，官衔虽不高，但职位比较重要：

> 太平初，自左番殿直一入閤门垂四十载。凡正升兼领之务，常三印五印为之佩，然非苏相国之俦，亦当世荣之。盖心膂手足之任，不可外也。

兴宗朝末期至道宗朝前期，秦德昌被外放地方任职：

> 重熙末，始辍外官，历安、营、恩、榆等四郡刺史，永、利二州观察使，玄宁、奉陵、天城、保安等九军节度使。①

《秦德昌墓志》出土后，有都兴智、田立坤二先生合作撰写《辽〈秦德昌墓志〉考》②一文，对秦德昌的家世生平、官职及阶勋爵禄、任职地方所涉历史地理、出使北宋与西夏事迹以及他的妻子儿女等，均做了考证，对我们释读志文，了解辽朝中后期的朝野史事，大有禆益。但细读《秦德昌墓志》文字，笔者发现其中一些记事所反映的问题，仍让人云里雾里，难窥全豹。所以，有必要以《秦德昌墓志》记事内容为底本，检索相关出土石刻文字，结合《辽史》等传世文献，对《秦德昌墓志》记事内容所反

① 向南、张国庆、李宇峰辑注：《辽代石刻文续编》，沈阳：辽宁人民出版社2010年版，第166、167页。

② 都兴智、田立坤：《辽〈秦德昌墓志〉考》，《辽海文物学刊》1995年第2期。

映的一些社会与文化现象，作一番发覆考索，以期开释契丹辽朝某些史事之谜团。

一、实与不实：墓志铭由谁来撰写的纠结

《秦德昌墓志》记事：

墓志铭撰写者："文慧大师赐紫沙门□□"。

由"沙门□□"撰写《秦德昌墓志》之缘由：

> 乃者，镇国寺文□□主、诠圆大德、赐紫蕴才持其先君行状以扣余曰：皇考之实，朝野词人语之，□□□□来门馆之虚□□□□，□承其命，虽有子举进士，宜扬父之美，恐来者以自炫为罪而不之信。师之于人，情无妄交，言不妄发，硕志石□□□□□之耿光，不坠于地。[①]

十多年前，笔者曾撰文，将出土的辽人墓志铭撰写者详细分类。[②] 若作大致归纳，主要为两种人：一是墓主家人与戚属；二是相识并熟悉的外人，或不熟但与丧家有某种关联的外人。

不管是否为表面文章，古人撰写墓志铭，都言称要做到真实不虚，详尽无误。但往往为丧家荣誉计，在撰写过程中，为逝者讳恶溢美，为家族攀附虚夸等，也都心知肚明，难以回避。诚如北宋胡楷请范仲淹为其父胡则撰写墓志铭时所言："《礼经》谓称扬先祖之美，以明著于后世，此孝子孝孙之心也。"[③] 辽人亦不例外。那么，墓志铭到底该由谁来撰写，才能做到真实而不虚假呢？秦德昌次子、赐紫沙门蕴才即认为：父亲的墓志铭若请外人撰写，或可因作者"情无妄交，言不妄发"而避免虚夸，事迹真实；如果由"举进士"的秦德昌幼子秦綦来写，就很可能因"扬父之美"，致"来者以自衒为罪而不之信"。于是，蕴才便决定邀请与秦家相熟的"文慧大师赐紫沙门□□"来为亡父撰写墓志铭。

---

① 向南、张国庆、李宇峰辑注：《辽代石刻文续编》，沈阳：辽宁人民出版社 2010 年版，第 166 页。

② 张国庆、于航：《辽代丧葬礼俗：生者为亡者镌志刻幢——以辽代石刻为史料》，《东北史地》2009 年第 1 期。

③ 范仲淹撰，范能濬编集，薛正兴点校：《范仲淹全集·范文正公文集》卷一三《兵部侍郎致仕胡公墓志铭》，南京：凤凰出版社 2004 年版，第 284 页。

检索出土辽代墓志石刻，笔者发现，辽人对由谁来为逝者撰写墓志铭更接近客观真实，少些溢美虚夸与遗漏错讹，确是颇为纠结。

由外人撰写墓志铭，如果撰写者是为逝者相熟的生前好友、同僚或属下，如果丧家为撰写者提供的逝者行状真实细致，如果丧家没有向撰写者施加压力，提出任何不合理的撰写请求，那么在这种情况下写出来的墓志铭，大多应该真实可信。譬如，辽道宗寿昌四年（1098）的《邓中举墓志》撰写者为“右拾遗龚谊”。龚谊曾为邓中举的衙府僚属与多年好友，二人相熟。邓中举的儿子即认为，请龚谊为父亲撰写墓志铭，应该能够做到真实详尽。“葬得日，次子纯曰：‘先君之待子有素矣！子之知先君有年矣，敢请以文铭。’应曰：‘诺！’”[①]与之相类的例子还有天祚帝乾统十年（1110）的《宁鉴墓志》撰写者“史馆修撰虞仲文”。虞仲文与志主宁鉴生前曾为多年朋友，又是同科加同僚。宁鉴去世六年后入葬，宁鉴之子请虞仲文为父亲撰写墓志铭，也是为使墓志铭的内容真实不虚。

> 仲文浃日病卧，汤液镵石莫入。家奴云：故忠顺军副使仲子福惠至。出其兄手书，且言先君葬有日，来请铭。读未尽纸，忽不觉疾已。仲文始识君于马城，一见固已相奇。及同年登科，又俱宦江北，定生死交。后十余年，先我物故，儿女细弱，使孤骨客他土，不得归葬。每一思之，涕与血下。书来，喜可知也，能不铭？[②]

在《宁鉴墓志铭》中，虞仲文对宁鉴的生平事迹，也的确做到了客观书写。比如宁鉴在道宗朝曾受张孝杰案牵连，“流议中君”；宁鉴在天祚帝乾统二年（1102）任“接伴南宋人使，以小心得过，出为忠顺军节度副使”；等等。虞仲文均如实记录于志文中。

但请托外人撰写墓志铭也不是没有短板。因为撰写者即便与志主或丧家相熟，也不可能事事详知，件件了然，如果丧家不能提供逝者详尽的行状，或提供的行状内容有错，那么在如此情形下写出来的墓志铭，很可能于逝者的生平事迹会有所遗漏，或

① 向南：《辽代石刻文编》，石家庄：河北教育出版社 1995 年版，第 489 页。

② 同上，第 606 页。

出现错讹。如果撰写者仅仅是丧家花钱请托的，与逝者并不十分熟悉，而且逝者子女为了家族荣誉又向撰写者提出了某种特殊要求，那么在这种背景下写出来的墓志铭，出现隐讳溢美、夸大不实以及遗漏错讹等现象，也就在所难免了。

检索出土辽人墓志铭，志文内容出现一些常识性错误或者硬伤，确实多为“外人”所撰写。譬如，辽道宗大康九年（1083）《耶律元佐墓志》的作者为“宣义郎、守尚书虞部员外郎、骑都尉、赐绯鱼袋高士宁”。高士宁为耶律元佐撰写墓志铭即属请托：“请镌碣石，永秘泉扃，牢让诚难，谨书铭曰。”高士宁在志文中介绍志主先辈官职爵衔时即出现了严重错误：

> 公姓耶律，讳元佐。祖，故燕京留守、枢密使、尚父、秦王讳知古。翁，西南面五押招讨使、同政事门下平章事耶律德威。父，故大内惕隐，同中书门下平章事，讳遂正，公即长子也。[①]

耶律元佐本姓“韩”，是辽朝汉人世家大族韩知古韩氏家族后人，“耶律”为赐姓。志文中的“知古”应指“韩知古”。韩知古是耶律（韩）元佐的高祖，但生前死后均未封赠王爵，因而志文中的“秦王”显然是耶律（韩）元佐的曾祖韩匡嗣。辽圣宗统和三年（985）的《韩匡嗣墓志》即载：“东井分野，西汉山河，将启真封，允归元辅，授（韩匡嗣）晋昌军节度使，加尚父、京兆尹，进封秦王。”[②]高士宁张冠李戴，将“韩匡嗣”误书为“韩知古”，将原本是韩匡嗣的王爵硬加在了韩知古头上。大错也！

相类的例证还见于天祚帝乾统七年（1107）的《梁国太妃墓志》。该墓志的撰写者为“乾文阁直学士、乾文阁待制、臣杨丘文。”对梁国太妃耶律氏来说，杨丘文亦属“外人”。杨丘文是否与丧家相熟，不得而知，因为杨丘文为梁国太妃耶律氏撰写墓志铭，属于“奉敕撰”，即遵从天祚帝的诏命而为之。杨丘文在志文中介绍志主梁国太妃的母亲姓氏时，出现了严重失误：

> 臣丘文谨按：妃姓耶律氏，即今仁文睿武元德大和神智圣孝天祚皇帝之外祖

① 向南、张国庆、李宇峰辑注：《辽代石刻文续编》，沈阳：辽宁人民出版社2010年版，第177页。

② 同上，第24页。（参见本书附录图版八）

母也。出横帐第二族，乃玄祖皇帝之次男隋国王之后胤。曾大王父讳室罗，兼中书令。王父讳萨割里，左皮室详稳。父查剌梎鄶引，南宰相、漆水郡王。事兴朝以友视之。娶别胥耶律氏，生妃。[①]

辽朝契丹婚俗，皇族耶律氏与后族萧氏互为婚配。所以，在一个契丹人家庭内，子女和母亲绝对不可能为同一姓氏。在杨丘文撰写的墓志文中，“（梁国太）妃姓耶律氏”，出身于耶律姓横帐仲父房，属纯皇族血统。“隋国王”名耶律释鲁，是梁国太妃的远祖。梁国太妃的父亲契丹语名耶律鄶引，汉语名耶律思忠；长兄为耶律仁先，《辽史》有传，并有墓志铭出土。梁国太妃姓“耶律”，那么她的母亲就应该姓“萧”[②]。但杨丘文在墓志文中却记为：梁国太妃之父耶律鄶引“娶别胥耶律氏生妃”。“别胥”，契丹语，意为“夫人”或“妻子”。按杨丘文所记，梁国太妃的母亲也姓“耶律”。大谬也！

由于丧家请托的外人好多并不熟知志主的全部人生轨迹，加之受学识水平等其他因素的影响，因此在撰写墓志铭的过程中，出现择要而书、挂一漏万等现象也是屡见不鲜。这一点，撰志者本人大都心知肚明。比如，辽道宗大安九年（1093）《张匡正墓志》的作者（未见署名，应为志主之孙张世卿的朋友）在墓志铭的最后自述中，即明确表达了此种心态：

大安九年岁次癸酉四月丁巳朔十五日辛酉乙时，改葬于雄武本郡之西北，增广茔所。无弃僝㑷，请为记录。切以昭回，乃玄乡之曲，忝宗派间一寒士也，少习文墨，举进士业，辞翰之场，频战不利，虽三赴御殿，犹未捷于甲乙，乡人视之，寔厚颜矣。即日与孙男右班殿直世卿，以心相友，虽翁殊母别，其相待与同气无异，而分义由是于行从之中，齿列在季孙世裔之上，故命予以为辞。处料才识学不能尽善人之美，凡公平生操履可称者，于十数之中，但记其三四尔，奈何！秉笔之下，

① 向南、张国庆、李宇峰辑注：《辽代石刻文续编》，沈阳：辽宁人民出版社 2010 年版，第 257 页。

② 梁国太妃有兄（或弟）名耶律智先，辽道宗大安十年（1094）的《耶律智先墓志》即明确记载他们的母亲为契丹萧氏：“因别胥萧氏，仪则纯备，凤丽钟郝。”（向南、张国庆、李宇峰辑注《辽代石刻文续编》，沈阳：辽宁人民出版社 2010 年版，第 222 页）

文不可阙，聊为之铭。[①]

外人被请托撰写墓志铭有一个难以回避的问题，那就是在丧家的要求或暗示之下，对志主家世郡望、事功德行等方面所作的假托溢美和隐讳虚饰。诚如《封氏闻见记·碑碣》所言："近代碑稍众，有力之家，多辇金帛以祈作者，虽人子罔极之心，顺情虚饰，遂成风俗。"[②]

辽代墓志石刻中较为典型的例证，应以辽圣宗统和三年（985）《韩匡嗣墓志》中的志主韩匡嗣，以及辽道宗清宁四年（1058）《圣宗钦哀皇后哀册》中的圣宗钦哀皇后萧耨斤为最。《韩匡嗣墓志》和《圣宗钦哀皇后哀册》的作者是如何对二人讳恶溢美的，可参见《史学视域下的辽人墓志之用典》一节，此不赘述。

由熟悉逝者的家人或戚属撰写墓志铭，或许是减少逝者事迹缺漏、讹误的一种选择。譬如，辽兴宗重熙二十二年（1053）的《王泽墓志》撰写者为志主次子、尚书兵部侍郎王纲。王纲之所以要亲自为亡父撰写墓志铭而不是请托外人，就是因为王纲的弟兄们认为他熟悉父亲的一切，由他写出来的墓志铭会详尽而全面，少有错讹和遗漏；倘若请托外人，不仅要向其提供父亲的行状，还担心写出来的文字出现虚假不实而遭人非议。王纲在志文的最后即阐述：

> 子产云亡，遗爱动宣尼之泣；陈寔既殁，高行见蔡邕之铭。今诸孤等方在哀迷，思求论撰。谓纲曰："若以编修行状，请讬词人，况摭□□难周，虑加浮而取议。汝虽居丧，制不合文言，奈庭训久亲，家猷备悉，宜恭志于盛烈，俾垂信于大年，可谓孝乎，寔为□矣！"（纲）难遵礼让，少抒哀情，搦笔挥涕，强写岵瞻之思；攻珉镂德，庶过陵易之期。[③]

类似的事例还有不少。如天祚帝天庆三年（1113）《马直温妻张馆墓志》的作者、知忠顺军节度副使张峤，是志主张馆的胞弟。张馆去世，马直温之所以函请张峤为其

---

① 向南、张国庆、李宇峰辑注：《辽代石刻文续编》，沈阳：辽宁人民出版社 2010 年版，第 214、215 页。

② 封演：《封氏闻见记》卷六《碑碣》，台北：商务印书馆 1986 年《景印文渊阁四库全书本》，第 862 册，第 445 页。

③ 向南：《辽代石刻文编》，石家庄：河北教育出版社 1995 年版，第 262 页。

撰写墓志铭，亦是因为弟弟熟知姐姐的生平。志文云：

> 适有人至，致马君之讣曰："四月六日，小姐夫人云逝。仆年七十有二，牙齿动摇，耳目眩惑，志气渐弱，毛发日衰，老病沉锢，能久存乎？夫人舍我先逝，斯所谓少者殁而长者存，强者亡而病者全。"峤惊惶号恸，欲绝者数四。书尾又云："去冬见子于燕，获请子之辞以志其夫妇。知生死之分，预营窀穸，以从先內翰侍郎夫人之兆也，幸愧其可。今夫人将以日月葬，必求子之铭，是其死而不为辱也。"峤乃夫人次三弟也，昔在未冠，击拂蒙困，皆自马君与夫人惠爱之德。况二宗族世名氏德业又甚详，敢不终始而铭之？[①]

正是因为家人或戚属熟知逝者的生平事迹，由他们写出来的墓志铭可能会给人以全面和真实的感觉，所以"征"与"实"也便成了他们撰写已故亲人墓志铭的追求与目标。譬如，辽道宗清宁三年（1057）《丁求谨墓志》的作者概为志主丁求谨的表姊（妹）婿，他在墓志文中即曾表述：自己撰写的（妻）表兄（弟）墓志铭，"既令德之有征，在属辞而无□（愧）"[②]。又如辽道宗清宁六年（1060）《赵匡禹墓志》的作者为志主赵匡禹的重孙、守秘书省校书郎赵濬。赵濬为曾祖父撰写墓志铭，也曾信誓旦旦地表示，他写出来的曾祖父事迹均属实录，绝无虚假。志文云：

> 濬早承庇荫，未预云玄。奉先愧乏于孝恭，颂德惭亏于才藻。怀恩洒涕，且倍于常情；闻命属词，但征于实录。[③]

由逝者的家人或戚属撰写的墓志铭果真能做到全而无遗、实而不虚吗？话题又回到《秦德昌墓志》上来。前已述及，秦德昌之子、赐紫沙门蕴才的观点正好与之相反。这样，在墓志铭的撰写问题上便出现了两难选择：墓志铭到底该由谁来写？是家人，还是外人？这种无解之纠结，不仅仅出现在公元10—12世纪的辽朝，受墓志铭文体及其特殊用途的影响，大约自墓志铭产生的那天就开始了。于是，也便有了历朝历代的

---

① 向南：《辽代石刻文编》，石家庄：河北教育出版社1995年版，第633页。

② 向南、张国庆、李宇峰辑注：《辽代石刻文续编》，沈阳：辽宁人民出版社2010年版，第111页。（参见本书附录图版九）

③ 向南：《辽代石刻文编》，石家庄：河北教育出版社1995年版，第301页。

一些文人学者对墓志铭记事，特别是涉及志主道德品行和军功政绩等方面“记事”的极度不信任。因而，有人亦便极力主张“禁碑”。如南朝刘宋著名史学家裴松之《请禁私碑表》即云：“勒铭寡取信之实，刊石成虚伪之常，真假相蒙，殆使合美者不贵”，若“不加禁裁，其弊无已。”[①] 也有人认为墓志铭中只有记录志主先人世次、任官职衔、年龄寿数及乡里地名等内容尚较真实，其它则一概不论。如北宋著名学者欧阳修即言：“其为毁誉难信盖如此，故余于碑志，惟取其世次、官、寿、乡里为正，至于功过善恶，未尝为据者以此也。”[②] 诸种观点，其说不一，孰是孰非，莫衷一是。

二、入宫伴射：皇帝身边侍臣的仕进一径

《秦德昌墓志》记事：

> 公初十六，会秦晋国王宅燕，见其体貌魁秀，知后必为伟器，因荐于圣宗，果顾之亦□□于禁掖，赐养母以育之。凡帐幄、敷设、饮食、服乘，随季所赐，与诸王子无异。侍御、仆从亦非内不出，常御手与之束带，饮侑将李太白调羹之宠，亦彼此一时也。初奉旨学饮，自小斝半而进之。不三数日，上欣然曰：“秦德昌已得三盏矣！”后非百觥不醉，时人谓之酒仙。时在东宫伴射而独善，故谓之秦破贴。[③]

这段记事比较详细地描述了年仅十六岁的燕京官宦子弟秦德昌，被时任燕京留守、圣宗之弟（皇太弟）、秦晋国王耶律隆庆看中，推荐入宫，深得圣宗皇帝宠爱，培训饮酒，伴射皇储之过程。

检索出土辽代石刻文字资料及《辽史》等文献史料，有辽一代，类似秦德昌这样的官宦子弟，青幼之年入宫，被当朝皇帝（或皇储）看重，与太子伴射或伴读，经过皇帝身边侍臣阶段，最终成为朝廷重臣或封疆大吏的事例还真是不少。诸如兴宗朝的耶律仁先。辽道宗咸雍八年（1072）的《耶律仁先墓志》即载：

---

① 严可均辑：《全宋文》，北京：商务印书馆 1999 年版，第 153 页。
② 欧阳棐：《集古录目》（行素草堂金石丛书本），光绪十四年（1888）汇印本。
③ 向南、张国庆、李宇峰辑注：《辽代石刻文续编》，沈阳：辽宁人民出版社 2010 年版，第 166 页。

> 王（耶律仁先）幼而英敏，落落有体貌。兴宗皇帝始在储邸，一见如旧。暨登龙位，诏从銮跸。寻授左千牛卫将军，出入禁闼，给事左右。[①]

出身契丹耶律氏皇族第二横帐的耶律仁先，青幼之年即与皇储耶律宗真一见如故，结为好友。其墓志铭虽然未明确记载被推荐入宫，但单凭他与皇太子的亲密关系，经常出入“储邸”（东宫）是可能的。也正是因为有如此之经历和特殊之人脉，耶律宗真继承皇位之后，年纪轻轻的耶律仁先便很快被兴宗皇帝选拔为身边侍臣，颇受崇信，“诏从銮跸”“出入禁闼”“给事左右”，由此走上仕宦坦途。譬如，耶律仁先“兼领禁卫”，“又迁殿前副点检”，负责宫廷的保卫工作，兴宗皇帝便经常夸赞：“唐有大亮，我有仁先，古今二人，彼此一时”。“大亮”，即李大亮，唐初曾佐李渊和李世民御敌安边，侍卫东宫，有大功于唐。又如，高丽和女真犯边，在朝议领兵御敌的人选时，兴宗皇帝张口便说：“仁先可往！”可见对其信任程度之高。重熙十三年（1044），时任燕京留守同知的耶律仁先等率军平定了武清李宜儿武装叛乱，事毕，兴宗皇帝不仅为耶律仁先加官进爵，还将他和另一位平叛将领喻为唐初凌烟阁二十四功臣中的房玄龄和杜如晦，并赋诗赞美曰：“自古贤臣耳所闻，今来良佐眼亲见。”至道宗朝，时任“南院枢密使”的耶律仁先在平定皇叔耶律宗元父子叛乱中，再立新功，被道宗皇帝敕“授北面枢密使、加尚父、守太傅、安邦卫社尽忠平乱同德功臣”[②]。

耶律仁先的四弟耶律智先、五弟耶律信先亦同长兄一样，曾享受青幼被荐入宫、深得当朝皇帝青睐、与皇子友善、忝列侍臣之位而步入仕途的特殊恩遇。如《辽史·耶律信先传》即载：“信先，兴宗以其父瑰引为刺血友，幼养于宫，善骑射。重熙十四年为左护卫太保，同知殿前点检司事。”[③]至道宗清宁初年，耶律信先已升任南面林牙之职。另据辽道宗大安十年（1094）的《耶律智先墓志》记载：“（耶律智先）七八岁，孝友谦敬，得于性受。弱冠，富文武器，兴宗皇帝召以赴阙，置之近班，凡服用骑乘皆府厩给。未几，授小将军。”与长兄及五弟所走仕途稍有不同的是，耶律智先“赴阙”

① 向南：《辽代石刻文编》，石家庄：河北教育出版社1995年版，第352页。
② 同上，第352～354页。
③ 脱脱等：《辽史》卷九〇《耶律信先传》，北京：中华书局1974年版，第1357页。

侍御不久，便以父母年老需要照顾为由，离开了宫廷。“俾还其家，朝夕供侍，未尝离几杖。及宰相别胥薨，庐于坟侧。”此后，耶律智先在家乡组织团练，协助官兵剿灭以范则为首的匪患，亦得到朝廷嘉奖，“累官果州防御使”①。

有辽一代，一些被推荐入宫的年轻官宦子弟，在宫中伴射或伴读时，不仅享受着优厚的物质生活待遇，“凡帐幄、敷设、饮食、服乘，随季所赐，与诸王子无异。侍御、仆从亦非内不出”，“凡服用骑乘皆府廐给”②；同时，还享着另一种崇高的政治待遇，那就是被视为皇帝“养子”，与皇子“联名”。如圣宗、兴宗和道宗三朝元老耶律宗福。耶律宗福本姓“韩”，是韩知古韩氏家族后裔。“耶律”是其赐姓，“宗福”为其赐名（与皇子“耶律宗真”联名）。辽圣宗统和年间，年轻的耶律宗福被选拔入宫，先是在皇帝身边为近侍，再任南府宰相，最后赐封韩王，走上了一条与秦德昌、耶律仁先等人相似的仕宦之路。辽道宗咸雍八年（1072）的《耶律宗福墓志》即载：

> 王（耶律宗福）生而魁伟，性以聪颖。才幼而有成人之器，未童而有济世之量。玉兔岂凡尘所混，奋迹月中；石麟非浊世可縻，踊身天上。时统和中，特蒙圣宗皇帝升于子息之曹，令与兴宗皇帝参于昆弟之列。贵处宸禁，荣连御名，宠也。特诏主掌叔父思母相公之籍产，恩也。主上以环卫之列，切在严毅，齐率之员，必须雄干。王虽妙年，乃副是选，授南北面都护卫太保。③

大安八年（1092）的《萧乌卢本娘子墓志》亦云：“曾在圣宗皇帝宫中为养子，御赐与兴宗连讳宗福。”④耶律宗福契丹名耶律涤鲁。有关耶律宗福入宫为圣宗皇帝“养子”，与皇子宗真“联名”，兄弟相称，《辽史·耶律涤鲁传》亦有记载：“涤鲁，字遵宁。幼养宫中，授小将军。……涤鲁神情秀彻，圣宗子视之，兴宗待以兄礼，虽贵愈谦。”⑤因与皇帝或皇子的关系特殊，享有崇高的政治待遇，无疑为这些青幼入宫

① 向南、张国庆、李宇峰辑注：《辽代石刻文续编》，沈阳：辽宁人民出版社2010年版，第222页。
② 同上，第166、222页。
③ 同上，第141页。
④ 同上，第205页。（参见本书附录图版一五）
⑤ 脱脱等：《辽史》卷八二《耶律涤鲁传》，北京：中华书局1974年版，第1291、1292页。

的官宦子弟日后仕进之路顺畅通达，奠定了良好的基础。[①]

三、外事交涉：非礼与遵规的辩证运用

《秦德昌墓志》记事：

> 重熙中，兴宗问罪于西夏，遣公召夏王李元昊，奉命既严，乃曰："李王据虎狼之国，不可以柔而致。"遂直诣其厅之前以下马，入厅限内见之。李王欲正坐，公请并坐，曰："何得倨见上国使臣，及辱万乘，亲征行銮咫尺而不朝见，毋恃小小土疆，至如十倍于此，亦不劳瓦解。"李王愠色，殊无礼待。公曰："草莽之身，直如亡命，亦且无憾。"李王遂朝。初在阁门，嘱公以简其礼及不呼名。公尽依常礼，通名喝李王，左右掩耳声苦，皆欲奋剑而刺之。自迩愈宠于前，凡所呼召皆不名之。尝曰："秦阁使不在左右，一如无人。"[②]

这是一段纪实性描述。说的是秦德昌作为兴宗皇帝崇信的使臣，奉命出使西夏，敦促夏王李元昊觐见兴宗皇帝，以及在兴宗皇帝的行宫接待"遂朝"之夏王李元昊的情形。这也是一次宗主国（辽）与附属国（西夏）[③]之间的外事交涉活动。在整个事件发展进程中，作为辽国使臣的秦德昌对西夏国王李元昊，表现出了种种非礼行为，诸如"直诣其厅之前以下马""公请并坐""通名喝李王"等。秦德昌之所以胆敢非礼李元昊，是有前因的。作为向契丹辽国定期朝贡的西夏，本应该处于事事顺从的依附状态。但自李元昊继承王位之后，颇做了几件使兴宗皇帝不高兴的事。诸如，他与妻子（契丹辽国与之和亲的兴平公主）"不谐"，妻子（兴平公主）又不明原因地死亡；

---

① 辽朝侍臣与皇帝的近密关系，往往会表现为臣忠尽节和君恩浩荡。譬如景宗至圣宗朝的耶律延宁。辽圣宗统和四年（986）的《耶律延宁墓志》即载："景宗皇帝念是忠臣之子，致于近侍。始授保义功臣、崇禄大夫、检校太保、行左金吾卫大将军、兼御史大夫、上柱国、漆水县开国子、食邑五百户。公（耶律延宁）尽忠尽节，竭力竭身。景宗皇帝卧朝之日，愿随从死。今皇帝念此忠赤，特宠章临。超授保义奉节功臣、羽厥里节度使、特进、检校太尉、同政事门下平章事、上柱国、漆水县开国伯、食邑七百户。"（向南：《辽代石刻文编》，石家庄：河北教育出版社 1995 年版，第 85 页）

② 向南、张国庆、李宇峰辑注：《辽代石刻文续编》，沈阳：辽宁人民出版社 2010 年版，第 167 页。

③ 辽、夏之间的宗主和附属关系，可参见脱脱等《辽史》卷一一五《二国外记・西夏》，北京：中华书局 1974 年版。

他出兵侵扰契丹辽国境内的党项部落；他纳降契丹辽国山西境内的党项部族；等等。于是便有兴宗皇帝御驾亲征，出兵讨伐李元昊，并派遣秦德昌等出使西夏王庭，敦促夏王李元昊入朝谢罪等一系列举措。

笔者检索相关史料发现，在契丹辽国的外事交涉中，如果是对方有错在先，契丹辽国一方又处于强势地位，那么，差遣之侍臣对待被出使国人员往往就会“不可以柔而致”，呈现出某种非礼状态。譬如天祚帝朝的牛温舒。《辽史·牛温舒传》载，乾统“五年，夏为宋所攻，来请和解。温舒与萧得里底使宋。方大宴，优人为道士装，索土泥药炉。优曰：‘土少不能和。’温舒遽起，以手藉土怀之。宋主问其故，温舒对曰：‘臣奉天子威命来和，若不从，则当卷土收去。’宋人大惊，遂许夏和”。牛温舒等奉命出使北宋，意在调节当时宋夏紧张关系，前因即是“夏为宋所攻”，况且，宋军攻扰的又是与契丹辽国有附属和朝贡关系的西夏，所以，契丹辽国理所当然认为是北宋有错在先，于是，参与调解的辽国使臣牛温舒便在宋徽宗于宫廷举办的招待使团宴会上，借微醺之酒力，上演了一场“以手藉土怀之”的滑稽剧，大大非礼了北宋君臣一把。然而结局却是出人意料，“宋人大惊，遂许夏和”。契丹辽国使团回国后，有非礼行为的副使牛温舒不仅没有受到天祚帝的责怪与惩处，而是得到了“加中书令”的奖赏。[①]

但在没有战争的和平岁月，与邻交好，互遣使臣，双方都进行着例行的外事交聘活动。互聘的两国帝王都希望通过信使的往来，维护得之不易的和平环境，增进双方的友谊。所以，在和平的国际环境下，使臣的一言一行，都要符合外交礼节，要体现出对被出使国的尊重。如果还像秦德昌对待李元昊那样粗野强硬，又如牛温舒那般“卷土收去”，使臣归国后，必定要受到严厉惩处。譬如兴宗朝的耶律合里只就是显例。据《辽史·耶律合里只传》记载：

> 耶律合里只，字特满，六院夷离堇蒲古只之后。重熙中，累迁西南面招讨都监。充宋国生辰使，馆于白沟驿。宋宴劳，优者嘲萧惠河西之败。合里只曰：“胜负兵家常事。我嗣圣皇帝俘石重贵，至今兴中有石家寨。惠之一败，何足较哉？”

---

① 脱脱等：《辽史》卷八六《牛温舒传》，北京：中华书局1974年版，第1325页。

宋人惭服。帝（辽兴宗）闻之曰："优人失辞，何可伤两国交好！"鞭之二百，免官。[①]

耶律合里只使宋贺宋帝生辰，在辽宋边界宋方一侧的白沟驿，接受北宋接伴使的宴请。酒席宴上，北宋伶官借文娱表演，讥讽不久前辽军征讨西夏军帅萧惠兵败之事。辽国使臣耶律合里只大为不悦，便借当年辽太宗耶律德光灭石晋俘晋主石重贵北迁一事予以驳说，以此证明"胜负兵家常事"。按说耶律合里只的回击看似合乎情理，但兴宗皇帝却认为，作为"北朝"大国之使臣，在友邦招待酒宴的外事场合，有如优伶"失辞"般没有涵养，既有辱国格，也会"伤两国交好"，于是便有耶律合里只回国后遭到"鞭之二百，免官"的处罚。

四、非常人伦：与子相关的奇风异俗

《秦德昌墓志》记事：

> 公之夫人，乃后唐庄宗四代孙，故上京大盈库使李佚之女。有三男：长曰绶，仕至六宅使，□（早）卒。次即蕴才。少曰运榦，镇国寺诠教大德。女二：长即度支右丞王譓之故室湃阳郡太夫人。其次出家，法号圆敬，宗敬寺妙行大德。孙男一：曰綦，即前所谓举进士者也，本长息吕氏之所出也，公爱之弥深，遂闻于上，而升为己子。[②]

此段记事告诉我们，秦德昌生前原有三子二女一孙。孙子名綦，为长子秦绶与长媳吕氏所生。大概是因为秦德昌长子秦绶早逝，加之次子、三子均剃度出家，所以孙子秦綦便格外受到祖父秦德昌的喜爱，以至于秦德昌奏请皇帝诏准，将孙子秦綦"升为己子"的程度。于是，便有了志文中"有子（綦）举进士""幼子綦"等字样的出现。依辽人同辈兄弟命名之规律，秦綦之"綦"与其生身之父秦绶之"绶"均为"绞丝旁"，由此推断，"秦綦"之名的取得，应该是在其父已死、祖父秦德昌将其"升为己子"之后。志文最后又见"前双州双城县令、男进士龙湘书"字样。都兴智、田立坤二先生认为，

① 脱脱等：《辽史》卷八六《耶律合里只传》，北京：中华书局1974年版，第1327页。

② 向南、张国庆、李宇峰辑注：《辽代石刻文续编》，沈阳：辽宁人民出版社2010年版，第167页。

此中进士、任县令的"龙湘"，可能就是秦絪最初的字，升格为"子"后才改名为"絪"。[①]《秦德昌墓志》又载："孙男一：曰□哥。孙女二：长曰妙哥，次曰端哥。"此一男二女，应是秦絪的子女，按正常辈分，应该是秦德昌的重孙和重孙女。但志文也将他们升格为秦德昌的孙子、孙女辈。孙子变儿子，重孙变孙子，属非常之人伦，怪异之纲序，但均被作者无讳如实地记入秦德昌的墓志文中。

与秦德昌"升孙为子"相类的事例，还见于辽兴宗重熙十五年（1046）的《刘日泳墓志》。志文记载，刘日泳有"妻二人。先娶燕京故永兴宫□□使梁公之孟女，惠睦宗亲，礼严闺阁，未终琴瑟，却返蓬莱。次娶翰林使李公之仲女，淑德有闻，令仪不忒，难违仙限，返归巫山"。刘日泳"有子六人。孟曰从敏，任神水县商曲都监，未余岁纪，俄逐逝波。仲曰从举，娶故尚药奉御李公之长女。季曰从文，娶燕京故制衙提辖使梁公之孟女。金未在镕，凤将巢阁。谷莺而方迁乔木，池蛟而欲兴大波。而又素颢星辉，银河皎洁。青鸟而姻缘美丽，孀闺而邂逅相逢。岂假良媒，自有晨月之会；宁劳蹇手，暗契牛女之期，梁氏乃虽在于香闺，又于孤嫂杨氏□暮敉长，得一儿，名曰从质。澄清碧沼，难朝百谷之渊；偃亚青松，莫接千仞之顶。成允成功，唯忠唯孝。早亲南国，已浮鱼水之欢；不弃东都，永结丝罗之愿。乃砌绿珠，名曰韩氏。次曰湘，……次曰济，……次曰润"[②]。依据志文所记，刘日泳的六子，应该是指刘从敏、刘从举、刘从文、刘湘、刘济、刘润。令人不解的是，前三人的名字均为三个字，中间字均为"从"；后三人的名字均为两个字，都是"三点水"旁。同父兄弟，取名形式却不同，笔者揣测，前三人概为一奶同胞，其母应为刘日泳前妻梁氏；后三人盖为一奶同胞，其母应为刘日泳后妻李氏。在这里，笔者重点要说的是志文中记载的另一个人"刘从质"。墓志铭作者、志主刘日泳第四子刘湘在志文中并没有明指"刘从质"是刘日泳的儿子。但我们从其名字中间亦为"从"字看，他似乎也应是刘日泳之子，与刘从敏、刘从举、刘从文为兄弟关系。若以此推论，"刘从质"似乎是刘日泳与"孤嫂杨氏"所生。并且，

---

① 都兴智、田立坤：《辽〈秦德昌墓志〉考》，《辽海文物学刊》1995年第2期。

② 向南：《辽代石刻文编》，石家庄：河北教育出版社1995年版，第244、245页。

刘日泳与“孤嫂杨氏”“晨月之会”“牛女之期”时，第一任妻子“梁氏”仍“在于香闺”。辽人确有“抱寡嫂”成婚之习俗，刘日泳与“杨氏”是否即属此例?

但刘湘在《刘日泳墓志》中记述刘从质的身世是在介绍三兄刘从文之后，并且刘从文的妻子亦为“梁氏”，刘从文的长兄刘从敏亦早逝。志文亦没有介绍刘从敏的配偶情况。如果按墓志铭书写顺序分析，刘从质似乎为刘从文与“孤嫂杨氏”（“杨氏”或即刘从敏之妻，因其次兄刘从举之妻志文已明确记为“李氏”）所生。如果真是这样，那么“抱寡嫂”成婚的就不是刘日泳而是其子刘从文了。笔者的观点倾向于后者，即刘从文、刘从质为血缘父子关系。但仍有一个难题无法开释：从汉人命名习俗上看，刘从文、刘从质二人又似乎为兄弟关系。要解此谜团，还得借鉴上述《秦德昌墓志》记事之内容。秦绶亲生儿子名为“秦綦”，二人似为兄弟关系。笔者与都兴智、田立坤二先生都认为，“秦綦”之名的取得是在秦绶已故、秦綦被皇帝诏批升任祖父秦德昌之“子”后。那么，刘从文之子取名“刘从质”，是否也是被刘日泳“升为己子”之后?

辽是中古时期以北方草原游牧民族契丹人为主，联合汉、渤海、奚、女真等民族建立的多民族国家政权。因而，辽人的文化习俗便比较特殊，既有与中原汉族农耕文化相同或相近的内容，也有诸多与之相异、颇具北方草原游牧民族文化特色的成分。除上述秦德昌、刘日泳变孙为子习俗之外，笔者检索出土辽人墓志石刻文字及传世《辽史》文献，发现辽人与生子相关的奇风异俗（以婚俗为主）还有很多。

譬如妻姐妹婚生子。辽朝汉人和契丹人中均盛行妻姊妹婚，即一个男子可以同时或先后娶同胞姊妹为妻，辽初时，还将其定立为一项婚姻法条，即鳏夫继娶时必须娶已故妻子的未婚姊妹；同时，妻子的未婚姊妹也要优先嫁给他们的姊妹夫。[①] 辽人中妻姊妹婚而生子的例子有很多。如圣宗太平九年（1029）的《萧仅墓志》即载，萧仅娶“耶律留守之女，彝容媛丽，懿行柔闲，不永霞龄，先归蒿里，有子二人。再婚其舍，闺

① 辽太宗会同三年（940），耶律德光曾一度诏令废除此法。《辽史・太宗纪》即载：会同三年（940）十一月，“除姊亡妹续之法”。（脱脱等：《辽史》卷四《太宗纪下》，北京：中华书局 1974 年版，第 49 页）但有辽一代，姊亡妹续的妻姐妹婚之事实一直存在。

仪毕备，女训爰周，有子五人”。这就是说，耶律氏姊妹二人共为萧仅先后生了七个儿子：“孟曰徒骨底，侍仁主克勤，罚女真彰勇；仲曰提列戛，当正殿之趍驰，授东头之供奉；季曰胡都古；次曰阿离斯里；次曰洪霸；次曰徒骨思；次曰桃素里。”[1]天祚帝天庆三年（1113）的《马直温妻张馆墓志》亦载，马直温与张馆有“女五人，（长女）曰枢哥，适殿中少监、大理寺知正耶律筠，……从荫封咸阳县君，早卒。瞻望不能，易散彩云之影；笑言如在，已为黄壤之尘。……（五女）曰省哥，续适姊夫鸿胪少卿、北面主事耶律筠，封咸阳县君。岭梅苑杏，皆掌上之名花；鹊渚凤箫，俱天边之灵匹”[2]。

又如不限尊卑辈分的表亲联姻生子。辽朝契丹人婚俗中，最为流行的就是这种交错的从表婚形式。在契丹皇族耶律氏和后族萧氏的交错婚姻中，从宫廷到民间，甥舅、甥姨或表姑侄两辈人婚配，乃至外孙女嫁外祖父的现象都较常见。辽朝契丹人的这种表亲联姻，不限尊卑辈分而婚配生子的例子也有很多。如，辽太祖阿保机与淳钦皇后生女名质古，“下嫁淳钦皇后弟萧室鲁”[3]，即是舅（萧室鲁）娶外甥女（耶律质古）而成婚。又，“太宗靖安皇后萧氏，小字温，淳钦皇后弟室鲁之女。”[4]静安皇后是耶律质古与萧室鲁所生之女，按辈分是太宗耶律德光的外甥女，二人仍为甥舅婚。

辽朝契丹人中最难以让中原汉族文人无法理解和接受的是子妻庶母或侄娶寡婶等乱伦长辈收继婚生子。但契丹人却认为俗当如此，且为契丹法律所允准。宋人文惟简《虏廷事实》即云：“虏人风俗，娶妇于家，而其夫身死，不令妇归宗，则兄弟侄皆得以聘之。有妻其继母者，与犬豕无异。汉人则不然，知其非法也。”最为典型的事例，可举辽道宗清宁五年（1059）《耶律庶几墓志》记载的耶律惯宁之子耶律求哥。耶律求哥在父亲去世后，与庶母萧骨欲同居，并生得一儿一女。志文云：

重熙元年十一月日牒：耶律惯宁，统和二十九年七月，任燕京马□。开泰元

---

① 向南：《辽代石刻文编》，石家庄：河北教育出版社 1995 年版，第 191、192 页。

② 同上，第 635 页。

③ 脱脱等：《辽史》卷六五《公主表》，北京：中华书局 1974 年版，第 999、1000 页。

④ 脱脱等：《辽史》卷七一《后妃传》，北京：中华书局 1974 年版，第 1200 页。

年十月，耶律惯宁任霸州。开泰五年四月日，耶律惯宁任祖州。……惯宁相公求得神得奚王女蒲里不夫人，生得……第三个儿名永哥。蒲里不夫人故，□求得挞里麽奚王儿查鲁太保女，名骨欲夫人，生得大儿监你钵郎君。……惯宁相公故，大儿求哥其继母骨欲夫人宿卧，生得女一个，名阿僧娘子，长得儿一个，名迭剌将军。继母骨欲夫人故，□重熙十三，任霸州□□墨太保为媒，求得刘令公孙女寿哥夫人为妇，生得女一个，名拜失娘子。[①]

这就是说，骨欲夫人与耶律惯宁结婚生子名耶律监你钵。耶律惯宁死后，骨欲夫人又与惯宁之子耶律求哥同居，生子名耶律迭剌。那么，耶律监你钵与耶律迭剌是一奶同胞兄弟，还是叔侄？

圣宗朝的耶律宗政曾拒绝妻庶母，亦佐证了此种婚俗的存在。前引辽道宗清宁八年（1062）的《耶律宗政墓志》即载：

先是，圣宗皇帝藩戚间，逼王（耶律宗政）娶妃。王性介特，辞以违卜，不即奉诏。自是不复请婚，以至无子。呜呼！虽有周公之德，而无伯禽之嗣。惜哉！[②]

耶律宗政是辽圣宗耶律隆绪之侄、皇太弟耶律隆庆之子。圣宗皇帝“逼王娶妃”之“妃”，即秦晋国王耶律隆庆的王妃、耶律宗政的庶母。辽圣宗诏命耶律宗政迎娶寡居的庶母秦晋国妃，耶律宗政“辞以违卜，不即奉诏”。圣宗皇帝“逼王娶妃”，亦说明契丹辽朝“子妻庶母”的长辈乱伦收继婚是被政府允准和受法律保护的。

五、编造兆象：昭为官者吉凶福祸皆有因

《秦德昌墓志》记事：

公童幼时，遇一老人，六月衣裘，日给公钱百文，不啻月余，忽留言曰：但不得割小指，当为节度。果验之。[③]

崇尚兆象，是古人一种没有任何科学根据的迷信行为。一般是编造者将自然界出

---

① 向南：《辽代石刻文编》，石家庄：河北教育出版社 1995 年版，第 295、296 页。
② 同上，第 308 页。
③ 向南、张国庆、李宇峰辑注：《辽代石刻文续编》，沈阳：辽宁人民出版社 2010 年版，第 167 页。

现的某种特殊现象附会到某人（或某一人群）身上，昭示其将有某种吉凶福祸，[①] 以此来达到某种政治或其它目的。有时，即使没有什么特殊的自然现象出现，编造者也会弄个时空、因果倒置，在先有“果”的情况下，反向推演，根据“果”再编造出兆象来。最终，在墓志铭或个人传记的文本书写时，将时空、因果再做正序排列。笔者推测，《秦德昌墓志》的这段记事内容盖即如此：先有撰志者“文慧大师、沙门□□”通过秦德昌之子、赐紫沙门蕴才提供的“先君行状”，了解到志主秦德昌生前曾有出任“玄宁、奉陵、天城、保安等九军节度使”的不凡经历，以及秦德昌为官期间尚有勤政清廉、受民拥戴等上好表现，[②] 所以才合谋编造出当年“六月衣裘”的老者叮嘱“童幼”秦德昌“不得割小指，当为节度”的兆言。

检索出土石刻文字资料及传世文献史料，在辽朝官员（多数为底层平民出身）中，早年呈现“吉兆”，或昭告其一生能官运亨通、大富大贵，或预示其将来将长于翰墨、金榜题名者，事例颇多，举不胜举。譬如，辽道宗寿昌三年（1097）的《贾师训墓志》即记载了贾师训的母亲（沙氏，死后追封鲁国太夫人）怀孕期间，曾有“异僧”预言：“‘当生男，必大贵。’夫人阴志之，后果生公（贾师训）。”“异僧”的话，即兆示贾师训将来必定官运亨通，贵为人臣。果然，贾师训“年十四，举进士，由乡解抵京师。……十九，试礼部，奏御。三十有五，登第，授秘书省著作佐郎，调恩州军事判官”。此后，贾师训的官职一路迁升，先后出任锦州永乐县令、大理寺丞、太子洗马、中京留守推官、大理寺正、同知永州军州事、鸿胪少卿、枢密都承旨、枢密直学士、枢密副使、礼部侍郎、参知政事、尚书左仆射、中京留守，等等。[③] 又如道宗朝的耶律乙辛，其母曾“梦

---

① 譬如，辽道宗咸雍八年（1072）的《耶律仁先墓志》即记载一则所谓“天象”凶兆，用以对应志主耶律仁先的薨逝：“无何，（咸雍）八年四月廿日，（耶律仁先）以疾薨于位，享年六十。皇上闻讣震悼，辍朝三日。是岁二月二十四日夜，太白犯昴。识者谓太白犯昴，大将死期，惟宋王（耶律仁先）乎？”（向南：《辽代石刻文编》，石家庄：石家庄：河北教育出版社 1995 年版，第 354 页）

② 据《秦德昌墓志》记载，出任诸军州节度使的秦德昌应是一位好官，尽管志文不乏溢美虚夸成分。“苟岁之歉俭，公所莅处，靡不丰乐；或元阳请雨，亦未曾不应诚而足。每考满而后攀辕卧辙而留、乐送泣别而去者，不可殚纪。素于铁骊国创祥州，以厝新民，□公国版筑，其蠲恤力役，存抚疲□，事各有法。功毕将归，人赍钱二百二十万以报之，一无所纳，唯以银花红带为贶行之美。”（向南、张国庆、李宇峰辑注：《辽代石刻文续编》，沈阳：辽宁人民出版社 2010 年版，第 167 页）

③ 向南：《辽代石刻文编》，石家庄：河北教育出版社 1995 年版，第 477~479 页。

兆”未出生的他日后能封王。《辽史·耶律乙辛传》即载：

> 耶律乙辛，字胡覩衮，五院部人。父迭剌，家贫，服用不给，部人号“穷迭剌”。初，乙辛母方娠，夜梦手搏羖羊，拔其角尾。既寤占之，术者曰：“此吉兆也。羊去角尾为王字，汝后有子当王。”……清宁五年，为南院枢密使，改知北院，封赵王。[①]

总而言之，在后世一些读史者眼里，无论是贾师训，还是耶律乙辛，都是因为他们人生的不同阶段曾呈现过“吉兆”，所以才有后来的仕途通达与高官厚禄。实际上，墓志铭或史籍中这些“吉兆”的出现与志主或传主仕宦人生的文本叙述，全然是时空、因果逻辑关系的倒置。他们中的一些人在飞黄腾达之前，属于社会下层小人物，身份卑微，穷困潦倒，但经过个人的一番努力与拼搏，最终争得了较高社会地位，步入了官宦阶层。于是，当他们去世之后，为其撰写墓志铭或人物传记的作者，便先入为主地为他们编造了一个个“吉兆”在先、“发达”于后、精彩而荒诞的励志故事。

在记入辽人墓志铭的“吉兆”故事里还有另外一种类型，那就是对富有文才，或在学术上有一定成就的人，撰写者亦会编造出一个个与文相关的兆象来。如道宗朝的“监修国史、知枢密院事”梁援，既是一位高官，又是富有文才的学士。据天祚帝乾统元年（1101）的《梁援墓志》记载，梁援的文学天赋始自幼年：

> 五岁诵《孝经》《论语》《尔雅》，十一通五经大义，十三作牵马岭碑文，人颇异之。始弱冠，与兄拣同举进士，因有所得，固以试卷易名以奉其兄，于是预中甲奏籍。清宁五年，公（梁援）二十有六岁，乃登甲科，实我大孝文皇帝龙飞之第一榜也，所作辞赋世称其能。

为此，墓志铭的作者孟初便与梁援的家人合作，编造出一则梁援出生时，其母梦“吉兆”入怀的故事，以此渲染并强化梁援于文学方面的天赋与才能：

> 母郑氏，累赠齐国太夫人。公（梁援）诞育之夕，太夫人梦异僧乘白云自空而下，化为彩凤入于怀，盖文章之象也。[②]

---

① 脱脱等:《辽史》卷一一〇《奸臣上·耶律乙辛传》，北京：中华书局1974年版，第1483、1484页。

② 向南：《辽代石刻文编》，石家庄：河北教育出版社1995年版，第520页。

辽人墓志铭撰写者或《辽史》人物传记的史官，有时也会编造一些半吉半凶或纯凶无吉的兆象故事，以对应那些人生有瑕疵者。譬如道宗朝的张孝杰。据《辽史·张孝杰传》记载，张孝杰曾官至北府宰相，被赐姓“耶律”，赐名“人杰”，一时颇得道宗皇帝的崇信，“汉人贵幸无比”。“群臣侍宴，上曰：‘先帝用仁先、化葛，以贤智也。朕有孝杰、乙辛，不在仁先、化葛下，诚为得人。’”但因张孝杰后来曾与耶律乙辛合谋，陷害皇后与太子，加之晚年又走私贪腐，事发，被削爵贬官，“大安中，死于乡。乾统初，剖棺戮尸，以族产分赐臣下。”鉴于张孝杰的人生曾先红后黑，大起大落，所以史官在为其撰写传记时，便编造了一则张孝杰刚刚步入仕途时先吉后凶的兆象故事：“初，孝杰及第，诣佛寺，忽迅风吹孝杰幞头，与浮屠齐，坠地而碎。有老僧曰：‘此人必骤贵，然亦不得其死。’竟如其言。”①

兆象故事本荒诞不经，无真实可言，但有辽一代却常常或被时人记入逝者的墓志铭，或被史官写进辽朝某些官员的传记。兆象故事编造者的目的，无非是想借兆象故事来宣扬人生善恶有报，以此昭告为官者要多做好事，不干坏事，常行慈善，勿践恶行。

六、茔园另迁：祈望逝者安息有佳处

《秦德昌墓志》记事：

其先丘垅（垄）本在池水故里，以桑河之所犯，遂徙于幽燕附郭之南原。今幼子䌲以公宅于霤都之久，因于都北不远一舍吴家里创以别墅。大康四年四月十八日，迁柩于里东桃港而茔之。②

丘垅（垄），坟墓也。前已述及，《秦德昌墓志》出土于辽宁省建平县三家子乡五十家子村附近，这里应该就是辽朝后期秦德昌死后秦氏家族的新茔园之所在。根据志文记载，秦德昌先人的家族墓地原在桑河岸边的池水故里，后因桑河洪水泛滥，危及了秦氏家族墓地，所以便将其迁到了“幽燕附郭之南原”。桑河，盖为桑干河的简称。

① 脱脱等：《辽史》卷一一〇《奸臣上·张孝杰传》，北京：中华书局1974年版，第1486、1487页。
② 向南、张国庆、李宇峰辑注：《辽代石刻文续编》，沈阳：辽宁人民出版社2010年版，第167页。

池水，古地名，应在桑干河流域某处。幽燕附郭，即辽南京道析津府之附郭析津县。辽道宗咸雍十年（1074）八月二十五日，秦德昌在榆州（旧址在今辽宁省凌源市凌河乡十八里堡附近）公署去世，家人先将他的灵柩临时安葬（权厝）在霤都之北吴家里的别墅附近。四年后的大康四年（1078）四月十八日，由孙变子的秦綦，将秦德昌的棺柩迁到吴家里之东的“桃港而茔之”。霤都，指辽中京，旧址在今内蒙古赤峰市宁城县大明镇附近。里东桃港，应即秦德昌墓志出土的地方，此处西南距大明镇辽中京城遗址约 25 公里。秦德昌死后，秦氏家人之所以另选都北里东桃港为家族茔园之新址，盖因秦德昌生前“宅于霤都之久”，儿女子孙也都聚居于此，将家族墓地置于附近，也是为方便后辈祭祀先人。

检索出土辽代石刻文字资料，类似秦德昌秦氏家族茔园的迁移状况在辽朝还有多例，原因也不尽相同，譬如，遭遇水浸，毁坏茔园；墓地狭小，难容后葬；远离居处，不便祭祀；皇帝赐地，务必迁入；等等。总而言之，对于亡者而言，新茔园应该是好处多多，不论是新选爽垲之塬，远离水患，还是再择风水宝地，扩大墓域；也不论是因家族新居而随迁阴宅于附近，或奉敕入葬皇帝恩赐之茔地，都应该是逝者理想的地下安息之所。

譬如辽兴宗重熙十三年（1044）的《李继成暨妻马氏墓志》记载李继成李氏家族茔园的迁移，主要原因就是为了避免水浸棺椁和便于家人祭祀：

> 公（李继成）穆作神明之宰，士元淹卿相之才，历金马上玉堂有日矣！无何，福善则灵，有违辅德，降年不永，忽叹歼良。于统和二十三年正月六日寝疾，薨于燕京西时和坊之私第，享年三十有四。当年二月二十五日于幽都县广老乡真宰里祔先茔而权窆焉。……重熙十一祀……秋九月，（李继成妻马氏）忽染沉疴，俄终大限。是月六日薨于回车之公署，享年七十有四。十三年，奉护灵榇，归葬故乡。谓土薄则浸渍毁于棺椁，谓茔远则祭祝阙于蒸尝。于当年岁次甲申八月庚寅朔二十五日甲寅，迁先郎中（李继成）之神柩就爽垲之地，于元辅乡贺代里卜

新茔合祔焉，礼也。[1]

《李继成暨妻子马氏墓志》2000 年出土于北京市丰台区丰台路口南侧，推测此处即为李继成李氏家族迁移后新茔园之所在。

辽道宗大安九年（1093）的《张文藻墓志》记载张氏家族原墓地之茔域过于狭小，张氏族人在张文藻侄子张世卿的带领下，于大安九年（1093），将咸雍十年（1074）去世的张文藻棺柩起出，迁葬至新的茔园。志文云：

> 咸雍十年二月二十五日（张文藻）寝疾，无何，凶变乃卒。于是，寻具哀礼，权之柩。犹子右班殿直世卿，追念其事，与诸同气议于私第曰：虽室家之事已修，而祖考之茔未遂增广。至大安九年岁次癸酉四月丁巳朔十五日辛酉乙时，改葬于州北之隅，以示孝敬。[2]

“犹子”，侄子也。与张文藻同时迁葬张氏家族新茔园的还有卒于辽道宗清宁四年（1058）的张文藻父亲张匡正。大安九年（1093）的《张匡正墓志》记载了张匡正棺柩被迁葬张氏家族新茔园的过程：

> 至清宁四年秋八月十八日，（张匡正）寝疾（卒）于私第，寻权其葬，礼而柩之，公之春秋七十有五。……至大安九年岁次癸酉四月丁巳朔十五日辛酉乙时，改葬于雄武本郡之西北，增广茔所。[3]

《张匡正墓志》与《张文藻墓志》均于 1993 年出土于河北省张家口市宣化城西下八里村东北山南坡，此处应即张氏家族迁葬后的新茔园之所在。

张氏家族茔园迁移新址后，张氏族人再有逝者，亦均葬在了新墓地。如张文藻之子张世古。天祚帝天庆七年（1117）的《张世古墓志》即载：

> 无何，洎乾统八年戊子岁五月十九日，（张世古）倏抛侍养，俄返泉台，享年五十有九。备棺椁之仪，发引毕，灵榇权置于井亭院。至天庆七年丁酉岁四月

① 向南、张国庆、李宇峰辑注：《辽代石刻文续编》，沈阳：辽宁人民出版社 2010 年版，第 88 页。
② 同上，第 216 页。
③ 同上，第 214 页。

己未朔十五日癸酉甲时，葬于郡西北山之阳。[①]

又如张匡正之孙张世卿。天祚帝天庆六年（1116）的《张世卿墓志》记载：

天庆六年丙申岁闰正月四日（张世卿）遘疾而终，享年七十有四。遵命依西天荼毗，礼毕，……四月甲子朔十日癸酉甲时，葬于兴福、七□（宝）二山之阳，祔于先茔，礼也。[②]

再如张世古之子张恭诱。天祚帝天庆七年（1117）的《张恭诱墓志》记载：

至天庆三年癸巳岁十二月朔日，（张恭诱）不幸去世，享年四十有五。备礼发引毕。至天庆七年岁丁酉月孟夏，蓂生满叶日癸酉甲时掩闭，葬于兴福、七宝二山之阳。[③]

《张世卿墓志》《张恭诱墓志》《张世古墓志》分别于1974年、1989年和1993年出土于河北省张家口市宣化城西下八里村东北山（辽朝称“兴福山”和“七宝山”）南坡，即辽朝张氏家族迁移后的新茔园所在地。

辽朝中后期的梁援梁氏家族墓地之所以选址在辽西医巫闾山脚下，则是为梁援曾祖梁廷嗣奏请、景宗皇帝御赐之故。据天祚帝乾统元年（1101）的《梁援墓志》记载：梁援高祖梁文规于辽太宗耶律德光天显年间，契丹大军南下中原灭后唐、立后晋过程中归降契丹辽国。至景宗朝，梁援曾祖梁廷嗣“奏乞医巫闾山之近地永为别业，上嘉其内徙，命即赐之。诏奉先军节度使崔匡道为营寿藏，以监周峪为茔所，仍用居民三十户租赋赡给之。且以高阳旧茔时有水害，远奉輤车来葬于新地，其诸近属仍隶故乡”[④]。这就是说，经梁援曾祖梁廷嗣奏请，景宗皇帝诏准，御赐梁家“巫闾山之近地永为别业”。从此，梁氏家族中的梁廷嗣一支便在医巫闾山脚下定居。“别业”，梁廷嗣家族的新居。梁廷嗣家族于医巫闾山脚下定居后，景宗皇帝又诏命“奉先军节度使崔匡道”，在梁家新居附近名为“周峪”的地方，监造梁家新的茔园。所谓“寿藏”，

---

① 向南、张国庆、李宇峰辑注：《辽代石刻文续编》，沈阳：辽宁人民出版社2010年版，第294页。
② 向南：《辽代石刻文编》，石家庄：河北教育出版社1995年版，第656页。
③ 向南、张国庆、李宇峰辑注：《辽代石刻文续编》，沈阳：辽宁人民出版社2010年版，第296页。
④ 向南：《辽代石刻文编》，石家庄：河北教育出版社1995年版，第520页。

即人在世时所建之墓圹。梁氏家族祖籍定州，其家族茔地原在高阳，此两地辽时均属北宋。志文载："高阳旧茔时有水害，远奉輤车来葬于新地，其诸近属仍隶故乡。"这就是说，因高阳梁氏家族旧茔遭遇水浸，在辽梁氏家人曾千里迢迢，将其直系先祖灵柩迁至医巫闾山脚下新茔安葬。梁援的曾祖梁廷嗣、祖父梁延敬、父亲梁仲方死后均葬在了医巫闾山周峪梁氏家族新茔园。梁援于天祚帝乾统元年（1101）去世，也即葬于此处。志文即云："遂以其年十月日葬于先茔之次。"[①] 先茔，指梁援父、祖的坟茔。《梁援墓志》出土于辽宁省锦州市义县大榆树堡乡四道岔子村，其西侧便是医巫闾山，此处应即景宗皇帝赐予梁家新茔园周峪之所在。至天祚帝朝，梁援的妻子、赵国夫人张氏病逝于白霫私第，即辽中京大定府私宅，其灵柩也最终归葬于医巫闾山周峪梁氏家族新茔园。天祚帝乾统七年（1107）的《梁援妻张氏墓志》即载："（张氏）因寝疾至乾统七年三月二日如眠薨于白霫私第。……以当年四月十七日癸酉，祔葬于闾岳景宗所赐坟地，从中书令（梁援）之故茔也。"[②]

中古时期墓志铭记事大致可分为两类：第一类是依墓志铭体例所撰写的内容，亦即每一篇墓志铭都必须依此而写者。明人王行《墓铭举例》中罗列墓志铭应该纪述的"十三事"，即基本概括了此类记事的主要内容：

> 凡墓志铭书法有例，其大要十有三事焉。曰讳、曰字、曰姓氏、曰乡邑、曰族出、曰行治、曰履历、曰卒日、曰寿年、曰妻、曰子、曰葬日、曰葬地，其序如此，如韩文公《集贤校理石君墓志铭》是也；其曰姓氏、曰乡邑、曰族出、曰讳、曰字、曰行治、曰履历、曰卒日、曰寿年、曰葬日、曰葬地、曰妻、曰子，其序如此，如韩文《故中散大夫河南尹杜君墓志铭》是也。其他虽序次或有先后，要不越此十余事而已，此正例也，其有例所有而不书，例所无而书之者，又其变例，各以其故也。[③]

---

① 向南：《辽代石刻文编》，石家庄：河北教育出版社 1995 年版，第 522 页。
② 同上，第 566 页。
③ 朱记荣辑：《金石全例》（上册），北京：北京图书馆出版社 2008 年版，第 257 页。

也就是说，此类记事之内容要求每篇墓志铭均要有之，只不过是先后顺序稍有不同罢了。检索出土辽人墓志铭，也大致如此。比较典型者，如辽道宗咸雍五年（1069）的《秦晋国妃墓志》“志序”前半部分，作者即大致按此程式而书写：

……大王父母也。……王父母也。……考妣也。……爱妹也。……妃先出适之所天也。……妃次奉诏所归之佳偶也。……（妃）后有诏亲奉左右者也。……前后所封之国号也。……所薨之时也。……所殁之地也。……所享之寿也。……敕遣祭奠监护灵輀之臣也。……奉命营办襄事之臣也。……所葬之时也。①

又如前引都兴智、田立坤二先生所作《辽〈秦德昌墓志〉考》，其考证之内容亦属此类记事。而笔者本节发覆考索之《秦德昌墓志》其他几项记事，则属于第二类。这第二类记事内容因人而异，并不是每篇墓志铭都有纪述，此即为与第一类记事不同之处。换言之，于墓志铭志主而言，第一类记事具有必然性和普遍性。因为中古时期（包括辽朝）墓志铭的志主多为官贵人士以及他们的配偶，因而，王行《墓铭举例》中所举“十三事”之内容，志主们大都具备。为撰写墓志铭务求“实录”的需要，志文的撰写者尽力将其记述全面和书写详实是必须的。而墓志铭的第二类记事内容于志主而言则具有偶然性或特殊性，即每一种记事的发生，对某一个人来说，都不具有必然性和普遍性。诚如《秦晋国妃墓志》作者陈觉所言：“夫志者，记也。记其生平所行之实也。以妃之族望，妃之高贵，汤沐之优封，车服之峻等。暨我朝尊崇之礼，固不假形容于翰墨。今之所言，盖志其异于寻常者。”② 因而，志文的后半段，陈觉便专门纪述了秦晋国妃雅好丹青飞白，擅长骑射渔猎，喜欢品藻人物，热衷咨询国政等“异于寻常”诸事。诚然，此类记事中的某一项，若以概率计，一般都不会“独此一份”。如果相同内容的记事发生在某几个志主身上，便有可能成为某一朝代一种比较独特的社会文化现象。笔者上述发覆考索之《秦德昌墓志》中的记事，即属此类。

《秦德昌墓志》第二类记事反映的辽朝社会特殊文化现象，从其内涵与外延的双

① 向南：《辽代石刻文编》，石家庄：河北教育出版社 1995 年版，第 340、341 页。
② 同上，第 341 页。

重维度视察，更多体现的便是辽文化的多元性和融合性特征。辽是由契丹贵族建立，契丹、汉、渤海、奚、女真等多民族组成的国家政权，因而，辽文化亦便是由契丹、女真等民族的草原游牧、山林渔猎诸文化和汉、渤海等民族的乡野农耕、城镇商贸诸文化融汇杂合而成的综合性文化联合体。具体到上述《秦德昌墓志》第二类记事反映的各种特殊文化现象，诸如与子相关的奇风异俗，更多反映的即是源于契丹等游牧民族固有的草原原生文化，即宋人文惟简于《虏廷事实》中所言之“虏人风俗”；而与编造兆象相关的福祸有因，则是来自于中原农耕区域的汉地宗教文化（主流）。中古时期，中华大地上的民族融合，更多体现的就是在思想、文化认同基础之上的相汇与互融，最终的结局，便是你中有我，我中有你，融会贯通，相契和合。具体到契丹辽地，盛行于契丹人中的奇特婚俗，至辽朝中后期，在契丹化的汉人中亦开始流行。如辽朝汉人世家大族韩知古韩氏家族的后人中，就已经有人接受了这些婚俗。韩知古家族第六代韩涤鲁（又名耶律承规），娶萧乌卢本（又名萧斡里本）为妻。萧乌卢本是韩涤鲁（耶律承规）姐姐当哥夫人与萧胡都古太师所生之女，按辈分是韩涤鲁（耶律承规）的外甥女，二人即是典型的甥舅婚。[①] 而原本盛行于中原汉地的宗教文化，被辽初北上塞外草原的汉人带到契丹辽地后，很快就被当地的契丹人所接受。总而言之，《秦德昌墓志》记事中反映的各种社会文化现象，就是颇具时代与地域特色的辽文化的重要组成部分。

第四节　辽《韩椅墓志》记事发微

韩椅，辽初佐命功臣、彰武军节度使兼中书令韩知古曾孙，邺王、燕京统军使、天雄军节度使韩匡美之孙，内客省使韩瑜之子。韩椅在《辽史》中无传，但有墓志铭出土。辽兴宗重熙六年（1037）的《韩椅墓志》，记载韩椅的最后结衔及封爵为“大契丹国故宣徽南院使、归义军节度、沙州管内观察处置等使、金紫崇禄大夫、检校太尉、

① 参见乌拉熙春《辽金史与契丹女真文》，东亚历史研究会 2004 年，第 117 页。

使持节沙州诸军事、沙州刺史、□□□□□□□（昌）黎郡开国侯、食邑一千五百户、食实封一百五十户”[①]。依据志文所记，韩椅主要活动在圣宗朝及兴宗朝初期，既是一名战功卓著的军事将领，也是一位杰出的外交使节。韩椅的军功战绩，主要表现为率军征讨高丽、平定辽东渤海后裔大延琳叛乱、辽东剿匪等。韩椅一生曾五次出使周邻国家或政权，其中出使北宋两次，出使西夏、高丽和敦煌沙州回鹘各一次。《韩椅墓志》记其军功及外交之史事，笔者此前撰文曾予论及。然《韩椅墓志》记事内容十分丰富，所蕴含的辽朝史事信息量较大，因而，有必要结合其它辽代石刻文字资料和辽、宋传世文献史料，对志文其他方面记事所反映的辽朝史事，发微探赜，考索证实。

一、遥领节镇：契丹皇帝特授官员此类使职虚衔之目的

《韩椅墓志》记事：

> 使（宋）回，迁宣徽北院使、归义军节度、沙州管内观察处置。在任二岁，进位南院使，加检校太尉。重熙五年，在燕京也。……以九月二十五日，椅告薨于宣徽衙正室。……惟公远使鸣沙，必死之地。羁栖绝徼，流落遐陬。涉险获夷，履凶无咎。考终之日，遥镇其州，信其异也。[②]

“遥镇其州”，是指韩椅出使北宋归国后，遥领昔日（辽圣宗开泰九年，1020）曾被“罚使绝域”而出使敦煌沙州回鹘政权所在地的使职虚衔——沙州管内观察处置使、归义军（沙州军号）节度使等。

遥领也称“遥授”。有学者认为，“把不属于（即本国政府不能行使行政权）的地方，算作自己的，于自己国内设置该地方长官如节度使、州牧、刺史、太守、县令等名义，对其地行使象征性的统治，是为遥领”[③]。中国古代的职官遥领，滥觞于三国，到东晋十六国和南北朝时期达到鼎盛。隋唐两宋及辽金元诸朝，遥领州郡制度（有人认为遥领是“现象”而非“制度”）得以延续，并有所发展和变化。除上述《韩椅墓志》所记，

---

① 向南：《辽代石刻文编》，石家庄：河北教育出版社 1995 年版，第 203 页。
② 同上，第 206 页。
③ 胡阿祥：《魏晋南北朝之遥领与虚封述论》，《南京师大学报》（社会科学版）2011 年第 5 期。

笔者检索其它出土辽代墓志石刻文字资料及传世《辽史》等文献史料，发现契丹人统治下的辽朝，军州节镇使职之遥领现象的确大量存在。当下，对辽朝遥领军州节镇作专门之研究，仅见余蔚先生的《论辽代府州遥领制度》。余文曾就辽代遥领使职体系发展及与唐五代宋制关系、遥领使职与州的等第关系、遥领制度与辽朝政区等问题，进行了探讨。[①] 陈佳臻先生在研究元代遥授职官时曾指出，元朝统治者利用遥授是为达到某种政治目的，譬如奖励军功、安抚降将、安抚边疆少数民族首领以及作为官员致仕后荣誉衔，等等。[②] 陈文所论亦引起笔者相同之思考：韩橁最后一次出使（北宋）归来（辽兴宗重熙二年，1033），亦即其职涯之末及生命的临终前夕，被兴宗皇帝遥授节镇使职虚衔。那么兴宗皇帝此举之目的是什么？有辽一代，还有那么多官员被契丹皇帝遥授各类节镇使职虚衔，大量的节镇使职虚衔被官员遥领，辽朝统治者欲达之目的到底有几个？

笔者结合石刻文字资料和传世文献史料进行综合分析，初判契丹皇帝遥授、官员遥领各类节镇使职虚衔，辽朝统治者的真实目的大致有如下几个方面：

其一，遥授节镇使职虚衔是为与官员不次进阶或降封削爵相匹配

所谓“不次”，是指未按正常程序实施的进阶封爵。在辽朝，一些契丹皇室（包括外戚）近支子弟，譬如皇弟、皇侄或皇孙、皇外孙，等等，他们出身高贵，在没有成熟行政能力的青幼之年，就要被进阶封爵。而某些爵位要与适当的官阶相匹配，于是，契丹皇帝便遥授了一些不是实职却有级阶的节镇使职虚衔给他们。诚如辽道宗大康元年（1075）的《萧德温墓志》所云：“时国家因追祖以有勤，俾命官而不次。或遥持节钺之权，或内守图籍之务。”[③] 志文所云之不次命官和遥持节钺，应发生在兴宗至道宗时期。当然，这种现象在兴宗、道宗两朝之前后的其他契丹皇帝执政时期也都存在。如耶律宗允曾被圣宗皇帝“遥持节钺”。宗允为皇太弟耶律隆庆之子、圣宗耶律隆绪

---

① 余蔚：《论辽代府州遥领制度》//《历史地理》第二十三辑，上海：上海人民出版社 2008 年 12 月出版。

② 陈佳臻：《元代“遥授”现象研究》，《湖北社会科学》2019 年第 4 期。

③ 向南：《辽代石刻文编》，石家庄：河北教育出版社 1995 年版，第 372 页。

亲侄，属典型的契丹皇室贵族成员。辽圣宗开泰年间，年仅十一二岁的耶律宗允即被假官遥授节镇使职虚衔，就是为与其所封之爵位相匹配。辽道宗咸雍元年（1065）的《耶律宗允墓志》即载：

王（宗允）即孝贞皇太弟之第三子也。……粤从出阁之年，雅有成人之量。时圣宗皇帝情深犹子，义在睦亲，开泰中，遥授贝州观察使。观风肇起于廉帏，授律次开于将幕，遂以昭义军节钺假之，既而进位同中书门下三品，始封长沙郡王。黄扉议政，以偕作相之荣；白马伸盟，复峻封王之爵。[①]

贝州，宋地，庆历年间曾改名“恩州”；昭义军，宋潞州军号。

辽朝契丹皇帝对青幼之年的契丹皇室成员遥授节镇使职虚衔，有时也会恩及被赐“耶律”国姓的汉人贵族子弟。如圣宗朝的耶律隆祐。耶律隆祐本姓“韩”，为辽初佐命功臣韩知古之孙。辽圣宗统和二十九年（1011）的《耶律隆祐墓志》即云：

世本昌黎人也。以高曾辅圣，祖考箴时，金昆集莫大之勋，正调般鼎；玉季树不朽之业，俱陟韩坛。我皇朝追彼职官，敢有夷念。兹忠孝萃于一门，故颁之以敕书，赐之以国姓，仍连御署，得系皇亲，今氏归耶律，则斯之谓与欤？

韩氏家族韩匡嗣一支被赐“耶律”国姓，忝入契丹横帐皇室之列，所以其后世子孙便有了与契丹皇室成员相同或类似的待遇：

公（耶律隆祐）即王（秦王韩匡嗣）之第七子也。继台辅之后，生将相之材。杞梓爰从于地产，骐驎本自于天来。张司空剑瘞酆中，略淹尘土；陶太尉梭浮泽畔，终驾风雷。年始立，会景宗皇帝广被恩华，大分爵秩，不限资级，以取良能。乾亨四年，自燕京山河都指挥使，特授崇禄大夫、检校太尉、行右神武大将军。策名方戴于鹖冠，遘祸忽悲于风树。当年丁考之忧，孝符曾子，五内绝浆；痛甚高柴，双眸泣血。我国家公行大义，恩示夺情，盖籍崇班，难从远制。寻起复云麾将军，余如故。陟岵之哀既往，自天之命俄临。统和三年，封昌黎县开国男、食邑三百户。环卫之间，久闻近侍。霓幢之下，难滞雄飞。十三年，遥授武宁军节度使，进封

① 向南：《辽代石刻文编》，石家庄：河北教育出版社1995年版，第320页。

开国子，加食邑二百户。竹骑小儿，迎伫莫窥于太守；铜标大柱，边陲须假于伏波。[①]

武宁军，宋徐州军号。

在辽朝，官员犯有某种过错，要接受处罚，多被削爵或降封。爵位被削减降低后，亦必有与之相匹配的官阶。每于此，当事者往往要被遥授一些并无实权的节镇使职虚衔。如景宗朝的韩匡嗣。辽宋交战期间，韩匡嗣出任南京留守，爵封燕王。韩匡嗣为人刚愎自用，对其他将领的建议大多不予采纳，最终结局便是其统帅的辽军损兵折将，大败而归。据《辽史·景宗纪》记载：辽景宗乾亨元年（979）“冬十月乙丑，韩匡嗣与宋兵战于满城，败绩。……十二月乙卯，燕王韩匡嗣遥授晋昌军节度使，降封秦王”[②]。晋昌军，五代后晋雍州军号。但辽圣宗统和三年（985）的《韩匡嗣墓志》作者为逝者讳，对韩匡嗣战败被罚之事并没有如实记载：“东井分野，西汉山河，将启真封，允归元辅，授晋昌军节度使，加尚父、京兆尹，进封秦王。”[③]志文不仅对韩匡嗣的败绩只字未提，还将“降封”写成了“进封”。

其二，以遥授节镇使职虚衔作为对某些官员的褒奖

辽朝契丹皇帝对有军功政绩官员的奖励名目较多，用做奖励的奖品，除了钱帛等实物外，还有一项就是诏命被奖者遥领境外某节镇使职虚衔，虽无实权，但有品级，当然也有与之相对应的俸禄，被遥授者亦然是得到了一定的实惠。

在辽朝，年轻的中下级军官跟随将帅外出征讨杀敌，若立有军功，凯旋之后，往往即被契丹皇帝遥授某节镇使职虚衔，以示奖赏。以萧德恭为例。道宗清宁至咸雍年间，年轻军官萧德恭先后跟随耶律仁先平定耶律重（宗）元父子叛乱及征讨寇边之鞑靼。每战结束，萧德恭都被道宗皇帝“遥授”节镇使职虚衔。辽道宗咸雍九年（1073）的《萧德恭墓志》即载：

咸雍元年冬，初平内难（重元之乱），普答忠臣，迁夏州管内观察使。咸雍乙酉岁，

---

① 向南、张国庆、李宇峰辑注：《辽代石刻文续编》，沈阳：辽宁人民出版社 2010 年版，第 51、52 页。（参见本书附录图版一〇）

② 脱脱等：《辽史》卷九《景宗纪下》，北京：中华书局 1974 年版，第 102 页。

③ 向南、张国庆、李宇峰辑注：《辽代石刻文续编》，沈阳：辽宁人民出版社 2010 年版，第 24 页。（参见本书附录图版八）

达怛寇我边庭，逆我王命。以公有夷凶之壮志，疾恶之雄心，遂选公从尚父、于越、晋王（耶律仁先），讨而平之。会以贼气方盛，军粮屡空，舆兵皆溃以偷生，惟公执战而示死。丙戌年，尽降虏首，来返阙庭，尚父、于越、晋王以状闻于上，嘉叹不已。是夏，驾幸公之私第。三接考易，符康侯锡马之祯；十乘稽诗，享元戎启行之贵。报其功，授忠正军节度留后，朝野忻然而谓当矣！①

夏州，西夏地，夏州管内观察使系遥领；忠正军，宋寿州军号，忠正军节度留后亦系遥领。

有辽一代，于某方面政绩突出的官员，也会被契丹皇帝遥授节镇使职虚衔，以示褒奖，如景宗朝的耶律合住。合住汉名琮，《辽史》有传，并有神道碑出土。耶律合住（琮）的主要政绩表现在参与辽宋双方战前阶段的交涉与谈判方面。景宗皇帝为表彰耶律合住（琮）突出的外事交涉政绩，曾两次遥授其节镇使职虚衔。如辽景宗保宁十一年（979）的《耶律琮神道碑》即云：

保宁癸酉夏六月，皇帝以公任内既送往事生，偶居无猜，处外可继□□□，□利家国，复下纶綍，重加宠赐。委持使，□□郡符，授推忠奉国功臣、昭武军节度、利巴等州观察处置等使、特进、检校太傅，兼涿州刺史、西南面招安巡检使，契丹、奚、渤海、汉儿兵马都□□、漆水郡开国伯，食邑七百户。旋加左卫上将军，俾赏□□。……皇帝由是省以不在边政（以下缺字），授推忠奉国佐运功臣、镇国军节度、华商等州观察处置等使、特进、检校太师，兼侍中、使持节华州诸军事、行华州刺史、上柱国、漆水郡开国公，食邑三千户、食实封三百户。②

利州、巴州，均为宋地；昭武军，利州原军号，昭武军节度系遥领。华州、商州，亦为宋地；镇国军，华州军号，镇国军节度亦系遥领。耶律合住（琮）被遥授节镇使职虚衔事，《辽史·耶律合住传》亦有记载："合住久任边防，虽有克获功，然务镇静，不妄生事以邀近功。邻壤敬畏，属部乂安。宋数遣人结欢，冀达和意，合

① 向南、张国庆、李宇峰辑注：《辽代石刻文续编》，沈阳：辽宁人民出版社2010年版，第154页。
② 同上，第340页。

住表闻其事，帝许议和。安边怀敌，多有力焉。拜左金吾卫上将军。秩满，遥摄镇国军节度使。”[①]

辽朝对外战争中，常有对方将帅战败来降。契丹皇帝对归降后愿意效忠新主且有军功政绩者，均予礼待并加褒奖，遥授节镇使职虚衔即是其中之一项。如李知顺。李知顺原为北宋官员，辽宋交战，败北被俘，归降契丹。李知顺颇具才干，深得承天皇太后与圣宗皇帝的赏识和信任。李知顺随后参加辽朝征讨高丽之战，立有军功。其他方面，也多有突出政绩。因而，李知顺便得到了圣宗皇帝遥授节镇使职虚衔的奖赏。据辽圣宗太平八年（1028）的《李知顺墓志》记载，李知顺职任最终结衔为“故扬州节度使、金紫崇禄大夫、检校太傅、知中京内省司事、提点内库、陇西县开国伯、食邑九百户”。扬州，宋地；扬州节度使系遥领。志文亦云：

> 公吴虎蜀龙，已彰其誉；燕珉赵璧，方显其才。桑弘羊心计出人，钱世仪精神满腹。不辍殿庭之资，遥领藩宣之重。命公扬州节度使、金紫崇禄大夫、检校太傅、兼御史大夫、上柱国、陇西县开国伯、食邑九百户。龙纶下降，凤诏初飞。秩预五侯，官逾三品。列土分茅，非不荣也；扬旌仗钺，非不贵也。[②]

再如冯从顺。冯从顺也曾是北宋军将，为宋瀛洲兵马都统康保裔之属下。辽圣宗统和十七年（999）十月，辽宋瀛洲之战，宋军大败，冯从顺与康保裔同时被俘降辽，“遂卜入燕之计，始坚事汉之心。”服务于契丹朝廷的冯从顺，“事主忠勤，在公廉直；事无巨细，威慑搢绅；智力鲜俦，圣明委注”，因而，颇得圣宗皇帝赏识，官阶勋爵，一路迁升，“历官自西头供奉，至颁给副使、颁给武德皇城等使，两任知内承宣事、中上京内省使、延州观察使、敦睦宫汉儿渤海都部署、归义军节度管内观察处置等使、上京户部使”[③]。这其中的“延州观察使”与“归义军节度管内观察处置等使”均为圣宗皇帝赏赐冯从顺的遥领节镇使职虚衔。延州，宋地。归义军，敦煌回鹘沙州之军号。

---

① 脱脱等：《辽史》卷八八《耶律合住传》，北京：中华书局 1974 年版，第 1321 页。

② 向南：《辽代石刻文编》，石家庄：河北教育出版社 1995 年版，第 187、188 页。

③ 辽圣宗太平三年（1023）《冯从顺墓志》// 向南：《辽代石刻文编》，石家庄：河北教育出版社 1995 年版，第 170 页。

辽朝年老官员请求“致仕”，得到诏批前后，契丹皇帝往往也要遥授节镇使职虚衔，以示对其一生安于职守、勤奋工作的奖赏与抚慰。如道宗朝的耶律元佐。耶律元佐本姓韩，韩知古曾孙、韩匡嗣之孙、韩德威之子，“耶律”为赐姓。当年迈的耶律元佐申请“致仕”时，即得到了道宗皇帝“遥授”节镇使职虚衔的奖励。辽道宗大康九年（1083）的《耶律元佐墓志》即载：

爰自韶龄，亟登膴仕。寒暄陪跸，深殚忠悋之诚；中外践官，蔚有直清之誉。屡承宠锡，更历华涂。甫当垂老之年，恳上辞荣之请。诏加保义推忠功臣，保大军节度、鄜坊等州观察处置等使、开府仪同三司、检校太师、兼侍中、使持节鄜州刺史、上柱国、漆水郡开国公、食邑九千户、食实封九百户，致仕。[①]

鄜州，宋地；保大军，鄜州军号。保大军节度、鄜坊等州观察处置等使、使持节鄜州刺史均系遥领。

其三，为便于军将领兵讨伐而遥授其节镇使职虚衔

有辽一代，常有边疆地区突发外敌入侵事件。若边将御敌不利，朝廷往往便紧急调遣得力干将，前往支援。这时，契丹皇帝大都要遥授赴边者节镇使职虚衔，为的是便于其调兵遣将，歼灭来犯之敌。譬如辽道宗大安六年（1090）的《萧袍鲁墓志》中即见“（萧袍鲁）遥领静江军节度使，行驾廉车，揽辔有澄清之志；坐提将钺，登坛多慷慨之风”[②]等文字，尽管没有提及萧袍鲁此次被遥授使职虚职出征讨伐对象是谁，以及出兵地点在哪里，但结合此前萧袍鲁曾先征讨西夏，后镇服女真，推测此次被遥授节镇使职虚衔，肯定也与领兵征伐有关。静江军，宋桂州军号。又如道宗朝的萧兴言。辽道宗清宁年间，辽朝北疆敌烈部叛乱扰边，道宗皇帝诏命年轻将领萧兴言率兵前往讨伐。临行前，道宗皇帝亦遥授萧兴言节镇使职虚衔。辽道宗大安三年（1087）的《萧兴言墓志》即载：

清宁间，以其性赋雄毅，承祖之荫，置于宿直禁卫之列，次授宫使，时年

---

① 向南、张国庆、李宇峰辑注：《辽代石刻文续编》，沈阳：辽宁人民出版社2010年版，第177页。
② 向南：《辽代石刻文编》，石家庄：河北教育出版社1995年版，第424页。

二十七。因迪烈子叛，上以公世镇西北隅，特简授遥郡节度使，利用讨伐。公既承命，止率人骑五十，入其境，会彼首领，说而质其子。由是，不破一甲而和焉，复还所虏人物。是岁从贡，今匪阙供，兼给役使十一道。[①]

萧兴言此次被遥授的节镇使职虚衔，志文中虽没有标示出具体名称，但道宗皇帝的目的已非常明确——“利用讨伐”。

其四，为便于官员出使邻邦而遥授其节镇使职虚衔

北宋有假官之制，经常用于出使辽朝品级较低的使臣身上。[②]所谓“假官”，即临时授官权代，事罢则撤。譬如沈括与李评。宋神宗熙宁八年（辽道宗大康元年，1075）三月二十一日，神宗皇帝诏遣沈括、李评等人为回谢辽国使，出使契丹辽国，以商讨双方边界问题。沈括当时的实职官为右正言、知制诰，使辽临行前，便被假官为翰林院侍读学士；李评的实职官为西上阁门使、荣州刺史，使辽临行前，被假官为四方馆使[③]。辽朝出使北宋的使臣，传世历史文献和出土辽代石刻文字中虽少见假官现象，但却多被遥授节镇使职虚衔。笔者认为，北宋的假官和辽朝的遥授，两者之目的应该大致相同：抬高使节身份，方便对等交涉。笔者检索宋人李焘《续资治通鉴长编》，辽朝出使北宋的使臣中，有被遥授、归义军节度使者。前已述及，归义军为敦煌回鹘所在地沙洲的军号。如康筠。宋仁宗天圣四年（辽圣宗太平六年，1026）正月“癸未（五日），契丹遣枢密副使、彰武节度使萧迪烈，归义节度使康筠，来贺长宁节。迪烈等既来贺，契丹又使人持酒果与迪烈等。上（仁宗）问宰相王曾

---

① 向南、张国庆、李宇峰辑注：《辽代石刻文续编》，沈阳：辽宁人民出版社 2010 年版，第 188 页。（参见本书附录图版一）

② 一般认为，当时契丹辽朝出使北宋的使臣官位较宋使为高，出于聘使资格对等之原则，北宋政府便采取了“假官”措施。宋人岳珂《愧郯录》卷六《北使借官》即云：“自景德以来，凡中国使入藩，必随所局官大小加借以遣之，所以重王命，绥远人也。”但宋真宗大中祥符五年（辽圣宗开泰元年，1012），北宋政府又做明文规定，若出使者官职品级已经够高，则不再用“假官”：“旧制，出使必假官。（高）继勋本秩既崇，不复假官，自是为例。”（李焘《续资治通鉴长编》卷七九 // 陶晋生、王民信编：《李焘续资治通鉴长编宋辽关系史料辑录》，第一册，台北：“中央研究院”历史语言研究所 1974 年刊行，第 308 页）

③ 李焘：《续资治通鉴长编》卷二六一 // 陶晋生、王民信编：《李焘续资治通鉴长编宋辽关系史料辑录》，第二册，台北：“中央研究院”历史语言研究所 1974 年刊行，第 684 页。

曰：‘契丹赍送酒果者，凡三十余人，已至莫州，可听其来否？’曾曰：‘宜止其来，而以州兵代之。转酒果付迪烈等可也。’上曰：‘善’”[①]。又如萧丽。宋仁宗明道二年（辽兴宗重熙二年，1033）十二月，“契丹国母遣彰信节度使萧传，东上閤门使王秀英，国主遣归义节度使萧丽，将作少监张素羽来贺正旦”[②]。再如耶律希列。宋仁宗庆历三年（辽兴宗重熙十二年，1043）四月“戊申（十一日），契丹国母遣归义节度使耶律希列，威卫大将军马贻教，契丹（国主）遣朔方节度使萧日休，鄜州观察使赵为节来贺乾元节”[③]。

辽朝出使北宋的使臣中，还有被遥授、崇义军节度使者。崇义军，宋随州军号，先名“崇信军”，后改“崇义军”，但为避宋太宗名讳，《续资治通鉴长编》均写作“崇仪军”。如萧概。宋仁宗皇祐二年（辽兴宗重熙十九年，1050）十二月“戊申（二十五日），契丹国母遣崇仪节度使萧概，四方馆使、榆州团练使刘从正，契丹（国主）遣昭德节度使耶律素，太常少卿李韩等来贺正旦”[④]。又如萧固。宋神宗元丰六年（辽道宗大康九年，1083）四月“辛亥（六日），辽主遣崇仪军节度使萧固，卫尉卿、乾文阁待制杨执中，来贺同天节”[⑤]。再如萧德崇。宋哲宗元佑二年（辽道宗大安三年，1087）七月“戊午（九日），辽国遣崇仪军节度使萧德崇，中散大夫、守太常少卿、充乾文阁待制张琳来贺坤成节。宴垂拱殿。始用乐”[⑥]。等等。[⑦]

二、俸外所得：辽宋馈赠对方使节之钱物

《韩椅墓志》记事：

---

① 李焘：《续资治通鉴长编》卷一〇四 // 陶晋生、王民信编：《李焘续资治通鉴长编宋辽关系史料辑录》，第一册，台北：“中央研究院”历史语言研究所 1974 年刊行，第 348 页。

② 同上，第 376 页。

③ 同上，第 432 页。

④ 同上，第 540 页。

⑤ 同上，第 768 页。

⑥ 李焘：《续资治通鉴长编》卷四〇三 // 陶晋生、王民信编：《李焘续资治通鉴长编宋辽关系史料辑录》，第一册，台北：“中央研究院”历史语言研究所 1974 年刊行，第 794 页。

⑦ 参见余蔚《论辽代府州遥领制度》，《历史地理》第二十三辑，上海：上海人民出版社 2008 年 12 月出版。

统和二十三年，运契戢櫜，时丁归放。慕义广开于栗陆，含灵雅唱于葛天。赵宋氏致币结欢，歃牲修睦。将叶皇华之詠，简求专对之才。以公充贺正之副，达于汴都，三百万之宠锡也。……未遑受代，复南使于宋，亦三百万之赐也。张旌即次，飞盖出疆。依然郊劳之仪，宛若馆縠之数。荐盟君好，绰布宾荣。[①]

韩榣于辽圣宗统和二十三年（1005）及辽兴宗重熙二年（1033）两次出使北宋，除见于墓志铭所记外，《辽史·圣宗纪》及宋人李焘《续资治通鉴长编》亦均有反映，前一次是“贺正旦”，后一次是“贺长宁节”。韩榣两次出使北宋都是副使，并且，均得到了宋方的“三百万之锡（赐）”。也就是说，辽宋澶渊结盟后，双方互遣使节，北宋政府对来聘之辽使，是有钱物馈赠或赏赐的，并且数量可观。

北宋政府赏赐辽使钱物，或是笔者孤陋寡闻，记载于辽人墓志铭者，目前仅见《韩榣墓志》一处。但检索宋代文献史料，还是有较多记载的。譬如宋人李焘《续资治通鉴长编》即记载了辽宋澶渊结盟的第二年（宋真宗景德二年，辽圣宗统和二十三年，1005）五月，北宋朝廷便公布了辽国使团从入境开始，途经诸馆驿来到京城，朝见皇帝，直至离开京城到出境之前，于不同场合，遇各种节令，宋方赏赐或馈赠给使节的钱物清单，并且标明，契丹辽国庞大使团成员中，由于职任不同，身份各异，这些人得到的赏赐或馈赠物品之种类及数量，都是有一定差别的：

（何）承矩又言，“使命始通，待遇之礼，宜得折中，庶可久行。”乃悉条上。

凡契丹使及境，遣常参官、内职各一人，假少卿监诸司使以上接伴，内诸司供帐分为三番，内臣主之。

至白沟驿赐设，至贝州赐茶、药各一银盒，至大名府又赐设。

及畿境，遣开封府判官劳之，又命台省官、诸司使馆伴，迓于班荆馆。至都亭驿，各赐金花银灌器、锦衾褥。

朝见日，赐大使金涂银冠、皁罗毡冠，衣八件，金□（《契丹国志》记为“鈒”）鞢带、乌皮鞾，银器二百两，綵帛二百匹。副使皁纱折二（《契丹国志》记为“上”）

① 向南：《辽代石刻文编》，石家庄：河北教育出版社 1995 年版，第 204~206 页。

巾，衣七件，金带、象笏、乌皮鞾，银器一百两，綵帛二百匹，鞍、勒马各一匹。其从人，上节十八人，各练鹊锦袄及衣四件，银器三十两（《契丹国志》记为“二十两”），綵帛三十匹；中节二十人，各宝照锦袄，及衣三件，银器十两，綵帛二十匹；下节八十五人，各紫绮袄，及衣四件，银器十两，綵帛二十匹，并加金涂银带。上节、中节又加綵鞵。

就馆，赐生饩，大使秔、粟各十石，面二十石，羊五十，法酒、糯米酒各十壶，副使秔、粟各七石，面十五石，羊三十，法酒、糯米酒各十壶。

承天节各别赐衣一袭。

遇立春，各赐金涂银镂幡胜、春盘。

又命节帅就玉津园射弓，赐来使银饰箭筒，弓一，箭二十。其中的，又赐锦窄袍五件，金束带，鞍勒马。

在馆遇节序，则遣近臣赐设。

辞日，长春殿赐酒五行，赐大使盘球（《契丹国志》记为“袭”）晕锦窄袍，及衣七件，银器三百两，綵帛二百匹。副使紫花罗窄袍，及衣六件，银器二百两，綵帛一百匹。并加金束带、杂色罗、锦、绫、绢百匹，从人各加紫绫花絁锦袍，及银器、綵帛。

将发，又赐银瓶、合盆、沙（《契丹国志》记为“纱”）罗、注碗等，又令近臣饯于班荆馆，开封府推官饯于郊外，接伴（《契丹国志》有“大使”二字）副使复为送伴，沿（《契丹国志》记为“缘”）路累从（《契丹国志》记为“赐”）设。[①]

《契丹国志》所记与之大体相同，[②] 不赘引。

盖因是为“定制”，因而辽使至宋，如对赐赠使节之物品有额外要求者，一般不

① 李焘：《续资治通鉴长编》卷六〇 // 陶晋生、王民信编：《李焘续资治通鉴长编宋辽关系史料辑录》，第一册，台北：“中央研究院”历史语言研究所 1974 年刊行，第 265、266 页。

② 叶隆礼撰，贾敬颜、林荣贵点校：《契丹国志》卷二一《外国贡进礼物》，北京：中华书局 2014 年版，第 229、230 页。

予应允。举二例：一是宋臣的“增恩”建议曾被否决。宋真宗大中祥符元年（辽圣宗统和二十六年，1008）十二月“壬子（二十六日），契丹使左武卫上将军萧知可、兴国节度使萧留宁，副使崇禄卿成永、少府监徐备，来贺明年正旦。入内高品王承勋等言：‘访贺正使一即国母之弟，一即国母之亲，皆其所委信，望比常使量增恩例。’上以礼数有定，不许”①。二是辽使的“恩赐”要求曾被婉拒。宋神宗熙宁九年（辽道宗大康二年，1076）九月“己卯（二十六日），辽国回谢使长宁军节度使耶律英、太常少卿韩君仪，见于紫宸殿，置酒垂拱殿。”十月“戊子（五日），馆伴所言：‘耶律英等使人来言，昨萧翥郭竦回谢，蒙赐珠子及银，合今不蒙赐，非为爱物，恐损体例，臣等语之，以恩赐出自特质，馆伴无由知，而英等再以为言。’诏令送伴使副止作准，馆伴所牒请处勘会，无此例，婉顺谕之”②。

但若遇有特殊情况，比如出使北宋的辽使在宋境突发疾病死亡，或遭遇不测而有人身伤害，届时，北宋政府便在“定制”赐赠钱物范畴之外，对死伤的辽使，给予一定数量的“孝赠”钱物，以示安慰与抚恤。如宋神宗熙宁三年（辽道宗咸雍六年，1070）四月“丙寅（六日），辽主遣永州观察使耶律宽、卫尉少卿程冀，其母遣怀德军节度使萧禧、太常少卿张冀，使贺同天节。”“丁卯（七日），国信所言：‘贺同天节辽使至临清驿，有契丹迪烈子伊尔根夜刺同宿契丹，死者四人，伤者十二人，除孝赠钱绢外，余未敢支。’赐诏伤死者，更给对见生饩节衣朝辞例物等，如病死者例，其迪烈子伊尔根亦准此给，如死亦以孝赠赐之”③。

辽朝使节在宋，除了被政府相关部门赐赠钱物礼品外，有时也要与宋方接伴、馆伴及送伴互赠一些礼物，称“私觌”④。起初，北宋接伴、馆伴与送伴不敢接受辽使赠

① 李焘：《续资治通鉴长编》卷七〇 // 陶晋生、王民信编：《李焘续资治通鉴长编宋辽关系史料辑录》，第一册，台北：“中央研究院”历史语言研究所 1974 年刊行，第 288 页。

② 李焘：《续资治通鉴长编》卷二七七、卷二七八 // 陶晋生、王民信编：《李焘续资治通鉴长编宋辽关系史料辑录》，第二册，台北：“中央研究院”历史语言研究所 1974 年刊行，第 726 页。

③ 李焘：《续资治通鉴长编》卷二一〇 // 陶晋生、王民信编：《李焘续资治通鉴长编宋辽关系史料辑录》，第二册，台北：“中央研究院”历史语言研究所 1974 年刊行，第 612、613 页。

④ 聂崇岐先生即云：“国信使副与接伴等使副及地方大吏每皆互相馈遗，曰私觌物，下至三节人从亦然。”（聂崇岐：《辽宋交聘考》//《宋史丛考》下册，北京：中华书局 1980 年版，第 330 页）

送的礼物。此类事上达圣听后，便得到明确诏告：允许接受与回赠。如《续资治通鉴长编》宋真宗大宗祥符二年（辽圣宗统和二十七年，1009）二月、十二月即有两则相关记载：

诏："自今契丹使有例外赠遗接伴馆伴使者，再辞不已，则许纳之，官给器币为答。"初，契丹使萧知可等至白沟驿，与送伴使陈知微酌酒为别，遣舍利以所乘马遗知微，又以二马至，令自择之，知微固辞不受。上务怀远俗，故有是命。

初，契丹使馆伴使有司觌马，马皆输官，而答礼皆己物。至是，翰林学士晁迥为馆伴使，言其事。庚寅（十日）诏："自今馆伴使所得马，官给其直，副使半之。"①

至神宗朝，神宗皇帝还特意赐宫中宝物予馆伴使苏颂，命其回赠辽使郑颛。宋"神宗元丰六年（辽道宗大康九年，1083）九月"条云：

先是，辽使郑颛来贺五年正旦，颛明辩有才智，颂为馆伴，上命副使张山甫谕颛，以近令颂修信录，欲以固两朝盟好，颛感激称谢，见颂益恭，私觌礼物皆异常。时上遣使谕旨曰："闻北使以卿儒学醞籍，赠遗特殊，今以上龙茶琉璃器赐卿，可予之，以答其意。"颛复遗颂异锦一端，即日进之。后因奏事，语及，上曰："宫中所无也。"②

与赐赠辽使钱物有关者，还有一事应该提及，那就是北宋政府为方便辽使所获生饩的携带，曾制定了一项非常人性化的规则，那就是被赐赠之活羊，一律在宋辽边界宋方一侧交接。宋真宗大中祥符二年（辽圣宗统和二十七年，1009）十二月，"己丑（九日）诏：'所赐契丹使饩羊，如闻在道驱牧，颇亦劳止，宜就雄州给之'"③。生饩，

---

① 李焘：《续资治通鉴长编》卷七一、卷七二 // 陶晋生、王民信编：《李焘续资治通鉴长编宋辽关系史料辑录》，第一册，台北："中央研究院"历史语言研究所 1974 年刊行，第 289、292 页。

② 李焘：《续资治通鉴长编》卷三三九 // 陶晋生、王民信编：《李焘续资治通鉴长编宋辽关系史料辑录》，第三册，台北："中央研究院"历史语言研究所 1974 年刊行，第 772 页。

③ 李焘：《续资治通鉴长编》卷七二 // 陶晋生、王民信编：《李焘续资治通鉴长编宋辽关系史料辑录》，第一册，台北："中央研究院"历史语言研究所 1974 年刊行，第 292 页。

食料也，一般指粮谷及生肉、牛羊等。

为与北宋对等，契丹辽朝对赐赠宋使钱物亦有相关之规定：宋使入境，从各地州县馆驿，到京都或行朝所在，都要有赐设馈赠。但详细内容与具体规定，因《辽史》漏载，仅于使辽宋人“行程录”及叶隆礼《契丹国志》中有一定反映。譬如在《契丹国志·外国贡进礼物》中有“契丹赐奉使物件”一条：

金涂银带二条，衣二袭，锦绮三十疋，色绢一百匹，鞍辔马二匹，散马五匹，弓箭器一副，酒果不定数。上节从人：白银带一条，衣一袭，绢二十匹，马一匹。下节从人：衣一袭，绢十匹，紫绫大衫一领。①

此概契丹辽朝政府“定制”赐赠北宋等诸国使节物品之部分内容，因其远没有《续资治通鉴长编》所记北宋政府“定制”赐赠辽使钱物清单内容那样详细与齐全，似不符合外事对等之原则。

好在一些使辽北宋使臣的《行程录》对此有所记载，可为补充。譬如宋使陈襄的《神宗皇帝即位使辽语录》，即大致记录了北宋使团在契丹辽国境内与辽朝政府官员及接伴、馆伴及送伴使们互赠礼品（私觌物），以及契丹辽朝官方赐设馈赠宋使物品的地点、场合、名称以及数量，等等。宋英宗治平四年（辽道宗咸雍三年，1067），宋英宗死，神宗继位，神宗皇帝诏遣三司盐铁判官陈襄为“皇帝登宝位告北朝皇太后国信使”，出使契丹辽国。陈襄一行于是年五月十日，到达宋辽边境宋方一侧的雄州白沟驿。十一日，辽朝接伴使副萧好古及杨规中差人接陈襄等人过境。至辽地新城驿，双方曾就座位问题进行了一番交涉。此后直至十五日，多见宋使陈襄等馈赠辽朝接伴使副土物之记载。如十一日，“臣等方受问劳，授（宋）仲容谢表，送与土物（已后差来使臣，并依例授表，送与土物，更不入录）。”十三日，“将次良乡县，本县尉南应、范阳县尉梁克用道旁参候。臣等送接伴使副私觌物（已后七次依例送接伴使土物，并有回答，更不入录）”。十四日，至燕京，“臣等送接伴使副下都管土物（已后共五次依例送土物，并有回答，更不入录）。燕京留守耶律仁先送臣等酒食”。十五日，“臣等送留守私觌物（中京留守依

① 叶隆礼撰，贾敬颜、林荣贵点校：《契丹国志》卷二一，北京：中华书局2014年版，第229、230页。

此，更不入录）。有西头供奉官韩资道赐臣等酒果，东头供奉官郑嗣宗赐宴，三司使、礼部尚书刘云伴宴，酒十三盏。……臣等送云及私觌物（已后涿州并依例送赐筵副留守等私觌物，更不入录）”。

十五日后，便见宋使接受辽朝接伴使及其他官员赠送物品之记载。如十八日，陈襄一行至檀州密云，“宿密云馆，有入内供奉官秦正赐臣等汤药各一银盒子。”十九日，“宿金沟馆。臣坦、臣愈等依例回厨，请接伴使副过位及犒三节人如望京馆。”坦，指孙坦，为与陈襄同时出发的北宋另一使团“皇帝登宝位告北朝皇帝国信使”之正使。六月四日，至锅窑馆，“接伴使副送臣等水晶棋子各一副，苁蓉、郁李仁等”。

六月十五日后，宋使至契丹皇帝夏捺钵行朝所在地，开始接受辽朝官方赐赠之物品。如，十五日，至距顿城馆二十里的契丹皇帝夏捺钵行帐，“臣襄致国书于其母，面传圣辞，置酒三盏。又诣其君帐前，臣坦致国书于其君，传圣辞如前。并问南朝皇帝圣躬万福，臣等恭答之。置酒五盏，仍赐臣等衣带及三节人有差”。十六日，“有东头供奉官李宗赐臣等生饩”。十七日，“赴曲宴酒九盏，馆伴使副差人赍诏赐臣等生饩及三节人有差”。十八日，“有右班殿直、阁门祗候韩贻训赐臣等酒果，右班殿直、阁门祗候马初赐宴”。十九日，“有西头供奉官韩宗来赐臣等签食并酒，亦不过位。馆伴使副差人赍诏赐臣等生饩及三节人有差。臣等恭受致表。馆伴使副请聚食，酒八盏”。二十日，“有供奉官、阁门祗候耿可观赐臣等酒果，韩宗赐射弓筵，枢密副使、太师耶律格伴宴。……赐臣等弓、马、衣、币及三节人有差”。二十一日，“遂辞其母及其君，逐帐置酒如初，授臣等信书，赐衣各三对及弓、马、衣、币各三节人有差”。

宋使陈襄等使辽回程，《行程录》仍有宋使接受辽朝送伴使及其他官员所赠礼物之记载。如六月二十三日，“至赤崖馆，送伴使副送臣等颗盐各一盘”。二十四日，“至三山馆，送伴使副请聚食酒五盏”。二十八日，“至崇信馆，送伴使副送臣等鹿脯各十五条”。七月三日，“蹉长兴馆至富谷馆，送伴使副送臣等麋角松实”。八日，“至柳河馆，送伴使副送臣等鱼一盘”。十五日，在燕京，“有东头供奉官、阁门祗候马世章赐臣等筵，西头供奉官刘侁赐酒果，步军太傅伴宴，酒十一盏。留守送臣等生饩、折绢、绫罗等及三节人有差”[①]。

类似陈襄的记载，也见之于此前使辽的宋使路振《乘轺录》。宋真宗大中祥符元年（辽圣宗统和二十六年，1008），路振以“知制诰”的身份，充任“贺契丹国主生辰使”，率使团出使契丹辽国。路振归国后，撰出使行程录——《乘轺录》。路振在《乘轺录》中亦记载了北宋使团成员曾被邀请在契丹中京南园参与宴射活动并得赐官方礼物之事：正月七日，“又宴射于南园。园在朱夏门外，虏遣大内惕隐、知政事令耶律英侑宴，赠汉使中的者马五匹，彩二十段、弓一、矢十，英又赠马二匹”。九日，“辞虏主于武功殿，遗汉使及从人鞍马、衣物、彩缎、弓矢有差”[②]。

在契丹辽国赠予宋使的物品中，有一种契丹辽地的特产——貔狸（应属生饩）。如宋人刁约曾于宋仁宗嘉祐元年（辽道宗清宁二年，1056）任契丹国母正旦使，出使契丹辽国。事后，刁约作《奉使北语诗》，记述了他在使辽期间，被赐赠貔狸之事。诗云：“押燕移离毕，看房贺跋支。饯行三匹裂，密赐十貔狸。皆纪实也。”貔狸，原注：“形如鼠而大，穴居，食谷粱，嗜肉。北朝为珍膳，味如豚肉而脆。”[③]又如陆游的祖父陆佃，亦曾出使契丹辽国。陆游在《家世旧闻》中，也记载了陆佃使辽期间，被赐赠貔狸一事：“楚公佃，字农师，使虏归，携得貔狸至京师。先君言犹记其状如大鼠，而极肥腯，甚畏日，偶为隙光所射辄死。性能糜肉，一鼎之肉，以貔狸一脔投之，旋即糜烂。然虏人亦不以此贵之，但谓珍味耳。”[④]

三、恩宠所获：皇帝对功臣、降将生前身后的赐赠赙赗

《韩椅墓志》记事：

东归之次，践历扰攘。僮仆宵征，曾无致寇。骖騑夙驾，殊不畏危。轶绝漠

① 赵永春编注：《奉使辽金行程录》，长春：吉林文史出版社 1995 年版，第 60 ~ 66 页。
② 同上，第 19 页。
③ 同上，第 57 页。
④ 厉鹗：《辽史拾遗》卷一〇《引》// 徐蜀编：《二十四史订补·宋辽金元正史订补文献汇编》，北京：北京图书馆出版社 2004 年版，第 363 页。

之阻脩，越穷方之辽夐。肃将土贡，入奉宸严。孝宣皇帝敦谕久之，宠睠逾厚。赐白金二百两，氎布八十段，帛百疋。……以（重熙五年）九月二十五日，椅告薨于宣徽衙之正室。天子缅怀尽瘁，轸悼殲良。赙赗之外，赐钱五十万，俾襄其事，非常例也。[①]

据《韩椅墓志》记载，尽管志主韩椅在圣宗统治后期因故获罪并受到笞刑和“罚使绝域”的惩处（亦有学者不同意笔者观点，认为韩椅出使沙州已不是刑罚。见仁见智），但终其一生，屡立战功，多次使外，已然是将功补过，仍不失为圣、兴两朝之有大功者，因而，才有其出使敦煌沙洲回鹘九死一生回朝后，圣宗皇帝“宠睠逾厚”，“赐白金二百两，氎布八十段，帛百疋”，以及死后被兴宗皇帝“非常例”“赙赗之外，赐钱五十万”。检索出土辽人墓志石刻，不仅仅是韩椅，有辽一代，还有不少功臣名将，乃至战时被俘降辽的北宋将领，也曾有过生前得到契丹皇帝钱物赏赐、死后获得“赙赗有加”的特殊恩宠。

在辽朝，大凡年岁较大的朝臣、辅佐皇帝执政的重臣以及政绩突出的功臣，都会得到契丹皇帝的各种物质赏赐，以示褒奖，象征荣宠。譬如张俭，重臣，高寿，仕历圣宗、兴宗两朝，曾封王拜相，可谓功勋卓著。辽兴宗重熙二十二年（1053）的《张俭墓志》即云：“佐佑两君，经论二纪。”“三为将，临戎梱，而推毂之拜备；再入相，总公府，而当轴之功在。”“重熙二十二年正月二十九日，启手足于圣宗皇帝所赐之第，享年九十有一。”[②]“圣宗皇帝所赐之第”，表明张俭生前所居府邸，应为圣宗皇帝所恩赐。圣宗皇帝恩赐重臣张俭府邸，时间是在太平六年（1026）。志文云：

六年春三月，再授枢密使、左丞相、兼政事令、监修国史、鲁国公，改赐推忠翊圣保义守节功臣，仍于南京赐之北第。庙朝全其旧物，禁省存其故事。席宠若辱，慎终如初。[③]

另据《张俭墓志》及《辽史·张俭传》记载，张俭为官清廉，生活节俭，一件袍服，

---

① 向南：《辽代石刻文编》，石家庄：河北教育出版社 1995 年版，第 205、206 页。
② 同上，第 265 页。
③ 同上，第 267 页。

穿了三十年。皇帝（《张俭墓志》记为圣宗，《辽史·张俭传》记为兴宗）看在眼里，记于心上，便诏赐张俭内府布帛衣物，尽其所取，然张俭仅于其中取布“三端”而已。如《张俭墓志》即载：

遇主则鱼纵大壑，载君则鼇冠灵山。圣宗皇帝信纳衡言，宠专柄用。体貌尤异，腹心是推。便殿询谋，必前于纯席；公宴报爵，每离于黼座。从幸则同乘翠辇，赐衣则偏袭赭袍。唱和协于埙篪，赓载溢于囊衷。[1]

“赐衣则偏袭赭袍”盖指此事。

《辽史·张俭传》亦载：

重熙五年，帝幸礼部贡院及亲试进士，皆俭发之。进见不名，赐诗褒美。俭衣唯紬帛，食不重味，月俸有余，赒给亲旧。方冬，奏事便殿，帝见衣袍弊恶，密令近侍以火夹穿孔记之，屡见不易。帝问其故，俭对曰：“臣服此袍已三十年。”时尚奢靡，故以此微讽喻之。上怜其清贫，令恣取内府物，俭奉诏持布三端而出，益见奖重。[2]

契丹皇帝对立有军功的将领，也常恩赐其钱物，以示嘉奖。譬如圣宗朝的耿延毅，在辽宋边界戍边御敌过程中，颇有战绩，便得到了圣宗皇帝的物质奖励。辽圣宗开泰九年（1020）的《耿延毅墓志》即云：

统和十五年，国家方问罪赵宋氏，乃改授西南面招安使，旧以飞狐为理所，其副居灵丘。公以并、代、中山之界，寔曰寇庭，莫不威信卒夫，谨严烽堠，夙夜不惰。周历四霜，乃至贼虏之师，无敢北顾。十九年，今上奉我承天皇太后再伐赵宋氏。冬十二月，军次冀北，方大雨水，乃班师。并、代、中山戍卒乘其璺，盗我边民。公率麾下，伏草依岩，卷旗卧谷，身先勇士，衔枚进击，斩贼首千余级，清境以闻。今上壮之，超授右骁卫将军，赐白金螭头饮器杂衣物，赏其功也。[3]

对于战时降辽的外邦将领或使辽不遣的他国使臣，只要其真心归顺，服务辽廷，契丹皇帝均给予适当物质奖励，或土地人户，或宅院车马，或金银绢帛，等等。仍以

---

① 向南：《辽代石刻文编》，石家庄：河北教育出版社 1995 年版，第 268、269 页。

② 脱脱等：《辽史》卷八〇《张俭传》，北京：中华书局 1974 年版，第 1278 页。

③ 向南：《辽代石刻文编》，石家庄：河北教育出版社 1995 年版，第 160 页。

宋人冯从顺为例。据辽圣宗太平三年（1023）的《冯从顺墓志》记载，冯从顺战败被俘后，真心归顺辽国，因而颇得圣宗皇帝信赖，升官晋爵的同时，物质褒奖当然必不可少。志文云：

> 今圣上一见风仪，有同勋□，置之左右，副以对敭。出则守宫闱，监帑藏，剸繁剧于两京；入则系行阙，从鸣銮，恒扈随于二圣。与显陵节度使郝德寿、楚州节度使王仁赟，共列周行，并承宠命。至如车乘服玩，台馆园林，及臧获之徒，皆国家所给。规于名达，孰谓等伦。[①]

又如李知顺。据辽圣宗太平八年（1028）的《李知顺墓志》记载，宋人李知顺兵败被俘，归降契丹辽国，先后出任中京宫苑副使、颁给库使、中京内省使等，“忠勤奉职，清白立身”，亦得圣宗皇帝信任，因而才有赐嗣接蒸尝、赠物富其家的恩宠。志文云：

> 列土分茅，非不荣也；扬旌仗钺，非不贵也。国家虑以公祭祀有亏，蒸尝不接，遂遗一男希言，禀从父训，疑是天然。……若论庄宅田园，奴仆人户，牛驼车马等，卒不能知其数矣！至如黄金白玉，珠犀佩带，器合衣物，玩好之具，又何复暇算也！公以荣为惧，受宠若惊。[②]

再如景宗朝的张守琼，北宋人，使辽不遣，服务辽国，勤于政务，政绩突出，便得到景宗皇帝物质之褒奖。辽道宗寿昌三年（1097）的《张郁墓志》即云：

> （张）守琼，府君之祖父也，本南宋人，因将命使我朝，景宗皇帝嘉其人，留而不遣。是时，城新州于杏郊，诏充版筑都部署，力役均简，不日成之。新州，今武安军是也。上以勤干奖劳，特厚赐庄宅户口，仍奉旨娶辽西州李史君息女为内。[③]

总之，归顺辽国的北宋降将或使臣，他们均裸身入辽，身处异乡，所以契丹皇帝奖赏赐赠的物品，多以田园宅邸及车马用具、家奴仆隶等为大宗，以满足其日常生活所必需。

墓志石刻文字显示，辽朝功臣名将去世之后，大都能得到契丹皇帝赐赠之钱物，

---

① 向南：《辽代石刻文编》，石家庄：河北教育出版社1995年版，第170页。

② 同上，第188页。

③ 么乃亮：《辽代张郁墓志考释》，《中国国家博物馆馆刊》2017年第10期。

即所谓"赙赗"。在中国古代，赙赗助葬之俗由来已久，如《汉书·叙传上》即云："斿（班斿）之卒也，修缌麻，赙赗甚厚。"颜师古注："送终者布帛曰赙，车马曰赗。"检索出土辽朝功臣名将之墓志铭，常见"赙赗"二字。如圣宗朝的韩瑜，著名军事将领，辽宋战争中，因箭伤而殉国。入葬前，即曾得到圣宗皇帝之赙赗。辽圣宗统和九年（991）的《韩瑜墓志》即载：

统和五年十一月十日薨于行次，享年四十有二。寻载灵柩而归，权厝于霸州之私第。皇上以阶爵未峻，赙赠有加，殊锡恩辉，载超伦等。追赠太尉，所以旌忠孝也。①

又如圣宗朝的北宋降将冯从顺。冯从顺去世后，也曾得到圣宗皇帝之赙赗。辽圣宗太平三年（1023）的《冯从顺墓志》即云：

初，公之染疾也，赐翰林名医，尽针饵之术，宣掖庭近侍，传抚谕之辞。公之归葬也，命上京副留守邢公定发引之仪，中京度支使李公备幽穸之礼。伎巧之匠，实自京师。赙赠之资，异乎常品。②

又如道宗朝的外戚萧德温。萧德温去世后，亦曾得到道宗皇帝及皇太后的赙赗物品。据辽道宗大康元年（1075）的《萧德温墓志》记载：

无□，于大康元年三月十九日，终于辽水西之行帐，享年四十有五。悲萧萧阅夜之中，暂□□艳；苦杳杳高穹之上，迅过乌晖。□与皇太后闻问，为之零涕伤悼者累日。出宫中衣一袭以殓之，厚其赙赠。凡殡葬所须，并从官给。③

再如道宗朝的名臣梁援。梁援去世后，也曾得到天祚皇帝之赙赗。天祚帝乾统元年（1101）的《梁援墓志》即载：

乾统元年八月五日，中书梁公薨于位。驰奏于秋峦之行在所，天子闻之，抚几震悼。诏赠侍中，谥曰忠懿。遣朝请大夫、守少府少监、前上京留守判官、骑都尉、太原县开国男、食邑三百户、赐紫金鱼袋王诰充敕祭发引使，起复朝请大夫、

① 向南：《辽代石刻文编》，石家庄：河北教育出版社1995年版，第94页。
② 同上，第170页。
③ 同上，第372页。

守司农少卿、知迁州军州事、骑都尉、陇西县开国男、食邑三百户、赐紫金鱼袋李君裕充敕葬使。赙赗之数，咸有加等。仍诏掌文之臣，按世系功行以铭其墓。皆所以思旧劳，而示追饰也。[①]

笔者从上述墓志石刻常见的“赙赠有加”“赙赗之数，咸有加等”“厚其赙赠”“赙赠之资，异乎常品”等文字推测，辽朝契丹皇帝赐予去世臣僚之赙赗，应该是有等级定制的，盖称为“制赠”[②]或“制式”[③]。但具体是如何规定的，限于辽朝文献史料奇缺，目前尚无法考定。由于这些人大都为功臣名将，所以赙赗物品被加等或增厚，或已成习常，应为昭显皇恩浩荡、宠爱无疆之故。

那么，契丹皇帝赐赠已故功臣名将的助葬赙赗，到底都是些什么物品呢？出土石刻文字亦有所反映。如辽圣宗开泰九年（1020）的《耿延毅墓志》即记载了圣宗皇帝赐予志主耿延毅的赙赗物品名称：

开泰八年冬十二月七日疾作，薨于正寝，享寿五十二。今上闻之震悼，有加制赠，特赐白金二十斤，布帛三百段，钱二十万，衣三袭，充赙赗焉。[④]

又，辽穆宗应历九年（959）的《驸马赠卫国王沙姑墓志》的“志盖”有一段刻记：

衣服二十七封，银器一十事，鞍一十三面，骢马一疋，白马一疋，骠尾黑大马一十疋，小马二十一疋，牛三十五头，羊三百五十口。[⑤]

因为整个墓志铭（残志）全无对此刻记文字内容的说明，笔者推测，此刻记文字所示或是穆宗皇帝赐予驸马沙姑的赙赗物品。还有辽圣宗开泰四年（1015）的《耶律元宁墓志》，在志文的最后也有一行字：“天辅皇帝将到赠孝赠银两挺，大银合子一

---

① 向南：《辽代石刻文编》，石家庄：河北教育出版社 1995 年版，第 519 页。

② 开泰九年（1020）《耿延毅墓志》// 向南：《辽代石刻文编》，石家庄：河北教育出版社 1995 年版，第 160 页。

③ 如，大安五年（1089）的《梁颖墓志》即云：“大安四年十二月一日，尚书左仆射、知中京留守、大定尹事梁公，感疾，薨于所居官廨之正寝，年六十四。即时，公吏驰驿报朝廷，上既闻，嗟惜久之。翌日，制赠昭义军节度使、同中书门下平章事。太常考行，谥曰贞简。诏三司给绢布粟麦如其式。”（杨卫东：《辽朝梁颖墓志铭考释》，《文史》2011 年第 1 辑）

④ 向南：《辽代石刻文编》，石家庄：河北教育出版社 1995 年版，第 160 页。

⑤ 同上，第 27 页。

口，银盂子两只，衣两队，马二匹。”[①]所谓“孝赠”，亦指赠送财物用以吊孝。《七国春秋平话》卷上：“孙子奏曰：‘既先君丧，合诏六国赠孝。’”因而，笔者推断《耶律元宁墓志》文末所记，应属圣宗皇帝赐予志主耶律元宁的赙赗物品。

除了用于助葬的赙赗钱物，契丹皇帝有时还向已故功臣名将赐赠一些用于装殓、祭祀及随葬的物品。如辽圣宗统和二十九年（1011）的《韩德让墓志》即载：“其诸赗赙宝货，祭飨珍馐，出自特恩，加于常等。”[②]可见，圣宗皇帝恩赐给已故韩德让的既有“赗赙宝货”，也有“祭飨珍馐”。又如辽道宗咸雍六年（1070）的《萧福延墓志》亦载：“咸雍六年夏五月七日丙申，宣徽使、同中书门下平章事萧公薨于长春州之近郊，享年五十有五。天子闻讣，临轩震悼，辍视朝两日，赙赗含禭，率用如等。”[③]古人葬礼，以珠玉纳死者口中谓之“含”，以衣衾赠死者谓之“禭”。志文将赙赗和含禭并列提及，说明含禭并不属于赙赗之内容。换言之，道宗皇帝赐予志主萧福延的“含”“禭”，不是助葬品，而是随葬品。再如辽道宗寿昌二年（1096）的《耶律弘世妻秦越国妃墓志》亦载：“无何，冥数有限，遘疾不起，寿昌二年春正月九日薨，享年五十。垂终之夕，诵佛作观而逝，盖平生习尚之然也。讣奏之际，上以淑善有称，颇用伤悼，诏奉陵军节度使兼山陵都部署韩君仪，致奠发丧。其牲币、涂蒭洎卤簿、笳箫之数有差。昭文馆直学士、知盐铁使事邓中举，奉厝灵柩，以营葬事。秘器之赐，又踰常式。”[④]道宗皇帝赐予志主秦越国妃萧氏的物品中，“牲”“币”等应该属赙赗助葬物品。而涂蒭应是用泥草扎制的车马人物，属送葬品；秘器，又名“东园秘器”，为古人装殓尸体所用的棺椁，应属葬具。志文中“有差”“踰常式”等文字显示，契丹皇帝赐予功臣名将的随葬品及葬具等，似乎也是有等级定制的。

在辽朝，有些功臣名将生前或死后，契丹皇帝还有向其赐赠墓园茔地之举措。譬如，天祚帝乾统元年（1101）的《梁援墓志》即载，道宗朝名臣梁援，其曾祖梁廷嗣，曾

① 向南、张国庆、李宇峰辑注：《辽代石刻文续编》，沈阳：辽宁人民出版社 2010 年版，第 58 页。
② 万雄飞、施伟伟：《辽代韩德让墓志考释》，《考古》2020 年第 5 期。
③ 向南、张国庆、李宇峰辑注：《辽代石刻文续编》，沈阳：辽宁人民出版社 2010 年版，第 131 页。
④ 同上，第 230 页。

向景宗皇帝申请墓地，最终得到赐赠。志文云，梁廷嗣"奏乞医巫闾山之近地永为别业，上嘉其内徙，命即赐之。诏奉先军节度使崔匡道为营寿藏，以监周峪为茔所，仍用居民三十户租赋赡给之。且以高阳旧茔时有水害，远奉輤车来葬于新地，其诸近属仍隶故乡"[①]。此后，已故梁氏族人均葬于此。如梁援的妻子张氏。天祚帝乾统七年（1107）的《梁援妻张氏墓志》即载：

> （张氏）因寝疾，至乾统七年三月二日，如眠薨于白霫私第。……以当年四月十七日癸酉，祔葬于闾岳景宗所赐坟地，从中书令（梁援）之故茔也。[②]

四、地理评价：抬升志主军政能力与军功政绩的主观描述

《韩椅墓志》记事：

> （太平）八年（应为九年）秋，逆贼大延琳，窃据襄平，盗屯肃慎。……假公押领控鹤、义勇、护圣、虎翼四军，充攻城副部署。贼平，就拜永清军节度，贝博冀等州观察处置，管押义勇军，驻泊于辽东。……移镇沈州。然而虎夷效逆，鹤野罹灾。俘劫井闾，剽掠烽戍。来如蚊蚋，肆毒噬人；去若虺蜴，蓄奸伏莽。公乃指画方略，奋发雄图。截玄菟之要冲，贯紫蒙之扼束。筑垒一十七所，宿兵捍城，贼不西寇，公之力也。[③]

"襄平""沈州""鹤野""玄菟""紫蒙"等均是辽及辽之前辽东地区的一些常见地名。因于圣宗朝末期至兴宗朝初期，辽东大地先后发生渤海后裔大延琳反叛及"虎夷"匪乱，后经韩椅等辽军将领逐一平定，才使这一地区恢复到往日的平静与安宁。以上一段"记事"，是《韩椅墓志》作者李万依据韩椅辽东平叛、剿匪之史事而对这一时期辽东军事地理（人文环境）由"劣"（"虎夷效逆，鹤野罹灾。俘劫井闾，剽掠烽戍。来如蚊蚋，肆毒噬人；去若虺蜴，蓄奸伏莽"）变"优"（"截玄菟之要冲，贯紫蒙之扼束。筑垒一十七所，宿兵捍城，贼不西寇，公之力也"）的主观拟物描述

---

① 向南：《辽代石刻文编》，石家庄：河北教育出版社1995年版，第520页。
② 同上，第566页。
③ 同上，第206页。

以及对志主军功政绩的评价。而参与描述和评价的关键要素，便是“遥领”永清军节度使韩椅的“军政能力”（“公乃指画方略，奋发雄图”）。换言之，一方面是韩椅不凡的“军政能力”和优异的“军功政绩”，造就了辽东军事地理（人文环境）迅速由“劣”转“优”的现实；另一方面，也正是辽东军事地理（人文环境）由此前的“劣”转变为今日的“优”，恰好映衬出韩椅军政能力的“不凡”以及军功政绩的“优异”。这便是墓志铭作者李万为达到抬升乃至夸大志主军功政绩之目的而有意采取的一种特殊撰写方式。

检索其他辽人墓志石刻文字，类似李万这种通过地理评价去抬升乃至夸大志主军政能力和军功政绩的特殊撰志方式之实例还有许多，涉及被评价的人文地理（人文环境），包括政治、军事、经济、民俗等多个方面。

譬如与政治地理评价相关者，大多是与志主的行政能力和治理地方的政绩关系密切。如景宗朝的耶律迪烈，其行政能力及治理地方的政绩即与东京辽阳府周边政治地理的评价相关联。辽圣宗太平三年（1023）的《耶律道清墓志》即载：

祖讳迪烈，竭节功臣、金紫崇禄大夫、检校太傅、东京中台省右相、上柱国、漆水郡开国公，食邑二千三百户，食实封二百户。琼树无尘，金茎有露。先皇帝欲肃浩穰之地，全资英杰之材，擢向龙庭，俾临鹤野。令出而下民神伏，政行而千里风清。西望閭山，共显擎天之势；东闻辽水，同输朝海之程。思魏阙以心摇，望尧云而目断。声传内外，事播古今。[①]

正是因为耶律迪烈颇具“英杰之材”（超常的行政能力），在其精心治理之下，才出现了閭山东麓暨辽水两岸的东京辽阳府地区“下民神伏”“千里风清”的良好局面（优异的治理地方政绩）。而“声传内外，事播古今”，显然是志文作者对事主耶律迪烈治理辽阳地方政绩的抬升和夸大之辞。

与军事地理评价相关者，大多是与志主的军政能力和军功政绩有关。如天祚帝朝的萧义，其军政能力、军功政绩即与平州一带军事地理评价相关联。辽天祚帝天庆二

① 向南、张国庆、李宇峰辑注：《辽代石刻文续编》，沈阳：辽宁人民出版社 2010 年版，第 65 页。

年（1112）的《萧义墓志》即云："初，平山孤竹之地，控带边防。（萧义）申威令以制其豪强，修仁政以养其疲瘵。受代而后，爰及累年，至今称之，如不容口。"[①]孤竹，殷商时期古国名，统治中心在今河北卢龙附近。平山，县名，辽圣宗统和八年（990）七月省废。正是因为萧义做到了"申威令以制其豪强，修仁政以养其疲瘵"，才使"平山孤竹之地"，真正起到了"控带边防"（概指控扼连接辽东与中原濒海道）的作用。于此，萧义功不可没，虽离职多年，仍被时人赞不绝口。很明显，志文作者孟初的最后几句用语（"受代而后，爰及累年，至今称之，如不容口"），颇有几分夸张的成分。

与经济地理评价相关者，大多亦与志主的行政能力和治理地方的政绩关系密切。如穆宗朝的王守谦，其行政能力、治理地方政绩即与冀北一带经济地理的评价相关联。辽景宗保宁八年（976）的《王守谦墓志》即载：

> 洎大丞相渤海高公，保厘天邑，专总朝政。下车不数月，选公宰人于蓟北。是县也，户多兼并之室，人有物力之差，夏租秋税，恒踰年之逋负，调发役使，俾穷民之偏并。公之肇至也，峻其科条，严其程限，均其劳逸，恤其羸弱，期年免稽逋之累，黎元绝轻重之□，然后宽其惩责，槚楚几不用矣。是时，比岁丰稔，百姓谧宁。视其听政之所，惧有坏□□□□，始谋必葺，众情悦随，特新密贱之堂，悉去宰予之木，庭庑改观，考课居最。[②]

盖因前任县令不作为，致使冀北一带"户多兼并之室，人有物力之差，夏租秋税，恒踰年之逋负，调发役使，俾穷民之偏并"。得大丞相高勋的推荐，王守谦调任冀北县令。王守谦到任，"峻其科条，严其程限，均其劳逸，恤其羸弱，期年免稽逋之累，黎元绝轻重之□，然后宽其惩责，槚楚几不用矣"，最终实现了冀北一带"比岁丰稔，百姓谧宁"的良性转变。而"庭庑改观，考课居最"，是志文作者为有意抬高志主治理冀北地方政绩所作的特别强调。

---

① 向南：《辽代石刻文编》，石家庄：河北教育出版社1995年版，第624页。

② 向南、张国庆、李宇峰辑注：《辽代石刻文续编》，沈阳：辽宁人民出版社2010年版，第10、11页。（参见本书附录图版七）

与民俗地理评价相关者，大多亦与志主的行政能力和治理地方的政绩关系较大。如道宗朝的萧福延，其行政能力和治理地方的政绩即与霫地民俗地理的评价相关联。据辽道宗咸雍六年（1070）的《萧福延墓志》记载：

咸雍元年，以霫诸部地方千余里，□□十万，风俗豪滑，尤为难治，朝廷议择勋戚，以专统□。册公为奚王，逮至治所，军靖□□□境之闻欢声一振。号令严肃，威惠两行。民阜业而安□□，苛吏望风而凛然。知禁□□□□以善□闻。①

霫地，应指辽中京周边的霫人分布区。这一带“地方千余里”，土旷民稀，“风俗豪滑，尤为难治”。朝廷认为奚人萧福延有治理霫地的行政能力，便立其为奚王，遣往霫地，监管霫人。萧福延到任，“号令严肃，威惠两行”，最终“民阜业而安□□，苛吏望风而凛然”，实现了霫地民风向好、民俗趋良的治理目标。志文最后一句“知禁□□□□以善□闻”磨泐缺损严重，推测亦属墓志铭作者对志主功德业绩的抬夸之辞。

综上，笔者已就《韩椅墓志》记事所涉相关内容，从四个方面，对契丹皇帝遥授官员节镇使职虚衔、辽宋互赠对方使节钱物、功臣名将所获生赠死赗，以及人文地理（人文环境）主观评价等，进行了发微考索。结束本节之前，仍觉有些未尽之言，需做简要交待，以便与学界同仁一起思考，如何进一步完善以上诸问题之探讨。

一是契丹辽朝官员遥领节镇是否开府的问题。按常理说，遥领节镇使职是为虚衔，属于异地挂职，职任所涉需要治理的州郡在遥远的异国他乡，没必要在本土置幕延僚，设衙开府。但笔者检索出土辽代石刻文字，发现辽朝有的官员遥领节镇使职虚衔后，似乎有开府之迹象。譬如景宗朝的耶律琮。据辽景宗保宁十一年（979）的《耶律琮神道碑》记载，耶律琮生前最后之官职即是被景宗皇帝遥授的镇国军节度使。碑文载：

① 向南、张国庆、李宇峰辑注：《辽代石刻文续编》，沈阳：辽宁人民出版社2010年版，第132页。

> 授推忠奉国佐运功臣、镇国军节度、华商等州观察处置等使、特进、检校太师、兼侍中、使持节华州诸军事、行华州刺史、上柱国、漆水郡开国公，食邑三千户、食实封三百户。[①]

镇国军，为北宋华州军号。很明显，耶律琮所任节度使及刺史等官职，均为遥领虚衔。但据《耶律琮神道碑》所记，耶律琮的长子和次子之职任，又均与镇国军和华州相关联。碑文云：

> 夫人于是亲与长男华州马步军都指挥使昌言，次男华州衙内马步军都指挥使昌时，季男阿雒奴与幼女少妇，并门生故吏部曲人员，以□□□事语询于众，卜其兆宅，安厝玄宫。……长男镇国军节度马步军都指挥使昌言，次男镇国军节度衙内马步军都指挥使昌时，季男阿雒奴……随使左都押衙李贞，随使右都押衙李光，随使□□□……随使契丹都提□□□……[②]

以上所见，无论是写作“华州马步军都指挥使、华州衙内马步军都指挥使”，还是“镇国军节度马步军都指挥使、镇国军节度衙内马步军都指挥使”，以及“随使左都押衙”“随使右都押衙”“随使契丹都提□”“门生、故吏、部曲”，等等，大都为耶律琮“镇国军节度使”或“华州刺史”府的衙府属官。既然设如此之多的衙府属官，就不得不使人怀疑：尽管可能也是虚设，属于“影子”官府，但耶律琮的遥领镇国军节度（华州刺史），或已在契丹本土开府？

二是与金、宋遣使不同，辽、宋之间互聘使节，契丹辽国既没有对使节出使次数做限制，亦未见有增收使节俸外个人所得税之规定。前已述及，辽、宋政府对来聘之对方使节，均有数量不菲的钱物赐赠，因而使团人员均有可观之经济收入，他们所获之俸外钱物，大大补偿了因使途艰辛而造成的个人精神损失和身体损伤，所以使臣奉诏出疆，在当时或可成为一种“肥缺”。金、宋南北对峙期间，双方仍延续类似辽、宋时期的各种聘使活动，并且金、宋政府赐赠对方使节之钱物数量，亦非常可观。金

---

① 向南、张国庆、李宇峰辑注：《辽代石刻文续编》，沈阳：辽宁人民出版社 2010 年版，第 340 页。
② 同上，第 341、342 页。

朝政府鉴于本国出使南宋的使节所获对方钱物较多，曾采取征收个人所得税——物力钱的措施。所谓“物力钱”，《金史·食货志》有载：

官田曰租，私田曰税。租税之外算其田园屋舍车马牛羊树艺之数，及其藏镪多寡，征钱曰物力。物力之征，上自公卿大夫，下逮民庶，无苟免者。近臣出使外国，归必增物力钱，以其受馈遗也。①

如金世宗朝的梁肃，曾出使南宋，此后，便自觉补交了物力钱。《金史·梁肃传》即云：

凡使宋者，宋人致礼物，大使金二百两，银二千两，副使半之，币帛杂物称是。及推排物力，肃自以身为执政，昔曾使宋，所得礼物多，当为庶民率先，乃自增物力六十余贯，论者多之。②

笔者检索《辽史》等文献史料及出土辽代石刻文字资料，尚未见有辽朝政府对出使北宋的使节征收个人所得税的记载。另据《金史·魏子平传》记载，金朝政府鉴于出使南宋的使节俸外所得赐赠钱物过多，又采取限制使节出使次数的措施，即除特殊情况外，一人一生只允许出使一次：

正隆三年，（魏子平）为贺宋主生日副使。……（大定）六年，复为贺宋主生日使，上曰：“使宋无再往者，卿昔年供河南军储有劳，用此优卿耳。”③

而辽朝政府似乎没有对使节出使邻邦有次数的限制。检索文献史料和出土石刻文字资料，辽朝有诸多使节不止一次出使邻邦。譬如韩椅，墓志铭记载他一生出使北宋两次，出使西夏、高丽和敦煌沙州回鹘各一次。

三是人文地理（人文环境）评价中不能回避的客观因素——自然地理（自然环境）条件。辽人墓志铭作者为褒扬、抬升乃至夸大志主的军政能力和军功政绩，在人文地理（人文环境）评价中，有意隐匿或忽视被评价地区自然地理以及自然环境的客观作用。譬如本节第四部分所引辽人墓志石刻文字对辽东人文地理（人文环境）的描述及志主

① 脱脱等：《金史》卷四六《食货一》，北京：中华书局1975年版，第1028页。
② 脱脱等：《金史》卷八九《梁肃传》，北京：中华书局1975年版，第1986页。
③ 脱脱等：《金史》卷八九《魏子平传》，北京：中华书局1975年版，第1976页。

军功政绩的评价中，均不见对真实的辽东地区自然地理条件与自然环境状况的客观书写。其实，辽朝辽东地区的自然地理条件与自然环境状况良好，非常适合人居，否则，辽朝初年太宗耶律德光也不大可能采纳耶律羽之的建议，将东丹国的渤海遗民南迁至梁水流域予以安置。《辽史·耶律羽之传》载：

> 梁水之地乃其故乡，地衍土沃，有木铁盐鱼之利。乘其微弱，徙还其民，万世长策也。彼得故乡，又获木铁盐鱼之饶，必安居乐业。[①]

梁水，即今辽阳太子河。可见，辽初以辽阳为中心的辽东大地，“地衍土沃，有木铁盐鱼之利”，地理环境十分优越，是难得的鱼米之乡。此外，在涉及评价辽南京道平州、冀北等地人文地理（人文环境）时，亦罕见作者对这些地方做真实客观的自然地理条件和自然环境状况之描述。事实上，辽朝南京地区的好多对方，自然地理环境亦很优越，气候温和，降水丰沛，土地肥沃，植被繁茂，非常适合发展农耕经济。譬如辽圣宗统和五年（987）的《祐唐寺创建讲堂碑》即有对南京道蓟州一带自然地理环境的客观描述：

> 夫幽燕之分，列郡有四，蓟门为上。地方千里，籍冠百城。红稻青秔，实鱼盐之沃壤；襟河控岳，当旗戟之奥区。[②]

再如辽道宗咸雍八年（1072）的《蓟州神山云泉寺记》，对渔阳附近自然地理环境及村舍四周植被景观亦有真实的记载：

> 渔阳郡南十里外，东神西赭，对峙二山。下富民居，中厂佛寺。前后花果，左右林泉。大小逾二百家，方圆约八九里。每春夏繁茂，如锦绣围绕。[③]

人文地理（人文环境）主观评价不可或缺客观的自然地理（自然环境）要素，否则，其评价结果的真实性，便可能大打折扣。同样，亦不能在夸大人文地理（人文环境）由劣而优的转化速度基础上，对志主的功德政绩做不切实际的虚夸与拔高，若是，

① 脱脱等：《辽史》卷七五《耶律羽之传》，北京：中华书局 1974 年版，第 1238 页。
② 向南、张国庆、李宇峰辑注：《辽代石刻文续编》，沈阳：辽宁人民出版社 2010 年版，第 343 页。
③ 向南：《辽代石刻文编》，石家庄：河北教育出版社 1995 年版，第 358、359 页。

亦会贬损或降低石刻史事记载的可信度。[①]

第五节　与辽人墓志铭撰述相关问题蠡探

公元 916 年，辽太祖耶律阿保机建元神册，正式建立契丹国家政权；公元 1125 年，天祚帝耶律延禧被金军所俘，辽亡。有辽一代二百余年，沿承前朝铭墓制度，辽人（主要是官贵人士及其家属）死后，埋入地下，大都有石质墓志铭随葬墓中。近世以来，随着辽墓考古工作的开展（包括盗墓后的抢救性发掘），不少千余年前的辽人随葬墓志铭重见天日，展现在考古、文博及辽史研究者面前。辽人墓志石刻文字是研究辽朝史事的第一手资料，弥足珍贵，早已为辽史研究者的共识。近年来，利用辽人墓志石刻文字探究辽朝历史问题已成热门，且有数量可观的学术成果问世。但与此相比，学者们对辽人墓志石刻本身的研究，诸如墓志铭的外在形制、墓志铭文本撰写体例及其相关问题的探究，却比较冷寂，有些内容甚至无人问津。其实，学者们若想真正科学合理地利用墓志石刻文字对辽朝历史诸问题作更深入细致之研究，就应该了解一些与志文撰述相关的问题，譬如丧家心态、作者状况、撰写原因、资料来源，等等。只有将这些问题弄清楚了，才能了解志文中哪些内容真实可信，可以援引利用；哪些内容虚夸溢美，需要斟酌分辨。

一、请托与奉敕：文人自谦心态下的被动承应

自谦，是古往今来大多数文人学者秉持的一种美德。辽朝的文人学者亦不例外。辽朝文人为逝者撰写墓志铭，尽管他们当中好多人是为逝者生前亲朋好友，弟子同僚，

① 譬如，辽圣宗开泰二年（1013）的《高元墓志》作者对志主治理某地的功德政绩所作夸张性描述，就颇使人难以信其真："公竹马之信不愆，铜虎之符逌契。下车化俗，匪曰成功；吏不敢欺，民望而畏。一日而布理悬法，二日而革弊归淳，三日而迩安远肃。自然盗贼无有，□捉不宣，家给民足而一郡肥，刑清讼息而庶政简。"（杜晓红、李宇峰：《辽宁朝阳县发现辽代高嵩高元父子墓志》//《辽宁省博物馆馆刊》，沈阳：辽海出版社 2011 年版）

均相熟无比，但他们撰写墓志铭大都不是“主动”为之，而是被动承应：或等丧家登门（持函）邀请，或被皇帝下诏敕命。笔者检索辽人墓志石刻文字发现，凡属请托和奉敕的墓志铭撰写者，大都在志文中程度不同地流露了某种自谦之心态。

譬如，辽穆宗应历五年（955）的《陈万墓志》，作者为前成德军教练使李筠。李筠为陈万撰写墓志铭即属于请托。在志文最后，李筠强调自己是名武职，既非文才，亦无文采，丧家请托，难以推辞，只能勉强为之：

筠幼亲儒道，长就武资，自揣匪才，安敢措笔，再三□命，辞退尤难，谨以实录，而为铭曰……[①]

辽圣宗开泰九年（1020）的《耿延毅墓志》，向南先生考证其作者为李万，应是耿延毅使府的门吏或属僚。李万为耿延毅撰写墓志铭也属请托。李万在志文最后也坦言自己才气不足，文笔非佳，丧家相邀，难以推辞：

将赴葬期，乃征铭于陇西氏。万元非史才，久废文笔，承郡王之教，难以固辞，乃考世德，刊勒墓石。[②]

辽道宗大康元年（1075）的《萧德温墓志》，作者为国舅判官张臣言。张臣言为萧德温撰写墓志铭，也属请托，并在文后自谦了一番：

远日已临，动克周于盛礼；沈□用勒，庶不泯于徽音。臣言性本颛愚，才非该赡，幸蒙请讬，焉敢避辞。秉笔恧颜，强为铭曰……[③]

辽人逝后，丧家“请托”文人撰写墓志铭，若被请托者为熟人，可以直接登门言请，或捎寄书信邀约。但如果丧家与被请托者不熟，只是慕名，那么就只能找熟人代请了。如辽道宗咸雍八年（1072）的《耶律仁先墓志》，作者为前崇义军节度副使赵孝严。赵孝严应属道宗朝撰写墓志铭的名人（曾为当时多人撰写墓志铭），而逝者耶律仁先的家人虽慕其名但可能与之不熟，所以耶律仁先的弟弟、果州防御使耶律智先与南面林牙耶律信先便委托当朝宰相姚景行代为请托：

---

① 向南：《辽代石刻文编》，石家庄：河北教育出版社 1995 年版，第 16 页。
② 同上，第 160 页。
③ 同上，第 373 页。

（耶律仁先）神柩将窆前一日，果州（耶律智先）暨林牙（耶律信先）使驰驿有请于秦公（姚景行），因讬孝严为其志。既辞让靡遑，遂倚马挥翰，不暂停缀。[①]

辽道宗大安九年（1093）的《萧公妻耶律氏墓志》，作者也是赵孝严。此时的赵孝严已是“史官”加“词臣”身份，属衔为“宣政殿学士、崇禄大夫、行尚书礼部侍郎、翰林学士、知制诰、充史馆修撰”，声望高，名气大。长宁宫使萧公（不详其名）妻子耶律氏去世，入葬之前，萧公亦想请赵孝严为妻子撰写墓志铭。但此时的萧公正从黑岭道宗皇帝秋捺钵行在赶往中京香台山祖茔所在地的途中，于是，他便给弟弟捎信，让弟弟代为请托赵孝严。志文云：

皇辽大安九年，岁在作噩，秋八月十日，夫人始感疾于途次。遍命医祷，术尽无验。越九月一日，奄终于居例（渠劣）山之阳，享年三十有六。时萧公方从□翠华远畋黑岭。适有报德宫爽裕因以闻。颇悯怜之，诏公驰视。至则已不逮矣。公悼亡抚稚，悲不自胜。及殓，遣长子麼撒里躬护灵柩，先往香台山依先茔择便地，殡止。公以职近假满，旋赴行卫，昼待夜直，不遑宁处。复念人伦之重，莫若伉丽。世路之隔，俯期窀穸。遂奏请往，就视葬所。诏下俞允。公将发骑，置寄言鸰原曰：“弟能为我丐文于翰林天水公，肯为之志，则使栖圹者庶无遗恨！”予且感其意，勉述之。[②]

有辽一代，不仅仅是撰写墓志铭的一般请托者有自谦之表白，即便是朝廷有名的史官或词臣，闻诏奉敕，在为皇亲国戚或宰辅功臣撰写墓志铭时，也是各有一番自谦，且自谦之程度，还远远大于前者，甚至已达诚惶诚恐。如辽道宗咸雍元年（1065）的《耶律宗允墓志》，志主是圣宗之侄，其父为皇太弟耶律隆庆。该志作者为充史馆修撰刘诜。刘诜是史臣，他奉敕为耶律宗允撰写墓志铭，便在志文最后袒露出自谦之意：

且载封载树，属远日之有期；而为谷为陵，虑芳声之见泯。臣效官北阙，供

① 向南：《辽代石刻文编》，石家庄：河北教育出版社 1995 年版，第 354 页。
② 向南、张国庆、李宇峰辑注：《辽代石刻文续编》，沈阳：辽宁人民出版社 2010 年版，第 220 页。

职西垣。愧微温丽之辞，祇副穆请之命。聊述盛烈，用刻贞珉。俯伏不遑，谨为铭曰……[①]

又如辽道宗寿昌二年（1096）的《耶律弘世妻秦越国妃墓志》，作者为充史馆修撰刘嗣昌。志主为兴宗之子、道宗之弟耶律弘世的妻子。史臣刘嗣昌奉敕为秦越国妃撰写墓志铭，也在志文最后自谦道：

嗣昌才翰非工，职居纶掖，猥承温命，牢让靡遑，谨摭遗芬，以为铭曰……[②]

笔者虽然统称撰写辽人墓志铭的作者为“文人”，但因他们的身份职业、社会地位以及文化水平、写作能力等各不相同，参差不齐，他们在被请托或奉敕为逝者撰写墓志铭时，均有一番自谦之表白，这在当时是一种普遍现象。笔者以为，能够胜任撰写者自谦，体现的是文人的谦逊美德；勉为其难撰写者自谦，很可能就是能力不足的真情表露。浏览出土辽人墓志文字，从多重角度审视，的确是良莠不齐，优劣参半，个中原因，作者自谦表白掩映下的能力与水平问题，盖为其一也。

二、迁变与垂陈：丧家和作者对墓志铭功用的共识

辽人逝后，入葬之前，或由丧家请托，或承皇帝敕命，便有擅文者为逝者撰写墓志铭文，然后书丹刻石，随葬于墓中。辽人热衷于为逝者撰写墓志铭，一个主要原因，是丧家和作者对墓志铭的功用达成了共识：欲想功名垂陈千古，不惧陵迁谷变，唯有刻石铭墓。

笔者以为，“事功”观念应该是开启辽人认识墓志铭功用的前提。首先，他们认为：人，只有生前立功树德，才能死后遗声留名。如辽兴宗重熙二十二年（1053）的《王泽墓志》作者王纲，在志文之开篇即阐述：

纲恭闻学富乎盛文，志惇乎盛德，器成乎盛业，身享乎盛名。其来也，际熙辰（宸），摅伟量，步骤华途，赞襄丕御，昭然焕然，君善称而臣功著；其往也，

① 向南：《辽代石刻文编》，石家庄：河北教育出版社 1995 年版，第 322 页。

② 向南、张国庆、李宇峰辑注：《辽代石刻文续编》，沈阳：辽宁人民出版社 2010 年版，第 230 页。

贻懿范，蔼清芬，晔煜良史，绵联景彝，广矣大矣，勋阀高而庆嗣长。[①]

其次，他们认为：而欲名垂千古，唯有志墓铭石。如辽道宗清宁九年（1063）的《张绩墓志》作者李三畋，在志文的开篇即云：

伏闻《梁选》所序，志谓纪其年代；《释名》所载，铭者述其功美。盖士君子生而有行实，身后不可以弗显；死而有寿数，葬前不可以弗纪。又曰："君子耻当年而功不立，疾没世而名不称。"则志名之义，可得而详焉。[②]

先看丧家对墓志铭功用的认识。一般来说，丧家对墓志铭功用的认识简单明了。如辽太宗会同五年（942）的《耶律羽之墓志》即载：东丹国左相耶律羽之逝后入葬之前，"仲子阙等于哀酷之余，攀号之际，虑人移世改，谷变陵迁，徽猷不振于将来，盛德箴闻于远裔，乃勒贞石，用传不朽"[③]。又如辽穆宗应历十八年（968）的《王仲福墓志》亦载，王仲福逝后入葬之前，其子王廷芝请托求铭，亦存同样心理：

次子廷芝以久仕和门，早与时理，虽知深藏为妙，实虑谷变忘名，爰求贞珉，固兹刊勒。[④]

再如天祚帝乾统七年（1107）的《梁援妻张氏墓志》作者、乾文阁直学士杨丘文，借用为张氏撰写墓志铭之事，概括了所有丧家对撰写已故亲人墓志铭功用所达之共识：

斯古代已还，子孙显父母之志也。亦欲百世之下，览国夫人之遗风，使效学者广矣！[⑤]

再看作者对墓志铭功用的认识。墓志铭作者对墓志铭功用的认识要比丧家深刻得多。譬如，辽圣宗统和二十四年（1006）的《王邻墓志》作者，于志文之开端即开明宗义，专论墓志铭的性质与功用：

志者，形于言而侔于法，观其行而立其规。规矩，可以播徽猷而扬威烈，征故事而著英声。若以课虚，焉能务实。匪铭匪石，无以彰不朽之谈，乃质乃文，

① 向南：《辽代石刻文编》，石家庄：河北教育出版社 1995 年版，第 259 页。
② 同上，第 313 页。
③ 向南、张国庆、李宇峰辑注：《辽代石刻文续编》，沈阳：辽宁人民出版社 2010 年版，第 4 页。
④ 同上，第 8 页。（参见本书附录图版二三）
⑤ 向南：《辽代石刻文编》，石家庄：河北教育出版社 1995 年版，第 568 页。

可以叙莫穷之纪。承其大体，敢搆荒辞。陈三代之嘉名，垂千年之令范。[①]

而天祚帝乾统十年（1110）的《高为裘墓志》作者（未署名），则是从人类丧葬形式演变历史的视角，定义了墓志铭的特殊功用：

夫太古之葬，衣之以薪，不封不树，丧期无数。后世圣人，易之以棺椁。降及近代，礼制增新，愈厚其事。抑又惧其陵谷，乃刻志于幽石。[②]

总之，丧家与作者对墓志铭功用的认识已趋一致。有趣的是，这与辽代佛教信徒认定写在贝叶、绢帛或纸张上的佛经，会随着岁月的流逝受到损毁，只有将其刻写在石板上，做成石经，埋入地下，才能使其传之久远，颇为相类。如天祚帝天庆八年（1118）的《云居寺续祕藏石经塔记》即载：

浮屠经教，来自西国，梵文贝叶，此译华言，尽书竹帛。或邪见而毁灭，或瀑水而漂溺，或兵火而焚热，或时久而蠹烂，孰更印度求诸与？[③]

于是，佛教信徒便把选取佛经材质的目光，转向了石板。石材坚硬，可耐水火，且于自然界存量丰富，容易取得，于是，便成了刻经藏经的首选。辽穆宗应历十五年（965）的《重修范阳白带山云居寺碑》即云：

成众生性者，莫大于经，勒灵篇儆来劫者，莫坚于石，石经之义远矣哉！藏千万法，垂五百年。曾拔宅而此经存，海飞尘而此经在。粼粼白石，宁惧始皇之焚；岌岌碧岩，不畏会昌之毁。[④]

辽代丧家为使已逝亲人功名垂陈千古而刻石铭墓，佛教信徒为防佛经损毁而镌刻石经，二者虽无内在关联，却有异曲同工之妙。

三、史牒与状闻：辽人墓志铭文本的取材之道

不管是请托还是奉敕，辽朝文人为逝者撰写墓志铭，均需依靠丧家提供的相关材料。

---

① 向南：《辽代石刻文编》，石家庄：河北教育出版社1995年版，第121页。
② 同上，第609页。
③ 同上，第670页。
④ 同上，第32页。

笔者钩沉、耙梳出土墓志石刻文字，归纳辽代墓志铭文本的材料来源主要有史、牒、状、闻。

史，专指辽之前诸王朝传世之通史或断代史典籍，譬如西汉著名史家司马迁的《史记》等。辽朝文人撰写墓志铭，尤其是为世家大族之官贵人士撰写墓志铭时，大都于志文之首，简介志主姓氏起源、家族郡望以及远祖事迹等，于此，往往要考索史籍，无论是否真实可靠，也不管是否涉嫌攀附冒领，均摘录或抄改与之相关的史事录入志文，其主要目的，是为了凸显志主家族门第之高贵以及提升其社会政治地位。譬如，辽兴宗重熙六年（1037）的《韩椅墓志》，作者为充史馆修撰李万。李万为韩椅撰写墓志铭，所利用的资料中，即包括韩氏先人于史籍中的事迹。志文云："哀罔极于旻天，勉尚凶于远日。惧迁岸谷，请纪音尘。青山白云，温博已谈于傅弈；蔓草拱木，丽遒□委于江淹。聊採世家，粗镌寿域。""（韩氏）其先曲沃桓叔之苗胄也。建功于冀，食采于韩，惟彼元昆，以邑命氏。若乃划分三晋，森峙六雄，烬余方绝于祖龙，基搆特新于天汉。成既赐胙，卜宅颍川；信亦分茅，築都代土。其后徙居昌黎，因为其郡人，则著姓之籍，不其盛欤！"[①] 此中之"世家"，应指《史记·韩世家》。又如辽道宗大安六年（1090）的《郑恪墓志》，作者为嫔州军事判官李谦贞。李谦贞为郑恪撰写墓志铭，所用素材，也包括史籍资料在内。志文云："君讳恪，世为白霤北原人，其先，史记世家及家状详焉。"[②] 这里的"世家"，是指《史记·郑世家》。

牒，指家牒，又称"家谱"，为记一姓家族世系、人物事迹的谱牒。唐人元结《自释》诗云："世业载家史，世系在家牒。"辽朝的官宦世族、书香门第以及广大耕读平民人家，他们不一定有家史，但大都有家牒，用以记录家族世系以及家族人物事迹等，故家牒应是一个家族的历史记录。辽人去世之后，被请托或奉敕撰写逝者墓志铭，丧家一般都要向作者提供家牒。如辽道宗大安八年（1092）的《耶律昌允妻萧氏墓志》即云："孝孙妇杨哥，出以家牒，请记沉石，比克永世，以嗣家声。灵廡含情，祠既存于湘渚；

① 向南：《辽代石刻文编》，石家庄：河北教育出版社1995年版，第203~207页。

② 同上，第428页。

神闺遗恨，名不泯于平原。事不及让，谨为铭曰……”[①]但作者在撰写墓志铭过程中，因逝者家族的历史并不是志文记述的主要内容，所以他们大都仅于其中摘抄三言两语，简略介绍志主父祖世系名讳及其重要职爵而已，因而志文中常见“家谍既存”“此不复书”等字样。如辽兴宗重熙十四年（1045）的《秦国太妃墓志》，作者为修国史杨佶。杨佶为秦国太妃撰写墓志铭，在简介太妃曾祖父母、祖父母及父母名讳与官爵时，应是参看了家牒：“累朝入仕之资，重世袭爵之庆，期功显晦之迹，婚媾内外之伦，家谍存焉，载则言繁，今不复道。”[②]所谓“载则言繁，今不复道”，即指对太妃先人之功德事迹等。杨佶没有依据家牒在志文中作过多摘述。又如辽道宗大康四年（1078）的《秦德昌墓志》，作者在志文开始亦写道：“曾祖美，左拾遗，知缙阳县事。列祖遂，兵部郎中、知范阳县事。皇考英照，入内左番殿□、□□□□□□□御使。三代遗烈，家牒具之，此不复道。”[③]所谓“三代遗烈”，指的是秦德昌的曾祖父、祖父和父亲的功德业绩，因家牒都有记载，志文中稍稍提及，没有重复录入。与之相类，有的丧家可能还向志文撰写者提供逝者父、祖等先人的墓志铭稿本，以为写作参考。一般来说，撰写者对其也只是参看，并不完全抄录。如辽圣宗统和十五年（997）的《韩德威墓志》即云：“其高、曾已降，详于先志焉，文不繁书，言尚摭实。”[④]统和二十六年（1008）的《耶律元宁墓志》亦载：“粤高、曾而上，名德之盛，则太师公之志文备矣，此不复书，从其简也。”[⑤]

状，指行状，专门记述死者生平事迹的文字，也称“行述”，常由逝者家属亲友或门生故吏撰述，作为撰写墓志铭的依据。南朝梁刘勰《文心雕龙·书记》云：“体貌本原，取其事实，先贤表谥，并有行状，状之大者也。”有辽一代，被请托及奉敕撰写墓志铭者，大都要依靠丧家提供的逝者行状。如辽圣宗统和二十六年（1008）的《耶律元宁墓志》，作者为充史馆修撰杨又玄。杨又玄被请托为耶律元宁撰写墓志铭，

① 向南、张国庆、李宇峰辑注：《辽代石刻文续编》，沈阳：辽宁人民出版社 2010 年版，第 209 页。
② 同上，第 90 页。（参见本书附录图版一八）
③ 同上，第 166 页。
④ 同上，第 34 页。
⑤ 同上，第 43 页。（参见本书附录图版一一）

依靠的主要素材就是丧家提供的志主行状："嗣子天王奴等痛失所天，虑变深谷，辱示行状，讬志墓铭。"[①] 辽道宗咸雍九年（1073）的《萧德恭墓志》，作者为试秘书省正字石介。石介为萧德恭撰写墓志铭，丧家也向他提供了逝者的行状："如介者，智不识葵，慧无辨菽。学不足以烛于古，才不足以华于时，识不足以鉴于隐。徒以大国舅驸马顾怜之下，曲付行状，强以编之。噫！书不尽言，言不尽意，公之宗族、德行、功略、容仪，刻群山之石，不可殚记，聊以纲举，万一而言。其文也，实而不华，其辞也，直而无愧。精心极思，黯而铭曰……"[②]

闻，指的是见闻，即墓志铭作者听到和见到的志主生前各种情况。辽朝文人为逝者撰写墓志铭，其素材之来源，除上述之史籍、家牒和行状外，还有就是他们对逝者的闻知。换言之，若墓志铭的作者与逝者生前就相熟知，那么他对逝者的言行举止、功德事迹等的所见所闻，均已了然于心，写时便可信手拈来。此类作者，一般不是逝者的戚属近亲，就是门生故吏。如辽圣宗太平六年（1026）的《宋匡世墓志》，作者为志主的外甥、中京留守判官王景运。王景运为舅父宋匡世撰写墓志铭，就是得益于熟知志主生平之便利："以景运西掖司旨，早曾弄翰；南曹应宿，近又为郎。……矧叨外戚，最孰芳猷。承嘉命以不遑，效直书而无□。"[③] 辽道宗咸雍五年（1069）的《秦晋国妃墓志》，作者为翰林学士陈觉。陈觉奉敕为秦晋国妃撰写墓志铭，靠的也是自幼对志主生平事迹、道德懿行的熟稔："臣爰自妙龄，幸蒙厚顾。尝面奉诲谕，勖令就学。迨至登科，奖励之恩也。故妃之徽懿，颇得谙悉。恭承明命，文翠琰以非工；聊记清芬，望绿山而增黯。"[④] 辽道宗寿昌四年（1098）的《邓中举墓志》，作者为右拾遗龚谊。龚谊为邓中举撰写墓志铭，也是基于对逝者平时的熟知："葬得日，次子纯曰：'先君之待子有素矣，子知先君有年矣，敢请以文铭。'应曰：'诺。'"[⑤]

① 向南、张国庆、李宇峰辑注：《辽代石刻文续编》，沈阳：辽宁人民出版社 2010 年版，第 44 页。（参见本书附录图版一一）

② 向南、张国庆、李宇峰辑注：《辽代石刻文续编》，沈阳：辽宁人民出版社 2010 年版，第 154 页。

③ 向南：《辽代石刻文编》，石家庄：河北教育出版社 1995 年版，第 181、182 页。

④ 同上，第 342 页。

⑤ 向南：《辽代石刻文编》，石家庄：河北教育出版社 1995 年版，第 489 页。

四、事同与记异：辽人墓志铭与《辽史》"本传"并无史源关联

辽朝名臣高官中，有墓志铭（或神道碑）出土且在《辽史》有传者并不鲜见，如耶律羽之、韩匡嗣、耶律琮、韩德让、张俭、耶律仁先、耶律庆嗣，等等。他们的人生轨迹，既见于自己的墓志铭文，也载于《辽史》"本传"，当然，还曾记载于早已失传的他们各自家族的家牒中。笔者检索这些辽人的墓志铭和他们的《辽史》"本传"，筛选出一些有趣故事（如张俭常衣赭袍）和典型事件（如耶律羽之主持东丹国南迁），将两种文本相比对，发现其文句长短不一，字数多寡不等，写作风格各异。由此，笔者推断，辽人墓志铭和《辽史》"本传"所记之故事或事件内容虽相同，但二者并非源于同一稿（底）本。也就是说，辽人墓志铭与《辽史》"本传"记事并无史源关联。

有辽一代，事同而记异中的故事或事件所涉及的当事人一般有两种：一是墓志铭志主先人；二是墓志铭志主本人。

先说第一种。与墓志铭志主先人相涉的故事或事件，一般分别记载于志主本人墓志铭和志主先人《辽史》"本传"中。譬如，关于契丹建国前，耶律释鲁对耶律阿保机（释鲁之侄）和耶律曷鲁（释鲁之侄）龙蛇之喻的记载。记于墓志铭者，为耶律释鲁的直系子孙、果州防御使耶律智先的墓志铭和西南路招讨使耶律庆嗣（耶律智先之侄）的墓志铭。如辽道宗大安十年（1094）的《耶律智先墓志》即载：

> 公讳智先，字乐水，姓耶律氏，其先漆水人也。远祖于越蜀国王，讳述烈实鲁，我太祖大圣天皇帝之伯父也。时太祖尚幼，异而重之。尝谓人曰：吾辈蛇尔，吾侄其龙乎？乃诲宗属与其子弟善当翊护。后太祖登九五位，追悼旌饰，□封楚国王，以报其忠爱先识之德也。[1]

"述烈实鲁"，即"释鲁"，汉契音译致歧。

又大安十年（1094）的《耶律庆嗣墓志》亦载：

---

[1] 向南、张国庆、李宇峰辑注：《辽代石刻文续编》，沈阳：辽宁人民出版社2010年版，第222页。

公讳庆嗣，字袭美，其先漆水人也。远祖于越蜀国王述烈实鲁，即太祖大圣天皇帝之伯父也。有玄鉴澄量，当太祖潜德时，尝谓族人曰：观吾侄应变非常，乃龙之至神者，以吾辈况之则蛇虺尔，吾国业家一天下，非侄而何尔，亦肩一心，始终善爱戴之。其先见远识若此。①

龙蛇之喻记于《辽史》者，为耶律智先与耶律庆嗣族祖耶律释鲁之侄耶律曷鲁的“本传”。《辽史·耶律曷鲁传》云：

耶律曷鲁，字控温，一字洪隐，迭剌部人。……性质厚。在髫髫，与太祖游，从父释鲁奇之曰：“兴我家者，必二儿也。”……会遥辇痕德堇可汗殁，群臣奉遗命请立太祖。……曷鲁曰：“……昔者，于越伯父释鲁尝曰‘吾犹蛇，儿犹龙也。’天时人事，几不可失。”②

又如辽初太祖耶律阿保机将功臣萧敌鲁喻之为手的记载。记于墓志铭者，为萧敌鲁的直系子孙、天祚帝朝北府宰相萧义的墓志铭。天祚帝天庆二年（1112）的《萧义墓志》即载：

公讳义，字子常。……其先迪烈宁，太祖姑表弟，应天皇后之长兄也。佐佑风云，赞翊日月。初置北相，首居其位。时圣元肇祚，用人若身，运使从心，目公为手。其于建事成功，光烂竹素。③

此事记于《辽史》者，为萧义先祖萧敌鲁的“本传”。《辽史·萧敌鲁传》即云：

萧敌鲁，字敌辇，其母为德祖女弟，而淳钦皇后又其女兄也。……敌鲁性宽厚，膂力绝人，习军旅事。太祖潜藩，日侍左右，凡征讨必与行阵。既即位，敌鲁与弟阿古只、耶律释鲁、耶律曷鲁偕总宿卫。拜敌鲁北府宰相，世其官。……敌鲁有胆略，闻敌所在即驰赴，亲冒矢石，前后战未尝少衄，必胜乃止。以故在太祖功臣列，喻以手云。④

---

① 向南：《辽代石刻文编》，石家庄：河北教育出版社 1995 年版，第 456 页。

② 脱脱等：《辽史》卷七三《耶律曷鲁传》，北京：中华书局 1974 年版，第 1219~1221 页。

③ 向南：《辽代石刻文编》，石家庄：河北教育出版社 1995 年版，第 623 页。

④ 脱脱等：《辽史》卷七三《萧敌鲁传》，北京：中华书局 1974 年版，第 1222、1223 页。

《萧义墓志》中的“迪烈宁”即《辽史·萧敌鲁传》中的“敌辇”，为萧敌鲁的字，汉契音近异译致歧。[①]

再说第二种。与墓志铭志主本人相涉的故事或事件，分别记载于志主本人墓志铭及其《辽史》“本传”中。譬如，关于耶律羽之主持东丹国南迁事件的记载。先看辽太宗会同五年（942）《耶律羽之墓志》的记载：

> 天显二年丁亥岁，迁升左相，及总统百揆，庶绩咸熙。以天显四年己丑岁，人皇王乃下诏曰：“朕以孝理天下，虑远晨昏，欲效盘庚，卿宜进表。”公即陈：“辽地形便，可建邦家。”于是允协帝心，爰兴基构。公夙夜勤恪，退食在公。民既乐于子来，国亦期年成矣。[②]

再看《辽史·耶律羽之传》的记载：

> 天显元年，渤海平，立皇太子为东丹王，以羽之为中台省右次相。时人心未安，左大相迭剌不逾月薨，羽之莅事勤恪，威信并行。太宗即位，上表曰：“我大圣天皇始有东土，择贤辅以抚斯民，不以臣愚而任之。国家利害，敢不以闻。渤海昔畏南朝，阻险自卫，居忽汗城。今去上京辽邈，既不为用，又不罢戍，果何为哉？先帝因彼离心，乘衅而动，故不战而克。天授人与，彼一时也。遗种浸以蕃息，今居远境，恐为后患。梁水之地乃其故乡，地衍土沃，有木铁盐鱼之利。乘其微弱，徙还其民，万世长策也。彼得故乡，又获木铁盐鱼之饶，必安居乐业。然后选徒以翼吾左，突厥、党项、室韦夹辅吾右，可以坐制南邦，混一天下，成圣祖未集之功，贻后世无疆之福。”表奏，帝嘉纳之。是岁，诏徙东丹国民于梁水，时称其善。[③]

二者所记除了文字多寡与写作风格不同外，墓志铭有东丹王耶律倍首倡东丹国南迁之诏语，但耶律羽之向辽太宗耶律德光的表奏却一语带过；《辽史》则全然不记耶律倍的南迁首倡，而是详细记述了耶律羽之表奏之内容。

---

① 向南：《辽代石刻文编》，石家庄：河北教育出版社 1995 年版，第 625 页，注③。

② 向南、张国庆、李宇峰辑注：《辽代石刻文续编》，沈阳：辽宁人民出版社 2010 年版，第 3、4 页。

③ 脱脱等：《辽史》卷七五《耶律羽之传》，北京：中华书局 1974 年版，第 1238 页。

又如关于圣宗、兴宗两朝重臣张俭“便殿奏事”“穿孔赐衣”故事的记载。先看辽兴宗重熙二十二年（1053）《张俭墓志》的记载：

遇主则鱼纵大壑，载君则鼇冠灵山。圣宗皇帝信纳衡言，宠专柄用。体貌尤异，腹心是推。便殿询谋，必前于纯席；公宴报爵，每离于黼座。从幸则同乘翠辇，赐衣则偏袭赭袍。唱和协于埙篪，赓载溢于囊衷。[①]

再看《辽史·张俭传》的记载：

重熙五年，帝幸礼部贡院及亲试进士，皆俭发之。进见不名，赐诗褒美。俭衣唯紬帛，食不重味，月俸有余，赒给亲旧。方冬，奏事便殿，帝见衣袍弊恶，密令近侍以火夹穿孔记之，屡见不易。帝问其故，俭对曰：“臣服此袍已三十年。”时尚奢靡，故以此微讽喻之。上怜其清贫，令恣取内府物，俭奉诏持布三端而出，益见奖重。[②]

二者所记最大之不同，墓志铭笼统，事系圣宗朝；《辽史》详细，事系兴宗朝。

涉及辽朝高官重臣的故事或事件分别被记录于墓志铭和《辽史》“本传”，二者应各有史源。关于墓志铭的资料来源，本节第三部分已经阐述清楚，此不赘言。以下简要追溯《辽史》“本传”之史源。契丹建国后，学习中原王朝制度，置设各类史官，负责记史与修史。史载，春秋时期，晋、楚两国已于王的身边设置左史和右史，负责记录国王和大臣们的言行举止。如《礼记·玉藻》即云“左史记动”“右史记言”。而《汉书·艺文志》则谓“左史记言”“右史记事”。契丹辽朝中央亦设左、右两史，负责记录皇帝和大臣们的言行政绩。如辽兴宗重熙二十二年（1053）的《王泽墓志》即载：辽圣宗太平“七年，（王泽）出为武定军节度判官。当年宣召，授都官员外郎，充史馆修撰，与故翰林学士承旨陈公邈，同典是职。左言右动，直笔而记”[③]。苗润博先生认为，辽朝初年的记史制度恐怕还停留在官方档案的层面，对国家大事、皇帝行止的

① 向南：《辽代石刻文编》，石家庄：河北教育出版社1995年版，第268、269页。

② 脱脱等：《辽史》卷八〇《张俭传》，北京：中华书局1974年版，第1278页。

③ 向南：《辽代石刻文编》，石家庄：河北教育出版社1995年版，第260页。

逐次记录，当与中原王朝的规范制度还有相当大的距离。[1]圣宗朝之后，逐渐出现了《日历》《起居注》和《实录》等，这些被统称为“国史”，契丹辽朝记史、修史及史官制度才进一步完善起来。

辽朝高官重臣之军功政绩以及婚宦履历等，生前随时被史官载入国史，死后则被家人追忆记入家牒，这在不少辽人墓志铭中均有明确记载。但二者所记内容却各有侧重。如辽兴宗重熙十四年（1045）的《秦国太妃墓志》对国史与家牒所记内容之不同曾予区分：“若乃与国同姓之始，起家为王之来，经纶协谋之勤，佐佑席宠之贵，国史书焉。累朝入仕之资，重世袭爵之庆，期功显晦之迹，婚媾内外之伦，家谍存焉。”[2]辽道宗咸雍八年（1072）的《耶律宗福墓志》亦载：“王讳宗福，氏出国姓，官载副书。时有史，家有谍，两皆明白。”[3]

综上，辽朝高官重臣逝后，其人生履历、功德事迹的记载应有三处：其一，家牒。内容大致为逝者仕宦履历、职官爵位、婚媾宗戚、妻妾子孙，等等，属死后家属追忆。但遗憾的是，随着岁月之流逝，除卢龙赵思温赵氏家族外，[4]其他辽朝世家大族的家牒大多失传。其二，墓志铭。其内容除与家牒所记相类者外，主要是为志主的功德政绩以及颂美之“铭辞”，亦属死后家属追忆。其三，国史。朝廷记史之官，随时记录高官重臣的即时之功德政绩。辽朝前期，其文字载于官方档案；中后期记史、修史制度完善后，便与当朝皇帝言行一起记载于“日历”或本朝“实录”中。至辽末，又被史官耶律俨收录于纪传体《皇朝实录》。金章宗朝，陈大任等人修撰《辽史》，这些内容再次被收录其中。到了元朝末年，宰相脱脱主持编修《辽史》，兼采辽耶律俨《皇朝实录》与金陈大任《辽史》，辽朝高官重臣们的功德政绩再次被载入史书，这便是《辽史》“列传”内容的由来（“国史”）。

由此可证，辽人墓志铭与元末《辽史》“本传”“事同”之内容的确不是源于同

---

① 苗润博：《〈辽史〉探源》，北京：中华书局2020年版，第9页。

② 向南、张国庆、李宇峰辑注：《辽代石刻文续编》，沈阳：辽宁人民出版社2010年版，第90页。（参见本书附录图版一八）

③ 同上，第141页。

④ 赵思温家族之家牒内容，见载于元人王恽《秋涧集》卷七三《题辽太师赵思温族系后》。

一稿（底）本，二者没有直接史源关系。笔者赞同苗润博先生的观点："目前看来，辽朝官方历史编撰与私家传记系统似乎处于相对独立与隔绝的状态，私家志状并未直接进入官修列传，与隋唐以降中原修史制度背景下产生的列传文本迥然有别。"[①]

五、曲讳与直言：对志主敏感问题书写的不同取向

古往今来，墓志铭书写的一大特征便是为逝者缺点的曲笔和避讳。俗语云："金无足赤，人无完人。"人生一世，不可能事事光明磊落，件件白璧无瑕。那么，人死之后，盖棺定论，墓志铭的内容该写什么？缺点、污点、错误乃至罪行，写不写？多数人的取向趋于一致：或曲或讳。辽朝的墓志铭也不例外。

先说曲笔书写。所谓"曲笔"，即不据事实直书，有意掩盖真相。譬如，穆宗朝二仪殿将军（太祖庙详稳）韩匡嗣，因事涉耶律喜隐谋叛案，虽查无实据，也没有受到什么处罚，但却不再得受穆宗皇帝重用，颇遭冷遇，被搁闲置。此事于《辽史·韩匡嗣传》有所提及：

> 应历十年，（韩匡嗣）为太祖庙详稳。后宋王喜隐谋叛，辞引匡嗣，上置不问。[②]

但辽圣宗统和三年（985）马德臣为韩匡嗣撰写墓志铭时，却对此事作了曲笔处理：

> 虽道无适莫，而运有穷通。三年不鸣，久栖于散地；七日来复，果验于连山。[③]

辽圣宗统和十一年（993）的《韩匡嗣夫人秦国太夫人墓志》，作者邢抱朴也对此事同样使用了曲笔：

> 应历中，秦王守兹直道，遘彼流言，因屈壮图，久居散地。夫人潜施辅导，益务唱随。罔以荣辱易其心，唯以穷通俟乎命。运当不字，既符云雷之屯；时偶大来，果应地天之泰。[④]

---

① 苗润博：《〈辽史〉探源》，北京：中华书局2020年版，第19页。

② 脱脱等：《辽史》卷七四《韩匡嗣传》，北京：中华书局1974年版，第1234页。

③ 统和三年《韩匡嗣墓志》//向南、张国庆、李宇峰辑注：《辽代石刻文续编》，沈阳：辽宁人民出版社2010年版，第23页。

④ 向南、张国庆、李宇峰辑注：《辽代石刻文续编》，沈阳：辽宁人民出版社2010年版，第30、31页。

又如圣宗朝的弘义宫都部署韩椅，为辽初名臣韩知古的曾孙、圣宗朝著名将领韩瑜之子。韩椅一生多次充当信使，先后出使西夏、北宋、高丽等，均属正常交聘活动。但有一次，韩椅衔命出使西域沙州，则属因罪“罚使绝域”。韩椅因何犯罪属于敏感问题，墓志铭作者李万在志文中用了曲笔。辽兴宗重熙六年（1037）的《韩椅墓志》即云：

夫物忌大盛，先哲炯诫；事久则变，前代良箴。忽生衅缧于私门，欻被累囚于制狱。虞书文命，宁杀不辜；孔记冶长，信知昨罪。遂以笞刑断之，仍不削夺在身官告，念勋旧也。明年奉使沙州，册主帅曹恭顺为敦煌王。[①]

再说避讳书写。所谓“避讳”，大致有两种含义：一是对古代君王或尊者的名字，在一般的文本书写中要回避，不直接书写，或用缺笔处理，或用其他文字代替。二是人生若有不光彩的事，在介绍其履历事迹的文本上，一般都要回避而不写。检索出土辽人墓志铭，以上两种“避讳”均存在。譬如第一种避讳。辽兴宗的年号为“重熙”，辽朝末帝天祚帝的名字为“耶律延禧”。“熙”“禧”同音，因而天祚帝朝的辽人墓志铭，凡有“重熙”年号者，均以“重和”代替，以避天祚帝“禧”之名讳。如天祚帝乾统九年（1109）的《萧孝资墓志》即载：“公讳孝资。其五代祖曰乌古邻，国朝初有佐命功，故太宗嗣圣皇帝以友视之。祖讳顺德，有政事才，在圣宗、兴宗朝，天下称为第一。重和间，燕民有以左道煽惑人者，其党连诸郡县。上闻之，诏公理之。公既至，条别其罪，止诛其首三人而已，余皆弛之。当是之时，燕蓟间民，赖以活者且数万家。”[②]又如天祚帝乾统十年（1110）的《高为裘墓志》亦载：“及公稍长，轻财重义，结交当世权豪名士，至于六艺靡不精习。于开泰七年九月，由祖父荫寄班祇候，授西班小底、银青崇禄大夫兼监察御史、武骑尉。至重和九年十二月，授右班殿直、侍卫神武军指挥使。清宁二年六月，授礼宾副使、知顺义军马步军都指挥使事。”[③]

对人生不光彩事件的避讳，在辽人墓志铭中亦较常见。如辽朝前期卢龙军节度使

---

① 向南：《辽代石刻文编》，石家庄：河北教育出版社 1995 年版，第 205 页。
② 向南、张国庆、李宇峰辑注：《辽代石刻文续编》，沈阳：辽宁人民出版社 2010 年版，第 265 页。
③ 向南：《辽代石刻文编》，石家庄：河北教育出版社 1995 年版，第 609 页。

赵德钧的妻子种氏，在嫁给赵德钧之前，曾为五代后梁蓨县县令刘邟之妻。据《旧五代史·赵延寿传》记载：

（赵）延寿，本姓刘氏。父曰邟，常山人也，常任蓨令。梁开平初，沧州节度使刘守文陷其邑，时（赵）德钧为偏将，获延寿并其母种氏，遂养之为子。[①]

辽穆宗应历八年（958），赵府门吏、翰林学士刘京（景）为种氏撰写墓志铭时，为避讳种氏曾为刘邟之妻并被俘掠一事，便在志文中完全省略而不写：

夫人即太保（种居爽）之长女也。初从雉岁，蔚禀奇姿。蔡邕喜对南风，辛毗问以储嗣。芳仪内备，淑问外□。齐王（赵德钧）方负壮图，志求佳偶。执贽而言观超乘，簪笄而爰奉结缡。[②]

然凡事都不是绝对。笔者检索出土辽人墓志铭，发现有些墓志铭作者在志文中对志主本应该采取避讳或曲笔的地方，却用了直言的书写方式，予以真实记载。这便是辽人墓志铭部分作者对志主敏感问题书写的另一种取向。

譬如对志主人生某一阶段或某些方面因故不受重用、郁郁不得志的真实记述。比较典型者，如穆宗朝的王守谦。辽景宗保宁八年（976）的《王守谦墓志》，作者（未署名）即于志文中记述了王守谦在任大理评事、右拾遗、侍御史期间，份内职事被虢夺的尴尬与无奈：

授大理评事，时棘署无卿，长官属以预事，朝庭谳狱多下幽都尹，公虽明法律，不得详刑辟。迁右拾遗时，天子幸朔方以治兵，公虽居谏诤之列，不得陈謇谔之词。为侍御史时，銮辂谒陵庙于上京，百司纠正，吏民争讼，咸归于都留守。公虽负直气不果劾奏不法，故践更清要之秩，未展才力之用。[③]

又如对志主参加科举考试因不合理规则而遭遇不公正待遇的直言记述。如圣宗朝的郑頡。辽道宗大安十年（1094）的《郑頡墓志》作者、志主弟弟郑硕在志文中，即

---

① 薛居正等：《旧五代史》卷九八《晋书·赵延寿传》，北京：中华书局 1976 年版，第 1311 页。

② 应历八年（958）《赵德钧妻种氏墓志》// 向南：《辽代石刻文编》，石家庄：河北教育出版社 1995 年版，第 21 页。

③ 向南、张国庆、李宇峰辑注：《辽代石刻文续编》，石家庄：河北教育出版社 1995 年版，第 10 页。（参见本书附录图版七）

叙说兄长参加圣宗皇帝于夏捺钵行在举行的科举殿试，虽然超常发挥，但因榜首人选早已内定，最终只能屈居第二的经过：

当大辽文成皇帝（辽圣宗）之在位也，与邻宋交欢，为义兹久，无□戟而偃武，乘玉軑以省一。夏六月，驻跸于永安山之凉陉，兄举进士赴行在。上特出《御须以南北两朝永敦信誓谕》以试之，下笔思略不停辍，日未逾午，文则成矣。铨校之让词流洒而学由赡议一首。有故枢密副使、同中书门下平章王棠，时新预计阶，同在选中，历府省皆得首荐。当涂者不可以有之长而加于上，遂降兄于乙，王氏复冠其榜。于时屈声闻于天下。[①]

再如对志主曾经战败被俘而归降敌国之事的直言记述。如圣宗朝的冯从顺。冯从顺原为北宋军将，从属瀛州兵马都统康保裔部。辽宋交战，康、冯战败被俘，归降辽国。按说，此事并不光彩，书写墓志铭时应讳言或曲笔。但辽圣宗太平三年（1023）的《冯从顺墓志》作者宋复圭却在志文中对此事直言记述：

公讳从顺，字德柔，本信都人也。……宋主擢入内庭，遂縻好爵。……统和十七年九月，承天皇太后金坛拜将，玉帐运筹，因兴丹浦之师，直指黄河之渡。宋主（宋真宗）以公素负令器，□□宸聪，爰委重权，可属大事。遂与瀛州兵马都统康保裔同驱军旅，来御王师。十万兵溃而见擒，一千载圣而合契。遂卜入燕之计，始坚事汉之心。[②]

还有对志主疾患的直言记述。检索出土辽人墓志石刻文字，有关志主患病致死，大都记载简单、模糊或笼统，以达到弱化对不祥之事的记述之目的。但也有些辽人的墓志铭，却对志主患病过程以及罹患何种病症，直言不讳，如实记载。譬如“惶惚之疾”，应属精神类疾病。天祚帝朝的签枢密院事杜悆，晚年即罹患此疾，并最终因此而丧命。天祚帝天庆十年（1120）的《杜悆墓志》作者即在志文中直言记述志主患病、修养及死亡之过程：

---

① 向南、张国庆、李宇峰辑注：《辽代石刻文续编》，石家庄：河北教育出版社1995年版，第179页。（参见本书附录图版七）

② 向南：《辽代石刻文编》，石家庄：河北教育出版社1995年版，第169、170页。

明年正月，奉诏权知贡举，翰林侍读学士□□、权昭文馆直学士李逢晨等共为铨考。异同劳辩晰之神，朝暮染惶惚之疾。遂避地于白霫，以养浩然，未及周星，甫全正气。……公好古背时，棲心行道，斥去奢泰，割绝交游，思野马以无恒，视木鸡而不动，其乐也内，所存者神，始登孔子之堂，后入维摩之室，志在圆觉行在，庄严南北之宗乘，东西之祖印。如乳投乳，其味皆同。杂有欲无欲之偏出，上德下德之外物，仰善化时，推达人理，宜降祥命，何遘祸□□□缨而非鬼，玄瞑加进而不神，如何斯人而有斯疾？天庆九年十一月二十六日薨，享年六十有八。[1]

六、佳作与滥篇：辽人墓志铭文本优劣的外在表象

缘于辽人墓志铭作者的文化素质和学识水平等差异，加之撰写墓志铭时各不相同的丧家实时背景，因而，展现在我们面前的出土辽人墓志铭，从多重视角审视，确是千差万别，优劣不一。辽人墓志铭之文本，无论是优秀的佳作，还是劣质的滥篇，均有它们各自突出的外在表象。

先说辽人墓志铭中的佳作。辽人墓志铭佳作的外在表象非常鲜明，且各具特色：

其一，文笔优美，情感动人

如辽道宗大安十年（1094）的《郑颉墓志》，作者郑硕，为志主的胞弟。郑硕自幼失怙无恃，全赖兄嫂关爱照顾，才得长大成人，所以，他为亡兄撰写墓志铭，字里行间都充满着对兄嫂的感念之情：

嫂王氏，户部副使景运之女。为吾家妇，属先天夫侄。兄即居其长，诸孤尚幼，凡蔽身之衣，皆嫂之手制，适口之食，亦嫂之日给，其心怗然，略无倦色。夫古之称烈女者，有休古（善）从其父称哲妇者，有谢韫善事其夫称贤妇者，有轲亲陶女善训其子，业子于妇于夫、母于子以谁不然？然能于夫之弟有如王氏者，

① 向南、张国庆、李宇峰辑注：《辽代石刻文续编》，沈阳：辽宁人民出版社2010年版，第305、306页。（参见本书附录图版五）

难哉！硕在怀橘之岁，已丧考妣。及之后得依于未有一经史非史之训解，未有一言行非兄之指诲。此所谓生我者父母，长我者兄嫂也。[①]

其二，遵循体例，突出重点

古人撰写墓志铭所遵循的体例，明人王行《墓铭举例》中的“十三事”，即基本概括了其大致范围：

凡墓志铭书法有例，其大要十有三事焉。曰讳、曰字、曰姓氏、曰乡邑、曰族出、曰行治、曰履历、曰卒日、曰寿年、曰妻、曰子、曰葬日、曰葬地，其序如此，如韩文公《集贤校理石君墓志铭》是也。……其他虽序次或有先后，要不越此十余事而已，此正例也，其有例所有而不书，例所无而书之者，又其变例，各以其故也。[②]

也就是说，这些记事之内容要求每篇墓志铭均要有之，只不过是先后顺序稍有不同罢了。检索出土辽人墓志铭，比较典型者，如辽道宗咸雍五年（1069）的《秦晋国妃墓志》，志文前半部分，作者陈觉即大致按此程式而书写：

……大王父母也。……王父母也。……考妣也。……爱妹也。……妃先出适之所天也。……妃次奉诏所归之佳偶也。……（妃）后有诏亲奉左右者也。……前后所封之国号也。……所薨之时也。……所殁之地也。……所享之寿也。……敕遣祭奠监护灵轜之臣也。……奉命营办襄事之臣也。……所葬之时也。[③]

但在志文的后半部分，陈觉则突出重点，专门记述了秦晋国妃萧氏作为女性，一生颇具特色、与众不同的事迹。陈觉认为，“夫志者，记也。记其生平所行之实也。以妃之族望，妃之高贵，汤沐之优封，车服之峻等。暨我朝尊崇之礼，固不假形容于翰墨。今之所言，盖志其异于寻常者”[④]。因而，陈觉在志文后半部分便专门记述了秦晋国妃雅好丹青飞白，擅长骑射渔猎，喜欢品藻人物，热衷参议国政等“异于寻常”

① 向南、张国庆、李宇峰辑注：《辽代石刻文续编》，沈阳：辽宁人民出版社 2010 年版，第 180 页。
② 朱记荣辑：《金石全例》（上册），北京：北京图书馆出版社 2008 年版，第 257 页。
③ 向南：《辽代石刻文编》，石家庄：河北教育出版社 1995 年版，第 340、341 页。
④ 同上，第 341 页。

之事：

妃幼而聪警，明晤若神。博览经史，聚书数千卷。能于文词，其歌诗赋詠，落笔则传诵朝野，脍炙人口。性不好音律，不修容饰，颇习骑射，尝在猎围，料其能中则发，发即应弦而倒。雅善飞白，尤工丹青，所居屏扇，多其笔也。轻财重义，延纳群彦，士之寒素者赈给之，士之才俊者升荐之，故内外显寮，多出其门。座客常满，日无虚席，每商榷今古，谈论兴亡，坐者耸听。又好品藻人物，月旦雌黄，鉴别臧否，言亦屡中。……妃□读书至萧曹房杜传，则慨然兴叹，自为有匡国致君之术，恨非其人也。今主上以其知国家之大体，诏赴行在，常备询问。[1]

其三，事例具体，血肉丰满

辽人墓志铭中，大多记述志主生平履历、功德事迹均好虚词溢美，简单而笼统，而具体事例却不多。辽道宗寿昌三年（1097）的《贾师训墓志》是个例外。贾师训为官从政主要是在道宗朝，曾官至中京留守、同中书门下平章事等。墓志铭作者在叙述贾师训生平事迹过程中，选用一个个鲜活而生动的具体事例，塑造出了一个血肉丰满的辽朝清官能吏之形象。譬如，幼年贾师训曾劝导父亲舍让家财予伯父：

十岁，皇考侍中以兄泳逼异籍，又欲夺其善分，愤不得已，将诉之官。公（贾师训）侍侧曰："富贵皆丈夫所力为，岂必系先业之有无也，愿大人亟与之。"侍中奇其言，恣兄所取。

在东京曲院使任上，贾师训不惧黑恶，巧斗场霸：

充东京曲院使，营督公课，绰有余羡。时秤吏董猪儿得幸北枢密使乙信（耶律乙辛），怙势日索官钱二千，人莫敢御。公至，即不与。猪儿憾公，累以恶言挑之。公不较，乃自以锤折齿诬公。公禁益切，遂止。

在锦州永乐县令任上，贾师训智斗贪腐扰民之州帅：

改锦州永乐令。先是州帅以其家牛羊驼马，配县民畜牧，日恣隶仆视肥瘠，动撼人取钱物，甚为奸扰。公至县，潜讽民使诉之。其始至者一二人，公叱左右

① 向南：《辽代石刻文编》，石家庄：河北教育出版社 1995 年版，第 341 页。

逐出之。其次至者十数人，公又叱之不顾。其后得人三百告公，公遽署其状白州。州白其帅，帅惧，促收所俵家畜以还，仓促之际，至有逋漏为贫民获者亦众，其帅竟不敢言。

在中京耶律乙辛（信）幕府任职，贾师训绝不曲媚迎合长官：

在故侍中彭城刘公云之幕，日直其事，裨益旁午。后属乙信，代为居守。乙信自以前在枢极，权震天下，每行事专恣，一不顾利害。诸幕吏素惮，皆随所倡而曲和之。公独不从，乙信怒□公曰："吾秉朝政，迨二十年，凡一奏议，虽天子为之逊接，汝安敢吾拒耶？"公起应之曰："公綰符籥，某在幕席，皆上命也，安得奉公之势而挠上之法耶？义固不可。"乙信知不能屈，辄从。乙信又以嬖人善骑射，署为境内巡检，公争之，不从。未已，乙信被召再入为枢密使。将行，寮属饯之都外，酒再行，公前跪，力白巡检事不便。乙信叹服，遽为之罢。[①]

其四，画龙"典"睛，古雅质朴

"典"，指典故。一些出土辽人墓志铭的作者好用典，诸如为凸显志主家世门第之高尚而用典，为赞美志主道德品行而用典，为称颂志主天赋才能及政绩军功而用典，为隐喻志主患病、死亡及为逝者伤悼、丧葬而用典，等等。然于史学视域下察之，辽人墓志之用典，因虚饰溢美等缘故，往往会使典故事例映衬下的志主形象出现扭曲。也就是人们常说的志主家族郡望之假托，志主祖先之冒领，以及志主功过、善恶之美讳等一系列假象之呈现。当然，出现这种状况者并非全部，也有些辽人墓志铭作者用典适度，典故与记事相吻合，起到了叙写志主人生履历、功德事迹时提纲挈领、画龙"典"睛的作用。如辽道宗清宁六年（1060）的《赵匡禹墓志》，作者赵濬即在叙述志主事迹不同之阶段，适时用典。譬如在志文引言叙述君主臣辅关系时用典：

尧勋践祚，八元杰出以匡扶；周发开阶，十乱挺生而翊赞。

在追溯赵氏祖源及先贤历史时用典：

中（仲）衍肇列于诸侯，造父始封于赵邑。

---

① 向南：《辽代石刻文编》，石家庄：河北教育出版社 1995 年版，第 477、478 页。

宣子假寐于晋朝，充国论兵于汉代。

在记述志主父祖家世及功绩时用典：

杨雄位下，虽抑良图；于氏门高，自繫余庆。萧相西留，关中底定；寇恂东委，河内富强。

在书写志主军功政绩时用典：

梁集守于并郡，彰治最之名；黄霸任于颍川，霭政殊之誉。

在隐喻志主因病去世时用典：

泰山颓坏，宣尼曳杖而告凶；洹水悲歌，声伯泣琼而言梦。

在记述志主子嗣时用典：

臧孙佐鲁，爰观有后之征；敬仲在齐，遂享其昌之福。①

再说辽人墓志铭中的滥篇。辽人墓志铭滥篇的外在表象也十分突出，亦各不相同：

其一，抄改他志，临时应急

辽人去世，概因某种不可抗拒之原因，无法正常请托他人撰写墓志铭，于是，丧家便采取应急措施，找出已故先人的墓志铭文本底稿，假托前志作者，临时抄改，以便应急。或因于文字及文学水平较差，或是时间紧迫，因而，抄改后的墓志铭，错讹百出。笔者检索出土辽人墓志铭，以辽圣宗统和三年（985）的《王赞墓志》最具代表性。该志于1967年出土于辽宁省喀左县甘招乡羊草沟门村沟里，此处应即辽朝王氏家族墓地。据向南先生考证，《王赞墓志》即是假托“董□”撰写，但大部分文字抄录于辽景宗乾亨三年（981）的《王裕墓志》。《王裕墓志》于新中国成立前出土于辽宁省喀左县甘招乡羊草沟门村沟里，即王氏家族墓地。向南先生经考证后认为，王赞是王裕长子。但抄改者却将二人的父子关系，错成了曾祖父与曾孙的关系。志文中还重复出现了“祖公讳鄂”（即王赞的祖父，《王裕墓志》中写作“鹗”）和“大父讳睿”。大父，祖父也。此“王睿”应即“王裕”，为王赞的父亲，并非“大父”。此外，盖

① 向南：《辽代石刻文编》，石家庄：河北教育出版社1995年版，第299、300页。

因疏忽，《王赞墓志》还将“墓志铭”错成了“奉诸铭”。[1]

其二，志主事寡，他人填充

按古人撰写墓志铭所遵循的“体例”，一篇正常的墓志铭，志主之姓氏、名讳、字号、乡邑、族出、行治、履历、卒日、寿年、妻、子、葬日、葬地，等等，大体均得具备。但有些辽人墓志铭却完全不符合这一基本体例。譬如辽景宗乾亨三年（981）的《张正嵩墓志》即属此类代表作。《张正嵩墓志》作者守宁王府记室参军赵衡在志文开头，用典追溯张氏祖源，应属正常书写；随后，他便用较多文字，叙述志主父亲张谏自太祖朝至穆宗时期的生平事迹；然后简介张谏四子情况。志主张正嵩居三，志文中仅仅记之一句：“次子正嵩，为顺义军节院使，即府君也。”此句正与志文之首“朔州顺义军节院使张府君墓志并序”相符，也才让后人知晓此墓志铭的志主为张正嵩。但此句之后，再没有一字关于志主张正嵩的生平事迹之介绍，而是简介了志主的五子二女，然后便言志主四十八岁病亡、入葬，最后是几句无关紧要的铭文。[2] 仅此而已。

其三，不按体例，以牒代志

辽人去世后，或由某种原因，丧家没有请托（或没有请到）他人撰写墓志铭，只能抄改家牒为之。这样的墓志铭也难称佳作。比较典型者，如辽道宗大安九年（1093）的《刘从信墓志》，就是一篇以牒代志的代表作。现抄录志文如下：

> 江氏为夫郎君迎日掩闭，欲请撰墓志。今为无人修撰，不得墓志，只具述先代官位名讳如后：先祖讳仁恭，卢龙军节度使、守太师、中书令。平王正高祖讳守奇，沧州节度使、守太傅。自平王领兵投上国，后河东通好被留不放回。曾祖讳□□，自七岁从父去河东不回。后至中原。庄宗为儿养，赐姓李，与太子连名。后至明宗十七年，授匡顺指挥使，次转金枪指挥使，后历节度副使及行军司马，并知军州事九度，亦曾出军两度，并得功亦□入作使，创兴盖下州宫殿。前后授得一十四□告勅。值嗣圣皇帝收服天下，却将入国，授得沧州节度使。嗣圣崩后，

① 参见向南《辽代石刻文编》，石家庄：河北教育出版社 1995 年版，第 82、83 页“注”。
② 向南：《辽代石刻文编》，石家庄：河北教育出版社 1995 年版，第 68、69 页。

天授皇帝授兖州节度使兼侍卫亲军使，加使相，授卫中。有儿两人，故内省使称申正，次故利州观察使称宇平。所生四子，长男曰善，庆州节度副使，均州刺使。次曰亨，怀州节度使。次曰爱，西京商点使。次曰成，不仕。有子名从信，不仕。初婚得赵相公孙女为妇，有子名思谔，左班殿直。次婚得江太监女，生得男名思诚，在朝祗候，不禄。有小女名醜师姑。有女一，出家，曾诵经论江氏处。所生一女，名大圣，娉与耿太师孙名实，在朝祗候。思□带左班殿直，求得燕京马金吾孙女。□大安九年二月十四日□，于当年四月二十七日巽时葬。[①]

如果不是志盖上有“刘从信郎君墓志铭石”几个字，后人也很难辨析此为何人墓志铭。由于是抄改家牒，未加细分详辨，所以志文中的志主与其父、祖的人物关系模糊不清，正如向南先生所言：“不知从信父是四人（善、亨、爱、成）中那一个，亦不知从信祖是二人（申正、宇平）中何人。”[②]

其四，不明原因，严重讹误

或限于文字能力，或因为疏忽大意，辽人墓志铭中，偶有严重差错出现，致该篇志文质量大受影响。如辽道宗大康九年（1083）的《耶律元佐墓志》，作者为守尚书虞部员外郎高士宁，他在记述志主先辈名讳时，便出现了严重失误。耶律元佐本姓“韩”，是辽初名臣韩知古的后辈，“耶律”为赐姓。志文云：

公姓耶律，讳元佐。祖，故燕京留守、枢密使、尚父、秦王讳知古。翁，西南面五押招讨使、同政事门下平章事耶律德威。父，故大内惕隐、同中书门下平章事讳遂正。公即长子也。[③]

这其中的“祖，故燕京留守、枢密使、尚父、秦王讳知古”，应是“祖，故燕京留守、枢密使、尚父、秦王讳匡嗣”之误。据《辽史·韩知古传》，韩知古生前任职先后为彰武军节度使、总知汉儿司事、左仆射和中书令。[④] 而同书《韩匡嗣传》记载韩匡嗣的

① 向南、张国庆、李宇峰辑注：《辽代石刻文续编》，沈阳：辽宁人民出版社 2010 年版，第 212 页。
② 同上，第 213 页。
③ 同上，第 177 页。
④ 脱脱等：《辽史》卷七四《韩知古传》，北京：中华书局 1974 年版，第 1233 页。

任职即为南京留守、摄枢密使，封燕王。[①]辽圣宗统和三年（985）的《韩匡嗣墓志》亦载，韩匡嗣生前曾任燕京留守、西南面招讨使、晋昌军节度使，加尚父、京兆尹，进封秦王。[②]由此可知，《耶律元佐墓志》中的“知古”应为“匡嗣”。还有的辽人墓志铭作者，竟然将志主母亲的姓氏弄错。如天祚帝乾统七年（1107）的《梁国太妃墓志》作者、乾文阁直学士杨丘文，即将志主梁国太妃耶律氏的母亲姓氏“萧”错为“耶律”。志文云：

臣丘文谨按：妃姓耶律氏，即今仁文睿武元德大和神智圣孝天祚皇帝之外祖母也。出横帐第二族，乃玄祖皇帝之次男隋国王之后胤。曾大王父讳室罗，兼中书令。王父讳萨割里，左皮室详稳。父查剌□鄶引，南宰相、漆水郡王，事兴朝以友视之，娶别胥耶律氏生妃。[③]

契丹人婚俗，皇族耶律氏与后族萧氏互为婚配。因而，在一个契丹人家庭内，子女和母亲绝对不可能为同一姓氏。在《梁国太妃墓志》中，“（梁国太）妃姓耶律氏”，那么她的母亲就应该姓“萧”。但杨丘文在志文中却说梁国太妃之父耶律鄶引“娶别胥耶律氏生妃”，大错也！（前已详辨，此不赘言）

本节结束前，还有几个问题需要交代或说明一下：

其一，辽人墓志铭中，除了有丧家请托文人学者和皇帝诏敕史官词臣“被动”撰写之外，亦有少量主动要求为志主撰写墓志铭者，这些人与逝者均属近亲属关系，或父子，或祖孙，或夫妻，或兄弟。他们为已故亲人撰写墓志铭，认为是理所当然，无需请托。如天祚帝乾统二年（1102）的《王士方墓志》，作者未署名，应为志主儿子王仲康。志文云：

长子仲康与弟仲祺，存彼棘心，再新其宅兆，苦追罔极之恩，以为千万年之传序，

---

① 脱脱等：《辽史》卷七四《韩匡嗣传》，北京：中华书局1974年版，第1234页。
② 向南、张国庆、李宇峰辑注：《辽代石刻文续编》，沈阳：辽宁人民出版社2010年版，第24页。
③ 同上，第257页。

因以为铭。……维乾统二年岁次壬午九月庚戌朔二日甲申，在班祇候王仲康建。[①]

这种现象，尽管不是辽人墓志铭撰写程式之主流，但它确实存在，由此而呈现出辽朝墓志铭作者构成以及撰写形式的多元化特征。

其二，有些辽人墓志铭作者认为，墓志铭记志主生平事迹，主要目的就是为志主歌功颂德，因而所写之文字，特别是铭文部分，可以名正言顺地述美和虚夸。如天祚帝天庆四年（1114）的《耶律习涅墓志》作者（未署名）即言：

噫！人之有生，靡不有死。身没誉彰，前贤所韪。序以表德，铭以述美。[②]

笔者认为，若志主生前确实有"美"可言，则完全可以述之；若"美"中不足或根本无"美"却要强而述之，便属滥溢了。这便与一些墓志铭作者努力追求志文内容真实，避免虚夸，形成了鲜明对比。这也是古时墓志铭记事于志主功德部分常常遭人诟病的原因之一。

其三，辽人撰写墓志铭素材之来源，除上述所言之史、牒、状、闻四种外，笔者揣测或许还有第五种："（撰者）问—（丧家）答"。因为在辽人墓志文中，常见"征"字。"征"者，有征问求答之意（当然亦不排除"征"行状或家牒等）。被复原的场面或许是：被请托撰写墓志铭者来到丧家，丧家并没有准备好逝者的行状，于是根据墓志铭撰写体例，撰写者便向丧家逐项提问，丧家则一一回复。最终，撰写者根据现场笔录，完成了墓志铭的撰写。如辽圣宗太平三年（1023）的《耶律道清墓志》即云：

呜呼！云归影灭，月落光沉，风惊而晓露难停，日烁而秋霜易敛。悲仲弟道顺，雁行失侣。棣萼凋英，恐坠声华，见托论撰。旷久承青眼，密契赤心，映彼流年，痛乎逝水。飞文染翰，惭无宋玉之才；以日系时，泣有苌弘之泪。但征实录，谨为铭曰。[③]

---

① 向南、张国庆、李宇峰辑注：《辽代石刻文续编》，沈阳：辽宁人民出版社 2010 年版，第 244、245 页。

② 向南、张国庆、李宇峰辑注：《辽代石刻文续编》，沈阳：辽宁人民出版社 2010 年版，第 282 页。

③ 向南、张国庆、李宇峰辑注：《辽代石刻文续编》，沈阳：辽宁人民出版社 2010 年版，第 65 页。

辽道宗清宁三年（1057）的《丁求谨墓志》亦载：

长子以陟岵增念，感虑□切，念岁月之云迈，恨丧葬之未备，人子之道阙如也。乃请诸父之命，龟筮叶吉。窀穸有期，虑名贯之未载，以论撰而为托。穆忝为文者，□济阳公外孙女婿也。屡陪言讌，清谈雅论，不滞才心，既令德之有征，在属辞而无□。勒诸翠璞，坠彼重泉，虽深谷以为陵，谅斯文之不丧。[①]

总而言之，不论是“但征实录”，还是“令德之有征”，都可能是墓志铭作者在向丧家“征问”逝者的生平履历和功德政绩。有一个很有趣的例证，或许能够佐证笔者的揣测。辽道宗寿昌五年（1099）的《尚暐墓志》作者、乡贡进士张问在介绍志主姻亲时曾言：“公娶县君康氏，即梅棘夷离毕侍中之孙女也。”[②]向南先生认为，此“康梅棘”疑即辽初名臣康默记，《辽史》有其传。“梅棘”“默记”应为音近致歧。但为什么辽初名臣康默记在《尚暐墓志》中被写成了“康梅棘”？如果是墓志铭书丹或镌石者笔误，只能是字形相近者，而不是音近字。音近字出错，原因可能有二：一是答问者口齿不清或使用方言，听者只能依据对方大致口音而记录，出现同音别字；二是丧家向撰写者提供的家牒是由契丹文书写，“康默记”被音译成“康梅棘”。但康默记家族和尚暐家族都是辽朝汉人世家，不大可能使用契丹文书写家牒，所以原因只能是第一种。如果向南先生的考证成立，笔者的推断无误，那么张问为尚暐撰写墓志铭，其素材即应该来源于他与丧家的“问—答”记录。张问在志文最后坦言：“如问（张问）者才当琐末，学未渊弘。强採摭于遗芳，可纂標于终古，贞石乃铭，久期不朽。”[③]又如，辽道宗大安五年（1089）《梁颖墓志》的作者耶律兴公，归纳他奉敕撰写梁颖墓志铭所依之材料来源有四个渠道，即访、录、询、采。志文云：

诏使臣序其世次、乡贯洎平生出处，所以立身致主之事，文于石，俾纳于圹，以为来世之信。臣即承命，访其族系乡闾、亲戚资性于其家；录其历官在职、出

---

① 向南、张国庆、李宇峰辑注：《辽代石刻文续编》，沈阳：辽宁人民出版社 2010 年版，第 111 页。（参见本书附录图版九）

② 向南：《辽代石刻文编》，石家庄：河北教育出版社 1995 年版，第 499 页。

③ 同上。

入资途于有司；询其勤劳尽瘁、干事决务之才于故吏；采其语言、识鉴、好尚于朋友。[①]

笔者以为，其中的访与询，即应属于问之范畴。

其四，包括笔者在内，大多数辽史研究者都认为，出土的辽代墓志石刻属于研究辽朝史事的第一手资料，弥足珍贵。特别是因为传世的辽朝历史文献稀缺，一部《辽史》，不仅字数少，篇幅短，而且存在诸多讹误和缺漏，因而出土墓志石刻文字既可对《辽史》正误补缺，也能拓展辽史研究之范畴。

然而，值得注意的是，我们在研究中援引出土墓志石刻文字资料时，有两点需要慎重：一是因溢美虚夸而出现的史事不实，二是志文记载的史事有错。特别是后者。因为辽人的墓志铭，大都是志主逝后丧家请托撰写，好多内容都是凭丧家记忆，或先书行状，或直接“回对”撰写者的提问。如果逝者生前长寿，那么其家人对他早年的“事迹”不可能件件都记忆清晰无误，书写行状或“回对”提问时难免出错。因而，我们在援引出土辽人墓志石刻文字资料时，最好与相关历史文献记载比勘使用。

① 杨卫东：《辽朝梁颖墓志铭考释》，《文史》总第九十四辑，北京：中华书局 2011 年版。

附录　图版

图版一　萧兴言墓志文拓本

（盖之庸编著：《内蒙古辽代石刻文研究》，呼和浩特：内蒙古大学出版社2002年版，第275页）

图版二 孟初墓志文拓本

（梅宁华主编：《北京辽金史迹图志》上册，北京：北京燕山出版社2003年版，第281页）

图版三　丁文逌墓志文拓本

（梅宁华主编：《北京辽金史迹图志》下册，北京：北京燕山出版社2004年版，第164页）

大遼故左諫議大夫開國子食邑五百戶賜紫金魚袋致仕史公墓誌銘
文行言政士之善也標於魯語富貴壽康人之福也載在周書有一於茲猶爲
美矣兼而備者果何人哉故左諫議史公得之矣公諱洵直字知命儒州縉山
人也世爲右族高祖繼隆嘗爲本郡刺史曾祖旻祖延贊父翊肥遁不仕母曰
戰氏追贈至洛陽郡太君昆弟八人公處其長鍾岳瀆之粹稟奎昴之靈爰自
幼學卓立不群文章敏巧出于自然甫及弱冠聲華藉甚清寧八年登進士第
釋褐授著佐尋差充西京管內都商稅判官巡後優歷一十八任官至左諫議
大夫致仕乾統四年五月二十四日午時攖疾右脅而逝終于昌平縣之私第
春秋八十三其年九月五日權窆于縣東之別墅公立身行道盡善盡美難具
紀述至于聰敏儉固仁信剛毅以忠貞奉上以嚴明御下居職則吏畏民愛齊
家則妻賢子孝甘貧守道樂于謙進內典醫方音律星緯書數射御無不精妙
輕財好施疾惡敬善孝事繼母弘農郡太君楊氏以祿榮養三紀如一而又賦
性寡慾退食之餘安坐靜室唯群籍縑緗而已娶安州防禦使邢英女即吏
部尚書邢古之妹也在室有淑善之名既笄適公質性仁和德履純厚敬愛內
外姻族咸致雍睦人雖順忤喜怒不形於色首飾無珠玉之美大安元年封河
間縣君十年秋七月十有二日嬰疾而逝享壽六十二乾統元年冬遇恩追贈
郡号生三男長曰琛故御容殿祗候仲曰觀音奴蚤亡季曰鎰舉進士女一
適將作少監牛溫教孫男三長曰天倪西頭供奉官前三河縣商麴鐵都監次
曰天剛舉進士次曰祿孫出家法名行敷礼西京石佛院詮正大師孤子鎰其
年窀穸若負芒刺以天慶四年歲次甲午六月甲辰朔二十三日丙寅乙時遷
葬于昌平縣仁和鄉東道里以河間郡君邢氏祔焉禮也銘曰
奕自幼齡卓犖敦篤　賦性不群岌岌嶷嶷　孝敬二親友愛諸弟
奉國忘家高名就繼　爲政公方不畏權勢　庇善禁姦興利除弊
青白自持終始無替　未嘗越思爲子孫計　壽踰三限聰明審諦
視死如歸右脅而逝　河間縣君昔爲淑儷　內助成家先公去世
靈骨英魂瑩此祔瘞　千古斯年時饗其祭
河南[illegible]刻書

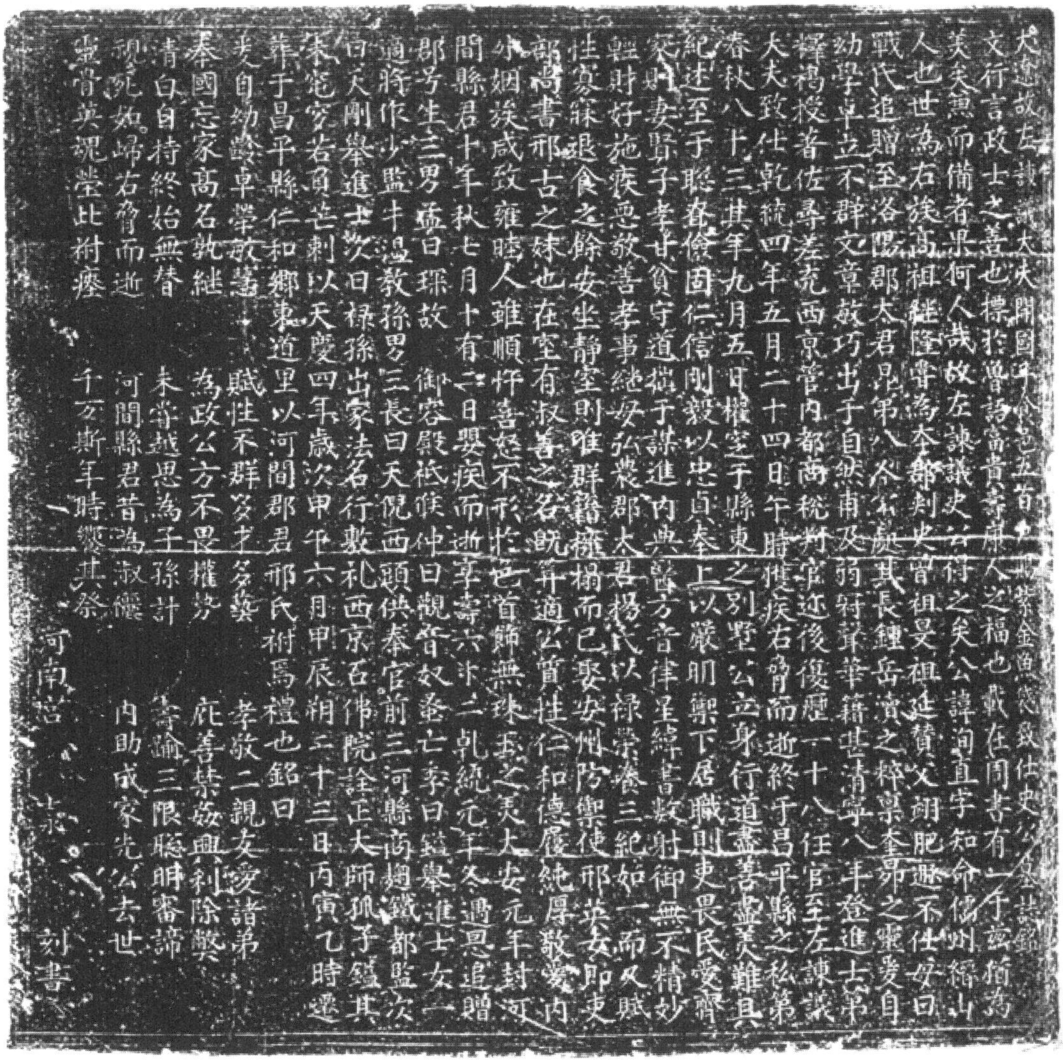

图版四　史洵直墓志文拓本

（梅宁华主编：《北京辽金史迹图志》下册，北京：北京燕山出版社2004年版，第172页）

图版五　杜念墓志文拓本

（梅宁华主编：《北京辽金史迹图志》上册，北京：北京燕山出版社2003年版，第279页）

图版六　董匡信及其妻王氏墓志文拓本

（梅宁华主编：《北京辽金史迹图志》下册，北京：北京燕山出版社2004年版，第154页）

图版七　王守谦墓志文拓本

（梅宁华主编：《北京辽金史迹图志》下册，北京：北京燕山出版社2004年版，第127页）

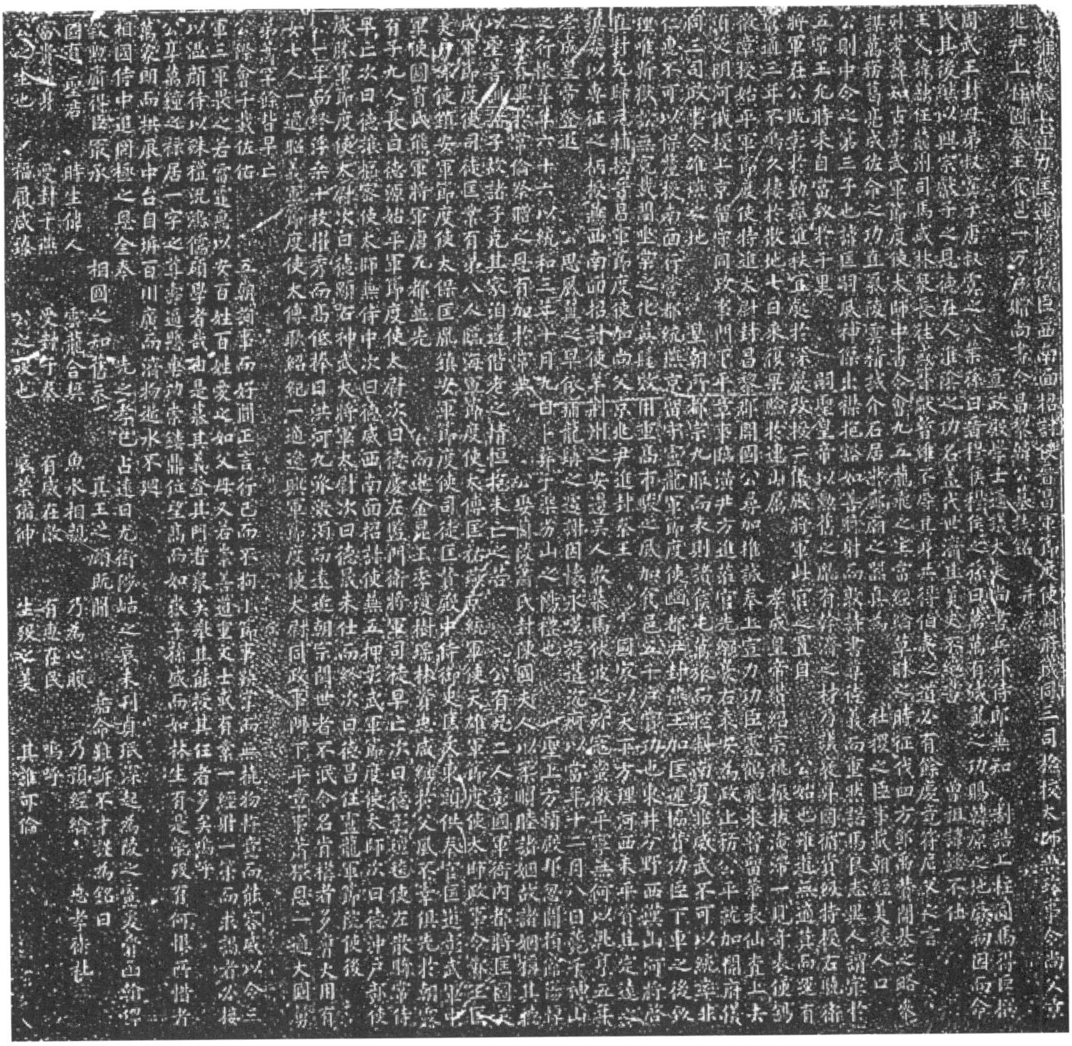

图版八　韩匡嗣墓志文拓本

（盖之庸编著：《内蒙古辽代石刻文研究》，呼和浩特：内蒙古大学出版社2002年版，第62页）

图版九　丁求谨墓志文拓本

（梅宁华主编：《北京辽金史迹图志》上册，北京：北京燕山出版社2003年版，第277页）

图版一〇　耶律隆祐墓志文拓本

（唐彩兰编著：《辽上京文物撷英》，呼和浩特：远方出版社2005年版，第145页）

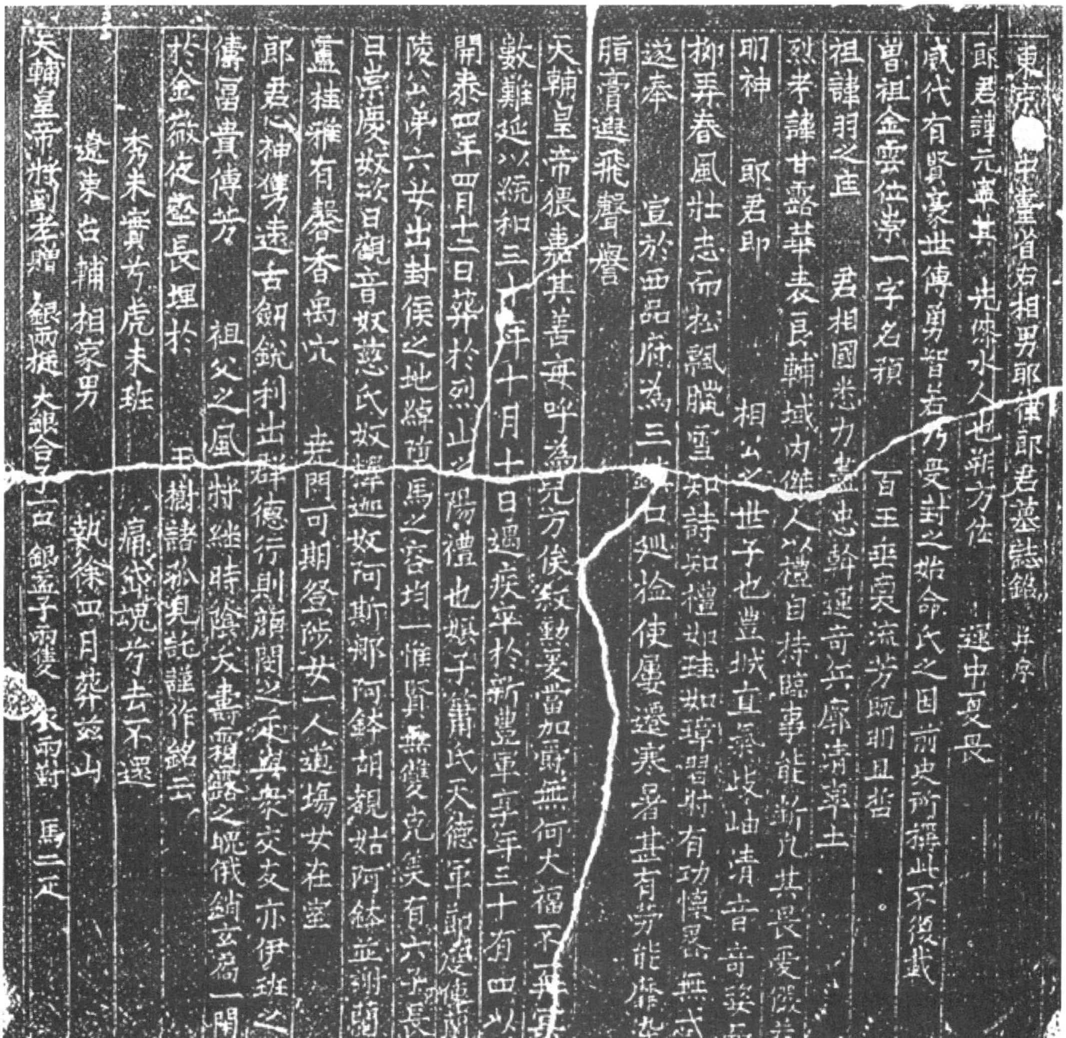

图版一一　耶律元宁墓志文拓本

（盖之庸编著：《内蒙古辽代石刻文研究》，呼和浩特：内蒙古大学出版社2002年版，第20页）

图版一二　法均大师遗行碑文拓本

（梅宁华主编：《北京辽金史迹图志》上册，北京：北京燕山出版社2003年版，第161页）

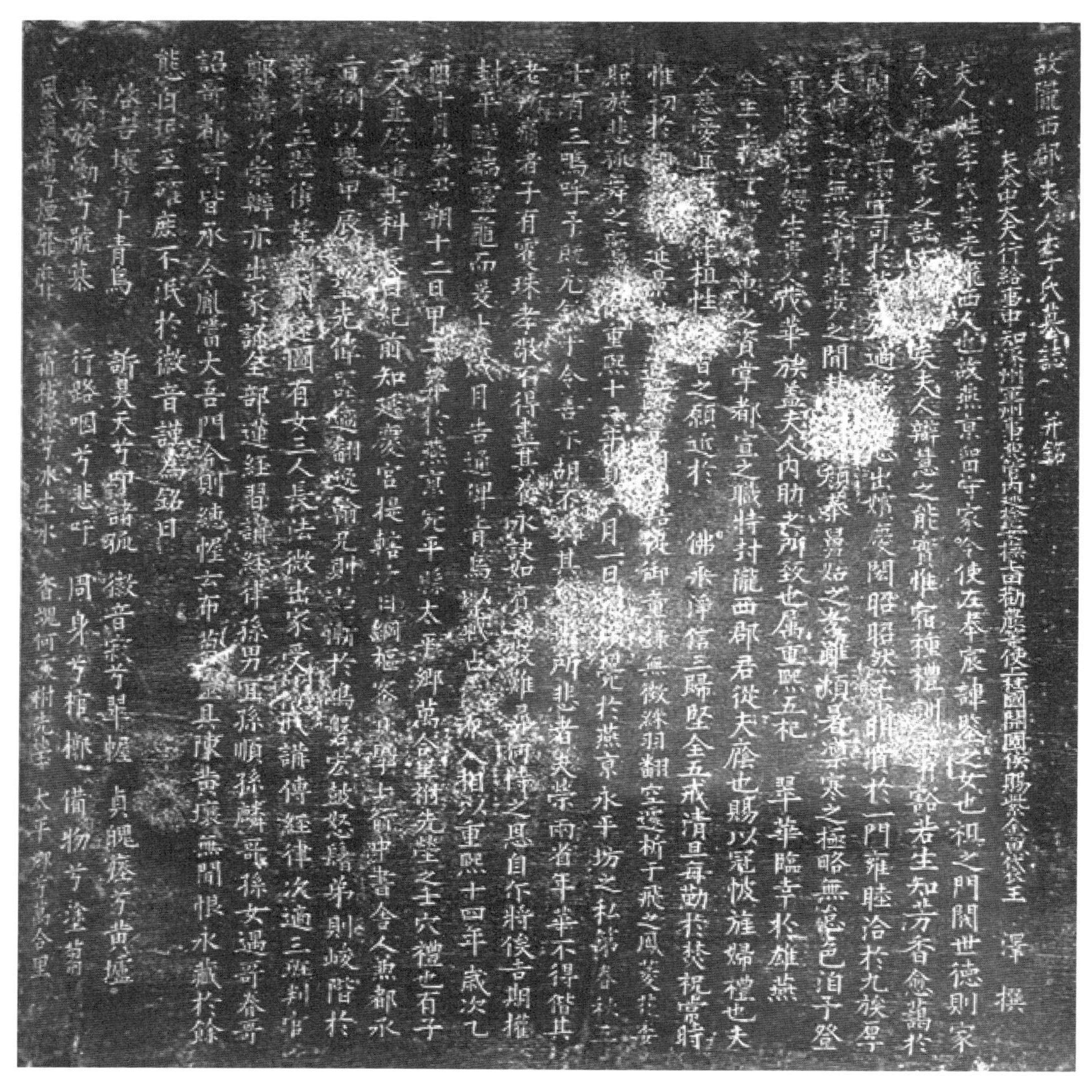

图版一三　王泽妻李氏墓志文拓本

（梅宁华主编：《北京辽金史迹图志》下册，北京：北京燕山出版社2004年版，第141页）

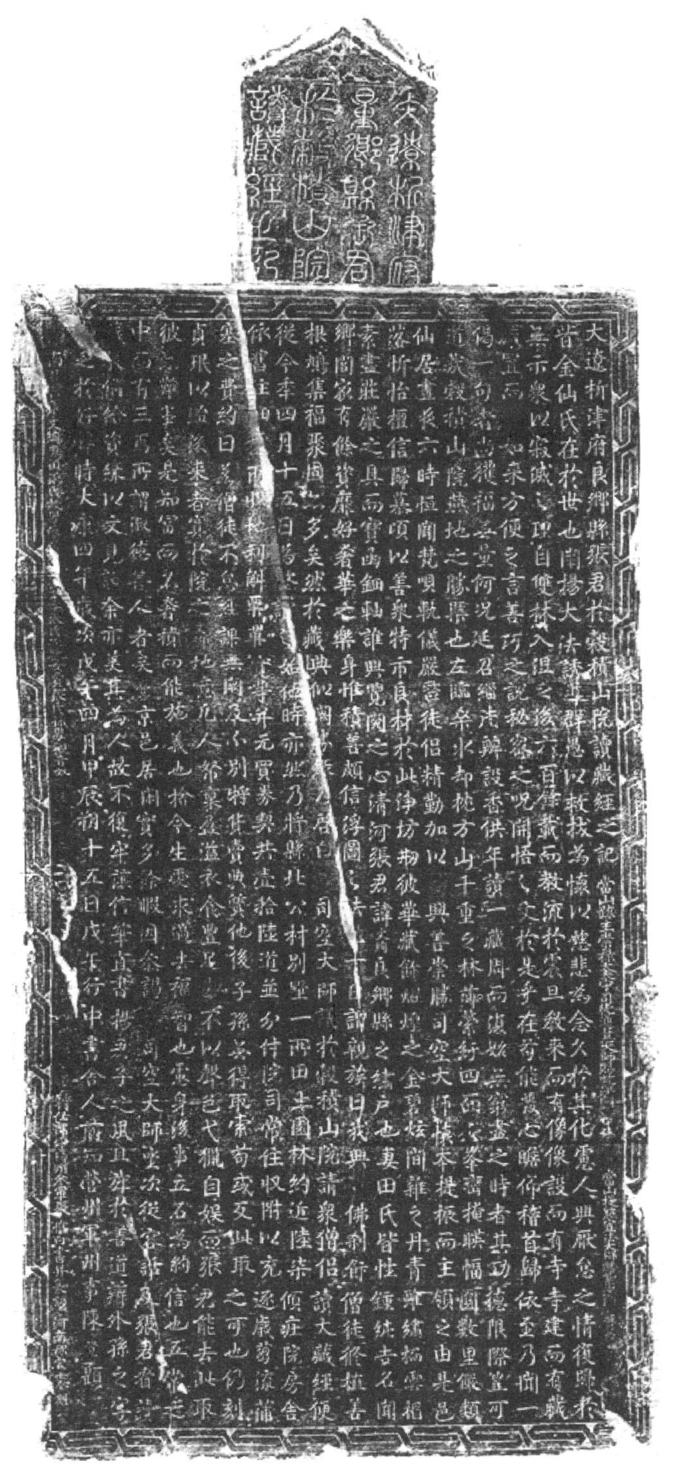

图版一四　大辽析津府良乡县张君于谷积山院读藏经之记碑碑阳拓本

（梅宁华主编：《北京辽金史迹图志》上册，北京：北京燕山出版社2003年版，第155页）

图版一五　萧乌卢本娘子墓志文拓本

（唐彩兰编著：《辽上京文物撷英》，呼和浩特：远方出版社2005年版，第149页）

图版一六　萧得恭妻墓志文拓本

（辽宁省文物考古研究所编著：《关山辽墓》，北京：文物出版社2011年版，图版五一）

图版一七　圣宗皇帝哀册文拓本

（盖之庸编著：《内蒙古辽代石刻文研究》，呼和浩特：内蒙古大学出版社2002年版，第153页）

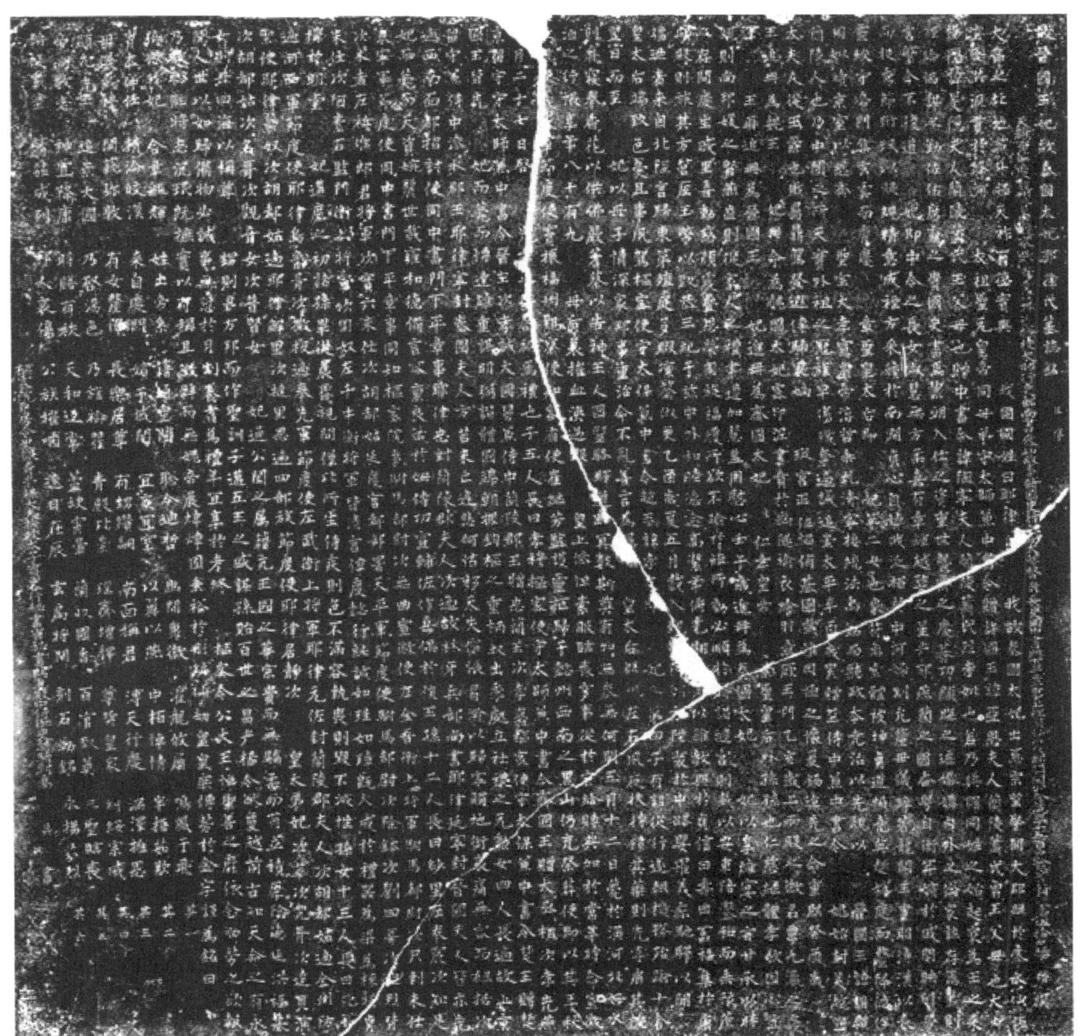

图版一八 晋国王妃秦国太妃耶律氏墓志文拓本

（辽宁省文物考古研究所编著：《关山辽墓》，北京：文物出版社2011年版，图版四九）

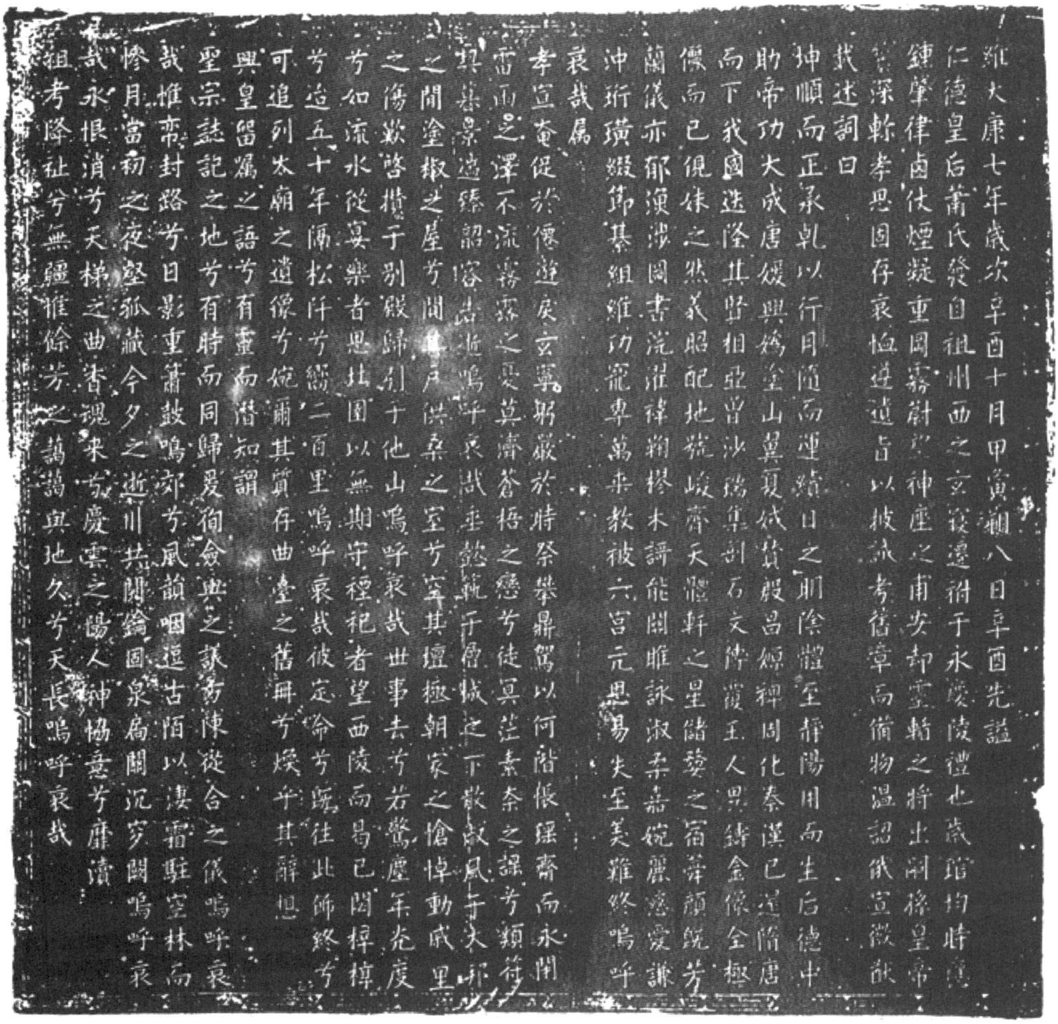

图版一九　圣宗仁德皇后哀册文拓本

（盖之庸编著：《内蒙古辽代石刻文研究》，呼和浩特：内蒙古大学出版社2002年版，第173页）

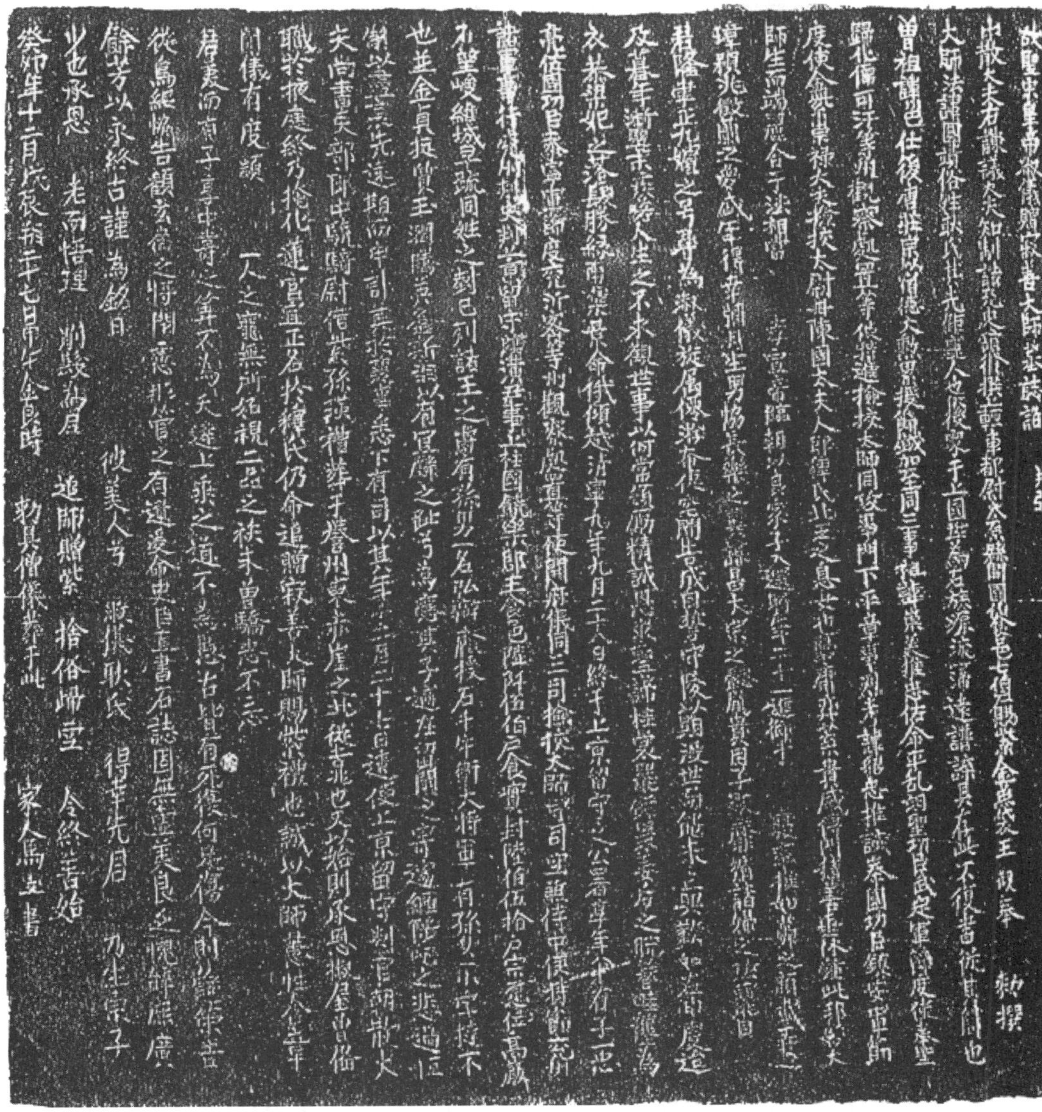

图版二〇　圣宗淑仪赠寂善大师墓志文拓本

（盖之庸编著：《内蒙古辽代石刻文研究》，呼和浩特：内蒙古大学出版社2002年版，第209页）

北鄭院邑人起建陁羅尼幢記

图版二一　北郑院邑人起建陀罗尼幢文拓本

（梅宁华主编：《北京辽金史迹图志》上册，北京：北京燕山出版社2003年版，第177页）

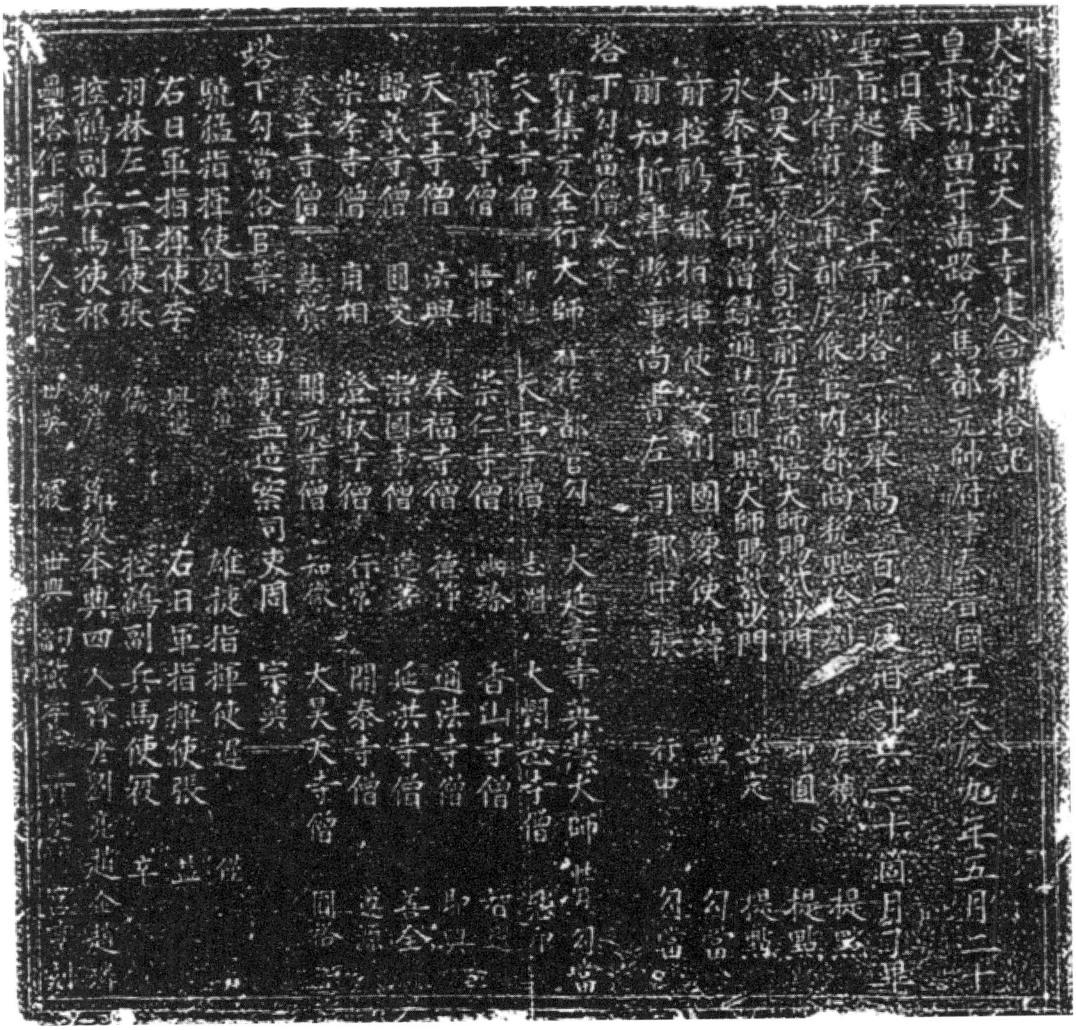

图版二二　天王寺建舍利塔碑文拓本

（梅宁华主编：《北京辽金史迹图志》下册，北京：北京燕山出版社2004年版，第25页）

图版二三　王仲福墓志文拓本

（梅宁华主编：《北京辽金史迹图志》上册，北京：北京燕山出版社2003年版，第286页）

图版二四　韩佚墓志文拓本

（梅宁华主编：《北京辽金史迹图志》下册，北京：北京燕山出版社2004年版，第130页）

图版二五　张琪墓志文拓本

（梅宁华主编：《北京辽金史迹图志》下册，北京：北京燕山出版社2004年版，第136页）

故□班殿直清河府君墓誌銘 并序
弟朝議郎守左補闕騎都尉賜緋魚袋 嗣宗 撰
福善無徵降年不永昔聞其語今見其人嘻僕之 仲兄殿直
不幸短命之謂歟。 府君諱嗣甫字紹先 尚父太師令公
之次子 皇祖太傅之孫姓氏安源流 祖宗之世德
太傅之誌備矣此不復書 府君生知孝敬教稟義方幼拜經
書早事筆硯緣情麗句掩謝客之池塘體物妍詞高揚雄之羽獵
年始六歲 聖宗皇帝見而奇之曰此子未成麟角已
得鳳毛宜昇振鷺之班別俟登龍之望起家授左班殿直銀青崇
祿大夫檢校國子祭酒兼監察御史武騎尉在紈綺而雖荷
出綸玫墳典而常親函丈目所一見記之於心耳所暑聞訟之於
口宜乎學古入官更盛迭貴業承良冶坐闆幄風無何急景難留
藏舟易失俄縈美疾忽殞韶年太平九年四月十三日寢疾卒於
中京之私第享年一十有四時 中令方卑寧於代邦但告歸
於營葬一非 上表乞骸 中堂解印遂辭榮於
玉陛來致仕於金臺既退老於故鄉思送終於愛子爰從龜卜用
叶牛眠迺闢玄堂迺建靈塔影覆塵霑願往生於淨土天長地久
永安厝於佳城以重熙五年九月二十八日葬於燕京幽都縣禮
賢鄉胡村里兟 太傅先塋北吉地禮也嗣宗忝預天倫痛
傷棣萼仰承 台命輒敢直書□泣淚抽毫謹為銘曰
間世英物 高門誕祥 克岐克嶷 為龍為光
不幸短命 今也則亡 明珠隱耀 玉樹權芳
仲父哭兮有慟 曾母哀兮斷腸 建影覆之妙塔
闢歸葬之玄堂 刊實錄於貞石 庶後代之名揚

图版二六 张嗣甫墓志文拓本

（梅宁华主编：《北京辽金史迹图志》上册，北京：北京燕山出版社2003年版，第276页）

图版二七　圣宗钦哀皇后哀册文拓本

（盖之庸编著：《内蒙古辽代石刻文研究》，呼和浩特：内蒙古大学出版社2002年版，第162页）

后 记

在本书即将出版之际，蓦然回首，从选题立项到书稿付梓，已近十年矣！岁月不居，十年转瞬即逝，青丝已变华发，步履渐至蹒跚，不知不觉，老之将至！好在夕阳余晖里，虽年轮在转，身份已换，但笔者对研读出土石刻、利用石刻文字探究辽朝史事奥妙之初心未改，兴趣未减，所以才有这部书稿的最终问世。

也是在这十年里，笔者在利用出土辽代石刻文字资料从事辽朝史事研究过程中，曾得到冯永谦、程妮娜、赵永春、张彤、李大龙、徐吉军、何天明、张志勇、孙琰、齐伟、孙国军、任爱君、王孝华、祝立业、王昊、孙九龙、贾淑荣、胡玉春、郝素娟、刘毅、栾薇等专家学者和师友同侪的无私襄助，于此，谨致谢忱！

特别感谢内蒙古民族大学教授、博士生导师，辽金史专家王德朋先生在拙著撰写和出版过程中给予的大力支持与热心帮助。德朋教授在繁忙的科研和教学工作之余，欣然接受笔者邀请，为拙著撰写序言，文辞虽多溢美褒奖，实为鼓励嘉勉；受出版单位之邀，德朋教授还出任拙著审稿专家，不辞辛劳，认真审读，纠谬正误，查漏补阙，使拙著学术质量得以进一步提高；为使拙著补充引文注释，德朋教授还无私提供了大量电子版文献史料。

感谢南京林业大学语言应用研究中心的周阿根教授，在拙书即将付印之际，惠赠《辽代墓志校注》，对拙书援引诸辽代石刻文字原录之错讹，多有匡正。

拙著即将出版，还要再次感谢已故著名辽史研究与辽代石刻文整理、校勘专家向南（杨森）先生，是先生当年引领笔者步入利用石刻文字研究辽朝史事之堂奥，倘若没有先生辑注之《辽代石刻文编》和《辽代石刻文续编》二书，也就不会有拙著的成功撰写和如期面世。

笔者有一种感觉，不知是否准确：当下的辽史研究，纵向上与二十世纪八九十年代的热火朝天相比较，横向上与相邻断代史研究的朝气蓬勃相对照，显得有些冷寂。笔者想，制约辽史研究的瓶颈大致有二：一是可利用史料的严重不足，二是研究选题的日渐稀缺。解决的办法：关于史料，除了合理利用有限的传世辽朝正史文献外，还应广泛搜集和整理出土辽代石刻文字资料（包括契丹文资料）、辽墓及辽代城址出土的实物资料，以及网罗、钩沉宋代正史中的辽朝史料和宋人笔记中的辽史资料，等等。关于选题，首先要从阅读传世文献史料和出土石刻文字中发现问题，拟立研究课题，不要怕小，不要怕微观，小题目照样可作大文章，只要别人没作过，你就是第一；其次，经常检索、阅读相邻断代史研究的目录、索引和论著成果，看看别人都写了些什么，或许会对你有所启发，因为唐宋史研究中的一些“问题”，辽史研究中可能也同样存在；复次，辽史研究中前贤们做过研究的题目，也可以拿来再做，但前提是你发现了他们没见过或没用过的新史料，你能利用这些新史料推翻（起码也是“匡正”）前贤的旧观点而创立你的新观点，否则就是无益的重复劳动，就是“炒冷饭”。

新冠“阳康”，还有些疲惫。校改完书稿的最后一个字，揉一揉昏花干涩的双眼，笔者掩卷沉思，颇有万千感慨。古人有云：“文章千古事，得失寸心知。”而笔者想要说的是：坐冷板凳点灯熬油煞费苦心冥思苦想撰写“文章”的个中甘苦，每一位经历者全然自知，“乐”在其中，但“作”出来的“文章”学术质量究竟如何，就只能任凭同道朋友们去评说了。

张国庆

壬寅虎年腊月于大连星海湾